PAÍSES DE HABLA HISPANA

CUBA
- **Gentilicio:** cubano/a
- **Tamaño:** 44.218 millas cuadradas
- **Número de habitantes:** 11.061.886
- **Etnia(s):** blancos 37%, mulatos 51%, negros 11%
- **Lenguas habladas:** el español
- **Moneda:** el peso cubano, el peso convertible
- **Alfabetización:** 99.8%
- **Economía:** azúcar, tabaco, turismo

REPÚBLICA DOMINICANA
- **Gentilicio:** dominicano/a
- **Tamaño:** 18.816 millas cuadradas
- **Número de habitantes:** 10.219.630
- **Etnia(s):** mulatos 73%, blancos 16%, negros 11%
- **Lenguas habladas:** el español
- **Moneda:** el peso dominicano
- **Alfabetización:** 90.2%
- **Economía:** azúcar, café, cacao, tabaco, cemento

ESPAÑA
- **Gentilicio:** español/a
- **Tamaño:** 194.896 millas cuadradas
- **Número de habitantes:** 47.370.542
- **Etnia(s):** blancos
- **Lenguas habladas:** el castellano (español), el catalán, el gallego, el euskera
- **Moneda:** el euro
- **Alfabetización:** 97.7%
- **Economía:** maquinaria, textiles, metales, farmacéutica, aceituna, vino, turismo, textiles, metales

PUERTO RICO
- **Gentilicio:** puertorriqueño/a
- **Tamaño:** 3.435 millas cuadradas
- **Número de habitantes:** 3.674.209
- **Etnia(s):** blancos 76%, negros 7%, otros 17%
- **Lenguas habladas:** el español y el inglés
- **Moneda:** el dólar americano
- **Alfabetización:** 90.3%
- **Economía:** manufactura (farmacéuticos), turismo

HONDURAS
- **Gentilicio:** hondureño/a
- **Tamaño:** 43.277 millas cuadradas
- **Número de habitantes:** 8.448.465
- **Etnia(s):** mestizos 90%, indígenas 7%, negros 2%, blancos 1%
- **Lenguas habladas:** el español y lenguas indígenas amerindias
- **Moneda:** el lempira
- **Alfabetización:** 85.1%
- **Economía:** bananas, café, azúcar, madera, textiles

NICARAGUA
- **Gentilicio:** nicaragüense
- **Tamaño:** 50.193 millas cuadradas
- **Número de habitantes:** 5.788.531
- **Etnia(s):** mestizos 69%, blancos 17%, negros 9%, indígenas 5%
- **Lenguas habladas:** el español y lengua indígena (miskito)
- **Moneda:** el córdoba
- **Alfabetización:** 78%
- **Economía:** procesamiento de alimentos, químicos, metales, petróleo, calzado, tabaco

VENEZUELA
- **Gentilicio:** venezolano/a
- **Tamaño:** 362.143 millas cuadradas
- **Número de habitantes:** 28.459.085
- **Etnia(s):** mestizos 69%, blancos 20%, negros 9%, indígenas 2%
- **Lenguas habladas:** el español y lenguas indígenas
- **Moneda:** el bolívar fuerte
- **Alfabetización:** 95.5%
- **Economía:** petróleo, metales, materiales de construcción

COLOMBIA
- **Gentilicio:** colombiano/a
- **Tamaño:** 439.735 millas cuadradas
- **Número de habitantes:** 47.745.783
- **Etnia(s):** mestizos 58%, blancos 20%, mulatos 14%, negros 4%, indígenas 4%
- **Lenguas habladas:** el español
- **Moneda:** el peso colombiano
- **Alfabetización:** 93.6%
- **Economía:** procesamiento de alimentos, petróleo, calzado, oro, esmeraldas, café, cacao, flores, textiles

BOLIVIA
- **Gentilicio:** boliviano/a
- **Tamaño:** 424.165 millas cuadradas
- **Número de habitantes:** 10.461.053
- **Etnia(s):** mestizos 30%, indígenas 55%, blancos 15%
- **Lenguas habladas:** el español y lenguas indígenas (quechua, aimara)
- **Moneda:** el boliviano
- **Alfabetización:** 91.2%
- **Economía:** gas, petróleo, minerales, tabaco, textiles

GUINEA ECUATORIAL
- **Gentilicio:** guineano/a, ecuatoguineano/a
- **Tamaño:** 10.830 millas cuadradas
- **Número de habitantes:** 701.001
- **Etnia(s):** fang 86%, otras etnias africanas 14%
- **Lenguas habladas:** el español, el francés y lenguas indígenas (fang, bubi)
- **Moneda:** el franco CFA
- **Alfabetización:** 94.2%
- **Economía:** petróleo, madera, cacao, café

PARAGUAY
- **Gentilicio:** paraguayo/a
- **Tamaño:** 157.047 millas cuadradas
- **Número de habitantes:** 6.623.252
- **Etnia(s):** mestizos 95%
- **Lenguas habladas:** el español y lengua indígena (guaraní)
- **Moneda:** el guaraní
- **Alfabetización:** 93.9%
- **Economía:** azúcar, carne, textiles, cemento, madera, minerales

CHILE
- **Gentilicio:** chileno/a
- **Tamaño:** 292.257 millas cuadradas
- **Número de habitantes:** 17.216.945
- **Etnia(s):** mestizos 65%, blancos 25%, indígenas 5%
- **Lenguas habladas:** el español y lengua indígena (mapudungun)
- **Moneda:** el peso chileno
- **Alfabetización:** 98.6%
- **Economía:** minerales (cobre), agricultura, pesca, vino

URUGUAY
- **Gentilicio:** uruguayo/a
- **Tamaño:** 68.037 millas cuadradas
- **Número de habitantes:** 3.324.460
- **Etnia(s):** blancos 88%, mestizos 8%, negros 4%
- **Lenguas habladas:** el español
- **Moneda:** el peso uruguayo
- **Alfabetización:** 98.7%
- **Economía:** carne, metales, textiles, productos agrícolas

ARGENTINA
- **Gentilicio:** argentino/a
- **Tamaño:** 1.065.000 millas cuadradas
- **Número de habitantes:** 42.610.981
- **Etnia(s):** blanco 97%
- **Lenguas habladas:** el español y lenguas indígenas (mapudungun, quechua)
- **Moneda oficial:** el peso argentino
- **Alfabetización:** 97.9%
- **Economía:** carne, trigo, lana, petróleo

ISLAS BALEARES
ESPAÑA
Madrid
Ceuta
Melilla
ISLAS CANARIAS
Malabo
GUINEA ECUATORIAL

WileyPLUS

WileyPLUS is a research-based online environment for effective teaching and learning.

WileyPLUS builds students' confidence because it takes the guesswork out of studying by providing students with a clear roadmap:

- what to do
- how to do it
- if they did it right

It offers interactive resources along with a complete digital textbook that help students learn more. With *WileyPLUS*, students take more initiative so you'll have greater impact on their achievement in the classroom and beyond.

For more information, visit www.wileyplus.com

WileyPLUS

ALL THE HELP, RESOURCES, AND PERSONAL SUPPORT YOU AND YOUR STUDENTS NEED!

www.wileyplus.com/resources

1st DAY OF CLASS ...AND BEYOND!

2-Minute Tutorials and all of the resources you and your students need to get started

WileyPLUS

Student Partner Program

Student support from an experienced student user

Wiley Faculty Network

Collaborate with your colleagues, find a mentor, attend virtual and live events, and view resources
www.WhereFacultyConnect.com

WileyPLUS

Quick Start

Pre-loaded, ready-to-use assignments and presentations created by subject matter experts

Technical Support 24/7 FAQs, online chat, and phone support
www.wileyplus.com/support

© Courtney Keating/iStockphoto

Your *WileyPLUS* Account Manager, providing personal training and support

MÁS ALLÁ DE LAS PALABRAS

Intermediate Spanish
Third Edition

Olga Gallego Smith
University of Michigan

Concepción B. Godev
University of North Carolina, Charlotte

Mary Jane Kelley
Ohio University

WILEY

VICE PRESIDENT AND PUBLISHER Laurie Rosatone
SPONSORING EDITOR Elena Herrero
ASSOCIATE EDITOR Maruja Malavé
EXECUTIVE MARKETING MANAGER Jeffrey Rucker
MARKETING MANAGER Kimberly Kanakes
MARKET SPECIALIST Glenn Wilson
SENIOR CONTENT MANAGER Micheline Frederick
SENIOR PRODUCT DESIGNER Tom Kulesa
SENIOR PRODUCTION EDITOR Sandra Rigby
SENIOR DESIGNER Thomas Nery
PHOTO EDITOR Felicia Ruocco
COVER PHOTOS Door Image: Nattavut Luechai / 123rf.com
    Beach Image: Dougal Waters / The Image Bank / Getty Images

This book was set in Adobe Garamond by Pre-Press PMG and printed and bound by R.R. Donnelley.
This book is printed on acid free paper.

To order books or for customer service please call 1-800-CALL WILEY (225-5945).

Wiley is a global provider of content-enabled solutions that improve outcomes in research, education, and professional practice. Our core businesses produce scientific, technical, medical, and scholarly journals, reference works, books, database services, and advertising; professional books, subscription products, certification and training services and online applications; and education content and services including integrated online teaching and learning resources for undergraduate and graduate students and lifelong learners.

Founded in 1807, John Wiley & Sons, Inc. (NYSE: JWa, Jwb), has been a valued source of information and understanding for more than 200 years, helping people around the world meet their needs and fulfill their aspirations. Wiley and its acquired companies have published the works of more than 450 Nobel laureates in all categories: Literature, Economics, Physiology or Medicine, Physics, Chemistry, and Peace. Wiley's global headquarters are located in Hoboken, New Jersey, with operations in the U.S., Europe, Asia, Canada, and Australia. The Company's website can be accessed at http://www.wiley.com.

ISBN: 978-1-118-51234-0
BRV ISBN: 978-1-118-89554-2

Printed in the United States of America
10 9 8 7 6 5 4 3 2 1

About the Authors

I was born in Spain and raised in Venezuela. After graduating with a B.A. in English from the Universidad Complutense de Madrid, I came to the United States to attend graduate school at Penn State University, where I earned a Ph.D. in Applied Linguistics. I have been a teacher for more than 30 years, and I can't think of a better profession in which to work.

I dedicate my work in this third edition to the memory of Carmeli and Juan José.

Olga Gallego Smith

I became interested in the field of second language teaching and learning when I was hired as a language teaching assistant at Dickinson College. Later on, I went to graduate school at Penn State University, where I earned my Ph.D. in the field of Applied Linguistics. My research in this field as well as the hundreds of language students that I have taught have inspired my current approach to teaching, an approach that prompts the following comments from my students: "She makes her students feel comfortable speaking in class (even if we make tons of mistakes)."

I dedicate this work to my family and my students.

Concepción B. Godev

As a faculty member in the Department of Modern Languages at Ohio University, I teach a wide range of Spanish language and literature classes at the undergraduate and graduate levels. Although my research focuses on medieval Spain, some of my more rewarding classroom experiences derive from helping beginning and intermediate students advance in linguistic and cultural proficiency. I directed OU's second-year Spanish language program from 2004-2012, during which time hundreds of OU students studied Spanish in the context of high-interest cultural material from *Más allá de las palabras*. I am confident that instructors and intermediate students will continue to profit from the new features in this third edition.

I dedicate the third edition of *Más allá* to Gregory and Lauren, hispanophiles / hispanophones.

Mary Jane Kelley

Preface

Más allá de las palabras is a culture-based intermediate Spanish program, designed for use at the third and fourth semesters of college study that integrates language skills with subject matter. The title *Más allá de las palabras*, or Beyond Words, reflects the primary goal of this program: to ensure a smooth transition from the practical knowledge of the Spanish language necessary for daily tasks to a deeper understanding of the cultures of the Hispanic world, taking students beyond the classroom. Fully supported with technology, this program addresses the five Cs of ACTFL's Standards for Foreign Language Learning. **Culture** and language are carefully balanced and tightly integrated so that students accomplish meaningful **communication** in Spanish, and make **connections** to other disciplines such as history, geography, politics, music and literature. *Más allá de las palabras* systematically prompts students to make **comparisons** between Hispanic cultures and their own, and to use their knowledge of English grammar to support their learning of Spanish. The integrated, comparative approach to culture equips learners to explore Spanish-speaking **communities** in the real world and to become actual or virtual members of those communities. The new *En vivo* option further extends the opportunity to participate authentically in a Spanish-speaking community.

Here's how *Más allá de las palabras* works

Graduated learning and a smooth transition to the second year of language study

Instructors of second-year Spanish face a variety of preparation levels among students in their classes, and an intermediate textbook cannot assume that all students have retained and assimilated first-year structures and skills. *Más allá de las palabras* helps all students succeed in second year by first reviewing familiar themes and communicative functions in chapters 1–5 and then introducing increasingly sophisticated functions in chapters 6–10.

Rich and effective integration of culture and language

Each chapter in *Más allá de las palabras* focuses on a broad cultural theme fully integrated with language. Students complete grammar activities and practice the four skills in the context of relevant information about the Hispanic world. In addition, both the text and the *Activities Manual* frequently require students to compare what they have learned about Hispanic cultures with their own culture and to express their thoughts orally or in writing.

Thorough recycling of communicative functions and grammar

In addition to recycling first-year grammar and functions early in the program, *Más allá de las palabras* recycles essential functions and grammar structures throughout the book. Description; narration in the present, past, and future; comparison; expression of opinion; summarizing and hypothesizing all recur in a variety of formats that sustain the students' interest. Through systematic reinforcement, students increase their proficiency in each of these important communicative functions.

Graduated complexity of grammar activities

To facilitate the learning process, *Más allá de las palabras* begins each set of grammar activities with mechanical practice: identification of forms, conjugation of verbs, fill-in-the-blank, etc.

Subsequent activities gradually build to more open-ended practice in which students create with the language. As a result, students are able to perform complex speaking and writing tasks without feeling overwhelmed.

Ample practice of all four skills

Más allá de las palabras reinforces **reading** skills with four passages per chapter, including one literary selection. Pre- and post-reading activities support and guide students. In addition, *Momento de reflexión* questions encourage students to pause during the reading process to reflect on what they have read. Students practice **listening** comprehension in one *Miniconferencia* per chapter, four listening activities per chapter in the *Activities Manual*, and two video segments available in *WileyPLUS*. *WileyPLUS* also contains a recorded version of each *Ven a conocer* reading and each chapter vocabulary list. The program features **speaking** practice in each subsection of each *tema*: students speak in pairs or small groups about readings and *Miniconferencias*, and they apply grammar points in numerous oral activities. *En vivo* live language coaching sessions lower anxiety about speaking and develop confidence and conversation skills. The *Activities Manual* contains a section titled *Para pronunciar mejor* targeting Spanish sounds that typically challenge native English speakers. Informal **writing** practice appears in the context of each reading, *Miniconferencia*, and grammar section of the textbook as well as throughout the *Activities Manual*. The *Más allá de las palabras* section of each chapter features one structured composition, which integrates themes, vocabulary, and grammar covered in the chapter's three *temas*. This assignment is process-based and offers students detailed support for each step.

High interest literary selections

Más allá de las palabras treats literature as both a cultural and an artistic expression. The literary selection in each chapter reflects one of the chapter's cultural themes, and activities in both the textbook and the *Activities Manual* require students to interact personally with the text and reflect on the author's literary art.

Humor and light material

Más allá de las palabras features cultural and linguistic details that appeal to students' sense of humor and creativity. Role-play activities allow students to put their own spin on history by impersonating fictional characters or historical figures. Many of the *Vocabulario para conversar* activities present humorous situations and provide students the linguistic strategies to engage fully. A *Curiosidades* section of each chapter offers a game, joke or amusing feature.

NEW FEATURES OF THE THIRD EDITION

- Parallel chapter structure throughout with one reading or *Miniconferencia* in each of three *temas* followed by *Más allá de las palabras* section
- Cultural content updated
- Revised grammar explanations with additional examples of usage
- New mechanical grammar activities in each *tema*; revised grammar activities throughout. Increased focus on mechanical grammar activities in *Activities Manual*
- New feature (*Vocabulario esencial*) that integrates practical, every-day vocabulary in each set of grammar activities

- *Ven a conocer*, including *Viaje virtual*, featured in *Más allá de las palabras* section
- End-of-chapter vocabulary lists refocused on readings, *Miniconferencias*, and *Vocabulario esencial*
- Revised *Miniconferencias* for Chapters 2, 6, and 7
- New feature (*Videoteca*) available in *WileyPLUS* that includes new video footage relevant to chapter themes
- Historical readings (*Perfiles*) from second edition easily accessible to students and instructors in *WileyPLUS*

CHAPTER ORGANIZATION

Más allá de las palabras is theme-based in chapters 1 through 5, and chapters 6 through 10 develop a theme in the context of a region of the Spanish-speaking world. The chapters, subdivided into three *Temas*, contain the following sections:

Lectura or Miniconferencia

Temas 1 and 3 begin with a photo-illustrated text that introduces and develops a theme related to life in the Spanish-speaking world. Pre-reading activities emphasize the activation of background knowledge and the development of reading strategies with an emphasis on vocabulary building. Post-reading activities integrate the theme into written and oral communicative practice and reinforce vocabulary. Some activities call for individual completion while others require working in pairs or groups. Tema 2 begins with a mini-lecture (*Miniconferencia*) that features pre- and post-listening activities.

Gramática

This section provides concise and user-friendly grammatical explanations in English with examples in Spanish drawn from the readings or the chapter's cultural theme. The explanation is followed by activities designed to move students gradually from controlled to more open-ended and creative practice. At least one grammar activity is supported by a list of *Vocabulario esencial* containing words and phrases students need to complete the designated task. The *Grammar Reference* section at the end of the book provides support for students to review first-year grammar topics, and grammatical information that goes beyond the material presented in the chapter. *WileyPLUS* features animated grammar tutorials that offer students a clear, step-by-step review of all grammar points.

Vocabulario para conversar

In each *Tema*, this section focuses and builds on the communicative functions and strategies learned in first-year Spanish and exposes students to new ones. Students acquire relevant vocabulary as they practice each function in open-ended dialogues in specific contexts.

Curiosidades

In *Temas* 1 and 2, this enjoyable section includes music, jokes, recipes, games, fun activities, and tests integrated with the chapter's themes. *Curiosidades* provides continuing opportunities for language use in the context of lighter material.

Color y forma

In *Tema* 3 students observe a work of art and, through speaking or writing activities, express their reactions. Each work reflects a thematic connection to the chapter.

Each chapter ends with a section called *Más allá de las palabras* subdivided as follows:

Redacción

This section takes a process-oriented approach to the development of writing skills. Writing assignments include a variety of text types from description and narration to exposition and argumentation. Each step in the process assists the intermediate writer in generating a clear writing plan and organizing and expressing ideas in a coherent manner.

Ven a conocer

This section presents a site of interest in the Spanish-speaking world. *Ven a conocer* offers interactive pre- and post-reading activities and stimulates students' interest in traveling to the area and/or exploring it in more depth on the Internet through a suggested *Viaje virtual*.

El escritor tiene la palabra

Excerpts by major literary figures illustrate a theme from each chapter. Post-reading activities emphasize comprehension and prompt students to analyze the text critically. The *Activities Manual* includes additional exercises that introduce students to systematic literary analysis and literary terminology.

Videoteca

The textbook briefly describes the themes of two video segments available in *WileyPLUS*. Instructors or students can download the accompanying activity, which contains pre-viewing, while viewing, and post-viewing exercises. Video segments and accompanying activities provide additional cultural content and listening practice.

Vocabulario

Every chapter ends with a complete list of vocabulary from readings, the miniconferencia, and *Vocabulario esencial*. All items also appear in the Glossary at the end of the book.

LESSON PLANNING

Más allá de las palabras as a menu of options

Selection and distribution of materials will depend on the curricular goals of each Spanish language program and on each university's class schedule. *Más allá de las palabras* offers sufficient flexibility to accommodate a variety of schedules and student learning outcomes through targeted selection. For example, if oral production is a primary goal of your language program, you would want to cover the *Vocabulario para conversar*, the last several activities from *Gramática*, the pre-reading and pre-listening activities, and *Color y forma*. Perhaps you would omit the writing assignment in *Redacción* and the readings in *Ven a conocer* and/or *El escritor tiene la palabra*. If grammar is an important focus in your program, you could supplement the explanations and activities in the textbook *Gramática* with the Grammar Reference in the appendix and the animated Grammar Tutorials in *WileyPLUS* in addition to assigning most or all of the *Gramática* exercises in the *Activities Manual*.

Activities in the textbook and *Activities Manual*

Textbook activities are designed for in-class use, although some mechanical grammar and reading comprehension exercises would make appropriate homework assignments. The *Entrando en materia* section in each *Tema* is designed to activate background knowledge, encourage students to anticipate the *Tema*'s topic, and acquire necessary vocabulary before reading or listening. Post-reading or listening activities scaffold from simple comprehension to more complex interactive pair and group tasks. Textbook grammar activities begin with recognition and identification and move to interaction as students use the grammar to communicate ideas related to the theme of each *Tema*. The *Activities Manual* provides homework practice in reading, writing and listening for the individual student; various mechanical exercises reinforce vocabulary and grammar, and open-ended activities require reflective writing and cultural comparison.

Más allá de las palabras in two semesters or three quarters

The following table illustrates how the material in each chapter of *Más allá de las palabras* could be covered and tested in three weeks. By following this schedule, 5 chapters of the book may be covered over a fifteen-week semester with classes meeting 2/3/4 days per week for a total of 150-200 minutes. Instructors with more class time may devote additional days to assessment or make more extensive use of the resources in *WileyPLUS*. Conversely, instructors with less time can choose to omit certain features, depending on the curricular goals of their program. Instructors on the quarter system might cover four chapters in the third quarter or omit one of the chapters during the course of the academic year.

An asterisk means the section, or a part of it, can be completed out of class.

Week 1	Tema 1
	Lectura*
	Gramática*
	Vocabulario para conversar
	Curiosidades *
	Tema 2
	Miniconferencia
Week 2	**Tema 2**
	Gramática*
	Vocabulario para conversar
	Curiosidades*
	Tema 3
	Lectura*

Week 3	Tema 3
	Gramática*
	Vocabulario para conversar
	Color y forma*
	Más allá de las palabras
	Redacción*
	Ven a conocer*
	El escritor tiene la palabra*
	Chapter test

Más allá de las palabras in one semester

Programs with limited contact hours and universities with a one-semester intermediate Spanish program should consider a **custom-published version** of the text. Covered in one semester, Chapters 1–5 treat topics related to daily life and reinforce skills addressed in most intermediate programs: description; narration in the present, past, and future; comparison; and expression of doubt, emotion, and advice in the present and the past. The customized version of the text would include the Grammar Reference, Glossary Spanish-English and English-Spanish, Verb Tables, and all textbook resources and *WileyPLUS* materials. (Speak to your Wiley sales representative to arrange for a custom-published version of *Más allá de las palabras*.)

The Complete Program

For a desk copy or electronic access to any of these program components, please contact your local Wiley sales representative, call our Sales Office at 1-800-CALL-WILEY (1-800-225-5945), or contact us online at www.wiley.com/college/gallego.

Student Textbook
978-1-118-51234-0

The textbook is organized into ten chapters, each of which is divided into three thematically complementary *Temas*, and culminates in the *Más allá de las palabras* section.

Annotated Instructor's Edition
978-1-118-51237-1

The Annotated Instructor's Edition includes a variety of marginal annotations with teaching tips, expansion activities and answers to discrete point exercises.

Activities Manual
978-1-118-51235-7

The *Activities Manual*, available both printed and online through **WileyPlus**, includes vocabulary, grammar, listening, writing and pronunciation activities designed to provide additional individual practice. Each chapter in the *Activities Manual* follows the structure and content presented in each corresponding chapter in the textbook. The Answer Key to the written responses in the Lab Manual appears at the end of the book. Electronic files for the Answer Key as well as for the audio scripts are available on the *Más allá de las palabras* Instructor Companion Site at www.wiley.com/college/gallego and in *WileyPLUS* as an Instructor Resource.

Más allá de las palabras Video

Más allá de las palabras has two videos per chapter featuring short documentaries and interviews with native speakers designed to expand on the cultural topics presented in the textbook. Pre-viewing, viewing and post-viewing activities are available in *WileyPLUS*. Video segments are available digitally in *WileyPLUS* and on the Instructor and Student Companion Sites.

Explore Your Ordering Options

The textbook is available in various formats. Consider an eBook, loose-leaf binder version or a custom publication. Learn more about our flexible pricing, flexible formats and flexible content at http://www.wiley.com//college/sc/masalla/options.html.

WileyPLUS
www.wileyplus.com

WileyPLUS is an innovative, online teaching and learning environment, built on a foundation of cognitive research, that integrates relevant resources, including the entire digital textbook, in an easy-to-navigate framework that helps students study effectively. Online *Activities Manual* available in *WileyPLUS* builds students' confidence because it takes the guesswork out of studying by providing a clear roadmap to academic success. With *WileyPLUS*, instructors and students receive 24/7 access to resources that promote positive learning outcomes. Throughout each study session, students can assess their progress and gain immediate feedback on their strengths and weaknesses so they can be confident they are spending their time effectively.

WHAT DO STUDENTS RECEIVE WITH *WILEYPLUS*?

- An easy-to-navigate, interactive online version of the textbook, organized by sections.
- Related supplemental material that reinforces learning objectives.
- Innovative features such as self-evaluation tools improve time management and strengthen areas of weakness.

One-on-one Engagement. With *WileyPLUS* for ***Más allá de las palabras*** students receive 24/7 access to resources that promote positive learning outcomes. Students engage with related activities in various media including:

- **Blackboard IM functionality:** Student collaboration tool with IM, whiteboard, and desktop sharing capabilities.
- **Audio Program:** The Audio Program includes recordings of the textbook (*Miniconferencia, Ven a conocer, Vocabulario esencial,* and vocabulary list at the end of the chapters) and the listening and pronunciation activities in the *Activities Manual.* The Audio Program is available in *WileyPLUS* and on the Book Companion Site at www.wiley.com/college/gallego.
- **Wimba Voice Response Questions and Wimba VoiceBoards:** Recording functionality that allows instructors to test students' speaking skills.
- **Electronic Activities Manual:** Allows instructors to assign Workbook and Lab Manual activities which are then sent straight to the gradebook for automatic and manual grading options. Available in the assignment section of *WileyPLUS.*
- **In-text activities:** Assignable electronic versions of select textbook activities that test students' understanding of grammar and vocabulary.
- **Animated Grammar Tutorials:** Animation series that reinforces key grammatical lessons.
- **Map Quizzes:** Interactive study tool that tests students' geographical knowledge of Spanish-speaking countries and cities.
- **Audio Flashcards:** Offers pronunciation, English/Spanish translations, and chapter quizzes.
- **Verb Conjugator:** Supplemental guides and practice for conjugating verbs.
- **English Grammar Checkpoints:** Alphabetical listing of the major grammar points from the textbook that allows students to review their use in the English language.
- *La pronunciación:* Guide that offers basic rules and practice for pronouncing the alphabet, diphthongs, accent marks and more.

Measurable Outcomes. Throughout each study session, students can assess their progress and gain immediate feedback. *WileyPLUS* provides precise reporting of strengths and weaknesses, as well as individualized quizzes, so that students are confident they are spending their time on the right things. With *WileyPLUS*, students always know the exact outcome of their efforts.

WHAT DO INSTRUCTORS RECEIVE WITH *WILEYPLUS*?

WileyPLUS provides reliable, customizable resources that reinforce course goals inside and outside of the classroom as well as tracking of individual student progress. Pre-created materials and activities help instructors optimize their time:

- **Sample Syllabi:** 2-semester/2-times per week; 15-week/3-times per week/100 minutes per class
- **Miniconferencias PowerPoint Presentations:** The PowerPoint presentations are an audiovisual complement to the *Miniconferencias* of Tema 2 of each textbook chapter.
- **Image Gallery:** Collection of the photographs, illustrations and artwork from each chapter of the textbook.
- **Pre-built, Quick Start Question Assignments:** Available in a variety of options, these pre-built electronic quizzes allow instructors to test students' understanding of vocabulary, grammar, and culture, as well as their reading, writing, listening and speaking skills.
- **Test bank:** Collection of assignable questions that allow instructors to build custom exams; select Test bank questions are also available in Word documents.
- **Printable exams with answer keys, audio files, and scripts:** All of the components that instructors need to distribute printed exams in class. There are three different exam versions per chapter.
- **Lab Manual audio script:** Script for each of the seven listening activities per chapter.
- **Gradebook:** *WileyPLUS* provides access to reports on trends in class performance, student use of course materials, and progress towards learning objectives, helping inform decisions and drive classroom discussions.

EN VIVO LANGUAGE COACHING SESSIONS

With the *En vivo* option, regularly scheduled, live, online coaching sessions reinforce language skills and further explore cultural notions. A special set of activities per each chapter provides a framework for conversation, and a native-speaking language coach encourages students practice the Spanish they're learning in weekly coaching sessions. For more information, contact your Wiley representative, or visit http://www.wiley.com/college/sc/envivo.

SPANISH READER

You can create your own cultural Spanish Reader to accompany *Más allá de las palabras* choosing from wide variety of authentic articles written by journalists and writers from the 21 Spanish-speaking countries. Visit http://mywiley.info/puntoycoma for more information.

STUDENT COMPANION SITE
www.wiley.com/college/gallego

The Student Companion Site contains complimentary self-tests, audio flashcards, the Verb Conjugator or System with practice handouts, accompanying audio for the textbook and Lab Manual, map quizzes, and videos.

INSTRUCTOR COMPANION SITE
www.wiley.com/college/gallego

The Instructor Companion Site includes the student resources mentioned above, plus handouts, answer keys, scripts, and audio files to accompany chapter level, mid-term, and final exams. It also includes a Word version of the Test Bank, an image gallery, answer keys for the Lab Manual, and audio and video scripts.

Acknowledgments

The authors of *Más allá de las palabras* third edition would like to thank our families for their patience and support; the Wiley World Languages team for their belief in and attention to our project; our colleagues, from whom we have learned so much; and especially our students, who have challenged and inspired us over the years.

We are indebted to the loyal users of *Más allá de las palabras*, who over the years have continued to give us valuable insights and suggestions. For their candid commentary, mindful scrutiny, and creative ideas, we wish to thank the following reviewers and contributors for this edition:

Linda Ables, *Gadsen State Community College*, Ana Afzali, *Citrus College*, Geraldine Ameriks, *University of Notre Dame,* Youngmin Bae, *Los Angeles City College,* Marta Bermúdez, *Mercer County Community College,* Jane Bethune, *Salve Regina University,* Ruth Bradner, *Virginia Commonwealth University,* Nancy Broughton, *Wright State University,* Karen W. Burdette, *Tennessee Technological University,* Dwayne Carpenter, *Boston College,* Nancy Joe Dyer, *Texas A&M University,* Héctor Enríquez, *University of Texas,* Antonia García Rodríguez, *Pace University,* Martin Gibbs, *Texas A&M University,* Lydia Gil-Keff, *University of Denver,* Marilyn Harper, *Pellissippi State Technical Community College,* Josef Hellebrandt, *Santa Clara University,* Amarilis Hildalgo-DeJesús, *Bloomsburg University,* Ann M. Hilberry, *University of Michigan,* Laurie Huffman, *Los Medanos College,* Nieves Knapp, *Brigham Young University,* Jorge Koochoi, *Central Piedmont Community College,* Amalia Llombart, *Fairfield University,* Gillian Lord, *University of Florida,* Deanna Mihaly, *Eastern Michigan University,* Rosa-María Moreno, *Cincinnati State Technical &Community College,* Lucy Morris, *James Madison University,* Andy Noverr, *University of Michigan,* Gayle Nunley, *University of Vermont,* Michelle R. Orecchio, *University of Michigan,* Lucía Osa-Melero, *University of Texas,* Yelgy Parada, *Los Angeles City College,* Federico Pérez Pineda, *University of South Alabama,* Stacey Powell, *Auburn University*, Anne Marie Prucha, *University of Central Florida,* María Luisa Ruiz, *Medgar Evers College,* Núria Sabaté-Llobera, *Centre College,* Nori Sogomonian, *San Bernardino Valley College,* Cristóbal Trillo, *Joliet Junior College,* Lara Wallace, *University of Ohio,* Ari Zighelboim, *Tulane University,* Eduardo Acuna Zumbado, *Missouri State University,* Ester Suarez Felipe, *UW-Milwaukee ,* Gregory Thompson, *University of Central Florida,* Karen Berg, *College of Charleston,* Kathleen Wheatley, *University of Wisconsin-Milwaukee,* Laura Sanchez, *Bethel University,* Luis Silva Villar, *Mesa State College ,* Michael Vrooman, *Grand Valley State University,* Pedro Koo, *Missouri State University,* Robert Parsons, *University of Scranton,* Tim Mollet, *Ohio University Southern,* Victoria Rivera Cordero, *Seton Hall University,* Yasmin Diaz, *Kansas State University,* Isabel Larrotiz, *University of Michigan,* Juan Carlos de los Santos, *University of Michigan,* Kathleen Ann Forrester, *University of Michigan,* Patricia Silvia Peker, *University of Michigan,* Beatriz Cobeta, *George Washington University,* Benjamin Schmeiser, *Illinois State University,* Carla Maria Iglesias, *University of Michigan,* Cristina Pardo Ballester, *Iowa State University,* David G. Anderson, *John Carroll University,* Kit Decker, *Paradise Valley Community College,* Mary Frances Castro, *University of North Carolina at Charlotte,* Oscar Flores, *SUNY University-Plattsburgh,* Shannon Hahn, *Durham Technical Community College,* Sharon knight, *Presbyterian College,* Tatiana M.Calixto, *University of Michigan,* Vanessa Lago Barros, *SUNY Rockland Community College,* William Lee Mc Alister, *University of Michigan Ann Arbor,* An Chung Cheng, *University of Toledo,* Bethany Sanio, *University of Nebraska–Lincoln,* Isabel Dominguez, *State University of New York at Buffalo,* Laura Ruiz Scott, *Scottsdale Community College,* Agnieszka Gutthy, *Southeastern Louisiana University,* Alfonso Illingworth Rico, *Eastern Michigan University,* Alicia Munoz Sanchez, *University of California, San Diego,* Amos Kasparek, *Bob Jones University,* Barbara Avila Shah, *University at Buffalo , SUNY,* Carina Graf, *University of Michigan,* Carolina Purdy, *University of Michigan Ann Arbor,* Juan Martin, *University of Toledo,* Leyre Alegre, *University of Michigan, Ann Arbor,* Mai Nazif, *Santa Rosa Junior College,* Vanessa Valdez, *The City College of New York,* Marcela Baez, *Florida Atlantic University,* Marianne Verlinden, *College of Charleston,* Michael Kistner, *University of Toledo,* Sandra Watts, *University of North Carolina at Charlotte,* Shannah Steel, *Bob Jones University,* Silvana Hrepic, *Cuyahoga Community College*

Olga Gallego Smith, Concepción B. Godev, and Mary Jane Kelley

Contenido

CAPÍTULO 3 NUESTRA COMUNIDAD BICULTURAL

CAPÍTULO 4 LA DIVERSIDAD DE NUESTRAS COSTUMBRES Y CREENCIAS

CAPÍTULO 8 EXPLORAR NUESTRO MUNDO (CENTROAMÉRICA)

TEMA 1 QUÉ LLEVAR PARA VIAJAR

TEMA 2 VIAJAR Y RESPETAR EL MEDIO AMBIENTE

TEMA 3 VIAJAR PARA SERVIR A LA COMUNIDAD

CAPÍTULO 9 NUESTRA HERENCIA PRECOLOMBINA (PAÍSES ANDINOS)

CAPÍTULO 10 NUESTRA PRESENCIA EN EL MUNDO (PAÍSES DEL CONO SUR)

TEMA 2 LA INMIGRACIÓN FORJA UNA CULTURA

TEMA 3 LA EMIGRACIÓN DE LAS NUEVAS GENERACIONES

CAPÍTULO

1

NUESTRA IDENTIDAD

Objetivos del capítulo

En este capítulo vas a...

- ampliar tus conocimientos generales sobre la identidad hispana.
- describir y narrar en el presente y en el pasado.
- usar el circunloquio, controlar el ritmo de una conversación y conversar por teléfono.
- escribir una descripción.

TEMA

©Robert Fried/Alamy

Los jóvenes hispanos en Latinoamérica y en España tenemos muchas cosas en común con ustedes, pero muchos aspectos de nuestra vida son muy diferentes. Por ejemplo, en España muchos estudiantes universitarios viven con sus padres mientras asisten a la universidad. ¿Es igual en tu caso?

Quiénes somos

Doug Menuez/Photodisc/Getty Images

Bienvenido a *Más allá de las palabras* y a tu clase de español. Este libro te va a ayudar a continuar tus estudios del español por medio de la exploración de una variedad de temas. Para empezar, vas a conocer un poco más a tus compañeros de clase y a tu instructor/a de español. En un papel, anota tus respuestas a las siguientes preguntas. Las respuestas deben ser breves.

- ¿Qué palabra define mejor tu apariencia física?
- ¿Qué palabra o palabras define(n) mejor tu personalidad?
- ¿Qué es lo más interesante de ti?
- ¿Qué es lo más interesante de tu familia?
- ¿Qué palabras definen mejor tu cultura?

Ahora, intercambia tu papel con un compañero o compañera. Lee sus respuestas y circula por la clase intentando encontrar a un/a estudiante que tenga algo en común con tu compañero/a. Usa las respuestas como guía. Después, presenta a tu compañero/a a esa persona. Cuando tu instructor/a diga "YA", tú, tu compañero/a y su nuevo/a amigo/a deben regresar a sus pupitres correspondientes. Tienes cinco minutos: ¡Adelante!

Por si acaso

Expresiones útiles para comparar respuestas con otro estudiante

¿Qué tienes/ pusiste en el número 1/ 2/ 3?
Yo tengo/ puse a/ b.
Yo tengo algo diferente.
No sé la respuesta./ No tengo ni idea.
Creo que la respuesta es a/ b, pero no estoy seguro/a.
Creo que es cierto./ Creo que es falso.

Entrando en materia

 1–1. Las redes sociales. Hoy en día, los jóvenes de todas partes del mundo se conocen y se comunican en las redes sociales cibernéticas como Facebook y MySpace. ¿Son miembros de una red social? En parejas, comenten su experiencia en las redes sociales.

- con qué frecuencia visitan la red social
- quiénes son sus amigos; de dónde son; ¿los conoces bien?
- su opinión sobre el valor de las redes sociales; ¿creen que son un buen método de comunicación?, ¿qué problemas pueden presentar?, ¿son peligrosas?

1–2. Vocabulario: Antes de leer. La lectura de esta sección reproduce unas páginas de la red social MisPáginas.com. Antes de conocer a los participantes, busca las siguientes palabras y expresiones en la lectura (están marcadas en negrita) para ver si puedes deducir su significado. Selecciona la opción correcta para cada una. Después, compara tus respuestas con las de un/a compañero/a.

1. **taínos**
   a. grupo indígena de Puerto Rico
   b. el nombre que Cristóbal Colón le dio a la isla de Puerto Rico cuando llegó a sus costas por primera vez

2. **padrísimo**
   a. una expresión del español de México sinónima de *fantástico*
   b. una expresión común para referirse a un padre

3. **platicando**
   a. sinónimo de *plata*
   b. sinónimo de *hablando*

4. **compaginar**
   a. pasar las páginas de un libro
   b. sinónimo de *combinar*

5. **ocio**
   a. un tipo de animal muy común en Latinoamérica
   b. el tiempo libre

6. **tiro con arco**
   a. un deporte que requiere el uso de una flecha (*arrow*) y un arco
   b. un deporte que requiere el uso de una pistola

7. **malabarismo**
   a. una actividad de entretenimiento con malas consecuencias
   b. una actividad de circo

8. **cortar el rollo**
   a. una forma coloquial de expresar que se va a dejar de hacer algo
   b. una expresión de enfado o agresividad

MisPáginas.com: Charla con amigos

 Hola, soy María Ángeles, una muchacha simpática (aunque quede mal que yo lo diga) y alegre. Soy de Tuxpan. ¿Hay alguien más de México por aquí?

 Hola María Ángeles, soy Patricia. No soy de México, soy de la "isla del encanto". ¿Sabes dónde está?

 Sí, sí lo sé, la isla del encanto es Puerto Rico, ¿no?

 Sí, es Puerto Rico. Yo soy de Guaynabo, un lindo pueblo cerca de San Juan, la capital.

 Guaynabo... qué palabra tan extraña. ¿Eso es español?

 No, es un término de los indios **taínos** que significa "lugar de muchas aguas".

 Hola chicas, pido perdón por interrumpir la conversación pero me parece que alguien dijo que es de Tuxpan... Yo he escuchado muchas cosas interesantes sobre ese lugar. ¿Cómo es? Ah, por cierto, me llamo José.

 Hola José, sí, escuchaste bien. Yo soy de Tuxpan. Tuxpan es un pueblito de unos 150,000 habitantes, en la costa norte del estado de Veracruz, en México. Es un lugar **padrísimo** para pasar las vacaciones.

 José, bienvenido al chat. ¿No es maravilloso esto de poder comunicarse con gente de todas partes en un solo sitio? Creo que es una experiencia maravillosa.

 Sí, Patricia, tienes razón, es increíble esto del ciberespacio. Yo soy español, nacido en el 69, y trabajo como profesor de español.

 José, me parece que eres el más viejo de los tres. Yo nací en el 75, el 7 de diciembre exactamente.

 Oye, ¿el 7 de diciembre no hay una celebración en México?

 Sí, es el Día del Niño Perdido, una celebración católica que recuerda cuando Jesús se perdió a los siete años de edad después de visitar el templo con sus padres.

 ¿Y cómo celebráis eso?

 Pues ese día, a las 7 de la tarde se colocan velitas encendidas en las banquetas del pueblo.

 ¿En dónde? ¿En unas banquetas? ¡No lo entiendo!

 Claro, María Ángeles, es que José es español y para él una banqueta es como una silla. José, en México le llaman banqueta a lo que tú llamas acera, el sendero por donde caminas por la calle.

 Ah, no lo sabía, bueno, perdón por la interrupción...

 ¡Qué cómico resulta esto de hablar con gente de otros sitios! Bueno, como decía, las luces eléctricas se apagan para que la luz de las velitas brille más, y todo el mundo sale a la calle, y pasa la tarde **platicando** con amigos y vecinos, y los niños juegan con carritos de cartón que llevan una velita encendida. Así ayudan a la Virgen María a buscar al niño perdido. Patricia, yo voy a Puerto Rico el mes que viene. ¿Quieres quedar para tomar un café?

María Ángeles: ©Jacom Stephens/iStockphoto; Patricia: PhotoAlto/Eric Audras/Getty Images; and José: Fuse/Getty Images

Capítulo 1 Nuestra identidad

No sabes cuánto me gustaría, pero ya no vivo en Puerto Rico. Ahora vivo en California, porque estoy estudiando epidemiología y mi esposo está aquí trabajando como ingeniero civil en una constructora. ¡Cuánto me gustaría volver a mi isla!

 Sí, es difícil vivir lejos de la familia... Por eso yo me quedé en España, y aún así tengo problemas para **compaginar** el trabajo, el **ocio** y las visitas a la familia.

 José, ¿qué hace un muchacho como tú en su tiempo libre?

 Todo depende del tiempo y del dinero, ya sabes, pero... me gusta hacer cosas aventureras, como el **tiro con arco** y el **malabarismo**. También me encantaría tener un caballo, pero... volvemos al tema del dinero...

 Sí, por eso yo me dedico a cocinar en mis ratos libres, así por lo menos puedo comerme lo que hago.

 Yo también cocino pero prefiero que me cocinen. También me gusta decorar interiores; creo que sería bueno como decorador, aunque a veces me paso con las plantas...

 ¿Cómo que te pasas?

 Quiero decir que a veces pongo demasiadas plantas en las habitaciones que decoro, porque me gustan mucho y no sé controlarme... ¡Mi apartamento parece una jungla!

 Yo no sirvo para cuidar plantas, todas se mueren enseguida en mi casa. Mi esposo, Carlos, es alérgico a muchas plantas también, por eso no tenemos ninguna.

 Patricia, ¿en qué piensas trabajar cuando termines los estudios?

 No estoy totalmente segura, pero en algo relacionado con las ciencias de la salud. Me gustaría ser profesora, como tú.

 Sí, es una gran profesión. A mí me encanta mi trabajo porque me permite conocer a gente nueva continuamente. Es como una pequeña creación artística, como una obra de teatro en la que todos participan. Algún día creo que voy a escribir una novela sobre mis experiencias.

 Bueno, ha sido un placer platicar con ustedes pero ahora me tengo que marchar. ¡A ver si nos vemos por el ciberespacio un día de estos!

 Sí, déjame un mensaje cuando regreses de Puerto Rico y así me cuentas cómo fue el viaje.

 Sí, te dejaré un mensaje en el tablón de anuncios. Bueno, José, ha sido un placer. ¡Hasta lueguito!

 Sí, yo también tengo que **cortar el rollo** porque tengo una clase dentro de una hora. ¡Cuidaos mucho y hasta la próxima!

 ¡Chao a todos!

1–3. ¿Te identificas? Estas son afirmaciones que hicieron los participantes de la red social. Escribe *sí* junto a las afirmaciones con las que tú te identificas y *no* junto a las demás.

1. _____ Es maravilloso poder comunicarse con gente de todas partes en un solo sitio.

2. _____ Soy una persona simpática y divertida.

3. _____ Tengo problemas para compaginar el trabajo, el ocio y las visitas a la familia.

4. _____ Me encanta mi trabajo porque me permite conocer a gente nueva continuamente.

5. _____ A mí me gusta cocinar, pero prefiero que me cocinen.

6. _____ Yo no sirvo para cuidar plantas, se me mueren todas enseguida.

1–4. Detalles. En parejas, respondan a las siguientes preguntas oralmente. Pídanle a su compañero/a que aclare la información que no entiendan.

Estudiante A:

¿Qué sabes de Tuxpan?

¿Qué me puedes decir sobre María?

¿Qué pasa el 7 de diciembre?

Estudiante B:

¿Qué sabes de Guaynabo?

¿Qué me puedes decir sobre Patricia?

Dime tres cosas interesantes sobre José.

1–5. Vocabulario: Después de leer. Aquí tienes la oportunidad de demostrar tus conocimientos del vocabulario nuevo. Rellena los espacios en blanco con la palabra adecuada de la red social.

ocio   malabarismo   taínos   padrísimo   platicar   compaginar

1. En las fiestas y las reuniones familiares, divierto a los niños con mis demostraciones de _____.

2. Mi vida en la universidad es muy ocupada. Es difícil _____ los estudios, el trabajo y mis actividades en el tiempo libre.

3. Los _____ habitaban las islas del Caribe.

4. En México, se usa la expresión _____ para indicar que algo es muy bueno o divertido y el verbo _____ para decir "charlar."

5. Mi actividad favorita de _____ es el tiro con arco y flecha.

1–6. ¿Quién es más interesante? En grupos de tres, seleccionen a la persona de la red que les parezca más interesante. Con la información que tienen y su imaginación, creen una minibiografía de esa persona. Anoten todos los datos y después, compartan su historia oralmente con los demás grupos. ¡Sean tan creativos como puedan!

MODELO

Bueno, nosotros creemos que José es el más interesante porque quiere escribir una novela sobre su vida.

Gramática

Uses of ser and estar (to be)

ser		estar	
soy	somos	estoy	estamos
eres	sois	estás	estáis
es	son	está	están

Ser is used to:

1. establish the essence or identity of a person or thing.

    Patricia **es** estudiante de epidemiología.   *Patricia is an epidemiology student.*

2. express origin.

    José **es** de España.   *José is from Spain.*

3. express time.

    Son las 3:00 de la tarde.   *It is 3:00 in the afternoon.*

4. express possession.

    La computadora **es** de María Ángeles.   *The computer is María Ángeles'.*

5. express when and where an event takes place.

    La fiesta del niño perdido **es** en diciembre.   *The feast of the lost child is in December.*

    ¿Dónde **es** la fiesta? La fiesta **es** en Tuxpan.   *Where is the party? The party is in Tuxpan.*

Estar is used to:

1. express the location of a person or object.

    La casa de María Ángeles **está** en Tuxpan.   *María Ángeles' house is in Tuxpan.*

2. form the progressive tenses.

    José **está** practicando artes marciales.   *José is practicing martial arts.*

Ser and estar with Adjectives

Use **ser** with adjectives:

1. to express an essential characteristic of a person or object.

    María Ángeles **es** espontánea.   *María Ángeles is spontaneous.*

2. to classify the person or object.

    José **es** español.   *José is Spanish.*

Use **estar** with adjectives:

1. to express the state or condition of a person or object.

    Patricia **está** triste porque extraña a   *Patricia is sad because she misses her family*
    su familia de Puerto Rico.   *in Puerto Rico.*

2. to express a perceived change or a subjective reaction, often with adjectives that would otherwise describe characteristics.

    Ay, Juanito. ¡Qué alto **estás**!   *Oh, Juanito. How tall you are (have become)!*
    Anita **está** muy elegante esta noche.   *Anita is (looks) very elegant tonight.*

WileyPLUS Go to *WileyPLUS* to review this grammar point with the help of the **Animated Grammar Tutorial** and **Verb Conjugator**. See also textbook Appendices with Grammar References and verb tables. For more practice, go to the **Activities Manual**.

1–7. Identificación. Tom necesita encontrar compañeros de apartamento y ha decidido escribir el anuncio en español, para atraer a estudiantes hispanos. Como verás, Tom tiene problemas con *ser* y *estar*, y nunca sabe cuál debe usar. Ayúdalo a identificar la opción correcta en cada caso.

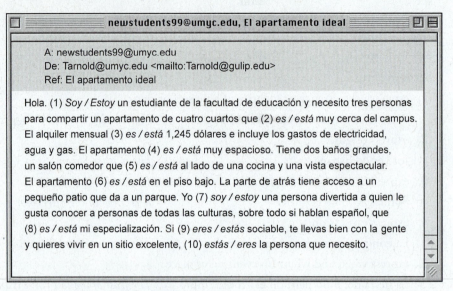

newstudents99@umyc.edu, El apartamento ideal

A: newstudents99@umyc.edu
De: Tarnold@umyc.edu <mailto:Tarnold@gulip.edu>
Ref: El apartamento ideal

Hola. (1) *Soy / Estoy* un estudiante de la facultad de educación y necesito tres personas para compartir un apartamento de cuatro cuartos que (2) *es / está* muy cerca del campus. El alquiler mensual (3) *es / está* 1,245 dólares e incluye los gastos de electricidad, agua y gas. El apartamento (4) *es / está* muy espacioso. Tiene dos baños grandes, un salón comedor que (5) *es / está* al lado de una cocina y una vista espectacular. El apartamento (6) *es / está* en el piso bajo. La parte de atrás tiene acceso a un pequeño patio que da a un parque. Yo (7) *soy / estoy* una persona divertida a quien le gusta conocer a personas de todas las culturas, sobre todo si hablan español, que (8) *es / está* mi especialización. Si (9) *eres / estás* sociable, te llevas bien con la gente y quieres vivir en un sitio excelente, (10) *estás / eres* la persona que necesito.

1–8. Las formas de los adjetivos. Usa la forma correcta de dos adjetivos diferentes con el verbo SER para describir a estas personas.

> **MODELO**
>
> (personalidad) **Mi mamá es trabajadora y capaz.**
> (rasgos físicos) **Mis amigas son atléticas y fuertes.**

1. (personalidad) Los profesores de mi universidad...
2. (rasgos físicos) Mi actriz favorita...
3. (personalidad) El presidente de Estados Unidos...
4. (rasgos físicos) Mis mejores amigos...
5. (personalidad) Yo...

1–9. Estados de ánimo. Usa la forma correcta de un adjetivo con el verbo ESTAR para describir el estado de ánimo de estas personas en cada situación.

> **MODELO**
>
> yo / a las ocho de la mañana
> **Estoy cansada a las ocho de la mañana.**

1. yo / en la clase de español
2. mi familia / en Navidad
3. los estudiantes / en un examen
4. mis amigos y yo / en una fiesta
5. mi compañero / a de cuarto / el domingo

1–10. Quién es quién en la clase de español.
Ahora ustedes van a conocer mejor a los estudiantes de
su clase de español. Descubran cuántas características en
común tienen con otras personas.

1. Primero, cada estudiante debe escribir una breve
   descripción de sí mismo/a, incluyendo rasgos físicos y
   de personalidad. Incluyan también su estado de ánimo
   en TRES situaciones diferentes: a las 8 de la mañana,
   en las fiestas, en un examen, etc.
2. Después, usando la información de la descripción,
   cada estudiante debe escribir cuatro o cinco preguntas
   para saber algo más sobre sus compañeros/as de clase.
3. Ahora, circulen por la clase y entrevisten a tres
   personas para intentar encontrar a alguien con quien
   tengan muchas cosas en común.

 1–11. Busco compañero de apartamento. En parejas,
imaginen que ustedes necesitan encontrar a una persona
para compartir su apartamento. Hablen de las características
que, en su opinión, debe tener esta persona y las que
no debe tener. Primero, deben ponerse de acuerdo para
asegurarse de que buscan el mismo tipo de persona.

 1–12. ¿Quieres vivir con nosotros? Ahora que ya se
han puesto de acuerdo sobre el tipo de persona que buscan,
preparen un texto muy llamativo para anunciarlo en el
periódico universitario. Describan:

- las "maravillosas" características que tiene el
  apartamento: su ubicación, cuántos cuartos tiene, cómo
  son estos cuartos, los muebles, el precio del alquiler
- las cosas que les gusta hacer y el tipo de personas que
  son ustedes
- por qué sería fantástico tenerlos a ustedes como
  compañeros: pueden hablar sobre los rasgos más
  positivos de su personalidad y su estado de ánimo en
  varias situaciones.

¡Usen la imaginación y sentido del humor! Después, lean
sus anuncios al resto de la clase. ¿Cuál es el anuncio más
convincente?

Vocabulario esencial

Hablar de los rasgos físicos, la personalidad y los estados de ánimo

Los rasgos físicos

atlético/a	*athletic*
débil	*weak*
delgado/a	*thin*
frágil	*fragile*
fuerte	*strong*
moreno/a	*dark (skin, hair, eyes)*
musculoso/a	*muscular*
pelirrojo/a	*red haired*
rechoncho/a	*stout*
rubio/a	*light (skin, hair, eyes)*

La personalidad

capaz	*capable*
divertido/a	*fun*
estudioso/a	*studious*
hogareño/a	*home-loving; domestic*
honrado/a	*honest*
ingenioso/a	*witty; clever*
insoportable	*unbearable*
trabajador/a	*hard-working*
tranquilo/a	*calm, mellow*

Los estados de ánimo

aburrido/a	*bored*
animado/a	*in high spirits*
cansado/a	*tired, worn out*
contento/a	*happy*
deprimido/a	*depressed*
impaciente	*impatient*
nervioso/a	*nervous*
relajado/a	*relaxed*
tenso/a	*tense*

Gramática

Direct-Object Pronouns

Before reviewing the direct-object pronouns, let's review the notion of *direct objects*. A direct object is a noun or a pronoun that receives the action of the verb directly; in other words, it is the *what* or *whom* of the action.

> José Fernández enseña español. *José Fernández teaches Spanish.*
> José Fernández teaches *what*? Spanish.
> *Spanish* is the direct object.

Direct-object pronouns are used to avoid repetitions of nouns that function as direct objects in a sentence.

> Patricia está muy ocupada con sus estudios; *Patricia is very busy with her studies; she will*
> **los** terminará pronto y regresará a Puerto Rico. *finish **them** soon and she will return to Puerto Rico.*

The use of **los** avoids the repetition of **sus estudios**.

Singular		Plural	
me	*me*	nos	*us*
te	*you (informal)*	os (*Spain*)	*you (informal)*
lo	*you (formal, male)*	los	*you (formal/informal, male or mixed gender)*
	him		*them (male/masculine or mixed gender)*
	it (masculine)		
la	*you (formal, female)*	las	*you (formal/informal, female)*
	her		*them (female/feminine)*
	it (feminine)		

Direct-object pronouns are placed immediately before the conjugated verb.

> ¿Leíste el mensaje de Patricia? Sí, **lo** leí.
> *Did you read Patricia's message? Yes, I read **it**.*

When an infinitive or present participle follows the conjugated verb, the direct-object pronoun can be placed before the conjugated verb or attached to the infinitive or present participle.

> ¿Vas a leer los mensajes de Patricia? Sí, **los** voy a leer. *o* Sí, voy a leer**los**.
> *Are you going to read Patricia's messages? Yes, I am going to read **them**.*
> ¿Quieres leer los mensajes de Patricia? Sí, **los** quiero leer. *o* Sí, quiero leer**los**.
> *Do you want to read Patricia's messages? Yes, I want to read **them**.*
> ¿Estás leyendo los mensajes de Patricia? Sí, **los** estoy leyendo. *o* Sí, estoy leyéndo**los**.
> *Are you reading Patricia's messages? Yes, I am reading **them**.*

With affirmative commands, direct objects are attached to the end of the verb. With negative commands, the direct-object pronoun must be placed between **no** and **the verb**.

> ¿Puedo usar tu computadora? Sí, úsa**la**. *o* No, no **la** uses.
> *May I use your computer? Yes, use **it**. or No, don't use **it**.*

WileyPLUS Go to *WileyPLUS* to review this grammar point with the help of the **Animated Grammar Tutorial** and **Verb Conjugator**. See also textbook Appendices with Grammar References and verb tables. For more practice, go to the **Activities Manual**.

1–13. Identificación. Identifica los pronombres de objeto directo en el párrafo siguiente.

Mis compañeros de apartamento y yo compartimos las tareas domésticas. Las hacemos consistentemente porque preferimos un apartamento limpio y ordenado. José Luis saca la basura los miércoles y yo la saco los sábados. En la cocina, Jorge siempre lava los platos y Lucho los coloca en la despensa. Una de las tareas más importantes es limpiar el baño; lo limpiamos a menudo.

 1–14. Mis tareas/tus tareas en la casa de la familia. En parejas, comparen la frecuencia con que hacen las tareas domésticas. Después, informen a la clase de tres diferencias.

> **MODELO**
>
> **Amy saca la basura cada semana pero yo nunca la saco.**

 1–15. ¿Quién lo va a hacer? Tú y tu compañero/a de cuarto tienen que organizar sus cosas en su nuevo apartamento. Túrnense para hacer preguntas y responderlas según el modelo.

> **MODELO**
>
> **Sacar / los libros de las cajas**
> **Estudiante A: ¿Quién va a sacar los libros de las cajas?**
> **Estudiante B: Yo los voy a sacar.** *o* **Voy a sacarlos yo.**
> **Estudiante A: Sí, por favor, sácalos.**

1. Encontrar / los platos
2. Colocar / los muebles
3. Organizar / los DVD
4. Guardar / el papel de periódico
5. Sacar / las plantas al balcón
6. Desempacar / las cajas

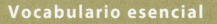
Hablar de las tareas domésticas

Las tareas domésticas

arreglar mi cuarto	*to straighten up my room*
barrer el suelo	*to sweep the floor*
compartir	*to share*
lavar	*to wash*
limpiar	*to clean*
pagar el alquiler/la factura	*to pay the rent/bill*
sacar la basura	*to take out the garbage*
soler (ue) (hacer algo)	*to usually do something*

La frecuencia

a menudo	*often*
cada día	*every day*
cada semana	*each week*
nunca	*never*
raras veces	*infrequently*
siempre	*always*

1–16. ¿Qué van a hacer esta noche? En parejas, túrnense para preguntarse sobre sus actividades para esta noche. Usen las expresiones siguientes u otras similares.

mirar la televisión   lavar la ropa   comer un pedazo de pizza
llamar a tus padres   limpiar el baño   pagar el alquiler

> **MODELO**
>
> **Estudiante A:** ¿Vas a llamar a tu novia esta noche?
> **Estudiante B:** Sí, la voy a llamar. *o* Sí, voy a llamarla.
>   No, no la voy a llamar. *o* No, no voy a llamarla.

Vocabulario para conversar

Circunloquio

When we are speaking, we sometimes temporarily forget words and we have to resort to explaining or describing the concept using the words we know. In other words, we get around our memory lapse by using circumlocution. When we resort to circumlocution, we can refer to an object by its characteristics, color, form, and what it's used for.

Usar el circunloquio

Some phrases that you can use are:

Es una cosa de color...	*The color is . . .*	Es una cosa que se usa para...	*It is a thing used for . . .*
Es una persona que...	*It's a person that . . .*		
Es un lugar que...	*It is a place that . . .*	Sabe a...	*It tastes . . .*
Es un animal que...	*It's an animal that . . .*	Suena a...	*It sounds like . . .*
Es algo que...	*It is something that . . .*	Se parece a...	*It looks like . . .*
		Huele a...	*It smells . . .*

1–17. Palabras en acción. Nuria, la novia de tu compañero, ha ido a tu apartamento a verlo pero él no está, y ella no habla inglés. Usa la información de los dibujos para explicarle dónde está tu compañero, qué está haciendo, adónde piensa ir y cuándo va a regresar. Describe cada cosa con detalle, para que ella te entienda.

Pablo está comprando en un lugar donde hacen pan y dulces.

 1–18. ¿Qué es? Tu compañero regresó y trajo sorpresas para todos. Pero primero, tienen que adivinar qué trajo. Uno/a de ustedes debe cerrar el libro. La otra persona debe elegir uno de los dibujos. El/La estudiante que cerró el libro debe hacer preguntas para adivinar qué dibujo eligió su compañero/a. Puede preguntar el color, la forma, el uso, de qué está hecho, etc. Después cambien de papel.

CURIOSIDADES

difícil	nuevo	interesante	aventurero
caro	simpático	tradicional	diferente

1–19. Juego de antónimos.
Tu instructor/a va a leer el antónimo de cada palabra a la izquierda. Todas estas palabras están en la lectura de MisPáginas.com (páginas 4-5). Escribe el antónimo debajo de la palabra correspondiente. Los estudiantes que tengan todas las palabras correctas ganan el juego.

Cómo somos, cómo vivimos

©Sergio Tafner Jorge/Tips Images RM/ age fotostock

©Marco Moretti:/Redux

©AP/Wide World Photo

A escuchar

Entrando en materia

 1–20. ¿Cómo es tu ciudad? Primero, cada persona debe responder a las preguntas siguientes pensando en su pueblo o ciudad natal. Después, comparen sus respuestas en parejas. ¿Son similares o diferentes sus ciudades natales?

1. ¿Qué áreas consideras mejores y peores?
2. ¿Qué actividades se realizan en las diferentes áreas?
3. ¿Qué áreas prefieren los jóvenes?
4. ¿Qué áreas prefieren los mayores?
5. ¿Cuál es el edificio más antiguo?
6. ¿Cuál es el edificio más moderno?

1–21. Vocabulario: Antes de escuchar. En este tema vas a escuchar una miniconferencia sobre los pueblos y las ciudades. Trata de familiarizarte con algunas palabras relacionadas con este tema. ¿Puedes identificar la letra de la definición que corresponde a cada expresión en negrita según su contexto?

<table>
<tr><th colspan="2">Expresiones en contexto</th><th>Definiciones</th></tr>
<tr><td>1.</td><td>El **edificio** más común en las plazas es la iglesia. En las plazas hay otros edificios además de la iglesia.</td><td>**a.** Es un sinónimo de crecimiento, aumento.</td></tr>
<tr><td>2.</td><td>Las ciudades y los pueblos **costeros** generalmente atraen más turismo que los pueblos del interior. La costa del área de Miami es una atracción para los turistas.</td><td>**b.** Son personas que venden productos de sitio en sitio, sin un puesto fijo.</td></tr>
<tr><td>3.</td><td>Una de las actividades más comunes que tiene lugar en una iglesia es **rezar**.</td><td>**c.** Es un espacio que sirve para vivir o para establecer oficinas y negocios.</td></tr>
<tr><td>4.</td><td>Los países llamados "desarrollados" tienen un alto **desarrollo** industrial, mientras que los países llamados "en vías de desarrollo" tienen una industria subdesarrollada.</td><td>**d.** Es lo opuesto de estar presente.</td></tr>
<tr><td>5.</td><td>Los rituales religiosos están **ausentes** en las plazas que no tienen iglesia. En las ciudades hay muchas plazas sin iglesia.</td><td>**e.** Son personas mayores que ya no trabajan.</td></tr>
<tr><td>6.</td><td>Los **vendedores ambulantes** son muy populares en las áreas turísticas, generalmente venden en las calles comida y objetos típicos del país.</td><td>**f.** Hablarle a Dios.</td></tr>
<tr><td>7.</td><td>Miami es un lugar muy popular entre los **jubilados**, por eso muchos residentes de esta ciudad tienen más de 65 años.</td><td>**g.** Es un adjetivo que se aplica a lugares que están cerca del océano o el mar.</td></tr>
</table>

 1–22. Clasificación semántica. Abajo tienen otras palabras del texto que van a escuchar. En parejas, clasifiquen estas expresiones en una de las categorías que aparecen abajo.

área rural   plaza   rezar   metrópoli   ciudad   pueblo   edificio
asistir a misa   iglesia   vender   espacio urbano   jugar   pasear   fiesta patronal

Arquitectura, campo y ciudad:
Actividades religiosas:
Actividades no religiosas:

Estrategia: Reconocer el tipo de texto, el título y el tono

La primera vez que escuches un texto en español, no debes intentar entender toda la información, ya que esto solo causa frustración. Sin embargo, hay otras cosas que puedes determinar al escuchar el texto, incluso si no entiendes parte del vocabulario. Por ejemplo, la primera vez que lo escuches presta atención al tipo de texto:

¿Es un diálogo? ¿Es una narración? ¿Un cuento? ¿Un anuncio comercial? Después, presta atención al tono. La voz que escuchas: ¿Tiene un tono feliz? ¿Triste? ¿Serio? ¿Preocupado? ¿Formal? ¿Informal? Escucha el título del texto y trata de determinar cuál es el objetivo del narrador: ¿Informar? ¿Educar? ¿Persuadir? ¿Entretener? Anota tus observaciones a medida que escuchas.

MINICONFERENCIA   **Actividades asociadas con las plazas de ciudades y pueblos hispanos**

Ahora su instructor/a va a presentar una miniconferencia.

 1–23. Tus notas. Después de escuchar la miniconferencia, comparen sus notas con las de sus compañeros/as. ¿Entendieron lo mismo? ¿Anotaron información diferente? Si hay diferencias, coméntenlas.

 1–24. El mejor título. Seleccionen el mejor título para cada una de las partes de la miniconferencia.

1. Títulos para la parte 1:
   a. El significado de la palabra *plaza* en inglés y en español
   b. La relación entre las plazas y los centros comerciales
   c. Las plazas auténticas están en los pueblos
2. Títulos para la parte 2:
   a. Las iglesias y sus estilos arquitectónicos
   b. La Plaza Mayor y la Plaza Real
   c. Características de las plazas y actividades asociadas con ellas
3. Títulos para la parte 3:
   a. Las Madres de la Plaza de Mayo
   b. Actividades en las plazas de las ciudades
   c. Las protestas sociales y las plazas

 1–25. Vocabulario: Después de escuchar. Hazle estas preguntas personales a tu compañero/a prestando atención al vocabulario nuevo. El estudiante que responde debe intentar usar el vocabulario en las respuestas.

1. ¿Cuál es el **edificio** que más te gusta de esta universidad? ¿Y qué **edificio** te gusta menos?
2. ¿Cuál es la ciudad **costera** más cercana a tu casa? ¿Cuándo vas a esa ciudad? ¿Qué haces allí?
3. ¿Tienes la costumbre de **rezar**? ¿Cuándo **rezas**? ¿Por qué **rezas** (o **no rezas**)?
4. ¿Cuántas veces has estado **ausente** de tus clases desde el comienzo del curso?
5. ¿En qué lugares de los Estados Unidos se suelen ver **vendedores ambulantes**? ¿Hay **vendedores ambulantes** en tu pueblo o ciudad?
6. ¿Hay alguna persona **jubilada** en tu familia? ¿Cuántos años tiene? ¿Hace cuánto tiempo que está **jubilado/a**?

 1–26. Pueblo o ciudad. Ahora, lean las siguientes frases y digan cuáles asocian con los pueblos (P) y cuáles asocian con las ciudades (C).

1. _____ la presencia de la iglesia en la plaza
2. _____ la presencia de muchas plazas
3. _____ la protesta social
4. _____ los vendedores ambulantes
5. _____ la presencia de comerciantes en la plaza el sábado

1–27. Una pequeña investigación. En parejas, van a realizar una investigación sobre la plaza de un pueblo y la plaza de una ciudad. Una persona debe investigar sobre la plaza principal de un pueblo de la columna A. La otra debe investigar la plaza principal de una ciudad de la columna B. Usen Internet o la biblioteca para encontrar información, incluyendo al menos tres semejanzas y tres diferencias entre los dos lugares. Después, preparen un informe escrito para su instructor/a, explicando qué plaza prefieren. Fíjense en las columnas A y B de la página siguiente.

A	B
Plaza del pueblo (Buñol, España)	Plaza de Mayo (Buenos Aires, Argentina)
Plaza José A. Busigó (Sabana Grande, Puerto Rico)	Plaza Nueva de Tlaxcala (Ciudad de Saltillo, Estado de Cohauila, México)
El Zócalo (Ojinaga, México)	Plaza de la Revolución (La Habana, Cuba)

Gramática

Present Indicative of Stem-Changing and Irregular Verbs

Some verbs undergo a stem-vowel change when conjugated.

pens-ar → **pie**nso	stem vowel changes from **e** to **ie**
d**o**rm-ir → d**ue**rmo	stem vowel changes from **o** to **ue**
p**e**d-ir → p**i**do	stem vowel changes from **e** to **i**

pensar

pienso	pensamos
piensas	pensáis
piensa	piensan

dormir

duermo	dormimos
duermes	dormís
duerme	duermen

pedir

pido	pedimos
pides	pedís
pide	piden

Here is the rule:

When the **e** or the **o** is the last stem vowel in the infinitive and is stressed:

the **e** changes to **ie** or **i**	quer-er → quier-o	serv-ir → sirv-o
the **o** changes to **ue**	d**o**rm-ir → d**ue**rm-o	

However, there is no vowel change in the **nosotros** and **vosotros** forms because the stem vowel is not stressed.

querer → queremos, queréis	servir → servimos, servís
dormir → dormimos, dormís	

Other stem-changing verbs:

e → ie	o → ue	e → i
preferir	morir(se)	vestir(se)
comenzar	almorzar	repetir
entender	poder	seguir
cerrar	recordar	conseguir
sentir(se)	soler	
despertar	encontrar	
mentir	jugar*	

*undergoes a stem-change similar to the verbs in this list, even though its stem does not have an *o*.

Present Tense of Irregular Verbs

As you know, some verbs in Spanish have irregular conjugations.

ser	soy, eres, es, somos, sois, son
ir	voy, vas, va, vamos, vais, van
oír	oigo, oyes, oye, oímos, oís, oyen
tener	tengo, tienes, tiene, tenemos, tenéis, tienen
venir	vengo, vienes, viene, venimos, venís, vienen
decir	digo, dices, dice, decimos, decís, dicen

The following are only irregular in the first person.

saber	sé, sabes, sabe, sabemos, sabéis, saben
salir	salgo, sales, sale, salimos, salís, salen
caer	caigo, caes, cae, caemos, caéis, caen
dar	doy, das, da, damos, dais, dan
estar	estoy, estás, está, estamos, estáis, están
hacer	hago, haces, hace, hacemos, hacéis, hacen
poner	pongo, pones, pone, ponemos, ponéis, ponen
traer	traigo, traes, trae, traemos, traéis, traen

WileyPLUS Go to *WileyPLUS* to review this grammar point with the help of the **Animated Grammar Tutorial** and **Verb Conjugator**. See also textbook Appendices with Grammar References and verb tables. For more practice, go to the **Activities Manual**.

1–28. Mi vida en Chilapa. Marta, una mexicana de 19 años, vive en Chilapa de Juárez, un pequeño pueblito a solo tres horas de Acapulco. Aquí tienes un pequeño relato que Marta escribió sobre su rutina diaria. Ayúdala a completarlo con la forma correcta de los verbos en paréntesis en el presente, para saber un poco más sobre ella.

Mi rutina diaria es bastante constante. De lunes a viernes, me (despertar) muy temprano. El día (comenzar) a las cinco de la mañana para mi familia. Mi mamá y yo (servir) el desayuno para todos a las seis. Después, me (vestir) y me preparo para ir al trabajo; mi mamá se queda en la casa para cuidar de mis hermanitos. Yo (preferir) salir temprano de la casa para llegar al mercado antes de que salga el sol. Mi familia tiene un puesto de artesanías en un mercado al aire libre. Mi familia hace objetos de barro y productos de palma, que son muy famosos aquí. Los turistas (soler) comprar muchas cosas típicas de Chilapa. Chilapa es un pueblo precioso, todos los visitantes (decir) que es único.

1–29. La dura vida de los estudiantes. Lee este diálogo de dos estudiantes que hablan sobre su rutina diaria. Indica la forma apropiada de los verbos entre paréntesis.

1. CARLOS: No sé qué pasa, no (**conseguir**) sacar buenas notas.
2. PAULA: ¿Tú (**ir**) a clase todos los días?
3. CARLOS: Sí, yo (**ir**) a clase todos los días.
4. PAULA: Bueno, creo que tienes uno de estos problemas: no (**seguir**) las instrucciones del profesor, no (**entender**) la materia o no (**recordar**) la información en los exámenes.
5. CARLOS: Yo creo que el profesor no es justo conmigo.
6. PAULA: Vamos a ver, dices que tú (**venir**) a clase todos los días. Pero, ¿a qué hora (**llegar**) a la universidad tú y tus amigos?
7. CARLOS: Muchas veces nosotros (**llegar**) tarde, después de las diez.

 1–30. ¿Son estudiantes aplicados/as?

A. Usando la lista de hábitos de los estudiantes aplicados, pregúntense sobre sus hábitos de estudio y escriban "sí" o "no" para cada hábito. Usen pronombres de objeto directo para responder a las preguntas.

> **MODELO**
>
> **¿Consigues sacar buenas notas?**
> **Sí, las consigo sacar. (No, no las consigo sacar.)**

_____ entender la materia

_____ recordar la información

_____ seguir las instrucciones

_____ venir a clase todos los días

_____ ir a la biblioteca todos los días

_____ despertarse para desayunar

_____ repetir el vocabulario de español

_____ soler estudiar los fines de semana

B. Informen a la clase: ¿es su compañero/a un/a estudiante aplicado/a y por qué? (¿Qué hábitos tiene o no tiene?)

Vocabulario esencial

Hablar de la vida diaria

La rutina

almorzar (ue)	to have lunch
comenzar (ie) / empezar (ie) a trabajar	to start work
despertarse (ie)	to wake up
dormirse (ue)	to fall asleep
hacer las tareas domésticas	to do housework
ir al mercado	to go to the market
jugar(ue) al fútbol, billar, etc.	to play soccer, pool, etc.
salir del trabajo	to leave work
(no) soler (ue) desayunar	to usually (not) have breakfast
tener una cita	to have a date / appointment
vestirse (i)	to get dressed

La hora del día

a la una	at one o'clock
a las dos, tres, cuatro, etc.	at two, three, four, etc. o'clock
a la medianoche	at midnight
al mediodía	at noon
por la mañana	in the morning
por la tarde	in the afternoon
por la noche	at night

 1–31. ¿Qué hacen estas personas? Uno/a de ustedes va a describir la rutina diaria de una persona de la lista A, sin revelar su identidad. Su pareja va a describir la rutina de una persona de la lista B, y tampoco va a decir quién es. Cada uno/a debe adivinar a quién está describiendo su compañero/a. Pueden hacer preguntas simples para obtener más datos. ¡Incluyan algún detalle creativo y divertido en sus descripciones!

A	B
Javier Bardem	Raúl Castro
Enrique Iglesias	Jennifer López
Lionel Messi	Penélope Cruz

1–32. Imaginar rutinas. En parejas, imaginen la rutina de personas que tienen las profesiones que aparecen en la lista. ¿En qué se diferencian las rutinas de estas personas?

1. un jugador de fútbol americano
2. un astronauta
3. una ejecutiva
4. un piloto de avión
5. una escritora

Vocabulario para conversar

Control del ritmo de la conversación

Aclarar

Several situations may call for clarification while interacting with other speakers. Speakers don't always enunciate clearly, or they may use words that are unfamiliar or the listener may get distracted and miss part of the message.

The following phrases are useful in asking for clarification.

No comprendo. Repite/a, por favor.	*I don't understand. Please repeat.*
¿Puede(s) repetirlo, por favor?	*Can you repeat, please?*
Más despacio, por favor.	*Slower, please.*
¿Puede(s) escribirlo, por favor?	*Could you write it out, please?*
¿Qué significa la palabra *terapeuta*?	*What does* terapeuta *mean?*

Pedir tiempo para contestar

Sometimes, when we are engaged in a conversation, it is difficult to answer a question right away without thinking first what words we want to use; we may need to buy some time because the words we are searching for or the information we need to provide are not readily available.

A ver, déjame/déjeme pensar un minuto...	*Let's see, let me think for a minute . . .*
Dame/deme un minuto...	*Give me a minute . . .*
Pues.../ Bueno...	*Well . . .*
Pues/ Bueno, no puedo responderte/le ahora mismo.	*Well, I can't give you an answer right now.*
Pues/ Bueno, necesito más tiempo para pensar.	*Well, I need more time to think.*

1–33. Palabras en acción. Carlos, tu compañero, trabaja como asistente en el departamento de español de la universidad. El problema es que Carlos consiguió el trabajo diciendo que hablaba español perfectamente y... Bueno, ahora los instructores le hablan siempre en español y a veces él no entiende. Usa las expresiones de las listas de arriba para ayudarlo a completar los diálogos correctamente, ¡y a no perder su trabajo!

1. — Carlos, por favor, llama al Dr. Sánchez al cuatro, ocho, dos, siete, cero, cinco, seis.
   — No entendí los dos últimos números; _____.

2. — Carlos, ¿puedes mandar esta carta a la oficina del decano Goicoechea?
   — Sí, claro, pero... no sé cómo se escribe ese apellido, _____.

3. — Carlos, soy Juliana Echevarría, una profesora de alemán y necesito tu ayuda.
   — Señora, usted habla muy rápido; _____.

4. — Carlos, dame el teléfono del profesor de literatura colonial, por favor.
   — Sí, es el tres, cinco... _____, lo tengo que buscar, ahora no me acuerdo.

5. — Carlos, ¿me vas a ayudar a organizar las composiciones de mis estudiantes de español?

— _____, tengo que mirar mi horario de clases; te contesto más tarde.

6. — Carlos, ¿vas a venir a la fiesta del departamento el sábado por la tarde?

— _____ no lo sé, Dr. Muñoz, mi novia viene a visitarme este fin de semana.

7. — Carlos, ¿sabes cuántas personas van a venir a nuestra sesión para nuevos estudiantes?

— _____ ... sí, aquí tengo la lista, van a venir entre veinte y veinticinco personas.

1–34. La vida del presidente. En parejas, hablen de la vida del presidente de Estados Unidos. Usen las expresiones para aclarar y para ganar tiempo (*buy time*) cuando sea necesario. Aquí tienen algunas ideas sobre los datos que pueden incluir.

Rutina diaria:	a qué hora se levanta el presidente, a qué hora desayuna, qué desayuna y con quién
Cuáles son sus gustos:	comida, vida social, países, ropa, música, deportes, etc.
Su oficina:	dónde está, cómo está decorada, qué personas lo visitan allí, etc.
Su trabajo:	qué cosas hace durante el día, qué tipo de reuniones tiene, viajes, etc.
Sus mascotas:	cómo son, cómo se llaman, qué hacen durante el día, etc.

CURIOSIDADES

1–35. Juego de famosos. Su instructor/a va a asumir la identidad de una persona hispana famosa, bien conocida por todos los miembros de la clase. Después, la clase se va a dividir en grupos de cuatro o cinco personas. Cada grupo tiene cinco minutos para escribir seis preguntas y adivinar la identidad de su instructor/a. Después, los grupos se van a turnar para hacer las preguntas. ¡Ojo! Solo pueden ser preguntas que se respondan con *sí* o *no*. El grupo que primero adivine la identidad de su instructor/a, gana.

> **MODELO**
>
> ¿Es un hombre?
> ¿Es joven?
> ¿Trabaja en política?

Por qué nos conocen

©Chris Pizzello/Reuters/Corbis

Lectura

Entrando en materia

1–36. Antes de leer. Ahora vas a leer sobre algunos personajes importantes en el mundo del deporte, la literatura, el arte y la música. Da una mirada rápida al formato de esta sección. ¿Qué tipo de información crees que hay sobre estos personajes?

- información sobre sus creencias políticas
- información sobre sus experiencias familiares
- información biográfica

Por si acaso

Expresiones útiles para comparar respuestas con otro estudiante

¿Qué tienes/ pusiste en el número 1/ 2/ 3?
Yo tengo/puse a/ b.
Yo tengo algo diferente.
No sé la respuesta./ No tengo ni idea.
Creo que la respuesta es a/ b, pero no estoy seguro/a.
Creo que es cierto./Creo que es falso.

1–37. Vocabulario: Antes de leer. Encuentra en las lecturas las palabras de la lista de la izquierda (están escritas en negrita) y deduce su significado o búscalo en el diccionario. Marca con un círculo las palabras de la derecha que asocias por su significado con las palabras de la lista de la izquierda.

1. **lanzadores**   pelota, lanzar, béisbol, nadar
2. **fuente**   origen, causar, ausente, base
3. **firmó**   nombre, escribir, contrato, mentir
4. **golpe de estado** democracia, control, cambio, poder
5. **personajes**   personas, ficción, edificio, desarrollo
6. **superan**   ganar, poder, deprimido, éxito
7. **encajaba**   caja, comida, ajustar, cajón
8. **reconocimiento**   fama, conocer, admiración, dinero
9. **cotizadas**   valoradas, tiza, dinero, precio
10. **joya**   ornamento, fruta, oro, mueble
11. **labor**   fiesta, trabajo, libro, esfuerzo

Lectura

El deporte, la literatura, el arte y la música

Por si acaso

La Cuba de Fidel Castro

Fidel Castro se apoderó del gobierno de Cuba en 1959 y estableció un sistema de gobierno basado en la ideología marxista-leninista. Muchos cubanos, desilusionados con el nuevo sistema de gobierno, salieron exiliados de Cuba hacia Estados Unidos. Desde la fecha de la Revolución (1959) hasta el presente, más de un millón de cubanos se han establecido en distintas áreas geográficas de Estados Unidos. Especialmente se concentran en Florida, Nueva Jersey y California.

EL DEPORTE

Orlando "El Duque" Hernández nació en Villa Clara, Cuba, en 1969. En Cuba, llegó a ser uno de los mejores **lanzadores** de la historia de la pelota cubana con el mejor promedio de partidos ganados. Desde la Revolución de 1959, Cuba ha promovido los deportes como **fuente** de identidad y orgullo nacional, y con el béisbol la isla caribeña ha logrado fama internacional. En 1992, Hernández formó parte del equipo nacional cubano, el cual ganó la medalla de oro en los juegos olímpicos de Barcelona.

Paul Spinelli/Major League Baseball/Getty Images

El Duque jugó para el equipo Industriales de La Habana hasta 1996, cuando su equipo ganó la serie nacional y Hernández tuvo contacto ilegal con un agente de EE. UU. Después de ser detenido e interrogado por oficiales de seguridad nacional, Hernández fue expulsado del béisbol cubano. En 1997, salió de Cuba y residió unos meses en Costa Rica, desde donde **firmó** un contrato con los Yankees de Nueva York por 6.6 millones de dólares en cuatro años. El Duque ha ganado cuatro anillos de la serie mundial: tres con los Yankees y uno con los Medias Blancas de Chicago.

LA LITERATURA

Isabel Allende nació en 1942. Comenzó su vida profesional de escritora como periodista en Chile a los 17 años. En 1973, el presidente Salvador Allende, tío de Isabel, fue derrocado en un **golpe de estado** e Isabel y otros miembros de su familia salieron del país. En el exilio en Venezuela, Allende inició su carrera de novelista al escribir su primera obra de ficción narrativa, *La casa de los espíritus* (1981). A pesar de ser ficción, la novela tiene claras conexiones con la historia de la familia de Allende y con el contexto político de los años después del golpe de estado, cuando gobernó en Chile el dictador Augusto Pinochet. El estilo literario de Allende se define por la acción variada y dramática, la temática histórica, una combinación de realismo y fantasía, y **personajes** ricamente caracterizados, especialmente los femeninos.

©AP/Wide World Photo

Las mujeres de las obras de Allende son fuertes, independientes, y **superan** las restricciones de la sociedad patriarcal.

EL ARTE

©AP/Wide World Photo

Fernando Botero nació en Medellín (Colombia) en 1932. Creció entre dificultades económicas y de niño quería ser torero. A los quince años Fernando Botero sorprendió a su familia cuando anunció que quería ser pintor, lo cual no **encajaba** dentro de una familia más bien conservadora y sin intereses en el arte. Se inició como dibujante en el periódico *El Colombiano* y después viajó a Europa donde se formó como artista. Regresó a Colombia en 1951 y realizó su primera exposición. Más tarde se mudó a Nueva York, donde tuvo muchas dificultades económicas; tuvo que sobrevivir vendiendo sus obras por muy poco dinero. Finalmente, Botero ganó fama cuando sus obras se mostraron en la Galería Marlborough en Nueva York. Su arte recibe ahora **reconocimiento** mundial y sus obras están **cotizadas** entre las más costosas del mundo. Su obra *Desayuno en la hierba* se vendió por un millón cincuenta mil dólares.

LA MÚSICA

FilmMagic/Getty Images

Jenni Rivera nació en 1969 en Long Beach (EE. UU.) y murió en un accidente de avión en 2012. Fue estudiante de administración de empresas y por un tiempo trabajó como agente de bienes raíces y ayudó a su padre en sus negocios. Sus canciones están dentro del género musical llamado regional mexicano (rancheras, corridos y baladas), el tipo de música que escuchaban sus padres, que son originalmente de México. Su discografía incluye más de una decena de álbumes. Los dos últimos son *Joyas prestadas* y *La misma gran señora*. Además de su carrera como cantante, Jenni Rivera también mostró su faceta empresarial con su línea de perfumes y la **labor** filantrópica de su Love Foundation. Su música tiene una gran cantidad de fanes tanto en EE. UU. como en México.

1–38. ¿Comprendieron? En parejas, respondan a las preguntas siguientes con información de las biografías.

1. ¿Quién creció entre dificultades económicas?
2. ¿En la vida de quiénes ha tenido impacto la política?
3. ¿Quién es de origen mexicano?
4. ¿Quién trabajó como agente de bienes raíces?
5. De todos estos personajes, ¿quién crees que gana más dinero? ¿Por qué?

1–39. Vocabulario: Después de leer. En parejas, deben entrevistarse mutuamente sobre algunos temas relacionados con la información anterior, y hacerse las preguntas indicadas abajo. Si es posible, la persona que responde a las preguntas debe usar las palabras nuevas (en negrita) en sus respuestas.

Estudiante A

1. ¿Cuáles son tres **fuentes** de tu identidad individual? ¿Tu lugar de origen? ¿Tu familia? ¿Tu herencia étnica/cultural? ¿Alguna actividad en que participas?
2. ¿Por qué crees que el **lanzador** Orlando Hernández quería **firmar** un contrato con los Yankees? ¿Crees que tenía un contrato similar en Cuba con los Industriales?
3. Menciona un **personaje** de la televisión o de una película que represente la diversidad cultural. Describe la cultura de él o de ella. ¿Tiene el personaje conflictos con otros a causa de las diferencias culturales? ¿Reciben un tratamiento cómico o serio las diferencias culturales en la película o en el programa?
4. Menciona un conflicto actual *(current)* en alguna parte del mundo. ¿Cuál es la causa del conflicto? ¿Es posible **superar** los problemas y solucionar el conflicto?

Estudiante B

1. Ahora que sabes más cosas sobre la cultura hispana, ¿hay alguna idea que tenías antes sobre los hispanos que ahora no **encaja** con lo que has aprendido?
2. ¿Has hecho algo en tu vida por lo que has recibido **reconocimiento**? Explícalo. ¿Crees que el reconocimiento social es más importante en unas culturas que en otras? ¿Por qué?
3. ¿Has hecho alguna **labor** filantrópica en tu comunidad? Descríbela. ¿Qué causas filantrópicas consideras más importantes?
4. ¿Te gustan las joyas? ¿Te gusta llevar joyas? ¿Qué tipo de joyas te gusta llevar o te gusta que otras personas lleven?

1–40. Recopilar información. En parejas, elijan a uno de los personajes de la sección anterior. Deben buscar información sobre la vida y la herencia cultural de esa persona y tratar de determinar el efecto que su cultura nativa ha tenido en su carrera profesional y en su actitud hacia la sociedad en general. Después, preparen un breve informe oral para presentarlo en clase. Pueden utilizar medios audiovisuales y muestras del trabajo de la persona elegida. Por ejemplo, pueden traer fotos de las obras de Botero, seleccionar algún fragmento importante de un libro de Allende o incluso presentar un videoclip de Jenni Rivera.

Preterit Tense

Regular Verbs

	caminar	**comer**	**escribir**
yo	camin**é**	com**í**	escrib**í**
tú	camin**aste**	com**iste**	escrib**iste**
él/ella/Ud.	camin**ó**	com**ió**	escrib**ió**
nosotros/as	camin**amos**	com**imos**	escrib**imos**
vosotros/as	camin**asteis**	com**isteis**	escrib**isteis**
ellos/ellas/Uds.	camin**aron**	com**ieron**	escrib**ieron**

Verbs with Stem Changes

- Stem-changing **-ir** verbs have a stem-vowel change in the **él/ella/Ud.** forms, and in the **ellos/ellas/Uds.** forms. The **e** in the stem changes to **i.** The **o** changes to **u.**

  ped**ir** e ➔ i yo p**e**dí, tú pediste, él/ella/Ud. p**i**dió, nosotros pedimos, vosotros pedisteis, ellos/ellas/Uds. p**i**dieron

  Other verbs that follow this pattern: sentir or sentirse, servir, repetir, reír

  dorm**ir** o ➔ u yo d**o**rmí, tú d**o**rmiste, él/ella/Ud. d**u**rmió, nosotros dormimos, vosotros dormís, ellos/ellas/Uds. d**u**rmieron

  Another verb that follows this pattern: morir or morirse

Verbs with Spelling Changes

1. Verbs ending in **-car, -gar,** and **-zar** change spelling in the **yo** form of the preterit.

   bus**car** ➔ bus**qué** (tocar, practicar, colocar, dedicar) llegar ➔ llegué (pagar, jugar, negar, obligar)

   comen**zar** ➔ comen**cé** (rezar, memorizar, analizar, avanzar)

2. When the stem of **-er** and **-ir** verbs end in a vowel, the **i** characterizing the preterit becomes **y** in the third-person singular and plural.

   le-**er** ella le**y**ó, ellas le**y**eron   ca-**er** se ella se ca**y**ó, ellas se ca**y**eron

   o-**ír** él o**y**ó, ellos o**y**eron   hu-**ir** él hu**y**ó, ellos hu**y**eron

irregular Verbs in the Preterit

1. Verbs that have an irregular stem in the preterit all take the same set of preterit endings, regardless of the **-ar, -er,** or **-ir** ending of the infinitive.

2. These preterit endings resemble the endings for **-er** and **-ir** verbs, except that the first- and third-person singular endings are not accented.

Verbs that have an irregular stem **-u**, **-i**:

   andar   anduve, anduviste, anduvo, anduvimos, anduvisteis, anduvieron

   saber   supe, supiste, supo, supimos, supisteis, supieron

caber *(to fit)*	cupe, cupiste, cupo...	estar	estuve, estuviste, estuvo...
haber	hube, hubiste, hubo...	poder	pude, pudiste, pudo...
tener	tuve, tuviste, tuvo...	venir	vine, viniste, vino
poner	puse, pusiste, puso...		

Verbs that have an irregular stem **-j**:

decir	dije, dijiste, dijo...
producir	produje, produjiste, produjo...
traer	traje, trajiste, trajo...

Other irregular verbs:

dar	di, diste, dio, dimos, disteis, dieron
hacer	hice, hiciste, hizo, hicimos, hicisteis, hicieron
ir/ser	fui, fuiste, fue, fuimos, fuisteis, fueron

Use the preterit tense to express:

1. an action, event, or condition that began or was completed in the past.

   Al llegar a EE. UU., Orlando Hernández **jugó** para los Yankees.
   *Upon arriving in the US, Orlando Hernández **played** for the Yankees.*

   Isabel Allende **publicó** su primera novela en 1981.
   *Isabel Allende **published** her first novel in 1981.*

2. changes of emotional, physical, or mental states in the past.

   La familia de Botero **se sorprendió** cuando él anunció que quería ser pintor.
   *Botero's family **was surprised** when he announced that he wanted to be a painter.*

   Orlando Hernández **se alegró** al ganar la medalla de oro.
   *Orlando Hernández **was happy** (became happy) upon winning the gold medal.*

Preterit Action with Imperfect Action in the Background

The preterit is often used to express a completed action or event that occurs in the context of another on-going, background event, which is expressed in the imperfect tense.

   Allende vivía en Chile cuando **ocurrió** el golpe de estado.
   *Allende was living in Chile when the coup d'état **happened**.*

WileyPLUS Go to *WileyPLUS* to review this grammar point with the help of the **Animated Grammar Tutorial** and **Verb Conjugator**. See also textbook Appendices with Grammar References and verb tables. For more practice, go to the **Activities Manual**.

1–41. Identificación. Identifica los verbos en pretérito de la descripción biográfica de Fernando Botero de la página 25 y determina cuáles son irregulares.

1–42. El accidente de Orlando Hernández. Conjuga los verbos en el pretérito para completar el párrafo.

La semana pasada, Orlando Hernández (1) *ir* al estadio de béisbol para entrenar. Al llegar, (2) *comenzar* a hacer ejercicios de calentamiento *(warm up)* y (3) *jugar* un rato. Después de media hora, (4) *sentirse* mal pero no (5) *dejar* de jugar. Cuando (6) *tratar* de lanzar la pelota, (7) *caerse* y (8) *hacerse* daño. (9) *Tener* que ir al hospital.

1–43. ¿Qué hicieron ustedes ayer?

A. Pregunta a tu compañero/a si hizo estas actividades ayer. Escribe "sí" o "no" para cada actividad.

> **MODELO**
>
> **hacer la tarea**
> **¿Hiciste la tarea?**
> **No, no hice la tarea. (No, no la hice.)**

_____ caminar al centro de la ciudad

_____ dormir 8 horas

_____ comer en un restaurante

_____ leer el periódico

_____ ir a clase

_____ pedir ayuda para una tarea

_____ comenzar un proyecto académico

_____ tener muchas dificultades

_____ caerse

_____ rezar

B. Informen a la clase de dos actividades que tienen en común y dos diferencias.

> **MODELO**
>
> **Sarah y yo fuimos a clase. Sarah durmió 8 horas y yo no dormí.**

1–44. Ayer, a esta hora.

A. Imagina que, por un día, tuviste la oportunidad de vivir la vida de una persona de las páginas 24 y 25. Según la información que tienes, determina qué hizo esta persona ayer, durante los períodos indicados a continuación.

> A las siete de la mañana...
> A las doce del mediodía...
> A las seis de la tarde...
> A las diez de la noche...
> A la medianoche...

B. Ahora, en parejas, háganse preguntas para determinar qué hizo la otra persona durante ese mismo período. ¿Tienen los dos personajes algo en común? ¿Se encontraron en algún sitio? Usen la imaginación y háganse preguntas asumiendo que son el personaje sobre el que hablan.

Vocabulario esencial

Hablar de los accidentes

Los accidentes

caerle un rayo	*to get struck by lightning*
caerse	*to fall down*
chocar con el carro	*to crash the car*
dejar de + infinitivo	*to stop doing something*
dejar las llaves en el auto	*to leave the keys in the car*
hacerse daño	*to hurt oneself*
huir	*to run away; flee*
perder (ie) cien dólares	*to lose one hundred dollars*
ponerse enfermo/a	*to get/become sick*
quemar la comida	*to burn a meal*
romperse la pierna	*to break a leg*
sentirse (ie) mal	*to feel bad*

1–45. Una noticia increíble. Elijan uno de los accidentes de la lista e inventen un breve artículo para publicar en el periódico *El informador universitario*. Su artículo debe incluir la secuencia de eventos del accidente y una ilustración.

1. Al presidente de la universidad le cayó un rayo.
2. La profesora de español se rompió la pierna.
3. El entrenador de baloncesto huyó de la universidad.
4. Cien estudiantes se pusieron enfermos en la cafetería universitaria.

Después, presenten su artículo a la clase. Los demás estudiantes votarán para decidir qué artículo es el mejor.

Gramática

Imperfect Tense

	caminar	**comer**	**escribir**
yo	camin**aba**	com**ía**	escrib**ía**
tú	camin**abas**	com**ías**	escrib**ías**
él/ella/Ud.	camin**aba**	com**ía**	escrib**ía**
nosotros/as	camin**ábamos**	com**íamos**	escrib**íamos**
vosotros/as	camin**abais**	com**íais**	escrib**íais**
ellos/ellas/Uds.	camin**aban**	com**ían**	escrib**ían**

Ser, ir, and **ver** have irregular forms.

ser	era, eras, era, éramos, erais, eran
ir	iba, ibas, iba, íbamos, ibais, iban
ver	veía, veías, veía, veíamos, veíais, veían

Uses of the Imperfect

The imperfect tense is used to describe actions and states in progress in the past without mentioning the beginning or end.

Use the imperfect to:

1. set the stage, describe or provide background information (time, place, weather) to a story or situation.

   Hacía frío cuando salí para la clase de literatura.

   *It **was** cold when I left for my literature class.*

2. express time.

   Eran las tres de la tarde cuando fui a la biblioteca.

   *It **was** three in the afternoon when I went to the library.*

3. express age.

   Jenni Rivera **tenía** cuarenta y tres años cuando murió en un accidente de avión.

   *Jenni Rivera **was** forty-three years old when she died in an airplane accident.*

   (continued)

4. describe mental state and feelings, usually expressed by non-action verbs such as **ser, estar, creer, pensar, querer, esperar** (to hope), and **parecer.**

De niño, Fernando Botero **quería** ser torero.

*As a child, Ferrando Botero **wanted** to be a bullfighter.*

5. express habitual past actions.

Fernando Botero **vendía** sus obras por muy poco dinero cuando todavía no era famoso.

*Fernando Botero **used to sell** his work for very little money when he wasn't yet famous.*

6. express an ongoing action (background action) that is interrupted by the beginning or the end of another action stated in the preterit.

Allende **vivía** en Venezuela cuando escribió su primera novela.

*Allende **was living** in Venezuela when she wrote her first novel.*

7. express two ongoing actions that were happening simultaneously.

Ayer a las tres, yo **lavaba** los platos mientras mi compañera **limpiaba** los baños.

*Yesterday at three o'clock, I **was washing** the dishes while my roommate **was cleaning** the bathroom.*

WileyPLUS Go to *WileyPLUS* to review this grammar point with the help of the **Animated Grammar Tutorial** and **Verb Conjugator**. See also textbook Appendices with Grammar References and verb tables. For more practice, go to the **Activities Manual.**

1–46. Identificación. Identifica los verbos que están en el imperfecto en el párrafo siguiente y subráyalos. Después, comparte con otro/a estudiante información similar sobre tu niñez usando los mismos verbos.

Cuando yo era niña, mi familia y yo vivíamos en Miami, Florida. Me gustaba mucho mi vida allí: nuestra casa era grande y mis hermanos y yo teníamos un perro. Hacía buen tiempo la mayor parte del año, menos cuando los huracanes pasaban por la ciudad. Mis padres eran felices en aquella época, antes de que llegaran los problemas.

1–47. El accidente de esquí. Identifica cada uso del imperfecto en la narración del accidente: a) información de fondo *(background)*, b) la hora *(time)*, c) edad *(age)*, d) un estado mental, e) una acción habitual en el pasado *(used to)*, f) una acción continua *(was _____ ing)*, g) dos acciones continuas y simultáneas.

Antonio y sus amigos 1) **iban** todos los años a Colorado para esquiar. En el año 2012, Antonio 2) **tenía 19 años**. Ese año 3) **había** mucha nieve y el grupo hizo planes para una semana de esquí. El primer día, Antonio 4) **bajaba** por la montaña a mucha velocidad cuando se cayó y se rompió la pierna. Mientras los paramédicos 5) **lo atendían**, sus amigos **hablaban** con sus padres por teléfono. En el hospital, sus amigos 6) **estaban nerviosos** pero los médicos los calmaron. 7) **Eran las diez** de la mañana del día siguiente cuando dejaron salir del hospital a Antonio.

1–48. En sexto grado. ¿Cómo eran cuando estaban en el sexto grado? Cada persona debe mencionar tres características físicas y tres de su personalidad. Después, compartan con la clase una característica que tenían en común y una diferencia. Pueden usar estos u otros verbos: ser, tener, medir, pesar, llevar, gustar, encantar, detestar, estudiar, jugar, salir, mirar, etc.

1–49. Cosas del pasado. En esta actividad van a comparar algunas de las opiniones que tenían en la escuela primaria con su visión adulta del presente.

A. Cada estudiante debe clasificar los elementos de la lista según la importancia que tenían en la escuela secundaria. 1 significa "sin importancia", 2 "más o menos importante" y 3 "muy importante".

la opinión de los amigos	____
la opinión de los padres	____
la imagen física	____
el éxito académico	____
la vida espiritual	____
el éxito profesional	____
los miembros del sexo opuesto	____
los deportes	____
las drogas, el alcohol y el tabaco	____
la vida social	____

B. Comparen su clasificación. Informen a la clase sobre dos diferencias y dos semejanzas entre ustedes. Usen las expresiones "ser importante(s)" o "darle(s) importancia".

> **MODELO**
> **Yo le daba mucha importancia a la opinión de los demás pero Julius no le daba importancia (o y Julius también le daba importancia).**

C. Cada estudiante debe escribir un párrafo describiendo las diferencias entre su comportamiento (*behavior*) en el pasado y el presente. Den ejemplos específicos.

1–50. Mi instructor/a de español. En esta actividad podrán informarse sobre el pasado de su instructor/a de español.

A. En grupos de tres, preparen preguntas sobre uno de los siguientes aspectos de su historia personal o profesional.
1. vida académica, profesional
2. familia y amistades
3. actividades, pasatiempos

B. Túrnense para hacerle las preguntas a su instructor/a y tomen notas de las respuestas.

C. Cada estudiante debe escribir un párrafo con la información obtenida de la entrevista.

Vocabulario para conversar

Una conversación telefónica

¿Aló?

Hola, soy Antonio, ¿está Juan?

Hablar por teléfono

To have a conversation on the phone you need to know:

- what to say when you pick up the phone.

  ¿Aló? (most countries)
  Bueno. (Mexico)
  Oigo. (Cuba)
  ¿Diga?/ Dígame./ ¿Sí? (Spain)

- what to say to identify yourself.

  Hola, soy María/ habla María.

- how to ask for the person you want to talk to.

  Por favor, ¿está Juan?/ ¿Se encuentra Juan?

- how to end the conversation properly.

  Hasta luego./ Bueno, hasta luego.
  Nos hablamos./ Bueno, nos hablamos.
  Adiós./ Bueno, adiós.

1–51. Palabras en acción. Completa las siguientes oraciones con la expresión adecuada.

1. María Ángeles, que es de México, contesta el teléfono y dice _____.

2. Llamas a la oficina de tu instructor/a de español y te identificas diciendo _____.

3. Llamas a un amigo y su madre contesta el teléfono. ¿Qué le dices a su madre? _____.

4. Terminas de hablar con tu mejor amigo/a y le dices _____.

 1–52. Una llamada telefónica. En esta actividad, van a simular llamadas telefónicas.

A. Objetos perdidos.

Estudiante A: Llama al/a la estudiante B. Identifícate. Explica el motivo de tu llamada: quieres saber si tu amigo/a (el/la estudiante B) se llevó tu cuaderno a su casa por equivocación al salir de clase. Termina la conversación adecuadamente.

Estudiante B: Contesta la llamada. Saluda al/a la estudiante A. Responde a su pregunta. Termina la conversación adecuadamente.

Tema 3 Por qué nos conocen

33

B. La fiesta de anoche.

Estudiante A: Llama al/a la estudiante B. Identifícate. Explica el motivo de tu llamada: quieres contarle a tu amigo/a (el/la estudiante B) cómo estuvo la fiesta de anoche. Describe la fiesta con varios acontecimientos. Termina la conversación adecuadamente.

Estudiante B: Contesta la llamada. Saluda al/a la estudiante A. Responde a su descripción con preguntas y comentarios apropiados. Termina la conversación adecuadamente.

COLOR Y FORMA

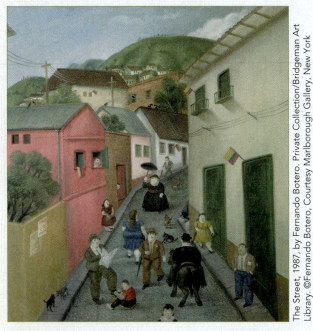

La calle, 1987, de Fernando Botero.

The Street, 1987, by Fernando Botero. Private Collection/Bridgeman Art Library. ©Fernando Botero, Courtesy Marlborough Gallery, New York

La calle, de Fernando Botero

"En todo lo que he hecho es muy importante lo volumétrico, lo plástico, lo sensual, y esto lo asimilé en Italia, al conocer las pinturas del Quattrocento".

 1–53. Mirándolo con lupa. En parejas, miren la obra con atención durante un par de minutos. Comenten sus respuestas a las siguientes preguntas.

1. ¿Qué elementos componen el cuadro (escenario, personas y cosas)?
2. ¿Qué tipo de personas muestra la obra? Describan cómo creen que son estas personas.
3. ¿Qué ocurre? Describan la acción en detalle.
4. ¿Les gusta este cuadro? ¿Por qué?

1–54. Una descripción. Tus padres van a recibir en su casa a un/a estudiante de Puerto Rico durante el verano. Como sabes español, te han pedido que le escribas una carta dándole información sobre tu lugar de residencia, tu familia y sus costumbres, tus amigos y tus actividades del verano. Sigue los pasos siguientes.

Preparación

Piensa en los siguientes puntos:

1. ¿Cómo es el/la estudiante de intercambio a quien le vas a escribir?
   a. una persona muy activa con muchos intereses
   b. una persona introvertida e intelectual
   c. una persona extrovertida y algo irresponsable
   d. una persona parecida a ti

2. ¿Cómo vas a comenzar la carta?
   a. algo formal: "Estimado Pedro: Soy Alejandro, tu nuevo amigo en (tu ciudad). He decidido escribirte esta carta para darte la información que necesitas antes de hacer tu viaje..."
   b. algo informal: "¡Hola Pedro! Mi familia y yo estamos contando los días que faltan para que vengas. Aquí lo vas a pasar muy bien este verano. Déjame que te cuente sobre las cosas más geniales de mi vida aquí..."

3. ¿Qué temas vas a incluir? Aquí tienes algunas sugerencias:
   a. descripción de tu pueblo/ciudad
   b. descripción de tu familia
   c. descripción de algunas costumbres familiares que podrían sorprender al visitante por ser de otra cultura
   d. descripción de tu grupo de amigos y de lo que hacen en verano
   e. descripción de la escuela de verano a la que va a asistir el estudiante durante su estancia
   f. otros temas

4. ¿Cómo vas a terminar la carta? Piensa en una forma de terminar que sea consistente con el tono que has usado en toda la carta.
   a. Bueno, ya te he contado suficiente. Ahora lo que hace falta es que vengas y lo veas todo con tus propios ojos. ¡Nos vemos en el aeropuerto! Hasta pronto,...
   b. Bueno, ya no te cuento más. Ahora tienes que venir y verlo por ti mismo. Un afectuoso saludo,...

Más allá de las palabras

A escribir

1. Escribe un primer borrador teniendo en cuenta las necesidades de tu lector/a (el/la estudiante de intercambio) y sus preferencias.

2. Las expresiones de la lista te servirán para hacer transiciones entre las diferentes ideas o partes de la carta.

a diferencia de, en contraste con	*in contrast to*
igual que	*the same as, equal to*
mientras	*while*
al fin y al cabo	*in the end*
en resumen	*in summary*
después de todo	*after all*
sin embargo	*however*

Revisión

Para revisar tu redacción usa la guía de revisión del Apéndice C. Después de hacer el número de revisiones que te indique tu instructor/a, escribe la versión final y entrega tu redacción.

Ven a conocer

 1–55. Anticipación.

1. Miren la foto que acompaña la lectura y descríbanla con tantos detalles como sea posible.

2. Lean el texto abajo y presten atención al vocabulario. Según el contenido, ¿qué párrafo (1, 2, 3, etc.) trata las ideas siguientes?

—— las primeras impresiones de la isla de Vieques

—— la experiencia de la bioluminiscencia en la Bahía Mosquito

—— la preocupación por la conservación ecológica de la bahía

—— la ciencia de la bioluminiscencia

—— la geografía, la política y la historia de la ocupación militar de Vieques

Puerto Rico:

La isla de Vieques

La bioluminiscencia acontece en todos los mares del mundo, pero en Puerto Rico el fenómeno ocurre con mayor intensidad. Así lo afirman los visitantes nocturnos de la Bahía Mosquito. Según el doctor Juan González Lagoa, director del Centro de Recursos para Ciencias e Ingeniería del Recinto Universitario de Mayagüez, en las aguas del trópico la bioluminiscencia es mayormente causada por unos organismos microscópicos conocidos como dinoflagelados, específicamente la especie *pyrodinium bahamense*, nombre científico que se deriva de la palabra griega *pyro*, que significa "fuego", y de dino, que quiere decir "mover o girar". Los dinoflagelados producen luz mediante un proceso químico en el que se unen dos sustancias orgánicas conocidas como luciferina y luciferaza. Cuando estas moléculas reaccionan, liberan energía en forma de luz.

La Bahía Mosquito está situada en la isla de Vieques, que forma parte del Estado Libre Asociado de Puerto Rico. Vieques está ubicada aproximadamente a siete millas al sudeste de la isla principal de Puerto Rico. Desde la década de 1940 hasta mayo de 2003, la Marina de EE. UU. fue propietaria de aproximadamente la mitad de la isla y llevaba a cabo ejercicios de entrenamiento militar que incluían bombardeos de combate en una zona de aproximadamente 900 acres conocida como zona de impacto de combate. A partir de 1999, los viequenses organizaron protestas, y, en 2003, las fuerzas armadas estadounidenses se retiraron definitivamente de la isla.

Se llega a Vieques a bordo de unos barcos que parten a diario desde Fajardo, en la isla grande. También se puede tomar una pequeña avioneta que

Bioluminiscencia. Bahía Mosquito.

Scott Warren/Aurora Photos/Robert Harding World Imagery

da el salto en apenas 15 minutos de vuelo, que son suficientes para apreciar desde el aire la extensión de selvas verdes y la quietud del paisaje natural. A vista de pájaro, nadie diría que Vieques fue durante 60 años un campo de bombardeo militar.

Al caer la noche, la bahía se convierte en una gigantesca luciérnaga cada vez que algo agita la superficie de sus calmadas aguas, ya sea un pez en busca de comida, el motor de una embarcación o los muchos curiosos que acuden a observar el fenómeno y se bañan en sus aguas. Al agitar los brazos y piernas, estos bañistas nocturnos se convierten en una especie de bombilla viviente.

El doctor González Lagoa admite que el equilibrio entre todas las características especiales necesarias para la subsistencia de los dinoflagelados es delicado y extremadamente frágil. La proliferación de viviendas en el área, el aumento en el tránsito de los botes y la pobre planificación en el uso de los terrenos en las zonas cercanas ponen en peligro la supervivencia de los dinoflagelados. Si se logra controlar todos estos factores, la Bahía Mosquito seguirá ofreciéndoles una experiencia única a sus visitantes por muchos años.

"Intensa bioluminiscencia en mares de Puerto Rico" by Azyadeth Vélez Candelario. Reprinted with permission of Universidad de Puerto Rico: Mayaguez. http://www.uprm.edu/news/articles/as0902004.html.
"Bahía Mosquito, iluminación natural". Reprinted with permission of the author from http://elbauldejosete.wordpress.com/2008/03/30/bahia-mosquito-iluminacion-nat.

Scott Warren/Aurora Photos Inc.

Más allá de las palabras

1–56. ¿Viaje a Vieques?

Ustedes están considerando la posibilidad de viajar a Vieques, Puerto Rico. Hablen sobre tres aspectos de la descripción de Vieques que les parecen atractivos y sobre aspectos de la descripción que no les atraen. ¿Qué otra información necesitan antes de decidir si van a viajar a Vieques? Escriban tres preguntas que le harían a un agente de viajes antes de salir de viaje.

Viaje virtual

Busca información en la red sobre las posibilidades de recreación en Vieques. Escribe una lista de ocho actividades que te gustaría incluir en tu itinerario para una visita a la isla. También puedes encontrar información adicional usando tu buscador preferido.

El escritor tiene la palabra

Isabel Allende (1942)

Evandro Inetti/Zuma Press

En este capítulo, ustedes leyeron sobre la escritora chilena Isabel Allende. Ahora van a leer un fragmento de su obra *Paula*, un testimonio que Allende escribió cuando su hija, Paula, entró en coma a los 28 años y la autora la cuidaba en el hospital. *Paula* narra la historia de la familia de Allende, comenzando con sus abuelos, para contarle a su hija sobre sus antepasados. También narra la historia de la enfermedad y la muerte, en menos de un año, de Paula. En el fragmento, Allende le describe a Paula una fotografía familiar sacada en la década de 1960. El fragmento es un ejemplo del arte de la descripción literaria: detalles multidimensionales y sugestivos que crean una imagen compleja de la persona.

1–57. Entrando en materia. Hay varias personas en la fotografía que Allende describe. Sin embargo, se centra en una persona: el abuelo de la autora (bisabuelo de Paula). Antes de leer, cada estudiante debe pensar en una persona mayor de su familia que respeta mucho y describir a esa persona según estas preguntas:

1. ¿Cuáles son dos rasgos físicos notables de la persona? ¿Hay alguna parte del cuerpo en particular que se destaca *(stands out)*?
2. ¿Cuáles son dos hábitos o costumbres característicos de esta persona?
3. ¿Tiene o tenía opiniones firmes sobre algo? ¿Tiene o tenía una filosofía personal de la vida?
4. ¿Hay objetos, lugares o sucesos que asocias con esta persona?

PAULA (FRAGMENTO)

Mira, Paula, tengo aquí el retrato del Tata. Este hombre de facciones severas, pupila clara, lentes sin **montura**[1] y **boina**[2] negra, es tu bisabuelo. En la fotografía aparece sentado empuñando su **bastón**[3], y junto a él, **apoyada en**[4] su rodilla derecha, hay una niña de tres años vestida de fiesta, graciosa como una bailarina en miniatura, mirando la cámara con ojos lánguidos. Ésa eres tú, detrás estamos mi madre y yo, la silla me oculta la barriga, estaba embarazada de tu hermano Nicolás. Se ve al viejo de frente y se aprecia su gesto **altivo**[5], esa dignidad sin **aspavientos**[6]... Lo recuerdo siempre anciano, aunque casi sin **arrugas**[7], salvo dos surcos profundos en las **comisuras**[8] de la boca, con una blanca **melena**[9] de león y una risa brusca de dientes amarillos. Al final de sus años le costaba moverse, pero se ponía trabajosamente de pie para saludar y despedir a las mujeres y apoyado en su bastón acompañaba a las visitas hasta la puerta del jardín. Me gustaban sus manos, **ramas retorcidas de roble**[10], fuertes y nudosas, su infaltable pañuelo de seda **al cuello**[11] y su olor a jabón inglés de lavanda y desinfectante. Trató con humor desprendido de inculcar a sus descendientes su filosofía estoica; la incomodidad le parecía **sana**[12] y la calefacción **nociva**[13], exigía comida simple - nada de salsas ni revoltijos - y le parecía vulgar divertirse... Fíjate en mi madre, que en este retrato tiene algo más de cuarenta años y se encuentra en el **apogeo**[14] de su esplendor, vestida a la moda con falda corta y el pelo como un **nido de abejas**[15]. Está riéndose y sus grandes ojos verdes se ven como dos rayas enmarcadas por el arco en punta de las **cejas**[16] negras. Ésa era la época más feliz de su vida, cuando había terminado de criar a sus hijos, estaba enamorada y todavía su mundo parecía seguro.

Isabel Allende Fragmento de la obra PAULA. ©1994 Isabel Allende. Reprinted with permission of Barcelona: Plaza & Janés,Ed. S.A., 1994, pp.14–15.

1–58. Los elementos de la descripción. Identifiquen 2 o 3 ejemplos de:

1. Rasgos físicos del Tata
2. Hábitos y costumbres del Tata
3. Olores asociados con el Tata
4. Ropa o pertenencias *(belongings)*
5. Opiniones y filosofía que tenía el Tata

1–59. Nuestra interpretación de la obra. En parejas, comparen sus respuestas a estas preguntas usando el vocabulario.

1. Según la descripción del Tata, ¿cómo es su personalidad? (Mencionen por lo menos cuatro características).
2. Las últimas líneas de la descripción hablan de la madre de Allende (abuela de Paula). ¿Cómo es la madre o cómo está la madre en la foto?
3. Allende describe las manos del Tata con la metáfora de "ramas retorcidas de roble". ¿Qué les sugiere la metáfora?, ¿el aspecto físico de sus manos?, ¿algún aspecto del carácter del Tata?, ¿algo sobre la vida del Tata?
4. Imaginen que van a conocer a esta familia. Escriban dos preguntas para cada persona.

---

1. *frames;* 2. *beret;* 3. *cane;* 4. *leaning against;* 5. *proud;* 6. *fuss;* 7. *wrinkles;* 8. *corners;* 9. *head of hair;* 10. *twisted oak branches;* 11. *around his neck;* 12. *healthy;* 13. *harmful;* 14. *high point;* 15. *bee hive;* 16. *eye brows*

WileyPLUS

Go to *WileyPLUS* to see these **videos,** and to find the **video activities** related to them.

Videoteca

La plaza: El corazón de la ciudad

¿Dónde se encuentra el "corazón" de los pueblos y ciudades del mundo hispanohablante? Si paseas por cualquier parte del mundo hispano, ya sea un pueblo remoto o una ciudad metropolitana, verás que la plaza es un espacio muy importante que desempeña una multitud de funciones en la vida de los habitantes. Es a la vez un centro social, comercial, cultural, geográfico, y a veces religioso. En este video vas a ver qué pasa en las plazas del mundo hispano.

¡Bienvenido al mundo hispano!

¿Qué sabes del mundo hispano? Además de compartir el mismo idioma, ¿qué tienen en común los diferentes países hispanohablantes? ¿en qué se diferencian? En este video vas a explorar estas semejanzas y diferencias culturales.

Ampliar vocabulario

ausente	absent
compaginar	to fit, combine
cortar el rollo	end the conversation (col.)
costero/a	on the coast
cotizado/a	valued, sought-after
desarrollo *m*	development
edificio *m*	building
encajar	to fit
firmar	to sign
fuente *f*	source; fountain
golpe de estado *m*	coup d'état
joyas *f*	jewels; jewelry
jubilado/a	retired, retiree
labor *f*	work
lanzador *m*	pitcher
malabarismo *m*	juggling
ocio *m*	free time
padrísimo/a	fantastic
personaje *m*	fictional character
platicar	to talk, chat (Mex.)
reconocimiento *m*	recognition
rezar	to pray
superar	to overcome
taíno *m*	native group of the Caribbean islands
tiro con arco *m*	archery
vendedor ambulante *m*	street vendor

Vocabulario esencial

Hablar de los rasgos físicos, la personalidad y los estados de ánimo

Los rasgos físicos

atlético/a	athletic
débil	weak
delgado/a	thin
frágil	fragile
fuerte	strong
moreno/a	dark (skin, hair, eyes)
musculoso/a	muscular
pelirrojo/a	red haired

rechoncho/a	stout
rubio/a	light (skin, hair, eyes)

La personalidad

capaz	capable
divertido/a	fun
estudioso/a	studious
hogareño/a	home-loving; domestic
honrado/a	honest
ingenioso/a	witty; clever
insoportable	unbearable
trabajador/a	hard-working
tranquilo/a	calm, mellow

Los estados de ánimo

aburrido/a	bored
animado/a	in high spirits
cansado/a	tired, worn out
contento/a	happy
deprimido/a	depressed
impaciente	impatient
nervioso/a	nervous
relajado/a	relaxed
tenso/a	tense

Hablar de las tareas domésticas

Las tareas domésticas

arreglar mi cuarto	to straighten up my room
barrer el suelo	to sweep the floor
compartir	to share
lavar	to wash
limpiar	to clean
pagar el alquiler/ la factura	to pay the rent/bill
sacar la basura	to take out the garbage
soler (ue) (hacer algo)	to usually do something

La frecuencia

a menudo	often
cada día	every day
cada semana	each week

Vocabulario

nunca	*never*	a la medianoche	*at midnight*
raras veces	*infrequently*	al mediodía	*at noon*
siempre	*always*	por la mañana	*in the morning*
		por la tarde	*in the afternoon*
		por la noche	*at night*

Hablar de la vida diaria

La rutina

almorzar (ue)	*to have lunch*
comenzar (ie)/empezar (ie) a trabajar	*to start work*
despertarse (ie)	*to wake up*
dormirse (ue)	*to fall asleep*
hacer las tareas domésticas	*to do housework*
ir al mercado	*to go to the market*
jugar (ue) al fútbol, billar, etc.	*to play soccer, pool, etc.*
salir del trabajo	*to leave work*
(no) soler (ue) desayunar	*to usually (not) have breakfast*
tener una cita	*to have a date / appointment*
vestirse (i)	*to get dressed*

Hablar de los accidentes

Los accidentes

caerle un rayo	*to get struck by lightning*
caerse	*to fall down*
chocar con el carro	*to crash the car*
dejar de + infinitive	*to stop doing something*
dejar las llaves en el auto	*to leave the keys in the car*
hacerse daño	*to hurt oneself*
huir	*to run away; flee*
perder (ie) cien dólares	*to lose one hundred dollars*
ponerse enfermo/a	*to get/become sick*
quemar la comida	*to burn a meal*
romperse la pierna	*to break a leg*
sentirse (ie) mal	*to feel bad*

La hora del día

a la una	*at one o'clock*
a las dos, tres, cuatro, etc.	*at two, three, four, etc. o'clock*

CAPÍTULO 2

LAS RELACIONES DE NUESTRA GENTE

WileyPLUS ADDITIONAL ACTIVITIES FOR EACH TEMA AND ANIMATED GRAMMAR TUTORIALS AVAILABLE ONLINE.

Objetivos del capítulo

En este capítulo vas a...

- explorar algunos temas clave sobre las relaciones humanas.
- expresarte de manera impersonal.
- describir y narrar en el pasado.
- pedir y dar información, contar anécdotas y hacer comparaciones.
- escribir una autobiografía.

TEMA

Purestock/Getty Images

En mi papel de madre trabajadora, a menudo tengo que compaginar mis obligaciones profesionales y familiares. ¿Es mi estilo de vida similar al tuyo o al de tu familia?

En familia

©PureStock/age fotostock

Lectura

Entrando en materia

2–1. En Estados Unidos. En grupos de cuatro den las respuestas a las siguientes preguntas. ¿Están todos de acuerdo? ¿En qué áreas hay más diferencias de opinión entre ustedes?

- ¿Cuál creen que es la edad promedio (*average*) de las personas que se casan en EE. UU. por primera vez?
- ¿Es cierto que muchas parejas en EE. UU. prefieren vivir juntas en vez de casarse?
- En su opinión, ¿está aumentando o disminuyendo el divorcio en EE. UU?
- ¿Dónde vive la mayoría de las personas mayores en EE. UU.: en su propia casa, en la casa de sus hijos, en residencias para personas mayores?
- ¿Creen que las mujeres estadounidenses que trabajan reciben mucha ayuda del esposo en el trabajo de la casa y el cuidado de los hijos? Justifiquen sus opiniones.

Por si acaso

Expresiones útiles para comparar respuestas con otro estudiante

¿Qué tienes/ pusiste en el número 1/ 2/ 3?
Yo tengo/ puse a/ b.
Yo tengo algo diferente.
No sé la respuesta./ No tengo ni idea.
Creo que la respuesta es a/ b, pero no estoy seguro/a.
Creo que es cierto./ Creo que es falso.

2–2. Vocabulario: Antes de leer. Antes de leer la siguiente sección, busca las palabras y expresiones siguientes en la lectura. Usando el contexto y la intuición determina si su significado se asocia con la definición de la *a* o la *b*.

1. **en gran medida**   a. mucho   b. poco
2. **al igual que**   a. de la misma manera   b. de forma diferente
3. **índice**   a. número   b. tabla
4. **imponer**   a. quitar   b. mandar
5. **la pareja**   a. tres personas   b. dos personas
6. **retrasar**   a. avanzar   b. ir hacia atrás
7. **jubilado**   a. jubileo   b. retirado
8. **aficiones**   a. pasatiempos   b. oficios
9. **aumento**   a. hacer más grande   b. hacer más pequeño
10. **ama de casa**   a. madre de familia   b. señora de la limpieza
11. **tareas domésticas**   a. trabajo en la oficina   b. trabajo en la casa

Cuestión de familias

En este artículo, van a explorar los efectos que la vida moderna tiene en las relaciones familiares, con especial atención al matrimonio, la tercera edad (*the elderly*) y el papel de la mujer. Antes de leer, piensen en el concepto estereotípico de "la familia hispana". ¿Conocen este estereotipo? ¿En qué consiste? Escriban una lista de tres elementos que lo componen y guarden la lista para comentar después de la lectura.

La familia hispana no existe. La enorme diversidad del mundo hispano hace que las relaciones familiares varíen según la cultura de un país determinado, el nivel de educación de los padres, la herencia cultural y racial de los miembros, el contorno geográfico de su hogar y muchos otros factores. Por ejemplo, en algunas comunidades de Centroamérica donde mucha gente es de origen indígena, se conservan varias costumbres y tradiciones de hace cientos de años. Por otra parte, en las grandes ciudades de Sudamérica, hay familias de clase media o alta que se parecen a las familias urbanas con medios económicos similares de Europa, Asia o África.

Michelle Bridwell/PhotoEdit

Momento de reflexión

Indica si la siguiente idea resume el contenido del párrafo anterior.

Las características de las familias hispanas son tan diferentes que es imposible definir una familia típica.

Sí ❑   No ❑

La familia hispana de la clase media destaca por haber cambiado **en gran medida** su estructura y sus costumbres en décadas recientes. Una causa de estos cambios, **al igual que** en Estados Unidos y otras partes del mundo, es la internacionalización de los medios de comunicación y el desarrollo de la economía internacional.

En diferentes partes del mundo, las familias con recursos consumen productos similares, ven programas de televisión parecidos, comparten aspiraciones semejantes y se tropiezan con los mismos obstáculos económicos.

Un cambio notable en estas familias ha sido un mayor **índice** de divorcios, a pesar de las limitaciones que tradicionalmente **impone** la iglesia católica. Además, se observa una tendencia entre **las parejas** a **retrasar** el matrimonio. Las parejas se casan cada vez más tarde y tienen menos hijos que en el pasado. También es más frecuente que las parejas decidan vivir juntas sin casarse.

La vida moderna ha transformado la realidad de las personas mayores en las familias de clase media. En el pasado era frecuente que los abuelos vivieran con uno de los hijos al llegar a una edad avanzada, pero hoy en día las personas mayores son más independientes. Esta nueva generación de **jubilados** se dedica más a sus propias **aficiones**, a sus amigos y, en muchos casos, a viajar. Ⓜ¹

Muchos de estos cambios se deben al **aumento** de las oportunidades y de las expectativas para la mujer. En el pasado, frecuentemente el papel de la mujer era casi exclusivamente el de **ama de casa** y ella era responsable de todas las **tareas domésticas**. El divorcio no era una opción para las mujeres que no tenían la capacidad de lograr la independencia económica del esposo. Ya que en los años recientes muchas mujeres persiguen una educación universitaria, muchas de ellas esperan hasta después de establecerse profesionalmente para casarse. Esta tendencia explica que la edad promedio de la mujer para casarse haya ascendido y que el número de hijos por familia haya disminuido. Ⓜ²

Philip Lee Harvey/Stone/Getty Images

> **¹ Ⓜ omento de reflexión**
>
> Indica si la siguiente idea es correcta.
>
> *En el presente, las personas mayores generalmente dependen de los hijos.*
>
> Sí ❏   No ❏

> **² Ⓜ omento de reflexión**
>
> ¿Es esto verdad?
>
> *Las oportunidades profesionales para la mujer son una de las causas de muchos cambios en la familia.*
>
> Sí ❏   No ❏

2–3. ¿Comprendes? Responde a estas preguntas para comprobar tu comprensión del artículo.

1. ¿Qué significa la afirmación "la familia hispana no existe"?

2. Según el texto, ¿qué factores determinan las características de las familias hispanohablantes? Selecciona Cierto o Falso para cada respuesta.

La cultura de un país	C	F
La edad de los miembros de la familia	C	F
El nivel de educación	C	F
La herencia cultural y racial de la familia	C	F
El contorno geográfico	C	F
Las preferencias gastronómicas	C	F

3. ¿Cómo ha afectado la vida moderna la realidad de las familias hispanohablantes? Selecciona Cierto o Falso para cada respuesta.

Hay más divorcios y menos matrimonios	C	F
Las familias tienen más hijos	C	F
Las parejas son muy jóvenes cuando se casan	C	F
Las personas mayores, o jubilados, son más independientes	C	F
Las mujeres continúan dedicándose a las tareas domésticas	C	F

4. ¿Son las familias hispanohablantes de clase media muy diferentes a las familias de clase media del resto del mundo? Explica tu respuesta.

 2–4. La familia moderna. ¿Aprendieron algo nuevo sobre las familias hispanohablantes al leer el artículo? En parejas, comparen las notas que escribieron antes de la lectura. ¿Coinciden sus ideas con la información que presenta el artículo? Si no es así, revisen la lista y modifiquen las ideas anteriores usando la información de la lectura.

 2–5. Vocabulario: Después de leer. En parejas, una persona debe hacer las preguntas correspondientes al estudiante A y la otra debe hacer las preguntas correspondientes al estudiante B. Presten atención a las respuestas de la otra persona. ¿Tienen ideas más o menos similares? ¿En qué se parecen? Si no tienen las mismas ideas sobre estos asuntos, ¿cuáles son los motivos de las diferencias de opiniones?

Estudiante A:

1. En muchas familias, los padres **imponen** su voluntad sobre sus hijos, incluso cuando estos son adultos. ¿Crees que esto es necesario? ¿Por qué?
2. ¿Qué es lo primero que piensas al escuchar la palabra **jubilado**? ¿Qué diferencias culturales crees que hay entre los jubilados hispanos y los estadounidenses? ¿Crees que tienen las mismas **aficiones**?

Estudiante B:

1. ¿Crees que ha habido un **aumento** en el número de padres que se quedan en casa a cuidar de los hijos en los últimos años? ¿Cuál crees que es la razón de esto?
2. ¿Crees que en los matrimonios jóvenes las **tareas domésticas** se reparten igualmente entre los esposos o crees que la mujer hace casi todo el trabajo? ¿Crees que la cultura de cada familia influye mucho a la hora de decidir quién se ocupa de la casa? ¿Por qué?

 2–6. ¿Existe una familia típica en el salón de clase? Para esta actividad, formen grupos de cuatro. Van a recoger datos para determinar si las familias de sus compañeros de clase tienen características en común.

A. Primero, cada estudiante debe describir a su familia según las características de la lista. Los otros deben tomar notas.

En mi familia somos cuatro personas: mi madre, mi padre, mi hermano y yo. Mis padres no están divorciados y se casaron cuando mi padre tenía 24 años y mi madre 22 años. Mi padre trabaja fuera de la casa y mi madre también pero solo trabaja por las tardes. Mi padre gana más dinero que mi madre. En general, mi madre se ocupa de hacer la compra, la comida y la limpieza de la casa pero mi padre la ayuda algunas veces.

	Yo	Compañero 1	Compañero 2	Compañero 3
Número de personas				
Número de hermanos				
¿Padres divorciados? (sí/no)				
Edad de los padres al casarse				
La/s persona/s que trabaja/n fuera de casa				
La persona que contribuye más dinero a la familia				
La persona que suele hacer la compra				
La persona que suele preparar las comidas				
La persona que suele limpiar la casa				

B. Analicen los datos y respondan a estas preguntas:

1. ¿Cuáles son las características familiares comunes en su grupo?
2. ¿Existe una familia típica en su grupo? Justifiquen su respuesta.
3. ¿Creen que sus observaciones son también válidas en un contexto más amplio, como en su ciudad o en Estados Unidos?

Gramática

Impersonal/Passive *se* to Express a Nonspecific Agent of an Action

Uses of **se:**

1. The impersonal **se** (**se** + *third-person singular verb*) is used to indicate that people are involved in the action of the verb but no specific individuals are identified as performing the action. The impersonal **se** translates the impersonal English subjects *one, you, people* or *they*.

Se come muy bien en México.	*One eats well in Mexico.*
Se trabaja mucho en EE. UU.	*One works a lot in the USA.*
Se vive bien en este país.	*One lives comfortably in this country.*

2. The passive **se** (**se** + *third-person singular or plural verb* + *singular or plural noun*) is another way to convey that the person or people doing the action are not identified. This structure is used when a noun (with no preposition, such as **a**) follows the verb.

Se abrió un nuevo restaurante cerca de mi casa.	*A new restaurant **was** opened near my house.*
El año pasado **se** abrieron dos nuevos restaurantes cerca de mi casa.	*Last year two new restaurants **were** opened near my house.*
Se vendió solo un libro en la librería ayer.	*One book only **was** sold at the bookstore yesterday.*
Se vendieron muchos libros en la librería ayer.	*Many books **were** sold at the bookstore yesterday.*

Notice that there is a difference between the examples in explanation #1 and those in #2. Number #1 features the use of impersonal **se**. In this case there is no noun (singular or plural) immediately following the verb. Therefore the verb is always used in singular form. Number #2 features the use of passive **se**. This structure always includes a noun (without preposition) immediately following the verb and the verb agrees in number with that noun.

Also notice that examples such as **En esta cultura se respeta a las personas mayores** (*In this culture the elder is respected*), where a preposition precedes the noun following the verb, follow the pattern in explanation #1.

WileyPLUS Go to *WileyPLUS* to review this grammar point with the help of the **Animated Grammar Tutorial** and **Verb Conjugator**. See also textbook Appendices with Grammar References and verb tables. For more practice, go to the **Activities Manual**.

2–7. Identificación. Uno de tus compañeros ha escrito el texto de abajo para un periódico. Edita los dos últimos párrafos para que tengan el mismo estilo impersonal del primer párrafo.

> **MODELO**
> En esta cultura nosotros respetamos las tradiciones.
> En esta cultura se respetan las tradiciones.

En el seno de algunas familias hispanohablantes **se respeta** la figura de la persona mayor. Igualmente, **se respeta** la autoridad del padre y la madre, el hermano mayor, los abuelos, los tíos o los padrinos a cargo de la familia, según las circunstancias.

También **cuidamos** el buen nombre de la familia, lo cual puede producir fuertes reacciones sociales cuando **cuestionamos** o **perdemos** el honor familiar. Por eso, para muchas familias es muy importante "el qué dirán", es decir, la opinión que tienen los demás sobre la familia.

Ofrecemos apoyo afectivo y material a los miembros de la familia en todo momento. Por esta razón, **usamos** poco los servicios de ayuda pública. En nuestras familias los hijos sienten la obligación de cuidar a sus padres cuando estos son mayores.

 2–8. Hablando de estereotipos. De la misma manera que algunas personas en EE. UU. tienen estereotipos sobre los hispanos, en otros países también hay estereotipos sobre Estados Unidos y los estadounidenses.

A. En parejas, creen una lista breve de cuáles pueden ser esos estereotipos. Incluyan un mínimo de cinco.

B. Ahora, lean la siguiente lista de estereotipos y determinen: a) si son ciertos y b) cuál es su origen probable.

1. En muchos países europeos **se cree** que los estadounidenses comen comida rápida todos los días.
2. En Estados Unidos **se come** más en restaurantes que en los países hispanos.
3. En otros países **se piensa** que la familia estadounidense media se muda de casa cada seis o siete años.
4. En Estados Unidos **se adoptan** muchos niños de otros países porque la gente es muy rica.
5. En Estados Unidos **se pasa** menos tiempo con los hijos que en los países hispanos.

 2–9. Estereotipos hispanos. En parejas, una persona va a hacer el papel de un entrevistador hispano que está investigando la actitud de los estadounidenses hacia los hispanos. La otra persona debe responder a las preguntas usando expresiones impersonales para reflejar el punto de vista de la sociedad estadounidense, no solo su propia opinión. Estas expresiones pueden ser útiles para la entrevista.

se piensa   se considera   se cree   se describe   se comenta   se discute

1. ¿Creen los estadounidenses que la mayoría de los hispanos come comida picante?
2. En general, ¿piensan ustedes que los hispanos tienen un nivel de educación bajo?
3. ¿Creen que todos los hispanos hablan en voz alta y hacen muchos gestos con las manos?
4. ¿Qué piensan los estadounidenses con respecto a la costumbre de echarse la siesta?

 2–10. Tradición familiar. En parejas, expliquen cómo se celebran estas ocasiones especiales en la mayoría de las familias estadounidenses. ¿Qué cosas se hacen? ¿Qué comida se prepara?

Vocabulario esencial

Hablar de las celebraciones familiares

apagar (velas)	to put out (candles)
ceremonia f	ceremony
desfile m	parade
encender (ie) (velas)	to light (candles)
hermanastro/a	stepbrother/stepsister
madrastra	stepmother
padrastro	stepfather
pavo m	turkey
reunirse con	to get together with
tío/a	uncle/aunt
torta f	cake
velas f	candles

1. el Día de Acción de Gracias
2. los cumpleaños
3. las bodas
4. las graduaciones
5. el Día de la Independencia

Ahora, cada uno de ustedes debe elegir un país de habla hispana e investigar cómo se celebran estas ocasiones en ese país (si se celebran). Cuando tengan toda la información necesaria, preparen un breve informe oral para presentarlo al resto de la clase.

 2–11. Con sus propias palabras. En parejas, escriban un pequeño artículo, usando **se**, para publicarlo en un periódico. Aquí tienen algunas ideas sobre los temas que pueden tratar en su artículo.

1. la importancia de las personas mayores
2. el honor familiar (el buen nombre de la familia)
3. el uso de los servicios de ayuda pública
4. el afecto entre los miembros de la familia

Vocabulario para conversar

Pedir y dar información

¿Me puedes explicar cómo usar _se_ en español?

Lo siento, pero no tengo ni idea.

Requesting and providing information are common functions in our communication with others. We request and give information in the course of interviews, surveys, asking and giving directions, and in daily conversations with family, friends, and co-workers. The following expressions will be useful when requesting and providing information. Remember that when the context of the conversation is formal, you use the **usted** form.

Pedir información:

Dime/ Dígame...	*Tell me, . . .*
¿Me puedes/ puede decir...?	*Can you tell me . . .?*
¿Me puedes/ puede explicar...?	*Can you explain to me . . .?*
Quiero saber si...	*I'd like to know if . . .*
Quiero preguntar si...	*I'd like to ask if . . .*
Otra pregunta...	*Another question . . .*

Dar información:

La verdad es que...	*The truth is . . .*
Permíteme/ Permítame explicar...	*Let me explain . . .*
Con mucho gusto.	*I'll be glad to.*
Yo opino / creo que...	*I think that . . .*
Lo siento, pero no lo sé.	*I am sorry, but I don't know.*
No tengo ni idea. *(very informal)*	*I have no idea.*

2–12. Palabras en acción. ¿Sabes qué expresiones puedes usar para responder a estas preguntas? ¡Demuéstralo!

1. ¿Me puedes ayudar a hacer la tarea de mañana?
2. No comprendo, ¿qué quieres decir?
3. ¿Sabe usted dónde hay un hotel por aquí?
4. ¿Qué opina usted sobre el precio de los libros?

 2–13. Estudios y familia. El Departamento de Psicología de su universidad está haciendo un estudio sobre las costumbres familiares de los estudiantes. En grupos de tres, representen la situación a continuación usando las expresiones para pedir y dar información.

Estudiante A: Tú eres el/la entrevistador/a (*interviewer*) y esta es la información que necesitas obtener de los estudiantes B y C. El/La estudiante B es una persona de tu edad. Háblale usando la forma *tú*. El/La estudiante C es una persona mayor. Háblale usando la forma *usted*.

1. Inicia la conversación.
2. Haz preguntas para obtener información personal: nombre, apellido/s, edad, especialización, lugar de residencia, número de miembros de la familia, hermanos mayores y menores y miembros de la familia extendida que viven con la persona entrevistada. Formula preguntas adicionales basadas en las respuestas.

3. Haz preguntas para obtener información sobre la relación del entrevistado con su familia: frecuencia de sus visitas a la residencia familiar, ocasiones especiales que pasa y no pasa con la familia, tiempo que dedica en el campus a mantener contacto con la familia (cartas, llamadas telefónicas, correo electrónico). Elabora preguntas adicionales basadas en las respuestas.

Estudiante B: Tú eres un/a estudiante de la edad de tu entrevistador/a. Contesta sus preguntas usando algunas de las expresiones que has aprendido para dar información.

Estudiante C: Tú eres un/a estudiante no tradicional y eres mayor que tu entrevistador/a. Contesta las preguntas usando algunas de las expresiones que has aprendido para dar información. Usa la imaginación para inventar detalles de la vida de una persona mayor que tú.

CURIOSIDADES

2–14. Crucigrama. Este crucigrama te ayudará a recordar palabras en español para designar las relaciones familiares. ¡Buena suerte!

HORIZONTALES
1. dos hermanos que nacieron el mismo día
2. los hijos de tus hermanos
3. tus progenitores (¡consulta el diccionario!)
4. el esposo de esta mujer murió

VERTICALES
5. progenie (¡consulta el diccionario!)
6. los padres de tus padres
7. este hombre ya no está casado
8. estas personas son los hermanos de tus padres

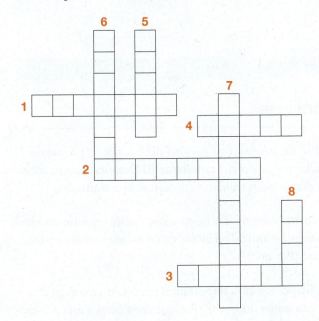

Entre amigos

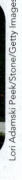

Lori Adamski Peek/Stone/Getty Images

©Hola Images/age fotostock

A escuchar

Entrando en materia

 2–15. Tu red de amigos. En parejas, una persona debe hacer las preguntas del estudiante A y la otra, las preguntas del estudiante B. Después, hablen sobre el tema para ver si tienen preferencias similares en cuanto a las amistades.

Estudiante A: ¿Tienes muchos amigos? En tu opinión, ¿existe un número ideal de amigos? ¿Tienes más amigos o amigas? ¿Hablas de las mismas cosas con tus amigos que con tus amigas? ¿Por qué?

Estudiante B: ¿Qué cualidades son más importantes para ti en un amigo o amiga? ¿Cómo conociste a tu mejor amigo/a? ¿Por qué consideras a esta persona como tu mejor amigo o amiga? ¿Crees que tú eres un buen amigo/una buena amiga? ¿Por qué?

2–16. **Vocabulario: Antes de escuchar.** La miniconferencia de este *Tema* trata sobre las relaciones entre amigos. Para prepararte, identifica la definición que corresponde a las expresiones escritas en negrita.

Expresiones en contexto

1. Dos personas que tienen una **amistad** verdadera saben que pueden contar la una con la otra en cualquier situación.
2. No tener una **red** social es un factor en el índice de mortalidad.
3. Conocí a mi mejor amiga cuando teníamos cinco años. Nuestra amistad es fuerte y **duradera**.
4. Todos los **seres humanos** necesitamos de los amigos para ser felices.
5. Tener una red de amigos tiene efectos positivos en la **salud** física y mental.
6. La comunicación con otras personas es una manera de evitar la **soledad**.

Definiciones

a. conjunto de elementos conectados
b. la gente, las personas
c. el tipo de relación entre amigos
d. la condición de no tener amigos o compañía
e. la condición física o mental de una persona
f. adjetivo aplicado a cosas con una larga vida

Estrategia: Identificar los cognados

La identificación de los cognados puede ser muy útil para comprender un texto oral y escrito. Es fácil reconocer cognados cuando los vemos escritos, pero reconocerlos al escuchar otro idioma puede ser más difícil. Para ayudarte a reconocerlos mientras escuchas el texto, es importante que prestes atención a los sonidos básicos del español. Por ejemplo, las vocales son siempre secas y cortas en español, al contrario del inglés. Si recuerdas esta información mientras escuchas, podrás reconocer muchas más palabras que, aunque tienen un sonido diferente, son cognados de las mismas palabras en inglés.

2–17. Cognados. En la miniconferencia van a escuchar algunos cognados. ¿Saben la definición de estas palabras? Primero, identifiquen la definición de cada palabra. Después, túrnense para pronunciar cada palabra, concentrándose en pronunciar las vocales correctamente en español.

a. compatibles   b. explorar   c. duración   d. sicólogos
e. percibir   f. hipótesis   g. longevidad   h. atracción

1. la condición de vivir muchos años
2. buscar, investigar
3. una idea que se comprueba con la investigación
4. la extensión temporal
5. especialistas en el estudio de la mente
6. similares en gustos y personalidad
7. observar, notar
8. la condición de estar atraído hacia algo o alguien

 **El papel de los amigos en la vida**

Ahora su instructor/a va a presentar una miniconferencia.

2–18. ¿Comprendieron?

1. ¿Cuáles son las tres preguntas que responde la miniconferencia?
2. ¿Cómo explican los sicólogos nuestra selección de amigos?
3. ¿Cómo explican los estudios genéticos esta selección?
4. ¿Qué efectos tienen los amigos en la salud física y mental de los seres humanos?
5. Menciona dos factores que afectan positivamente la duración de la amistad.

Rolf Bruderer/Blend Images/
Getty Images

2–19. Vocabulario: Después de escuchar. En parejas, escriban una o dos oraciones sobre la amistad usando todas las palabras que puedan de la lista de abajo. Pueden consultar la lista de vocabulario del capítulo si tienen dudas sobre el significado de alguna palabra.

amistad   red   duradero   seres humanos   salud   soledad

MODELO

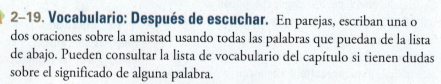
Nosotros creemos que compartir las mismas ideas es un elemento importante en una amistad.

2–20. ¿Están de acuerdo? A continuación van a leer una serie de afirmaciones sobre la amistad y el amor. Primero, expliquen el significado de las afirmaciones. Después, comparen sus opiniones personales sobre estas afirmaciones con sus compañeros.

1. Un amigo es alguien que te quiere a pesar de que sabe todo sobre ti.
2. El que busca amigos sin defectos, se queda sin amigos.
3. El amor duele.
4. Un buen amigo es alguien que está contigo siempre que lo necesitas.
5. La mejor forma de destruir a tu enemigo es convertirlo en tu amigo.

Gramática

Preterit and Imperfect in Contrast

In the course of a narration in Spanish you will have to use both the preterit and imperfect tenses to refer to the past.

The **preterit tense** is used to talk about completed past events.

> Mi amigo Antonio no **anunció** su visita.
>
> *My friend Antonio did not **announce** his visit.*

As you can see in the previous sentence, the event (Antonio's giving notice) is viewed as completed, over, or done with.

The **imperfect** is also used to refer to the past, but in a different way:

1. To refer to habitual events, repetitive actions, and to events that used to happen or things you used to do.

   > Antonio nunca **anunciaba** sus visitas.
   >
   > *Antonio never **announced** his visits.*

2. To describe a scene or to give background to a past event.

   > La casa de Antonio **era** grande.
   >
   > *Antonio's house **was** big.*

3. To express an ongoing action (background action) that is interrupted by the beginning or the end of another action stated in the preterit.

   > Antonio **llamaba** a la puerta cuando el teléfono sonó.
   >
   > *Antonio **was knocking** on the door when the telephone rang.*

4. To tell time in the past.

   > ¿Qué hora **era** cuando llegó Antonio?
   >
   > *What time **was it** when Antonio arrived?*
   >
   > **Eran** las 9:00 de la noche.
   >
   > *It **was** 9:00 p.m.*

5. To indicate age in the past.

   > Antonio **tenía** cinco años cuando vino a EE. UU.
   >
   > *Antonio **was** five years old when he came to the U.S.*

6. To express a planned action in the past.

   > Antonio me dijo el mes pasado que se **iba** a casar (**se casaba**) con Marta.
   >
   > *Last month, Antonio told me that he **was going** to marry Martha.*

WileyPLUS Go to *WileyPLUS* to review this grammar point with the help of the **Animated Grammar Tutorial** and **Verb Conjugator**. See also textbook Appendices with Grammar References and verb tables. For more practice, go to the **Activities Manual**.

2–21. Identificación. Aquí tienes el testimonio de Antonio, un mexicano que emigró con su familia a Estados Unidos hace ya muchos años. Identifica si los verbos que usa Antonio están en pretérito o en imperfecto y explica por qué él eligió cada uno, teniendo en cuenta el contexto.

Recuerdo bien mis primeros años de vida en México. Éramos cinco hermanos en mi familia y vivíamos bien, en una casa que tenía muchas habitaciones. Mi padre trabajaba como ingeniero para una compañía y mi madre era maestra en una escuela. Pero un día todo esto cambió.

El 24 de marzo de 1964 nos despedimos de nuestros amigos y familiares. Aquel 24 de marzo, no solo dijimos adiós a nuestros parientes sino también a muchas de nuestras costumbres.

2–22. El amor en la época de mis abuelos. Antonio ha escrito un texto sobre cómo era la vida cuando sus abuelos eran jóvenes. Una vez más, tienes que hacer de editor y arreglar el texto, incluyendo el verbo en el tiempo adecuado según el contexto.

En la época de mis abuelos las costumbres (fueron / eran) diferentes de las de hoy. Cuando mi abuelo (terminó / terminaba) el servicio militar (tuvo / tenía) veinte años. Poco después (conoció / conocía) a mi abuela, que (fue / era) la mujer más hermosa de Guadalajara, según mi abuelo. Durante su noviazgo, mi abuelo solo (vio / veía) a mi abuela los domingos por la mañana en la iglesia, y solo la (pudo / podía) ver en compañía de otras personas, nunca a solas. El día que mis abuelos (se casaron / se casaban) fue la primera vez que se les (permitió / permitía) estar solos. ¡Cómo han cambiado los tiempos!

 2–23. Del pasado al presente. Lean con atención la siguiente pregunta: ¿Creen que las experiencias que vivieron en su familia determinan cómo se relacionan ahora con los demás? Aquí tienen dos respuestas a la pregunta.

A. Subrayen los verbos e identifiquen el tiempo (pretérito, imperfecto, presente). Identifiquen también la regla gramatical que determina el uso de los tiempos verbales.

B. Cada estudiante debe escribir su propia respuesta en un párrafo corto e intercambiarla con un/a compañero/a. ¿Son muy diferentes sus respuestas?

Bueno, mi familia estaba muy unida y a mis padres no les daba vergüenza ser románticos delante de mí o de mis hermanos. Aunque una vez sí que se pusieron colorados (blushed) cuando mis hermanos y yo los pillamos (caught) haciendo manitas (holding hands) por debajo de la mesa. Yo soy ahora muy cariñosa con mis amigos y amigas, y creo que es por lo que vi en casa de pequeña.

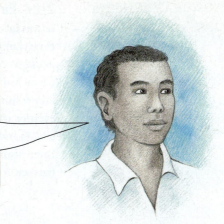

Mis padres se querían mucho pero no lo demostraban demasiado en público. Mi padre era muy serio con nosotros pero nos daba cariño a su manera (in his own way). Por ejemplo, el día que me gradué de la escuela secundaria me dijo con lágrimas en los ojos (tears in his eyes) que ese era el día más feliz de su vida. Yo soy un poco tímido en mis relaciones con los demás, sobre todo con las chicas. Es difícil decir si esto tiene algo que ver con mi experiencia familiar de niño. No lo sé.

2–24. Mi mejor amigo. ¿Quién era tu mejor amigo/a cuando eras pequeño/a? ¿Recuerdas bien a esa persona? Piensa en los detalles que hacían a esa persona tan especial para ti. Después, escribe un ensayo corto narrando tu relación con esa persona. Aquí tienes algunas sugerencias sobre la información que puedes incluir. Cuando termines, revisa la ortografía, los tiempos verbales y asegúrate de que usaste el imperfecto y el pretérito correctamente. Leéle la descripción a tu compañero/a.

¿Quién era?
¿Dónde se conocieron?
¿Dónde vivía?
¿Qué tenía de especial esta persona?
¿Qué actividades hacían juntos?
¿Continúa la relación en el presente?
Si la relación continúa, ¿cómo es ahora en comparación al pasado?

2–25. Mi amigo/a famoso/a y yo. Imagina que eres muy buen/a amigo/a de una persona famosa y que hacen muchas cosas juntos. Vas a narrar una ocasión especial en la que salieron juntos. Puedes imaginar una cita romántica o simplemente una actividad amistosa.

A. Toma notas muy breves sobre la ocasión:

1. día y mes
2. el lugar o destino
3. la manera de vestirse
4. descripción del tiempo, la hora y el lugar
5. eventos o acciones que ocurrieron

B. En parejas, cada estudiante debe convertir sus notas en una pequeña narración oral. Recuerden usar correctamente el pretérito y el imperfecto. Compartan una de las narraciones con la clase.

Vocabulario esencial

Hablar de las relaciones románticas

abrazarse	*to hug*
agarrarse de la mano	*to hold hands*
anillo de compromiso *m*	*engagement ring*
besarse	*to kiss*
casarse	*to get married*
enamorarse	*to fall in love*
noviazgo *m*	*courtship*
salir con (alguien)	*to date*

2–26. En aquella época. Escribe un párrafo en el que narras la vida romántica de tus padres u otra pareja durante el noviazgo. Si no sabes mucho de cuando tus padres eran jóvenes, puedes inventar situaciones. Comienza tu narración con información de fondo (año o fecha, edad de las personas, lugar, etc.) y luego narra la acción. Incluye eventos completos, acciones habituales, acciones repetidas, etc., usando correctamente el imperfecto y el pretérito. Intercambia tu narración con la de un/a compañero/a, lee su narración y hazle dos o tres preguntas sobre el contenido.

Gramática

Comparatives

Comparisons are used to express equality or inequality. Comparisons of **equality** are formed in three different ways:

1. When we compare with an adjective or adverb → **tan** + *adjective / adverb* + **como**

The adjective always agrees with the noun. Adverbs do not show agreement.

Los amigos son **tan** importantes **como** la familia.   *Friends are **as** important **as** family.*

Las buenas amistades no desaparecen **tan** rápidamente **como** las amistades superficiales.   *Good friendships do not disappear **as** quickly **as** superficial friendships.*

2. When we compare with a noun → **tanto/a, tantos/as** + *noun* + **como, tanto** agrees with the noun in gender and number.

Rosa tiene **tantos** amigos **como** una estrella de cine.   *Rosa has **as many** friends **as** a movie star.*

Tengo tantas amigas como tú.   *I have as many female friends as you.*

Tengo tanto miedo como tú.   *I am as afraid as you are.*

Tienes tanta paciencia como yo.   *You are as patient as I am.*

3. When we compare with a verb → *verb* + **tanto como**

The expression **tanto como** always follows the verb and shows no agreement.

Mis padres me respetan **tanto como** yo los respeto.

*My parents respect me **as much as** I respect them.*

Comparisons of **inequality** are expressed in two ways:

1. With adjectives, adverbs, and nouns → **más/menos** + *adjective, adverb, noun* + **que**

As with comparisons of equality, the adjective agrees with the noun, and adverbs show no agreement.

Marisol y Anita son **más** altas **que** Juan.

*Marisol and Anita are **taller than** Juan.*

Tengo **más** amigos norteamericanos **que** hispanos.

*I have **more** North American friends **than** Hispanic friends.*

Anita habla **más** lentamente **que** Marisol.

*Anita speaks **more** slowly **than** Marisol.*

2. With verbs → *verb* + **más/menos** + **que**

Yo salgo **más que** mis padres.

*I go out **more than** my parents.*

WileyPLUS Go to *WileyPLUS* to review this grammar point with the help of the **Animated Grammar Tutorial** and **Verb Conjugator**. See also textbook Appendices with Grammar References and verb tables. For more practice, go to the **Activities Manual**.

 2–27. Identificación. A continuación tienen una serie de opiniones sobre las diferencias entre hombres y mujeres en las relaciones afectivas. En parejas, identifiquen las comparaciones de igualdad y las de desigualdad. Después, determinen si están de acuerdo o no con cada afirmación. Si no están de acuerdo, expresen su opinión con una comparación diferente.

1. Las mujeres son **más** fieles (*faithful*) **que** los hombres.
2. Las mujeres se casan **más** tarde **que** los hombres para disfrutar de la juventud.
3. Los hombres tienen **tantos** detalles (*gestures*) románticos **como** las mujeres.
4. A los hombres les gusta coquetear (*flirt*) **menos que** a las mujeres.
5. Las mujeres son **tan** sentimentales **como** los hombres.
6. Las mujeres hablan **más** por teléfono **que** los hombres.
7. Los hombres compran **tanta** ropa **como** las mujeres.
8. Las mujeres se acuerdan **menos** de los pequeños detalles **que** los hombres.

 2–28. ¿Quién es más atrevido/a? ¿Quién es más atrevido (*daring*) en las relaciones amorosas, el hombre o la mujer? A continuación tienen las opiniones de un grupo de estudiantes. ¿Piensan como ellos? En parejas, determinen si están de acuerdo o no con las opiniones de estas personas. Después, entrevisten a varios compañeros y preparen un documento comparando sus opiniones con las de estos estudiantes. ¡Usen comparativos para señalar semejanzas y diferencias!

Melinda, 20 años

Me gusta cuando es el muchacho el que toma la iniciativa porque yo no me atrevo (*dare*) a hacer eso. Creo que sí, que en general los chicos son menos tímidos que las chicas.

Raúl, 18 años

Las chicas que yo conozco no son nada inocentes. Son más atrevidas y más locas que nosotros. A mí me gustan mucho las chicas lanzadas (*daring*).

Anselmo, 20 años

Las muchachas son más inocentes y yo creo que eso las perjudica. También creo que son más tímidas que los chicos en general.

Lucía, 18 años

Yo soy más lanzada que la mayoría de novios que he tenido. No me preocupa si tengo que dar yo el primer paso. ¡A mi último novio lo invité yo a salir la primera vez!

Fernando, 19 años

Hoy por hoy (*nowadays*), las chicas son más atrevidas que los chicos. Yo lo prefiero así porque soy bastante tímido y necesito un empujoncito (*little push*).

2–29. ¿Y hace 100 años? Ahora, piensen en el año 1900. ¿Cómo era la dinámica entre el padre de familia y la madre de familia? Escriban seis comparaciones entre los hombres y las mujeres de principios del siglo pasado basadas en características, actividades y/o responsabilidades.

> **MODELO**
>
> **Las mujeres eran más hogareñas que los hombres.**
> **Los hombres trabajaban fuera de casa más que las mujeres.**

Vocabulario para conversar

Contar anécdotas

No vas a creer lo que me pasó el otro día. Estaba en un restaurante con mi novia y mi ex novia me llamó por el teléfono celular. Mi novia se puso furiosa conmigo.

¿Sí? ¿Y qué pasó después?

How do we tell stories and how do we react when others tell us something that happened to them?

Contar un cuento o una anécdota:

Escucha/Escuche, te/le voy a contar...	*Listen, I am going to tell you . . .*
Te/Le voy a contar algo increíble...	*I am going to tell you something unbelievable . . .*
No me vas/va a creer...	*You are not going to believe me . . .*
Fue divertidísimo...	*It was so much fun . . .*
Y entonces...	*And then . . .*
Fue algo terrible/ horrible/ espantoso.	*It was something terrible/horrible/awful.*

Reaccionar al cuento o la anécdota:

¡No me digas! ¡No me diga!	*You are kidding me!*
¿Sí? No te/le puedo creer. ¡Es increíble!	*Really? That's incredible!*
¿Y qué pasó después?	*And what happened then?*
Y entonces, ¿qué?	*And then what?*

2–30. Palabras en acción. Completa estas anécdotas con expresiones para contar una historia y para reaccionar a una historia.

1. —... lo que pasó el domingo en la fiesta caribeña... pero allí estaba el mismo Enrique Iglesias. La fiesta duró hasta las cuatro de la mañana y todos bailamos como locos...
   —Reacción...
2. —Ayer mi compañero de cuarto y yo tuvimos una pelea fuerte por causa de sus amigos...
   —Reacción...
3. —Mi hermano pequeño se sentó a la mesa... empezó a jugar con la sopa, que acabó en la cabeza de mi padre.
   —Reacción...

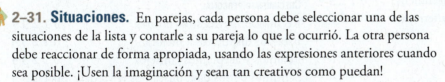

2–31. Situaciones. En parejas, cada persona debe seleccionar una de las situaciones de la lista y contarle a su pareja lo que le ocurrió. La otra persona debe reaccionar de forma apropiada, usando las expresiones anteriores cuando sea posible. ¡Usen la imaginación y sean tan creativos como puedan!

1. lo que pasó cuando tuviste un accidente de tránsito con un conductor que no hablaba inglés
2. lo que pasó cuando encontraste a tu mejor amigo/a cenando a solas con tu novio/a
3. lo que pasó la primera vez que fuiste a una fiesta hispana en casa de tu vecino
4. lo que pasó cuando te enamoraste de una persona que no hablaba tu idioma
5. lo que pasó durante tu primer día en la clase de español

CURIOSIDADES

2–32. Prueba: ¿Seleccionaste bien a tu pareja?

1. En esta prueba se describen nueve aspectos de la personalidad que son muy importantes para mantener una relación estable y duradera con la pareja. Examina hasta qué punto eres compatible con tu pareja. Para obtener el resultado, suma todos los puntos obtenidos y luego divide el resultado entre dos. Si el producto final es menos de 45, debes pensar seriamente en cambiar de pareja. ¡Buena suerte!

Mi pareja y yo:
coincidimos casi siempre = 4 puntos
coincidimos con frecuencia = 3 puntos
coincidimos a veces = 2 puntos
coincidimos pocas veces = 1 punto
nunca coincidimos = 0 puntos

FÍSICO

Llevamos una vida sana   0 1 2 3 4
Nos preocupamos por mantener la
  higiene   0 1 2 3 4
Comemos saludablemente   0 1 2 3 4
Dormimos bien   0 1 2 3 4
Consumimos fármacos/ estimulantes/
  alcohol   0 1 2 3 4
Suma: _____

EMOCIONAL

Somos fieles a nuestros compromisos   0 1 2 3 4
Verbalizamos nuestros sentimientos   0 1 2 3 4
Respetamos las decisiones de los demás   0 1 2 3 4
Solucionamos los problemas fácilmente   0 1 2 3 4
Hacemos muestras de afecto y ternura   0 1 2 3 4
Suma: _____

SOCIAL

Tenemos amigos   0 1 2 3 4
Nos gusta divertirnos   0 1 2 3 4
Somos sociables   0 1 2 3 4
Somos tolerantes con los demás   0 1 2 3 4
Nos preocupamos por los demás   0 1 2 3 4
Suma: _____

INTELECTUAL

Nuestras ideas sobre la educación son
  parecidas   0 1 2 3 4
Nos gusta compartir lo que sabemos   0 1 2 3 4
Nos interesa aprender cosas nuevas   0 1 2 3 4
Nos gusta leer   0 1 2 3 4

Tenemos una mente creativa   0 1 2 3 4
Suma: _____

PROFESIONAL

Tenemos deseos de superación profesional   0 1 2 3 4
Somos organizados   0 1 2 3 4
Somos honrados   0 1 2 3 4
Tenemos una actitud similar acerca
  del dinero   0 1 2 3 4
Nos gusta nuestro trabajo   0 1 2 3 4
Suma: _____

COMUNICACIÓN

Nos escuchamos el uno al otro con
  interés y respeto   0 1 2 3 4
Somos tolerantes con las opiniones
  del otro   0 1 2 3 4
Hablamos con facilidad de nuestros
  sentimientos   0 1 2 3 4
Somos muy egocéntricos cuando
  hablamos   0 1 2 3 4
Suma: _____

CRECIMIENTO PERSONAL

Reconocemos nuestros errores   0 1 2 3 4
Estamos dispuestos a mejorar   0 1 2 3 4
Pedimos y aceptamos consejos   0 1 2 3 4
Sentimos curiosidad, buscamos la verdad   0 1 2 3 4
Creemos que siempre tenemos razón   0 1 2 3 4
Suma: _____

INTERESES Y AFICIONES

Nos gusta viajar   0 1 2 3 4
Disfrutamos mucho el tiempo libre   0 1 2 3 4
Hacemos deporte   0 1 2 3 4
Tenemos pasatiempos   0 1 2 3 4
Somos persistentes, terminamos los
  proyectos que empezamos   0 1 2 3 4
Suma: _____

2. Escribe un párrafo de 50 a 70 palabras resumiendo los resultados de la prueba. No te olvides de usar las formas comparativas.

Así nos divertimos

Livia Corona/Taxi/Getty Images

Lectura

Entrando en materia

 2–33. Preferencias. En grupos de tres, entrevisten a sus compañeros para saber lo que cada persona hace en las siguientes situaciones. Después, presenten la información al resto de la clase.

- actividades de los sábados por la mañana, tarde y noche
- actividades de los domingos por la mañana, tarde y noche
- actividades del verano y del invierno
- actividades que hacen cuando se reúnen con su familia
- actividades de los días de clase/trabajo y el fin de semana

Por si acaso

Expresiones útiles para comparar respuestas con otro estudiante

¿Qué tienes/ pusiste en el número 1/ 2/ 3?
Yo tengo/ puse a/ b.
Yo tengo algo diferente.
No sé la respuesta./ No tengo ni idea.
Creo que la respuesta es a/ b, pero no estoy seguro/a.
Creo que es cierto./ Creo que es falso.

1. Hay muchas posibles actividades para **pasarlo bien** los fines de semana. Por ejemplo, nos reunimos en las fiestas con nuestros amigos.

    a. divertirse

    b. aburrirse

    c. rezar

2. Los domingos es típico **dar un paseo** por las plazas, parques o calles de la ciudad.

    a. compaginar, combinar

    b. hacer daño

    c. caminar, pasear

3. En la entrada de los bares españoles no te piden el **carnet de identidad** y se entra sin problema.

    a. lugar de residencia

    b. documento de identificación

    c. país de nacimiento

4. En algunos países hispanos los bares cierran muy tarde, a las cuatro o cinco de la **madrugada**.

    a. de la noche

    b. de la tarde

    c. de la mañana

5. Marta **echa de menos** a su familia y sus costumbres en España y extraña mucho su país.

    a. es muy baja

    b. está en un nuevo país

    c. está nostálgica

Pasando el rato

Esta breve entrevista apareció en una hoja informativa del departamento de lenguas romances de una universidad estadounidense, con motivo de la celebración de la Semana de la Diversidad. Las personas entrevistadas, una joven española y un joven mexicano, conversan informalmente con la entrevistadora sobre lo que les gusta hacer en el tiempo libre en sus países de origen.

ENTREVISTADORA: Muchas gracias a los dos por participar en esta breve entrevista. Mi objetivo es publicar esta charla informal en la hoja informativa del departamento para

poder así compartir sus comentarios con los estudiantes del programa elemental de español. A ver Marta, tú que eres de España, cuéntanos qué hacen los españoles para **pasarlo bien.**

MARTA: Pues, por ejemplo, un día como hoy, domingo por la tarde, no encuentras en Madrid ni un sitio a donde ir porque las cafeterías, los cines, los clubs y los bares están llenos de gente.

ENTREVISTADORA: ¿Y ustedes, Pedro?

PEDRO: En México también es como lo que describe Marta en Madrid. Hay mucha gente por las calles **dando un paseo.** El paseo es una actividad muy común para nosotros y, contrariamente a lo que pueda parecer, no nos aburrimos haciéndolo. La gente sale a la calle a caminar por parques, plazas y otros lugares públicos donde se encuentra con amigos o conocidos. Es común tanto en los pueblos como en la ciudad.

MARTA: En España la gente joven sale de noche a los clubs o a los bares. Allí, la entrada a los bares o clubs no es tan estricta como aquí y en algunos de estos lugares no piden **el carnet de identidad** a los clientes. También, las discotecas están abiertas hasta las cuatro o cinco de la mañana, así que cuando salimos de noche no regresamos a casa hasta la **madrugada.** Aquí en Estados Unidos cierran los bares mucho más temprano.

PEDRO: En México le dedicamos mucho tiempo a la familia durante los ratos libres. Por ejemplo, en mi familia siempre nos reunimos a comer los fines de semana. A veces el sábado, y otras veces el domingo. Suele venir mi

©Danny Lehman/Corbis Images

hermana mayor con su esposo y mis sobrinos, y mi madre siempre nos cocina algún plato especial que nos gusta.

MARTA: En mi casa también tenemos muchas reuniones familiares y la verdad es que las **echo de menos.** Todos los domingos, vienen a comer a casa de mis padres mis hermanos con sus esposas e hijos. Se llena la casa de gente y nos lo pasamos muy bien. Después de comer normalmente vemos un poco la tele o charlamos tomando café hasta que llega la hora de salir a la calle a dar un paseo.

ENTREVISTADORA: Bueno, no tenemos tiempo para más. Les agradezco mucho su participación.

2–35. ¿Comprendes? Indica qué oraciones se refieren correctamente al contenido de la entrevista. Corrige las oraciones incorrectas.

1. La entrevista se publicó en el departamento de español de una universidad mexicana.
2. Las respuestas de los entrevistados revelan muchas diferencias entre México y España.
3. El paseo es una actividad que aburre a los dos entrevistados.
4. En España, los clubs o bares cierran más o menos a la misma hora que en EE. UU.
5. Según los entrevistados, no es raro que sus familias se reúnan todas las semanas para comer.

2–36. Vocabulario: Después de leer. Piensa en tu vida como estudiante universitario. ¿En qué contexto podrías usar las siguientes expresiones? Para cada expresión, escribe una oración que refleje algo de la vida del estudiante típico aquí en este campus.

1. pasarlo bien
2. dar un paseo
3. carnet de identidad
4. madrugada
5. echar de menos

 2–37. Comparación y contraste. En la sección *Entrando en materia* hablaron de lo que les gusta hacer en su tiempo libre. En grupos de tres, revisen sus respuestas para completar estos pasos.

1. ¿Qué semejanzas y diferencias hay entre su grupo y lo que describen Marta y Pedro?
2. Escriban un breve resumen de las semejanzas y diferencias que encontraron y compártanlo con su grupo oralmente.

Gramática

Direct and Indirect-Object Pronouns to Talk About Previously Mentioned Ideas

In your review of direct-object pronouns in the previous chapter, you learned that direct objects answer the question *what* or *whom* and you practiced using pronouns to speak and write Spanish more smoothly, without repeating words over and over. In this *Tema*, you will review your knowledge of indirect objects and practice using direct- and indirect-object pronouns together.

Indirect Objects: Sequence and Placement of Object Pronouns

¿**Me** haces un favor?   *Will you do a favor **for me**?*

Te voy a explicar el plan.   *I'm going to explain the plan **to you**.*

Note that English often uses a prepositional phrase (for me, to you) where Spanish uses a pronoun placed before the verb.

As you can see below, the indirect-object pronouns are the same as the direct-object pronouns except for the third person.

Indirect objects answer the question *to whom* or *for whom*.

me	*to/for me*	nos	*to/for us*
te	*to/for you*	os	*to/for you (in Spain)*
le	*to/for him/her/it/you*	les	*to/for them/you*

The following are important rules to remember.

1. The rules of placement for indirect-object pronouns are the same as for direct-object pronouns. (See p. 10.)

2. When a sentence contains both a direct- and an indirect-object pronoun, the order is always indirect before direct. Note the difference in order in the English translations.

¿El restaurante Sol? **Te lo** recomiendo. *¿Sol restaurant? I recommend **it to you**.*

¿La cena de cumpleaños? *Your birthday dinner? I'll fix **it for you***
   Te la preparo el sábado. *on Saturday.*

3. When both direct- and indirect-object pronouns are in the third person (when both begin with the letter "l"), the indirect-object pronoun **le** or **les** is replaced by **se**.

¿Las flores? **Se las** regalé ayer. *The flowers? I gave **them to him/her/them** yesterday.*

4. When the indirect object of the verb is a third person (him, her, it, them), the pronoun is obligatory, even if a prepositional phrase clarifies the identity of that person.

Se las regalé a **mi novia**. *I gave them to **my girlfriend**.*

Le voy a hablar a **la profesora** mañana. *I'm going to speak to **the professor** tomorrow.*

Mi novia and *la profesora* are the indirect objects; *se* and *le* are the indirect-object pronouns. Note that both are present in the Spanish sentences.

WileyPLUS Go to *WileyPLUS* to review this grammar point with the help of the **Animated Grammar Tutorial** and **Verb Conjugator**. See also textbook Appendices with Grammar References and verb tables. For more practice, go to the **Activities Manual**.

2–38. Identificación. Mucha gente dedica parte de su tiempo libre a salir en citas (*dating*). En parejas, lean lo que dicen estos personajes e identifiquen los pronombres de complemento directo e indirecto. ¿A quién o a qué se refiere cada pronombre? Después, comparen sus opiniones a las de estas personas. ¿Están de acuerdo? ¿Hacen lo mismo?

La primera cita: Secretos para tener éxito (*to be successful*)

Si un muchacho te gusta, debes invitarlo a salir a comer. Te recomiendo que le pidas su número de teléfono para confirmar la cita. La noche de la cita, no lo hagas esperar. A los muchachos no les gusta esperar mucho. No es buena idea hablarle de tu ex-novio y no es aconsejable preguntarle sobre sus opiniones políticas.

En la primera cita con una chica, no le compres un regalo muy caro; es mejor pagarle la cena o la entrada al cine. También las flores son un buen regalo para las chicas. Yo siempre se las regalo a mi novia. Te las recomiendo. Si la cita te va bien, pídele su número de teléfono para poder llamarla otra vez.

Expresar afecto

comprar un ramo de rosas	*to buy a bouquet of roses*
dar un regalo	*to give a gift*
decir (i) "te quiero"	*to say "I love you"*
enviar/mandar	*to send*
la invitación *f*	*invitation*
la tarjeta de cumpleaños *f*	*birthday card*
invitar	*to invite*
pagar la entrada	*to pay for a ticket*
pedir (i) un compromiso	*to ask for a commitment*
regalar una sortija	*to give a ring as a gift*
servir (i) una cena elegante	*to serve an elegant dinner*
tener una cita	*to have a date*

2–39. ¿A quién o quiénes? Escribe el pronombre correcto en el espacio en blanco.

1. Mi amigo _____ ha pagado la entrada para el cine. (a mí)
2. ¿Las invitaciones? _____ las envié a mis amigas. (a ellas)
3. Ahora _____ puedo decir, "te quiero." (a ti)
4. Cómpra_____ un ramo de rosas a tu novio. (a él)
5. ¿Es el aniversario de tus padres? Sírve_____ una cena elegante. (a ellos)
6. Mi novio recibió mi tarjeta de cumpleaños. _____ la mandé el viernes. (a él)
7. ¿Nuestros amigos van a dar_____ regalos de graduación? (a nosotros)

2–40. ¿Qué tienes? Cada estudiante debe seleccionar al azar (*at random*) cinco cosas de la lista a la izquierda.

Ahora, identifica la persona (un amigo, un familiar, un conocido) que te dio cada una de estas cosas.

(PERSONAS)

_____ una colección de música polca	_____
_____ un póster de Elvis	_____
_____ dos entradas para un concierto	_____
_____ una copia del examen final	_____
_____ (la) mononucleosis	_____
_____ diez mil dólares	_____
_____ un ramo de flores	_____
_____ todos los CD de Lady Gaga	_____
_____ una moto Harley-Davidson	_____
_____ (¿otros objetos?)	_____

A. Explica a la clase 1) qué tienes y 2) quién te lo (la, los, las) dio.

1) Tengo <u>una colección de música polca</u>.
2) Me <u>la</u> dio mi tía María.

B. Explícale a tu pareja 1) qué tienes, 2) a quién se lo vas a regalar y 3) por qué.
(Quizás no quieres regalárselo a nadie.)

1) Tengo <u>un póster de Elvis</u>.
2) Voy a <u>regalárselo</u> a mi padre.
3) Porque le encanta Elvis.

2–41. Mala suerte. Elimina la redundancia en esta narración sustituyendo las partes en negrita con los pronombres apropiados.

La anécdota que voy a contar ocurrió la semana pasada. Era el cumpleaños de una compañera de clase y por eso invité **a mi compañera** a salir el sábado por la noche. Así que salí en mi coche y compré un regalo **para mi compañera**; yo le quería dar **el regalo a mi compañera** durante la cena. Después fui a buscar **a mi compañera**, pero de repente me di cuenta de que no sabía su dirección. Resulta que ella no me había dado **la dirección**. No tenía mi agenda de teléfonos así que no podía llamar **a mi amiga**. Para colmo, en un descuido, salí del coche y cerré **mi coche** con las llaves dentro. ¡Qué desastre! Así que llamé a la policía desde mi celular. Cuando llegaron, expliqué **a los oficiales** que mis llaves estaban dentro del coche. Entonces, ellos abrieron **el coche** y recuperaron **las llaves**. Está de más decir (*needless to say*), que ya era muy tarde. Decidí volver a mi apartamento para evitar más desgracias. Cuando llegué a mi apartamento, llamé a mi amiga para disculparme.

©monkeybusinessimages/iStockphoto

 2–42. ¿Qué hacen en estas situaciones? En parejas, hablen sobre lo que hacen por lo regular en estas situaciones. Recuerden sustituir nombres con pronombres en las respuestas para evitar la redundancia.

Necesitas dinero para salir esta noche. Tu madre está de visita en el campus.
¿Qué hace tu madre cuando le pides dinero?
Me lo da porque es generosa y siempre me da lo que le pido.
No me lo da porque tiene problemas económicos.

1. Un amigo y tú van a comer a un restaurante. Tu amigo te dice que no tiene dinero para pagar. ¿Qué haces tú? ¿Qué hace él?

2. Tú necesitas un traje elegante para salir esta noche pero no tienes dinero para comprar uno nuevo. Tu compañero/a de cuarto tiene un traje perfecto para la ocasión, pero a él/ella no le gusta prestar (*to lend*) su ropa. ¿Qué haces? ¿Qué hace tu compañero/a?

3. Tienes dos entradas para un concierto de música clásica. A ti no te gusta la música clásica en absoluto pero a un/a vecino/a muy atractivo/a le encanta. ¿Qué haces?

4. Un compañero de la clase de español a quien no conoces muy bien te pide dinero prestado para poder ir al partido de fútbol este sábado. ¿Qué haces?

 2-43. Dos perspectivas. Representen la siguiente situación.

Estudiante A: Tú eres un/a estudiante argentino/a que llega al aeropuerto de Chicago. No sabes ni una palabra de inglés. En el aeropuerto conoces a un/a joven estadounidense, estudiante de español, quien te invita a salir.

Estudiante B: Tú eres el/la estudiante estadounidense.

Narra tu versión de la historia usando verbos en el pretérito y el imperfecto, el *Vocabulario esencial* y los pronombres de objeto indirecto. Comienza la narración con "estaba en el aeropuerto de Chicago cuando conocí…"

> **MODELO**
>
> **(Verbos en el pretérito)**
> **Le invité a cenar.**
> **Me habló en español.**
> **Le pagué la cena.**
>
> **(Verbos en el imperfecto)**
> **Yo estaba muy nervioso/a.**
> **Él/Ella era muy guapo/a.**
> **El restaurante era carísimo.**

Comparar experiencias

> Juan me invitó a un restaurante fenomenal y me regaló un ramo de rosas rojas en nuestra primera cita.

> Mi experiencia con Pedro fue completamente diferente. No me regaló nada y cenamos en McDonald's.

A common thing to do when we are exchanging stories or anecdotes with friends is to compare how our experiences are similar or different.

Indicar que tu experiencia fue parecida

Eso me recuerda (a mi amigo/a, a mi hermano/a, una ocasión).

That reminds me of (my friend, brother/sister, an occasion).

Mi (amigo/a, hermano/a) es como el/la tuyo/a.

My (friend, brother/sister) is like yours.

Es como el día en que...

It's like the day when . . .

Mi experiencia con... fue muy parecida.

My experience in . . . was very similar.

Indicar que tu experiencia fue diferente

Mi experiencia con... fue completamente diferente.

My experience with . . . was completely different.

La impresión que tengo de... es completamente opuesta.

The impression I have of/about . . . is completely the opposite.

La persona que describes es muy diferente de la que yo conozco.

The person you're describing is very different from the one I know.

Indicar que tu experiencia fue parecida y diferente a la vez

Mi experiencia con... fue parecida y diferente al mismo tiempo.

My experience with . . . was similar and different at the same time.

Lo que me pasó en... fue un poco parecido, la diferencia es que...

What happened to me in . . . was a bit similar; the difference is that . . .

2–44. Palabras en acción. ¿Fueron tus experiencias similares o diferentes a las de estas personas? Escribe tus experiencias usando las expresiones adecuadas.

1. Un padre se enfadó con su hijo por una cuenta de teléfono de 800 dólares.
2. Una pareja de jóvenes se casó a los 15 años de edad.
3. Una profesora de español suspendió a un estudiante en un examen por mascar chicle.
4. Un joven se comió 15 hamburguesas en una tarde.
5. Una estudiante no llegó a su examen final de la clase de español por no despertarse a tiempo.

2–45. Un amigo común. Durante una conversación, tú y tu pareja se dan cuenta de que tienen un amigo en común, Manolo Camaleón. Inventen los detalles de la conversación, en la que comparan sus impresiones y opiniones sobre Manolo. Usen su imaginación y los detalles que se incluyen para representar este diálogo.

Estudiante A: Manolo y tú eran compañeros de cuarto en la universidad. Manolo nunca limpiaba el cuarto, escuchaba música de salsa cuando tú tenías que estudiar y siempre salía con las personas que a ti te gustaban.

Estudiante B: Manolo es ahora tu colega en una organización no lucrativa (*nonprofit*) que lucha contra el abuso de tabaco, alcohol y drogas. Es un buen amigo tuyo y vas a invitarlo a cenar la semana próxima para que conozca a tu novio/a.

COLOR Y FORMA

Naranjas atadas, de Diana Paredes

Diana Paredes nació en Lima, Perú. Comenzó a pintar a los ocho años de edad. Su arte sorprende a muchos por la atención que reciben los detalles y por la destreza de la artista en la expresión de emociones. Recibió su formación en la Academia de Arte Cristina Gálvez, la Academia Miguel Gayo y el Instituto de Arte de Fort Lauderdale.

Tied Oranges, Oil on canvas, by Diana Paredes

Naranjas atadas, **de Diana Paredes, óleo sobre lienzo.**

 2–46. Observaciones artísticas. En parejas, miren la obra con atención durante unos minutos. Después, respondan a las siguientes preguntas. ¿Se parecen sus respuestas?

1. ¿Qué elementos o cosas representa Diana Paredes en la obra?
2. Describan los colores de la obra.
3. Expliquen la relación entre el título y la obra.
4. Expliquen la relación entre el título, los elementos representados y los temas del capítulo 2 que están estudiando.
5. Tengan en cuenta que la expresión "mi media naranja" es el equivalente de "*my better half*" en inglés.
6. Piensen en otro título para esta obra.

Redacción

2–47. Una autobiografía. Piensa en alguna obra literaria (un cuento, una novela, una autobiografía, etc.) que has leído que narra las experiencias personales del escritor. Ahora te toca a ti escribir una narración sobre tus propias experiencias o las experiencias de otra persona.

Preparación

Piensa en los siguientes puntos:

1. ¿Quiénes serán los lectores de mi composición?
2. ¿Qué información voy a incluir en la introducción?
3. ¿Qué tema/s voy a incluir en cada párrafo?
4. ¿Qué información voy a incluir en la conclusión?

Ahora piensa en cómo vas a organizar la información en tu redacción. Aquí tienes algunas sugerencias.

1. Narrar las experiencias en orden cronológico.

> **MODELO**
>
> **Nací y crecí en una familia que para muchos parecía una familia de locos y quizás en algunos casos tenían razón, pero era mi familia y yo la quería con locura. Cuando era niño/a mi padre...**

2. Narrar desde la perspectiva de un hecho en el presente.

> **MODELO**
>
> **Hoy me llamó Roberto García por teléfono. Para que lo sepan, Roberto García y yo nos vimos por última vez en la fiesta de graduación de la escuela secundaria. Recuerdo muy bien aquella fiesta. Roberto era el chico más atractivo de todos y yo tenía el honor de ser su compañera...**

3. ¿Otros modelos de organización diferentes?

A escribir

1. Comienza tu redacción con una introducción interesante.

> **MODELO**
>
> **Nací a las cinco de la tarde en un día frío del mes de enero...**

2. Desarrolla el contenido y organización que hayas seleccionado. Por ejemplo, si quieres describir el ambiente familiar en el que creciste y una experiencia importante durante la niñez y la juventud, puedes usar el ejemplo a continuación como guía.

MODELO

> **La vida en casa era muy tranquila. Mamá siempre en la cocina, papá siempre en su trabajo, y mis hermanos y yo siempre metidos en problemas. Recuerdo una vez que...**

3. Si quieres describir tu vida fuera del ambiente familiar en el presente, puedes usar este ejemplo como guía.

MODELO

> **Ahora que no estamos ya en casa, mis hermanos y yo seguimos dando problemas pero, claro, son de otro tipo...**

4. Escribe una conclusión que resuma de forma interesante el contenido de los párrafos.

MODELO

> **Y así es como llegué a ser quien soy hoy: un muchacho tímido, algo romántico, interesado en la cocina y también en la política. Una buena combinación, en mi opinión...**

5. Al escribir tu narración recuerda lo que has aprendido sobre el pretérito e imperfecto usados juntos. También usa las comparaciones, el *se* impersonal y los pronombres de objeto directo e indirecto si es necesario.

6. Las expresiones de la lista te servirán para hacer transiciones entre diferentes ideas.

a diferencia de, en contraste con	*in contrast to*
al fin y al cabo	*in the end*
después de todo	*after all*
en resumen	*in summary*
igual que	*the same as, equal to*
mientras	*while*
sin embargo	*however*

Revisión

Para revisar tu redacción usa la guía de revisión del Apéndice C. Después de hacer tu revisión, escribe la versión final y entrégasela a tu instructor/a.

Más allá de las palabras

2–48. Anticipación. Mira el artículo siguiente e intenta predecir los temas que trata el texto.

1. un lugar para visitar ruinas mayas
2. un lugar para observar la producción del chocolate
3. una reserva natural
4. un lugar para comprar artesanías típicas

Tabasco, México:

La ruta del cacao

El cacao tuvo su origen en la región que ocupa hoy el estado de Tabasco, México, durante la época de la antigua civilización olmeca. Los mayas heredaron el cultivo del cacao y mezclaban la semilla pulverizada con agua caliente, sin azúcar, para crear una bebida amarga y espumosa. El cacao se consideraba regalo de los dioses y los mayas celebraban un festival en honor de Chak Ek Chuah, dios del cacao. Sabían que el cacao era un estimulante y le atribuían poderes afrodisíacos. Las semillas de la planta servían también como moneda de intercambio en transacciones entre comerciantes mayas.

Hoy en día, Tabasco produce el 75% del chocolate mexicano y el recorrido turístico de la Ruta del Cacao incluye sitios arqueológicos mayas y antiguas plantaciones cacaoteras, además de reservas naturales y pueblos pintorescos.

En la Zona Arqueológica de Comalcalco se puede visitar las ruinas de una ciudad maya que llegó a su esplendor entre el siglo III y el siglo IX, d. C. La acrópolis es típica de los complejos arquitectónicos mayas con pirámides y terrazas, plazas y templos. Los conocimientos astronómicos de esta civilización prehispana son evidentes en la orientación exacta de los templos hacia los puntos cardinales.

Las haciendas cacaoteras de Tabasco datan de la época colonial después de que Hernán Cortés, conquistador de los aztecas, llevó el cacao a España en el siglo XVI. La bebida se popularizó a pesar de la prohibición inicial de la iglesia católica, que asociaba el cacao con los ritos paganos de los indígenas. Para satisfacer la demanda, España fundó grandes haciendas cacaoteras, o plantaciones de cacao, en Tabasco, muchas de las cuales siguen produciendo y vendiendo chocolate en sus formas modernas. Durante una visita a las haciendas el visitante puede presenciar la elaboración de esta planta: la recolección; el lavado y secado del grano; su pulverización; la mezcla con azúcar, canela, soya o leche; la introducción de la pasta en moldes; la refrigeración y la división del chocolate en diferentes figuras para ser empacadas. Muchas haciendas le sirven al visitante una versión moderna de la antigua bebida maya.

©FoodCollection/age fotostock

Los otros atractivos de la Ruta del Cacao incluyen reservas naturales, como el Centro Reproductor de Tortugas de Agua Dulce en Nacajuca, y la laguna Pomposú, en las afueras de Jalpa de Méndez. La hacienda cacaotera Finca Cholula también sirve como reserva para aves propias de la selva mexicana y para monos sarahuatos, nativos de Tabasco.

El turista no debe marcharse de Tabasco sin visitar sus pintorescos pueblos. La iglesia de la plaza de Cupilco está pintada con brillantes colores y es la más pintoresca de Tabasco. En Jalpa de Méndez se puede comprar la famosa artesanía de las jícaras, recipientes labrados de calabazo.

2–49. En detalle. Usa la información de la lectura para responder a las siguientes preguntas.

1. ¿Qué se puede ver en una visita a los pueblos de Cupilco y Jalpa de Méndez?
2. Mencionen dos lugares para la conservación de especies animales. ¿Qué especie se conserva en cada lugar?
3. ¿Qué se hace en una visita a una hacienda cacaotera?
4. ¿Qué tipo de construcción había en la ciudad maya de Comalcalco?
5. ¿Cuáles son las dos funciones que tenía el chocolate en la antigua cultura maya?

Viaje virtual

Busca información en la red sobre los paradores turísticos en Tabasco, México. Escribe una breve descripción de tres de los paradores.

2–50. Una postal. Imagina que estás en Tabasco donde has recorrido la Ruta del Cacao. Escribe una tarjeta postal a tu instructor/a de español describiendo tus experiencias. ¡Recuerda usar bien el pretérito y el imperfecto para narrar en el pasado! También puedes comparar dos o más lugares usando los comparativos.

El escritor tiene la palabra

Pablo Neruda (1904–1973)

El poeta chileno Pablo Neruda, ganador del Premio Nobel de Literatura en 1971, primero recibe reconocimiento internacional por su poemario *Veinte poemas de amor y una canción desesperada*, publicado en 1924. En las siguientes décadas, sus poemarios expresan temas como la soledad personal de Neruda y la historia del continente americano con una fuerte orientación política marxista. Neruda expresa en sus odas, género que convencionalmente celebra a Dios o a grandes héroes, otras de sus fuertes convicciones: que las cosas más simples de la vida son las más relevantes. Las odas de Neruda celebran comidas, como el tomate y la papa; animales, como el pájaro y el elefante; emociones, como la alegría y la tristeza; y objetos domésticos, como la cama y el plato. Usando metáforas extendidas a base del aspecto físico de la cosa y la personificación a través de un hablante lírico que se dirige al objeto con "tú", Neruda encuentra un sentido para la vida humana en sus elementos fundamentales.

Keystone/Hulton Archive/Getty Images

Pablo Neruda "Oda al plato". *Navegaciones y regresos*. ©Fundación Pablo Neruda, 2013. Reprinted with permission of Buenos Aires: Editorial Losada, 1959, pp. 101–102.

2–51. Entrando en materia. Piensen en un objeto muy especial. Puede ser una prenda de ropa, un aparato o cualquier instrumento que usan frecuentemente. En parejas, describan el objeto: ¿Cómo es? ¿Por qué te gusta? ¿Qué aspecto te agrada (su color, textura, olor, forma, etc.)?

En esta oda, Neruda describe los platos y su función en términos muy favorables. ¿Qué asocian con los platos? ¿Tienen los platos alguna asociación positiva o negativa para ustedes? ¿Por qué?

"Oda al plato"

1	Plato,	25	mientras vuelven los platos
	disco central		a la profundidad de las cocinas.
	del mundo,		Suave, pura **vasija**[4],
	planeta y planetario:		te inventó el **manantial**[5] en una
5	a mediodía, cuando		piedra,
	el sol, plato de fuego,		luego la mano humana
	corona[1]	30	repitió
	el		el **hueco**[6] puro
	alto		y copió el **alfarero**[7] su frescura
10	día,		para
	plato, aparecen		que el tiempo con su **hilo**[8]
	sobre	35	lo pusiera
	las mesas en el mundo		definitivamente
	tus estrellas,		entre el hombre y la vida:
15	las **pletóricas**[2]		el plato, el plato, el plato,
	constelaciones,		cerámica **esperanza**[9],
	y se llena de sopa	40	**cuenco**[10] santo,
	la tierra, de fragancia		exacta luz lunar en su **aureola**[11],
	el universo,		hermosura redonda de **diadema**[12].
20	hasta que los trabajos		
	llaman de nuevo		
	a los trabajadores		
	y otra vez		
	el comedor es un vagón **vacío**[3],		

2–52. Identificación. Identifica los versos del poema (1–42) que corresponden a las ideas siguientes:

1. la metáfora del plato como planeta o estrella; el ciclo de la vida diaria comparado con el ciclo del sistema solar
2. la costumbre de volver a casa del trabajo para comer al mediodía
3. la historia del plato desde sus orígenes en la naturaleza
4. referirse al plato en segunda persona para personificarlo

---

1. *crowns;*   2. *full, brimming over;*   3. *empty;*   4. *vessel;*   5. *flowing water;*   6. *concavity, hollow;*   7. *potter;*   8. *thread, line;*   9. *hope;*   10. *basin;*   11. *round glow;*   12. *jeweled crown*

Más allá de las palabras

2–53. Nuestra interpretación de la obra. En parejas, comparen sus respuestas a estas preguntas.

1. El paralelismo entre los platos en la mesa de una casa y los planetas en el firmamento del cosmos se introduce en los primeros tres versos. ¿En qué sentido es el plato "disco central / del mundo"? Expliquen las implicaciones de la metáfora.

2. En el verso 27, se describe el origen del plato: "te inventó el manantial en una piedra". Expliquen el sentido literal de estas palabras. ¿Cuál fue el origen del plato para el ser humano prehistórico?

3. La importancia del plato en la vida humana también se expresa en los últimos cuatro versos del poema (39–42). Cada verso es una breve descripción del plato con lenguaje muy sugerente y metafórico. Estudien el vocabulario en estos versos y expliquen las implicaciones de las descripciones. (Por ejemplo, en el verso 39, "cerámica" se refiere al material del plato, ¿y esperanza? ¿En qué sentido es el plato "esperanza"?)

4. Hagan una observación sobre la forma del poema en la página. ¿Por qué creen que Neruda usó esa forma? ¿Qué efecto tiene?

5. Pablo Neruda usa la palabra "santo" para describir el plato. ¿Es esta veneración de la comida y de la cocina algo común en tu cultura? En tu familia, ¿hay una diferencia entre la actitud de personas de diferentes generaciones frente a la comida? ¿Piensas que en general los estadounidenses tienen una actitud similar o diferente de Neruda?

WileyPLUS

Go to *WileyPLUS* to see these **videos,** and to find the **video activities** related to them.

Videoteca

Los fines de semana... ¡familia y amigos!

Después de trabajar o estudiar toda la semana, ¿cómo y con quién te gusta pasar los fines de semana? ¿te reúnes con otros, o prefieres pasar tiempo a solas? En el video que vas a ver, varios latinoamericanos cuentan cómo suelen pasar los fines de semana con familia y amigos. Mientras ves el video, piensa en las semejanzas y diferencias entre su rutina y la tuya.

La tecnología une a las familias

En tu papel de estudiante, la tecnología es imprescindible en tu vida académica, pero, ¿qué papel tiene en tu vida familiar? Si no vives en casa con tu familia, ¿cómo te comunicas con ellos?, ¿qué opciones tienes para estar en contacto con familiares en otros estados o países? En este video verás cómo la tecnología facilita la unión entre familias y cómo les ayuda a compaginar la vida profesional con la familiar.

Vocabulario

Ampliar vocabulario

afición *f*	*hobby*
al igual que	*same as*
ama de casa *f*	*housewife*
amistad *f*	*friendship*
aumento *m*	*increase*
carnet de identidad *m*	*ID card*
dar un paseo	*to take a walk*
duradero/a	*lasting*
echar de menos	*to miss*
en gran medida	*in great part*
imponer	*to impose*
índice *m*	*rate*
jubilado/a	*retired*
madrugada *f*	*dawn*
pareja *f*	*couple, partner*
pasarlo bien	*to have a good time*
red *f*	*network*
retrasar	*to delay*
salud *f*	*health*
seres humanos *m*	*human beings*
soledad *f*	*solitude, loneliness*
tarea doméstica *f*	*household chore*

Vocabulario esencial
Hablar de las celebraciones familiares

apagar (velas)	*to put out (candles)*
ceremonia *f*	*ceremony*
desfile *m*	*parade*
encender (ie) (velas)	*to light (candles)*
hermanastro/a	*stepbrother/stepsister*
madrastra *f*	*stepmother*
padrastro *m*	*stepfather*
pavo *m*	*turkey*
reunirse con	*to get together with*
tío/a	*uncle/aunt*
torta *f*	*cake*
velas *f*	*candles*

Hablar de las relaciones románticas

abrazarse	*to hug*
agarrarse de la mano	*to hold hands*
anillo de compromiso *m*	*engagement ring*
besarse	*to kiss*
casarse	*to get married*
enamorarse	*to fall in love*
noviazgo *m*	*courtship*
salir con (alguien)	*to date*

Expresar afecto

comprar un ramo de rosas	*to buy a bouquet of roses*
dar un regalo	*to give a gift*
decir (i) "te quiero"	*to say "I love you"*
enviar/mandar	*to send*
la invitación *f*	*invitation*
la tarjeta de cumpleaños *f*	*birthday card*
invitar	*to invite*
pagar la entrada	*to pay for a ticket*
pedir (i) un compromiso	*to ask for a commitment*
regalar una sortija	*to give a ring as a gift*
servir (i) una cena elegante	*to serve an elegant dinner*
tener una cita	*to have a date*

CAPÍTULO

3

WileyPLUS ADDITIONAL ACTIVITIES FOR EACH TEMA AND ANIMATED GRAMMAR
TUTORIALS AVAILABLE ONLINE.

NUESTRA COMUNIDAD BICULTURAL

Objetivos del capítulo

En este capítulo vas a...

- explorar lo que implica pertenecer a dos o más culturas.
- expresar opiniones, inseguridad, duda y emoción.
- dar y pedir consejos o recomendaciones a otras personas.
- escribir una carta al editor.

TEMA

LWA/Stephen Welstead/Blend Images /Getty Images

Nací en Maracaibo, Venezuela. Mi padre es un médico venezolano que trabajaba para una empresa estadounidense. Como resultado, he vivido entre estadounidenses toda mi vida. Me eduqué en escuelas de Venezuela y EE. UU. y esta combinación me ha dado la capacidad de apreciar las dos culturas. ¿Conoces a alguien que haya crecido entre dos o más culturas?

Ser bicultural

Heritage (*Raíces*), de Leonardo Nuñez y el Latino Youth de Lompoc, California

Lectura

Entrando en materia

Por si acaso

Expresiones útiles para comparar respuestas con otro estudiante

¿Qué tienes/ pusiste en el número 1/ 2/ 3?
Yo tengo/ puse a/ b.
Yo tengo algo diferente.
No sé la respuesta./ No tengo ni idea.
Creo que la respuesta es a/ b, pero no estoy seguro/a.
Creo que es cierto./ Creo que es falso.

 3–1. Lo que sabemos. En parejas, comenten las ideas que tienen sobre los inmigrantes de Estados Unidos. Después, lean las siguientes oraciones y determinen si están de acuerdo o en desacuerdo. Justifiquen sus respuestas.

- Todos los inmigrantes hispanos llegaron a EE. UU. al mismo tiempo.
- En muchos de los países hispanohablantes hay diversidad racial.
- No hay diferencias de clase social entre los inmigrantes hispanos.
- Todos los hispanos en Estados Unidos son de la misma raza.

3–2. Vocabulario: Antes de leer. Mira el contexto de estas palabras en la lectura e identifica la definición que corresponde a cada palabra.

1. **inestabilidad** g
2. **racial** e
3. **crear** a
4. **estadounidense** c
5. **incluir** i
6. **rasgos** b
7. **valores** h
8. **lazo** f
9. **erróneo** d

   a. sinónimo de *hacer* o *producir*
   b. sinónimo de *características*
   c. una persona de Estados Unidos
   d. sinónimo de *incorrecto*
   e. adjetivo derivado de *raza*
   f. un elemento de unión entre dos o más partes
   g. falta de equilibrio
   h. creencias o formas de ver la vida
   i. sinónimo de *contener*

 3–3. Murales. Observen las imágenes de esta página y de la siguiente y comparen sus respuestas a estas preguntas con las de otro/a estudiante.

1. Las personas pintadas en los murales representan la variedad de orígenes raciales de los hispanos en Estados Unidos. ¿Pueden ustedes identificar el origen de algunas de las personas? ¿Cómo se diferencian las personas de los distintos murales?

2. Lean la información sobre los dos murales y noten la ciudad estadounidense en que se encuentran. ¿De qué países descienden la mayoría de los hispanohablantes de esas regiones de Estados Unidos?

3. ¿Qué detalles de cada mural reflejan la herencia cultural de las dos comunidades (la del suroeste de EE. UU. y la del noreste de EE. UU.)?

4. ¿Qué otros símbolos reconocen en los murales?

"Tributo a los Trabajadores agrícolas" by Alexandro C. Maya, Photo by Rich Puchalsky

Tributo a los trabajadores agrícolas, de Alexandro C. Maya, Estrada Courts, Los Ángeles

Bomba y Plena (c) 2003 City of Philadelphia Mural Arts Program/Betsy Z. Casañas.

Por si acaso

Antes de 1848, los estados de Utah, Nevada, California, Texas, Arizona, Nuevo México y áreas de Colorado y Wyoming eran territorio mexicano. El español se habló antes que el inglés en estos estados.

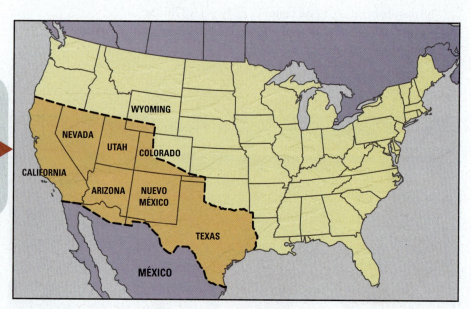

Ser hispano en Estados Unidos

de Arturo Fox

Virtualmente todas las naciones de Hispanoamérica están representadas en la comunidad hispana de Estados Unidos, pero el 80% de ella proviene de México, el 14% de Puerto Rico y el 6% de Cuba. Los estados del suroeste que bordean la frontera con México, es decir California, Arizona, Nuevo México y Texas contienen la mayor concentración de mexicano-americanos. En el estado de Nueva York reside la mayor parte de la población puertorriqueña, y la Florida, a 90 millas de Cuba, ha sido el destino natural de los cubanos, especialmente desde que en 1960 tuvo lugar el éxodo de exiliados opuestos al régimen de Fidel Castro.

En las últimas décadas, por otra parte, ha habido una tendencia hacia la dispersión, especialmente entre la población puertorriqueña, que de la Ciudad de Nueva York se ha trasladado hacia otras ciudades del mismo estado, o a otros estados como Nueva Jersey, Connecticut e Illinois. En el área de Chicago reside ya el mayor núcleo de puertorriqueños fuera de la Ciudad de Nueva York. En menor escala, los cubanos han ido formando importantes comunidades fuera de la Florida, notablemente en la costa este de Estados Unidos. Los mexicano-americanos han mostrado una menor tendencia a la dispersión. Cuatro de cada cinco de ellos todavía viven en los estados del suroeste.

Otro fenómeno ha sido la multiplicación de las nacionalidades representadas en Estados Unidos. Nueva York ha recibido una importante inmigración dominicana desde los años 60. Durante la década de los 70 la **inestabilidad** política de Centroamérica comenzó a producir una constante corriente de emigrantes, refugiados políticos y económicos de Nicaragua, Guatemala y El Salvador. Este grupo se ha concentrado especialmente en California. Los nicaragüenses, además, se han establecido en considerable número en el área de Miami. Ⓜ¹

¿Qué características permiten identificar a un individuo como "hispano"? Un criterio que ciertamente no debe usarse es el **racial**, ya que no existe una "raza hispana". El hecho es, sin embargo, que los dos grupos principales que **crearon** la imagen de los hispanos en Estados Unidos, los mexicano-americanos y los puertorriqueños, estaban formados en gran parte por personas "de color," lo cual creó en la mente del **estadounidense** la asociación de lo hispano con la categoría "nonwhite".

¿Pero es correcto, en realidad, hablar de una "minoría hispana" o de una "comunidad hispana" en la que se **incluyan** todos los grupos hispanos de Estados Unidos? Algunos contestan esta pregunta de forma negativa debido a las notables diferencias económicas, étnicas y culturales que existen entre esos grupos. No obstante, es posible decir que existe una colectividad hispana en Estados Unidos con suficientes **rasgos** comunes para merecer tal nombre. Las distintas comunidades hispanas de este país no solo comparten los más obvios indicadores culturales de origen hispano, el español como idioma, el catolicismo como religión predominante y un sistema común de **valores**, sino también un **lazo** de unión adicional y no menos importante: el hecho de que la sociedad estadounidense suele percibir a los hispanos como un grupo más o menos uniforme. **Errónea** o no, esta es una percepción con la que el hispano tiene que enfrentarse en su vida diaria. La pregunta *"Are you Hispanic?"* demanda una respuesta afirmativa tanto del argentino como del peruano asentados en Estados Unidos, antes de que uno u otro pueda aclarar su nacionalidad de origen. Ⓜ²

---

¹ Ⓜ**omento de reflexión**

¿Cierto o falso?

1. *Parte de la población hispana en Estados Unidos está distribuida de esta manera: los mexicano-americanos en el suroeste del país, los cubanos en la Florida y los puertorriqueños en el estado de Nueva York.*
2. *La Florida, el suroeste de Estados Unidos y Nueva York son las únicas áreas geográficas donde se han asentado las diversas comunidades hispanas.*
3. *Muchos hispanos de Guatemala, Nicaragua y El Salvador han emigrado a Estados Unidos en los últimos 50 años.*

---

² Ⓜ**omento de reflexión**

¿Cierto o falso?

1. *No hay hispanos de raza blanca.*
2. *La comunidad hispana de Estados Unidos es esencialmente de raza negra.*
3. *Los estadounidenses a menudo piensan que la comunidad hispana es un grupo uniforme.*

FOX, ARTURO, LATINOAMERICA: PRESENTE Y PASADO, 1st Edition, ©1998, pp.330-332. Reprinted by permission of Pearson Education, Inc., Upper Saddle River, NJ.

3–4. ¿Comprendes? Completa la tabla de abajo con información de la lectura.

Países de origen de los diferentes grupos	Tres diferencias entre los grupos	Tres aspectos comunes entre los grupos	Dos razones que explican la emigración de estos grupos

3–5. El mejor título. Decide el título que resume mejor cada uno de los cinco párrafos de la lectura.

1. párrafo No. ____ ¿Es el término *hispano* demasiado general?
2. párrafo No. ____ Países de origen
3. párrafo No. ____ Características asociadas con *hispano*
4. párrafo No. ____ Inmigración en los 60 y 70
5. párrafo No. ____ Dispersión geográfica

3–6. Vocabulario: Después de leer. En parejas, escriban un párrafo describiendo el entorno cultural de su universidad. ¿Hay mucha diversidad? ¿Hay mucho contacto y comunicación entre las diferentes culturas? Incluyan tantas expresiones de la lista como sea posible. Comparen su párrafo con el de otra pareja. ¿Son similares o diferentes?

variedad racial   (in)estabilidad

ideas erróneas   estadounidenses

valores comunes   rasgos diversos

lazos culturales   se incluye(n)

Por si acaso

concentración de población
concentration of the population
crecimiento económico
economic growth
desventaja
disadvantage
impuestos
taxes
recursos económicos
economic resources
servicios médicos
medical services
servicios sociales
social services
ventaja
advantage

3–7. Impresiones. En parejas, representen al estudiante A y al estudiante B. Cada estudiante debe hacerle las preguntas correspondientes a la otra persona. Respondan teniendo en cuenta lo que acaban de aprender en la lectura y lo que ustedes piensan acerca del tema de los inmigrantes. Justifiquen sus respuestas. Pueden hacer preguntas adicionales para aclarar ideas.

Estudiante A: ¿Cuál crees que es la causa de la inmigración? ¿Crees que hay muchas personas que emigran de Estados Unidos a otros lugares? ¿Por qué?

Estudiante B: ¿Conoces a algún inmigrante hispano? ¿Qué sabes de esta persona? ¿Crees que la inmigración es buena o mala para un país? ¿Por qué?

Introduction to the Subjunctive

All verb tenses you have studied so far in *Más allá de las palabras* are part of the indicative mood.

In this chapter you will learn more about another mood, the subjunctive, which you may have studied in previous Spanish classes. Tenses grouped in the subjunctive mood are used mostly in the dependent clause of certain compound sentences. Spanish speakers use the subjunctive to make statements that convey nonfactual messages or messages that imply emotion, uncertainty, judgment, or indefiniteness.

There are four tenses in the subjunctive mood. In this unit you will learn the forms of the present subjunctive and its uses.

Forms of the Present Subjunctive

To form the present subjunctive of regular verbs start with the first person (**yo**) of the present indicative. In **-ar** verbs, change the **-o** to **-e, -es, -e, -emos, -éis, -en**. In **-er** and **-ir** verbs, change the **-o** to **-a, -as, -a, -amos, -áis, -an**.

Infinitive	Present Indicative yo Form	Present Subjunctive	
caminar	camino	camine	caminemos
		camines	caminéis
		camine	caminen
comer	como	coma	comamos
		comas	comáis
		coma	coman
escribir	escribo	escriba	escribamos
		escribas	escribáis
		escriba	escriban

Irregular verbs have the **yo** form of the present indicative as a basis for the present subjunctive: **decir, hacer, oír, poner, salir, tener, venir** and **ver**.

digo	diga, digas, diga, digamos, digáis, digan
hago	haga, hagas, haga, hagamos, hagáis, hagan
oigo	oiga, oigas, oiga, oigamos, oigáis, oigan
pongo	ponga, pongas, ponga, pongamos, pongáis, pongan
salgo	salga, salgas, salga, salgamos, salgáis, salgan
tengo	tenga, tengas, tenga, tengamos, tengáis, tengan
vengo	venga, vengas, venga, vengamos, vengáis, vengan
veo	vea, veas, vea, veamos, veáis, vean

Stem-Changing Verbs

-ar and **-er** stem-changing verbs undergo the same vowel-change pattern in the subjunctive that you have learned for the indicative.

cerrar	cierre, cierres, cierre, cerremos, cerréis, cierren (e → ie)
contar	cuente, cuentes, cuente, contemos, contéis, cuenten (o → ue)
defender	defienda, defiendas, defienda, defendamos, defendáis, defiendan (e → ie)
volver	vuelva, vuelvas, vuelva, volvamos, volváis, vuelvan (o → ue)

-ir stem-changing verbs undergo an additional change in the **nosotros** and **vosotros** forms, e → i and o → u.

preferir	prefiera, prefieras, prefiera, prefiramos, prefiráis, prefieran (e → ie, i)
dormir	duerma, duermas, duerma, durmamos, durmáis, duerman (o → ue, u)

Irregular Verbs

dar	dé, des, dé, demos, deis, den
estar	esté, estés, esté, estemos, estéis, estén
ir	vaya, vayas, vaya, vayamos, vayáis, vayan
saber	sepa, sepas, sepa, sepamos, sepáis, sepan
ser	sea, seas, sea, seamos, seáis, sean
haber	haya, hayas, haya, hayamos, hayáis, hayan

Uses of the Present Subjunctive

Present Subjunctive in Noun Clauses

The subjunctive occurs in the dependent clause when the verb in the independent clause expresses:

1. uncertainty, doubt, or denial
2. emotion
3. advice, suggestion, or recommendation

What is the difference between a dependent and an independent clause?

An independent clause is one that can stand alone like a simple sentence expressing a complete thought; a dependent clause cannot stand alone and does not express a complete thought. Note the difference between dependent and independent clauses in the example below.

Independent Clause	Dependent Clause
Muchas personas dudan	que la educación bilingüe sea buena. (doubt)
Many people doubt	*that bilingual education is a good thing.*
Nos preocupa	que haya muchas preguntas sobre el subjuntivo en el examen. (emotion)
We are worried	*that there will be many questions about the subjunctive on the test.*
Te recomiendo	que estudies español en el extranjero. (recommendation)
I recommend	*that you study Spanish abroad.*

First Use of the Subjunctive: After Expressions of Uncertainty, Doubt or Denial

When the verb in the independent clause expresses uncertainty, doubt or denial, use subjunctive in the dependent clause.

When a verb in the independent clause expresses certainty, use the indicative in the subordinate clause. Study the lists of verbs in the *Vocabulario esencial* to learn to distinguish certainty from doubt/denial.

ATTENTION: **Pensar** and **creer** only trigger subjunctive in the dependent clause when they are in the negative form. Compare these examples:

Independent Clause	Dependent Clause
Otras personas piensan/creen	que la educación bilingüe **es** eficaz.
Other people think/believe	*that bilingual education **is** effective.*
No creo/pienso	que la educación bilingüe **sea** eficaz.
I don't believe/think	*that bilingual education **is** effective.*

Impersonal expressions (those without a specific subject) of doubt or uncertainty also require the use of the subjunctive. When they express certainty, use the indicative in the dependent clause. Note that expressions of certainty trigger the use of the subjunctive simply by adding "no"; "es cierto" expresses certainty while "no es cierto" expresses denial.

Certainty = Indicative

Es seguro que la educación bilingüe **es** beneficiosa.
*It's certain that bilingual education **is** beneficial.*

Uncertainty = Subjunctive

Es dudoso que la educación bilingüe **sea** beneficiosa.
*It's doubtful that bilingual education **is** beneficial.*

WileyPLUS Go to *WileyPLUS* to review this grammar point with the help of the **Animated Grammar Tutorial** and **Verb Conjugator**. See also textbook Appendices with Grammar References and verb tables. For more practice, go to the **Activities Manual**.

3–8. Identificación. Selecciona la forma correcta del verbo para completar las oraciones.

1. Negamos que los hispanos (tengan/tienen) rasgos físicos idénticos.
2. Estoy segura de que la mayor concentración de población hispana (esté/está) en la frontera con México.
3. Es dudoso que el criterio racial (sea/es) útil para identificar a un individuo como "hispano".
4. No se piensa que la población hispana (vaya/va) a disminuir en el futuro próximo.
5. Es improbable que en el futuro la sociedad estadounidense (deje/deja) de percibir al hispano como un grupo uniforme.
6. No dudo que los puertorriqueños de Chicago (formen/forman) el mayor núcleo fuera de Nueva York.

Vocabulario esencial

Expresar duda y certeza

Verbos que expresan duda

dudar	*to doubt*
no creer	*to disbelieve*
no estar seguro/a	*to be unsure*
no pensar (ie)	*to not think*
negar (ie)	*to deny*

Verbos que expresan certeza

creer	*to believe*
estar seguro/a	*to be sure*
pensar (ie)	*to think*

Expresiones impersonales de duda

es dudoso	*it's doubtful*
es (im)posible	*it's (im)possible*
es (im)probable	*it's (im)probable*
no es seguro	*it's not certain*

Expresiones impersonales de certeza

es cierto/verdad	*it's true*
está claro	*it's clear*
es evidente	*it's evident*
es obvio	*it's obvious*
es seguro	*it's certain*

3–9. La política y los hispanos. Cambia los infinitivos cuando sea necesario a la forma verbal apropiada, en el subjuntivo o el indicativo, según el contexto.

En EE. UU. los políticos creen que los hispanos (1) _____ (formar) un grupo demográfico importante. Eso no va a ser suficiente para que los hispanos tengan más poder y representación en el gobierno, pero (2) _____ (ser) un buen punto desde donde comenzar.

Si las leyes de inmigración se reforman pronto, es posible que las personas de origen hispano (3) _____ (dar) más votos al partido que mejor los represente en las próximas elecciones. Para los políticos, el problema es que muchos hispanos dudan que el gobierno (4) _____ (hacer) algo significativo para mejorar la vida de la comunidad hispana.

Después, claro, está el problema de la comunicación. Para conseguir votos es importante que los políticos (5) _____ (comunicarse) con la gente de las comunidades hispanas, y yo personalmente (6) _____ (dudar) que muchos políticos estadounidenses (7) _____ (tener) una estrategia efectiva de diálogo.

Sin embargo, con tantos ciudadanos estadounidenses de origen hispano, es posible que (8) _____ (haber) muchos más políticos hispanos en el futuro. Tal vez así, los hispanos se sentirán finalmente integrados a la política del país.

 3–10. La gente opina. Estas dos cartas al editor se publicaron en la revista latina *Más*. En las cartas, los lectores expresan una opinión. Lean las cartas y respondan a las preguntas.

Siempre leo su revista con mucho interés porque hay mucha información sobre la cultura hispanoamericana.

Doy clases de inglés a inmigrantes. La mayoría de mis alumnos son de América Latina. Creo que la información de su revista da modelos excelentes de hispanos con éxito en EE. UU. Estos modelos dan mucha motivación a mis alumnos. Dudo que alguien cuestione (*dispute*) el valor de *Más* para la comunidad hispana en EE. UU.

Daniel Weber, Albuquerque, NM

Más, muchas gracias por la referencia a los hispanos judíos (*Jewish*). No creo que muchas personas tengan esta información. No todos los hispanos son católicos, un grupo de nosotros somos judíos. Su artículo reconoce que la comunidad hispana es muy diversa. Gracias.

Alvin J. García, Tampa, FL

1. Las dos cartas dicen que la revista *Más* ofrece algo positivo para la comunidad hispana. ¿Qué aspecto positivo se menciona en cada carta?

2. Piensen en una revista que ustedes leen que les ofrece algo positivo. Escriban una breve carta al editor basándose en estas dos cartas como modelos. Incluyan por lo menos un comentario positivo y un comentario negativo (reales o inventados) sobre algún aspecto de la revista. Recuerden usar el subjuntivo para expresar dudas y el indicativo para expresar certeza.

3–11. Aquí no es común. Muchas costumbres de los países hispanos no son comunes en Estados Unidos. Usa el *Vocabulario esencial* para explicar a estas personas que las costumbres que mencionan no son típicas aquí.

> **MODELO**
>
> **La madre de una familia española te pregunta:**
> **¿A qué hora salen las familias a dar un paseo el domingo?**
> **No estoy seguro/a de que aquí muchas familias den un paseo los domingos.**

1. Tu vecino chileno te dice:
   Me gustaría conocer a otros señores mayores. ¿En qué plaza de la ciudad se reúnen los jubilados?

2. Tu amigo mexicano te pregunta:
   ¿Cómo celebran la fiesta de quinceañera las mujeres de tu familia?

3. Tu compañero de cuarto, que acaba de llegar de España, te comenta:
   Esta noche quiero salir de fiesta hasta las cinco o las seis de la mañana. ¿Qué discotecas me recomiendas?

4. Tu instructor de español, que es dominicano, te dice:
   Necesito ideas sobre algún lugar interesante para celebrar mi santo este año. ¿Tienes alguna sugerencia?

3–12. Los estereotipos. A continuación vas a leer cinco generalizaciones sobre las culturas hispanas. Usa el *Vocabulario esencial* para expresar duda o certeza.

> **MODELO**
>
> **Todos los hispanos hablan el mismo idioma. No hay variaciones regionales.**
> **¡Dudo que todos los hispanos hablen el mismo idioma, sin variaciones regionales!**

1. Todos los hispanos votan por candidatos demócratas.
2. Los jóvenes hispanos saben hablar y escribir español.
3. Los hispanos tienen todos la misma religión: el catolicismo.
4. La comida de todos los países hispanos es muy picante.
5. En la cultura hispana, se habla en voz muy alta.

3–13. Una prueba. En parejas, analicen la información de este mapa sobre la distribución geográfica y el porcentaje de residentes hispanos en los Estados Unidos. Sigan estos pasos: 1. Cada uno de ustedes debe escribir una afirmación cierta y una falsa sobre la infomación del mapa; 2. Léanle sus dos oraciones al/a la compañero/a; 3. Reaccionen oralmente a las oraciones que escuchan.

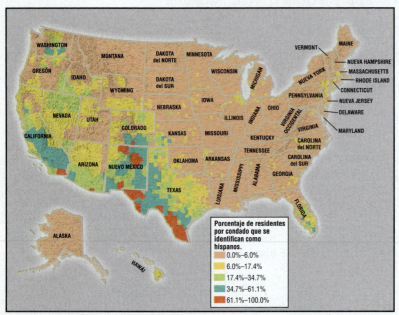

Porcentaje de residentes por condado que se identifican como hispanos.
- 0.0%–6.0%
- 6.0%–17.4%
- 17.4%–34.7%
- 34.7%–61.1%
- 61.1%–100.0%

MODELO

Estudiante A:
En Oregón hay menos hispanos que en Kentucky.
Estudiante B:
No es cierto que en Oregón haya menos hispanos.

Durante la década de 1980, Estados Unidos abrió sus puertas a más inmigrantes que en el pasado. La mayoría llegó de Latinoamérica y hablaba español. Estados Unidos es hoy el quinto país donde más se habla español. En 1990 el número de hispanos en EE. UU. sobrepasaba los 22 millones, en el año 2000 había más de 35 millones y en 2012 había 52.4 millones.

 3–14. Cóctel de noticias. En parejas, lean estos titulares de un periódico imaginario. ¿Cuáles les parecen más probables? Reaccionen usando la lógica y el *Vocabulario esencial*. Después, preparen tres o cuatro titulares de noticias que ustedes piensan que **sí** pueden ocurrir. Escriban titulares relacionados con la inmigración, la política, la educación, etc.

MODELO

El gobierno de Cuba devolverá las propiedades (*properties*) de los cubanos que se exiliaron en la década de 1960.
No es probable que el gobierno de Cuba devuelva las propiedades de los cubanos que viven en el exilio.

1. El gobierno de EE. UU. va a abrir las fronteras a todos los inmigrantes.
2. El español será el idioma oficial de California algún día.
3. Los inmigrantes cubanos son esencialmente refugiados políticos.
4. En el año 3000 la mayoría del Congreso de los EE. UU. será de origen hispano.
5. ¡Nuevo en el mercado: un libro de texto para aprender español en una semana!

Expresar tus opiniones

When talking about a subject, you will express your opinions and also react to the other person's opinions on the subject. The following expressions will help you hold a discussion more effectively in Spanish.

Expresar tu opinión:

Creo que…	*I think that…*
En mi opinión…	*In my opinion…*
Me parece absurdo (una tontería).	*It seems absurd (silly) to me.*
Me parece interesante.	*I think it is interesting.*
Me parece…	*I think (It seems to me)…*
Prefiero…	*I prefer…*

Reaccionar a la opinión de otros:

(No) Estoy de acuerdo.	*I (dis)agree.*
(No) Tienes razón.	*You are (not) right.*
¿Por qué dices eso?	*Why do you say that?*
Absolutamente.	*Absolutely.*
Por supuesto.	*Of course.*
Yo también.	*Me too.*
A mí también me gusta/ me molesta.	*I like it too / It also bothers me.*
Yo tampoco.	*Me either.*
A mí tampoco me gusta/ me molesta.	*I don't like it either / It doesn't bother me either.*

Preguntar qué opinan:

¿Qué crees (opinas)?	*What do you think?*
¿Qué te parece?	*What do you think?*

3–15. Palabras en acción. El departamento de Humanidades de su universidad ha decidido cambiar los requisitos de graduación para asegurarse de que todos los estudiantes tengan una educación a nivel internacional antes de graduarse. Aquí tienen un resumen de las nuevas normas. En parejas, lean la información y expresen su opinión sobre cada punto. Después, entrevisten a otra pareja para saber su opinión. ¿Están de acuerdo?

Estos son los nuevos requisitos adicionales de graduación para todos los estudiantes de Humanidades. Se deben cumplir en sustitución de los requisitos anteriores.

1. Todos los estudiantes deben estudiar un mínimo de dos idiomas durante los cuatro años de la carrera.
2. Todos los estudiantes deben pasar un mínimo de seis meses viviendo en una comunidad donde se hable uno de los idiomas que estudian.
3. Todos los estudiantes deben participar en una campaña política que defienda algún interés particular de la cultura que estudian.
4. Todos los estudiantes deben demostrar un amplio conocimiento del idioma y la cultura que estudian. Para demostrar este conocimiento, los estudiantes deben:
   • saber preparar un mínimo de tres platos típicos de esa cultura
   • conocer la música y los bailes tradicionales asociados con esa cultura
   • saber cuáles son las costumbres establecidas durante las celebraciones importantes
   • conocer la historia y el origen de esa cultura y ese idioma.
5. Todos los estudiantes deben conocer las obras más importantes en la pintura, literatura y otras artes de esa cultura. Los estudiantes que contribuyan sus propias obras de arte a alguna comunidad de esa cultura recibirán puntos adicionales.

 3–16. Debate. En grupos de cuatro, elijan uno de los temas de la lista para debatir en clase. Dos estudiantes deben expresar opiniones a favor y los otros dos en contra. Usen el vocabulario de la página 95 cuando sea necesario.

1. Los inmigrantes indocumentados en EE. UU.: el gobierno debe reforzar (*reinforce*) la vigilancia en las fronteras para evitar la entrada de más trabajadores ilegales.
2. La educación bilingüe: el estado de California debe reconsiderar las consecuencias de la Proposición 227, según la cual el inglés debe ser la única lengua que se utilice en la enseñanza de las escuelas públicas.
3. El estudio de una lengua extranjera a nivel universitario: debe ser un requisito, ¿sí o no?
4. El estudio de las matemáticas y las ciencias a nivel universitario: debe ser un requisito, ¿sí o no?
5. La educación universitaria para los hispanos: las universidades deben facilitar la admisión de los/las alumnos/as hispanos/as.

CURIOSIDADES

"México Americano", de Rumel Fuentes, interpretada por Los Lobos

Los Lobos comenzaron su carrera musical en Los Ángeles en los años 70. Desde entonces, su combinación ecléctica de rock, Tex-Mex, country, folk, R&B, blues y música tradicional mexicana les ha encantado a los aficionados de todo el país. A veces componen sus letras en español, otras veces en inglés y en algunas ocasiones mezclan las dos lenguas. La letra de "México Americano" representa una celebración de las raíces biculturales de estos músicos. Esta canción es una ranchera, un género musical tradicional en México.

 3–17. Análisis.

A. Tu instructor/a te dará instrucciones sobre dónde encontrar la letra de la canción *México Americano*. Lean la letra de la canción para encontrar dos referencias a cada uno de los siguientes temas:

1. el bilingüismo
2. la dignidad del mexicano-americano
3. los dos países de la identidad mexicano-americana
4. el aspecto bicultural de la identidad mexicano-americana

B. En su opinión, ¿qué significan o comunican las siguientes frases?

1. "la raza de oro"
2. "por destino soy americano"
3. "los defiendo con honor"

Ser bilingüe

©AP/Wide World Photos

©Claudio Bresciani/Retna

Por si acaso

Expresiones útiles para comparar respuestas con otro estudiante

¿Qué tienes/ pusiste en el número 1/ 2/ 3?
Yo tengo/ puse a/ b.
Yo tengo algo diferente.
No sé la respuesta./ No tengo ni idea.
Creo que la respuesta es a/ b, pero no estoy seguro/a.
Creo que es cierto./Creo que es falso.

A escuchar

Entrando en materia

 3–18. Analizando las palabras. Trabajen en parejas para contestar lo siguiente:

- Mencionen un sinónimo de la palabra *lengua*.
- Expliquen el significado de las dos partes de la palabra *bilingüe*.
- Mencionen dos palabras que contengan una de las dos partes.

3–19. ¿Qué sabemos? En parejas, lean las afirmaciones de abajo y decidan si son ciertas o falsas.

1. La mayoría de las personas en el mundo son monolingües. F
2. Ser bilingüe significa dominar (*master*) dos lenguas perfectamente. F
3. Para aprender español es suficiente vivir en un país hispano. ~~T~~ F
4. Es posible ser bilingüe prácticamente a cualquier (*any*) edad. T

3–20. Vocabulario: Antes de escuchar. Identifica la definición que corresponde a las palabras marcadas en negrita en el contexto en que aparecen.

Vocabulario en contexto

1. Una persona es multilingüe cuando habla **al menos** dos lenguas.
2. La población **mundial** es de 7 mil millones de personas.
3. Se **estima** que para el año 2050 el número de personas bilingües en EE. UU. será mayor que el de hoy.
4. Muchas personas **cuestionan** los beneficios de la educación bilingüe.
5. La **veracidad** de las palabras se confirma en las acciones.
6. La **mitad** de cien es cincuenta.
7. La historia de El Dorado es un **mito**.
8. Es un **hecho** que el bilingüismo es tan común como el monolingüismo.

Definiciones

a. calcular aproximadamente
b. dato comprobado
c. cincuenta por ciento
d. adjetivo derivado de la palabra *mundo*
e. una historia, idea o creencia popular que no tiene base científica u objetiva
f. poner en duda
g. cualidad de ser verdad
h. como mínimo

Estrategia: Identificar los enlaces entre palabras

Si escuchas con atención a un hispanohablante, te darás cuenta de que a veces es difícil determinar dónde empieza una palabra y dónde termina. Esto ocurre porque en español existe el enlace, o *linking* en inglés. Por eso, la oración "Es importante empezar a estudiar" se pronuncia "E-sim-por-tan-tem-pe-za-ra-es-tu-diar". Como ves, las palabras se encadenan unas con otras sin pausas entre ellas. Antes de escuchar la miniconferencia de este capítulo, lee en voz alta estas oraciones de la miniconferencia y practica los enlaces entre palabras:

1. Lo encontramos en el hecho de que la mayoría de los países tienen una lengua oficial.

   Lo-en-con-tra-mo-se-ne-le-cho-de-que-la-ma-yo-rí-a-de-los-pa-í-ses-tie-ne-nu-na-len-gua-o-fi-cial.

2. ...siempre asociamos este país con el idioma alemán a pesar de que en diferentes partes de Suiza se habla también el francés.

   ... siem-pre-a-so-cia-mo-ses-te-pa-ís-co-ne-li-dio-ma-le-má-na-pe-sar-de-quen-di-fe-ren-tes-par-tes-de-Sui-za-se-ha-bla-tam-bié-nel-fran-cés.

MINICONFERENCIA Mitos sobre el bilingüismo

Ahora su instructor/a va a presentar una miniconferencia.

Michael Newman/PhotoEdit

3–21. Resumen. En la miniconferencia se mencionan cuatro mitos sobre el bilingüismo. ¿Cuáles son? En parejas, resuman en sus propias palabras en qué consiste cada uno de estos mitos.

1. Mito 1:
2. Mito 2:
3. Mito 3:
4. Mito 4:

3–22. Vocabulario: Después de escuchar. Completa el párrafo con la expresión apropiada de la lista: **cuestionan, al menos, mundial, mitad, se estima, mito.**

Hoy en día, algunas personas (1) _____ el valor de estudiar una lengua extranjera. Estas personas creen en el (2) _____ de que no se puede aprender otro idioma después de cierta edad. Sin embargo, (3) _____ que la mayoría de la población (4) _____ es bilingüe o multilingüe y no todos dominan a la perfección todas las lenguas que hablan. Si más de la (5) _____ de las personas hablan (6) _____ dos idiomas, ser bilingües nos colocará (*place*) dentro de esa mayoría.

3–23. Más detalles. En parejas, contesten estas preguntas y después comparen sus respuestas con las de otros grupos. ¿Entendieron todos lo mismo?

1. ¿Cuál de estos mitos tiene más importancia para ustedes? ¿Por qué?
2. ¿Están de acuerdo con la opinión del narrador sobre todos estos mitos? ¿Hay algún punto con el que no estén de acuerdo? ¿Cuál?
3. Como estudiantes de español, ¿qué lección práctica pueden derivar de la información sobre el tercer mito?
4. ¿Creen que la relación entre la edad y el estudio de una lengua extranjera es un factor determinante en la habilidad de hablar otro idioma correctamente?

Gramática

Second Use of the Subjunctive: After Expressions of Emotion

In *Tema 1*, you studied the use of present subjunctive to express uncertainty, doubt, or denial. In the following section you will learn information about the use of the subjunctive when there is an expression of emotion in the independent clause.

When the verb in the independent clause expresses emotion, use the subjunctive in the dependent clause.

The most common verbs that express emotion fall into three distinct patterns. Study the *Vocabulario esencial* to learn examples of each pattern.

1. The person experiencing the emotion is the subject of the verb.

   Los padres de niños bilingües **tienen miedo** de que sus hijos **pierdan** una de las dos lenguas.
   *Parents of bilingual children **are afraid** that their children **may lose** one of their two languages.*

   Mi instructor de español **se alegra** de que los estudiantes **no hablen** inglés en clase.
   *My Spanish instructor **is glad** that his students **don't speak** English in class.*

2. The person experiencing the emotion is the indirect object of the verb.

   Me pone triste que **haya** una ley en contra de la educación bilingüe en California.
   *It saddens me that **there is** a law against bilingual education in California.*

   A algunos estudiantes **no les gusta** que su universidad **tenga** un requisito para estudiar una lengua extranjera.
   *Some students **don't like** that their university **has** a foreign language requirement.*

3. The emotion is communicated with an impersonal expression (SER + adjective + que...).

   Es bueno que los padres de los niños bilingües **hablen** las dos lenguas en casa.
   *It's good that the parents of bilingual children **speak** the two languages at home.*

   Es fantástico que mi compañero de apartamento **sea** bilingüe.
   *It's great that my roommate **is** bilingual.*

WileyPLUS Go to *WileyPLUS* to review this grammar point with the help of the **Animated Grammar Tutorial** and **Verb Conjugator**. See also textbook Appendices with Grammar References and verb tables. For more practice, go to the **Activities Manual.**

 3–24. La gente opina. En parejas, lean las opiniones siguientes sobre la Proposición 227, la ley de la educación monolingüe en California. En cada opinión, identifiquen los ejemplos del subjuntivo para expresar una emoción. Después, completen las frases siguientes con un verbo lógico según la opinión de cada persona.

El lugar de la lengua española en EE. UU.

Opinión 1: Me criaron en el Valle de San Joaquín, California, viendo películas mexicanas y escuchando la música de Pedro Infante, Jorge Negrete y Los Panchos, entre muchos otros. El español fue mi primer

Expresar emoción

La persona es el sujeto

alegrarse (de)	*to be glad*
estar contento/a (de)	*to be happy*
odiar/detestar	*to hate*
sentir (ie)	*to regret*
temer	*to fear*
tener miedo (de)	*to be afraid*

La persona es el objeto indirecto

entristecerle	*to sadden one*
gustarle	*to please one*
molestarle	*to bother one*
ponerle triste	*to make one sad*
preocuparle	*to worry one*
sorprenderle	*to surprise one*

Las expresiones impersonales

es bueno	*it's good*
es fantástico	*it's great*
es increíble	*it's unbelievable*
es interesante	*it's interesting*
es lamentable	*it's lamentable*
es una lástima	*it's a shame*
es malo	*it's bad*

idioma. Ahora, cuando limpio la cocina o doblo la ropa, me encanta escuchar la música de los mariachis o baladas mexicanas en la radio. Somos 52.4 millones de hispanos en Estados Unidos. El español se ha hablado en Nuevo México desde el año 1600. Hablo español e inglés y no quiero perder ninguno de los dos. Los latinos reconocemos que aprender inglés es muy importante, pero me molesta que para aprender inglés tengamos que perder el español.

Opinión 2: Los hijos de la señora Gómez participaron en un programa de educación bilingüe. Hoy sus hijos tienen excelentes puestos de trabajo gracias a su dominio del inglés y del español. Por eso, a la señora Gómez le parece importante que los colegios ofrezcan clases en las dos lenguas. Su familia votó en contra de la Proposición 227 porque significa el fin de 30 años de educación bilingüe en California.

Opinión 3: El señor Feria votó a favor de la Proposición 227. "Honestamente, estoy sorprendido de que la gente esté en contra de esta proposición. La única manera de aprender inglés es por medio de la inmersión total", dijo el señor Feria. "Nunca participé en un programa bilingüe y hoy no podría ser instructor de vuelo sin hablar bien el inglés".

Opinión 1:

A la señora le molesta que los niños hispanos _____ su lengua materna.
Ella cree que es bueno que los latinos _____ el inglés.

Opinión 2:

La señora Gómez está contenta de que sus hijos _____ para compañías bilingües.
Le preocupa que los colegios no _____ clases bilingües en el futuro.

Opinión 3:

El señor Feria se alegra de que California _____ una ley de educación en inglés.
Le sorprende que muchas personas _____ en contra de la proposición.
En su trabajo, es importante que los instructores _____ inglés.

3–25. La realidad del bilingüismo. Lean estos hechos relacionados con el bilingüismo y escriban una reacción, usando el *Vocabulario esencial*: ¿les sorprende?, ¿les gusta?, ¿es fantástico?

1. Se puede aprender un idioma después de la pubertad.
2. Al menos la mitad de la población mundial es bilingüe o multilingüe.
3. El bilingüismo perfecto no existe.
4. Pocas personas adquieren el acento nativo después de la adolescencia.
5. Los estudiantes de una segunda lengua se consideran bilingües.
6. No dominamos a la perfección nuestra lengua materna.
7. No aprendes un idioma simplemente viviendo en el país donde se habla.

 3–26. Conflictos. Ustedes comparten el mismo cuarto y las diferencias personales están causando muchos problemas. Hoy, van a tener la oportunidad de decirle a la otra persona cómo se sienten. La otra persona debe responder de forma diplomática (no hay más cuartos disponibles, ¡así que tienen que llevarse bien!). Usen el *Vocabulario esencial* y el subjuntivo para expresar sus emociones.

> **MODELO**
> **Estudiante A: Odio que tu novio/a esté en nuestro cuarto todo el día.**
> **Estudiante B: Me molesta que tú nunca te levantes antes del mediodía.**

Vocabulario para conversar

Expresar tus sentimientos

In addition to the expressions that require the subjunctive in the dependent clause, there are other ways to communicate your feelings or react to the feelings of others.

Expresar compasión:

¡Pobrecito/a!	*Poor thing!*
¡Lo siento mucho!	*I am very sorry!*
¡Qué mala suerte!	*What bad luck!*
¡Qué lástima/ pena!	*What a pity!*

Expresar sorpresa:

¡Qué sorpresa!	*What a surprise!*
¡Eso es increíble!	*That's incredible!*
¡No me digas!	*You don't say!*
¡Qué suerte!	*How lucky!*
¿De verdad?	*Really?*

Expresar molestia:

¡Ya no aguanto más!	*I can't stand it anymore!*
Siempre es lo mismo.	*It is always the same thing.*
Estoy harto/a de...	*I am fed up with . . .*
¡Es el colmo!	*It is the last straw!*

3–27. ¿Cuál es la expresión apropiada? Ahora que ya resolviste tus diferencias con tu compañero/a de cuarto, es el momento de demostrar tu solidaridad hacia esta persona. Responde a estos comentarios de tu compañero/a, con una expresión adecuada.

1. ¿Sabes qué? Mi gato se rompió una pata ayer y ahora no puede caminar.
2. Mi novio/a ya no va a molestar más. El sábado le propuso matrimonio a otra persona.
3. Si saco buenas notas en mis clases de inglés, mi padre me va a regalar un Ferrari.
4. Oye, ayer me puse tu chaqueta nueva para ir a una cita y la manché *(stained)* con café.
5. No tengo suficiente dinero para llamar a mi país todas las semanas.

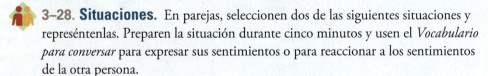 **3–28. Situaciones.** En parejas, seleccionen dos de las siguientes situaciones y represéntenlas. Preparen la situación durante cinco minutos y usen el *Vocabulario para conversar* para expresar sus sentimientos o para reaccionar a los sentimientos de la otra persona.

Situación 1

ESTUDIANTE A: Eres un/a estudiante mexicano-americano y no has sido admitido en la fraternidad/sororidad a la que pertenece tu amigo/a. Te quejas de tu situación porque crees que es un caso de discriminación racial.

ESTUDIANTE B: Reacciona al problema de tu amigo/a con sorpresa. Tú no crees que sea un caso de discriminación racial.

Situación 2

ESTUDIANTE A: Te acabas de enterar de que no te puedes graduar sin pasar el examen final de español. Tú estudias ingeniería y no entiendes por qué tienes que hacer ese examen. Estás muy enojado/a.

ESTUDIANTE B: Reacciona a la situación con compasión. Háblale a tu amigo/a de los beneficios que aprender español puede aportar a su carrera profesional.

Situación 3

ESTUDIANTE A: Tienes un/a vecino/a que escucha música a todas horas. Tú has llegado al límite de tu paciencia porque la música está muy alta y no puedes estudiar.

ESTUDIANTE B: Reacciona con sorpresa a las quejas de tu vecino/a.

CURIOSIDADES

El préstamo léxico

Uno de los efectos del bilingüismo y de las lenguas en contacto es que los hablantes adoptan y adaptan palabras entre las dos lenguas. El inglés presenta muchos ejemplos de este fenómeno que se llama préstamo *(borrowing)* léxico.

 3–29. Identificación de préstamos léxicos. En parejas, miren la lista de las palabras en inglés. ¿Pueden identificar la palabra en español que originó cada una? Después, van a crear su propia lista de préstamos léxicos. Su instructor/a les va a decir cuándo pueden comenzar. La pareja que prepare la lista más larga en un minuto, ¡gana!

Palabras en inglés	Palabras en español
calaboose (jail)	*villa*
Montana	*lagarto*
alligator	*vaquero*
lasso	*juzgado*
hoosegow (jail)	*montaña*
canyon	*cañón*
buckaroo	*calabozo*
villa	*lazo*

Lenguas en contacto

¿Se dice *chequear* o *comprobar*?

Lectura

Por si acaso

Expresiones útiles para comparar respuestas con otro estudiante

¿Qué tienes/ pusiste en el número 1/ 2/ 3?

Yo tengo/ puse a/ b.

Yo tengo algo diferente.

No sé la respuesta./ No tengo ni idea.

Creo que la respuesta es a/ b, pero no estoy seguro/a.

Creo que es cierto./Creo que es falso.

Entrando en materia

3–30. Observaciones. Mira el título y las ilustraciones de la lectura en las páginas 107–108.

- ¿Cuál es el tema de la lectura?
- La palabra *espanglish* aparece en la lectura. ¿Saben el significado del término *espanglish*?

3–31. Vocabulario: Antes de leer. Completa las siguientes oraciones con una palabra de la lista. Observa el contexto de cada palabra en las lecturas y/o consulta la lista de vocabulario al final del capítulo.

actual	lectores	informática	echar una mano	tema
enviar	polémico	traductor	gracioso (cómico)	

1. El _____ central de esta unidad es la lengua española.
2. Mi hermano se ríe cuando hablo español porque piensa que es un idioma muy _____.
3. El bilingüismo en EE. UU. es un tema _____ porque hay muchas personas a favor y en contra.
4. _____ es una forma coloquial para decir "ayudar".
5. A mí me gusta la música _____, como el *hip hop*. La música vieja no me gusta.
6. Un _____ es una persona que cambia un texto de una lengua a otra.
7. Mandar una carta es lo mismo que _____ una carta.
8. La _____ es la ciencia de la computación.
9. Las personas que leen un texto son los _____ de ese texto.

¿Qué es el espanglish?

El espanglish o spanglish, como sugiere la palabra, es una forma de hablar que combina el español y el inglés (*Span-: Spanish, -glish: English*). Esta mezcla entre las dos lenguas se manifiesta en el vocabulario y también en la sintaxis. El uso del espanglish, que se origina en el habla de la calle, es cada vez más común en los medios oficiales de comunicación, como la radio y la televisión, e incluso está presente en la literatura. Los detractores del espanglish lo consideran un ataque contra el idioma español o una forma de degradar el idioma. Los defensores ven el espanglish como un rasgo más de las culturas fronterizas, las cuales son híbridas en sus costumbres, comidas, música y arquitectura.

A continuación hay algunos ejemplos de espanglish: la carpeta (de *carpet*), la troca (de *truck*), la yarda (de *yard*), vacumear (de *to vacuum*), la marqueta (de *market*), el rufo (de *roof*), chatear (de *to chat*).

Muchos estudiantes usan sin darse cuenta términos en espanglish en la clase de español, especialmente cuando no saben el significado de alguna palabra o cuando no están seguros de cómo se dice algo. ¿Puedes pensar en una ocasión en la que usaste una palabra que combinaba el español y el inglés?

Una presentación sobre el espanglish

Marta tiene que preparar una presentación sobre el fenómeno del espanglish para una clase de comunicación. Ha leído algunos artículos en la Red sobre el tema. En esta conversación, Marta habla de su presentación con su amigo Santiago.

3–32. ¿Comprendes? ¿Puedes responder a estas preguntas?

1. ¿Cuál es el tema de la conversación entre Marta y Santiago?
2. ¿Qué tipo de artículo busca Marta?
3. ¿Qué característica debe tener el tema de la presentación de Marta?
4. ¿Qué le recomienda Santiago a Marta?

A continuación tienes el artículo "Ciberidioteces" que Santiago le recomendó a Marta.

Ciberidioteces

LA GUERRA ENTRE EL ESPANGLISH Y EL ESPAÑOL

Carta al director de *Web*

Estimado señor Martos:

Acabo de leer el artículo de la página tres de su revista y me he quedado tan sorprendido que no he podido resistirme a **enviarle** este mensaje. Soy **traductor** de cuestiones técnicas y de **informática** del inglés al español y me gustaría comunicarle mi reacción a la carta que usted les escribió a los lectores de la revista *Web*.

Me sorprende que usted use términos como "linkar" y que critique a los que usan "enlazar". Tampoco es aceptable que usted recomiende a sus lectores que lean el glosario de ciberespanglish creado por Yolanda Rivas. Debo decirle que Yolanda Rivas es una estudiante peruana que estudia en EE. UU. y que casi ha olvidado su español. A mí me da igual si usted habla ciberespanglish, lo que me preocupa más es que aconseje a los lectores de su revista que lo usen. Tengo la sospecha de que con su defensa del ciberespanglish usted intenta esconder su limitado conocimiento de la lengua española.

Un saludo cordial,

Xosé Castro Roig, Madrid

Xosé Castro Roig

Courtesy of Xosé Castro Roig

Xosé Castro Roig, "La guerra entre el espanglish y el español". Carta al director de *Web*. Reprinted with permission @xosecastro.

3–33. Comprensión. Según la carta de Xosé Castro Roig, asocia los siguientes conceptos con una (o más) de estas personas: Yolanda Rivas (YR), Xosé Castro Roig (XC), el director de *Web* (DW):

1. _____ el ciberespanglish
2. _____ traductor de informática
3. _____ carta al director
4. _____ carta a los lectores
5. _____ estudiante peruana
6. _____ limitado conocimiento del español

¿Cómo se dice "linkar" (espanglish para *to link*) en español?

3–34. Vocabulario: Después de leer. Hazle estas preguntas personales a tu compañero/a prestando atención al vocabulario nuevo. El/La estudiante que responda debe intentar usar el vocabulario en las respuestas.

1. ¿Cuál es uno de los **temas** que estudiamos en este capítulo? ¿Qué **tema** te gustó más? ¿Por qué?

2. ¿Me puedes contar una anécdota sobre algo **cómico** que te ocurrió una vez?

3. ¿Hay algún tema **polémico** en tu universidad o tu comunidad que te interese? ¿Cuál es? ¿Por qué es **polémico**?

4. ¿Cuándo fue la última vez que alguien te **echó una mano**? ¿Qué pasó? ¿Por qué necesitabas ayuda?

5. ¿Te gustaría ser **traductor** de profesión? ¿Por qué?

6. ¿Te interesa la **informática**? ¿Cuántas clases de **informática** has tomado en tu vida?

7. ¿Eres **lector/a** de libros de ficción? ¿Cuáles son algunas de tus lecturas favoritas?

8. ¿Cuándo fue la última vez que **enviaste** una carta por correo? ¿Cuándo fue la última vez que **enviaste** un e-mail?

9. ¿Puedes mencionar uno o dos problemas **actuales** que tienes en la clase de español?

 3–35. ¿Espanglish o español puro? Xosé Castro Roig es purista —le molesta que se use espanglish para hablar de la informática—. Yolanda Rivas y el director de *Web* son menos puristas y usan el espanglish cuando escriben. ¿Qué opinan ustedes?

A. Primero, comenten las siguientes preguntas para determinar su opinión.

1. ¿Cómo se diferencia la lengua que ustedes hablan de la lengua que hablan sus padres? Piensen en tres ejemplos específicos de vocabulario, expresiones o gramática.

2. Muchas personas mayores critican fuertemente la jerga (*slang*) usada por los jóvenes en sus conversaciones y en sus comunicaciones electrónicas. ¿Cuáles son los argumentos de los mayores? ¿Cuáles son los argumentos en defensa de la jerga de los jóvenes?

3. El uso de espanglish ha crecido entre las nuevas generaciones de hispanos que han nacido en Estados Unidos, donde el inglés y el español están en contacto. ¿Se pueden usar los mismos argumentos de la pregunta 2 para criticar/defender el espanglish? Escriban un argumento en contra y un argumento a favor del uso del espanglish.

4. En el futuro, ¿será el espanglish más o menos común? ¿Pueden coexistir el español "puro" y el espanglish? ¿Es importante conservar el español puro? Expliquen sus respuestas.

B. Ahora, escriban una carta al director de *Web* expresando su opinión sobre el espanglish o español puro. Incorporen expresiones de duda y certeza del *Tema 1* y verbos de emoción del *Tema 2*. Deben incluir una introducción ("Estimado...") y una despedida ("Un saludo cordial").

C. Comparen sus opiniones con las de otros grupos de la clase. ¿Son similares? ¿Qué grupo escribió la carta más convincente?

Gramática

In the previous conversation between Marta and Santiago, you read how Santiago gave a recommendation to Marta when he said "Te recomiendo **que lo leas**." In this section you will learn how to give recommendations and advice to others using the subjunctive.

Third Use of the Subjunctive: After Expressions of Advice and Recommendation

When the verb in the independent clause expresses advice, recommendation, or makes a request, use subjunctive in the dependent clause.

Independent Clause	Dependent Clause
Advice:	
El instructor **aconseja**	que los estudiantes **estudien**.
*The instructor **recommends***	*that the students **study***.
Suggestion:	
Sugiero	que **busques** información en la red.
I suggest	*that **you look for** information on the Web.*
Request:	
El estudiante **quiere**	que el instructor **explique** el subjuntivo.
*The student **wants***	*the instructor **to explain** the subjunctive.*

Study the *Vocabulario esencial* on next page to learn verbs used to recommend, suggest, or request.

WileyPLUS Go to *WileyPLUS* to review this grammar point with the help of the **Animated Grammar Tutorial** and **Verb Conjugator**. See also textbook Appendices with Grammar References and verb tables. For more practice, go to the **Activities Manual**.

3–36. Identificación. Tyler estudia en otra universidad y te comenta a ti las sugerencias de su instructora.

1. Identifica el verbo usado para sugerir y la actividad que la instructora sugiere.
2. Compara las sugerencias de la instructora de Tyler con las de tu instructor/a. ¿Son iguales?

> **MODELO**
>
> Tyler: **Mi instructora prefiere que los estudiantes trabajen en parejas.**
> **Verbo usado para sugerir: preferir**
> **Actividad: trabajar en parejas**
> **Tú: Mi instructor también prefiere que trabajemos en parejas.**

1. Mi instructora pide que asistamos a clase todos los días.
2. Ella insiste en que los estudiantes siempre hablen español en clase.
3. También sugiere que estudiemos la gramática en *WileyPLUS*.
4. Siempre prohíbe que los estudiantes coman en clase.
5. Además, desea que completemos tareas todos los días.

Vocabulario esencial

Recomendar y pedir

Verbos para recomendar y pedir

aconsejar	*to advise*
decir (i)	*to tell*
desear/querer (ie)	*to want*
insistir en	*to insist*
mandar	*to command*
pedir (i)	*to ask*
permitir	*to permit*
preferir (ie)	*to prefer*
prohibir	*to prohibit*
querer (ie)	*to want*
recomendar (ie)	*to recommend*
rogar (ue)	*to beg*
sugerir (ie)	*to suggest*

Las expresiones impersonales

es aconsejable	*it's advisable*
es importante	*it's important*
es necesario	*it's necessary*

3–37. ¿Qué hago? Marta le pide ayuda a su profesor para preparar su presentación. Usa el *Vocabulario esencial* para completar las recomendaciones.

> **MODELO**
>
> ...un tema interesante.
> **Te sugiero que escojas un tema interesante.**

1. ... (consultar) el tema conmigo antes de preparar la presentación.
2. ... (preparar) un esbozo (*outline*) de las ideas más importantes.
3. ... (hacer) un esbozo muy largo.
4. ... (tener) información para hablar durante diez minutos.
5. ... (hablar) más de diez minutos.
6. ... (practicar) tu presentación varias veces.
7. ... (escribir) notas detalladas para la presentación.

3–38. El consultorio cultural. Un grupo de estudiantes ha abierto un consultorio de asuntos culturales en el sitio web de la universidad. Todos los estudiantes pueden enviar cartas electrónicas para pedir consejos sobre temas relacionados con el idioma o la cultura. Hoy, ustedes están trabajando como voluntarios en este consultorio y deben responder a una de las cartas.

1. Primero, determinen cuál es el problema de la persona que envió la carta. Después, hablen sobre las posibles soluciones para ese problema.
2. Preparen una carta de respuesta para el/la estudiante. Deben aconsejarle y recomendarle algunas soluciones al problema.
3. Comparen su carta con las de otros grupos para determinar qué grupo logró encontrar la mejor solución.

Ian Shaw/Stone/Getty Images

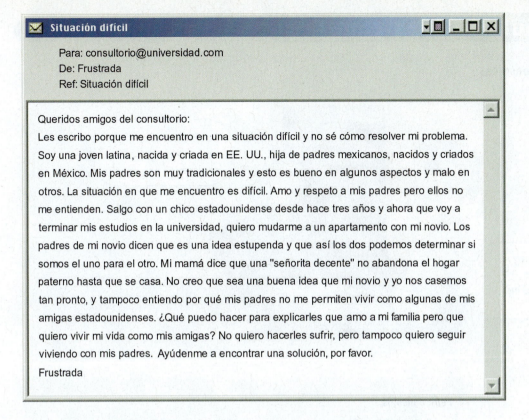

Situación difícil

Para: consultorio@universidad.com
De: Frustrada
Ref: Situación difícil

Queridos amigos del consultorio:

Les escribo porque me encuentro en una situación difícil y no sé cómo resolver mi problema. Soy una joven latina, nacida y criada en EE. UU., hija de padres mexicanos, nacidos y criados en México. Mis padres son muy tradicionales y esto es bueno en algunos aspectos y malo en otros. La situación en que me encuentro es difícil. Amo y respeto a mis padres pero ellos no me entienden. Salgo con un chico estadounidense desde hace tres años y ahora que voy a terminar mis estudios en la universidad, quiero mudarme a un apartamento con mi novio. Los padres de mi novio dicen que es una idea estupenda y que así los dos podemos determinar si somos el uno para el otro. Mi mamá dice que una "señorita decente" no abandona el hogar paterno hasta que se casa. No creo que sea una buena idea que mi novio y yo nos casemos tan pronto, y tampoco entiendo por qué mis padres no me permiten vivir como algunas de mis amigas estadounidenses. ¿Qué puedo hacer para explicarles que amo a mi familia pero que quiero vivir mi vida como mis amigas? No quiero hacerles sufrir, pero tampoco quiero seguir viviendo con mis padres. Ayúdenme a encontrar una solución, por favor.

Frustrada

3–39. Necesito consejos. A continuación tienes una nota electrónica que Marta le escribió a su instructor con algunas preguntas sobre su proyecto. Imagina que eres el profesor García y escribe una respuesta al mensaje de Marta con recomendaciones.

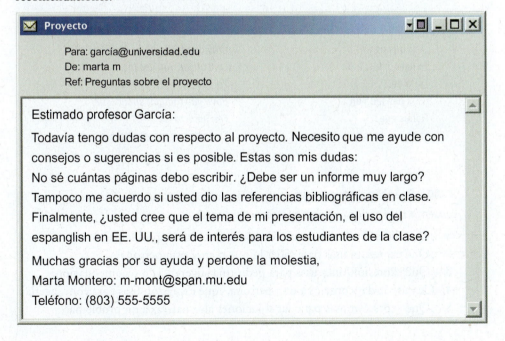

Proyecto

Para: garcía@universidad.edu
De: marta m
Ref: Preguntas sobre el proyecto

Estimado profesor García:

Todavía tengo dudas con respecto al proyecto. Necesito que me ayude con consejos o sugerencias si es posible. Estas son mis dudas:

No sé cuántas páginas debo escribir. ¿Debe ser un informe muy largo?

Tampoco me acuerdo si usted dio las referencias bibliográficas en clase.

Finalmente, ¿usted cree que el tema de mi presentación, el uso del espanglish en EE. UU., será de interés para los estudiantes de la clase?

Muchas gracias por su ayuda y perdone la molestia,
Marta Montero: m-mont@span.mu.edu

Teléfono: (803) 555-5555

Pedir y dar consejos

Trate de estudiar con otros compañeros de clase.

Tengo problemas con la clase de geografía, ¿qué me recomienda?

Pedir consejos:

¿Qué debo hacer?	*What should I do?*
¿Qué sugieres?	*What do you suggest?*
¿Qué me aconsejas/ recomiendas?	*What do you recommend?*
¿Qué te parece?	*What do you think?*
No sé qué voy a hacer.	*I don't know what I'm going to do.*

Dar consejos:

¿Por qué no...?	*Why don't you . . . ?*
Te digo que sí (no).	*I am telling you yes (no).*
Trata de...	*Try to . . .*
¿Has pensado en...?	*Have you thought about . . . ?*
Tienes que...	*You have to . . .*
La otra sugerencia es que...	*The other suggestion is that . . .*

3–40. Palabras en acción. Selecciona las expresiones de *Vocabulario para conversar* que mejor respondan a estas preguntas.

1. ¿Qué dices si no estás seguro de cómo resolver un problema?
2. ¿Qué expresión usas para saber lo que piensa otra persona?
3. ¿Qué expresión/ones usas para pedir una sugerencia o recomendación?
4. Cuando le das consejos a otra persona, ¿qué expresión usas para convencerla?
5. ¿Qué expresión usas para dar soluciones alternativas a un problema?

3–41. Situaciones. En parejas, elijan una de las siguientes situaciones para representarla frente al resto de la clase. Recuerden que deben usar las expresiones para pedir y dar consejos siempre que sea posible.

Situación 1

ESTUDIANTE A: Tú eres el/la director/a de estudios internacionales de la universidad. Tienes que seleccionar a los mejores candidatos para estudiar en una universidad española durante un año con todos los gastos pagados. También debes aconsejar a los estudiantes que estén interesados en el programa para que tomen las clases necesarias.

ESTUDIANTE B: Tú eres un/a estudiante de español de primer año que está muy interesado/a en el programa internacional. El problema es que normalmente la universidad no acepta a estudiantes de primer año en este programa. Convence al director de que eres la persona ideal para estudiar en España el próximo año.

Situación 2

ESTUDIANTE A: Tú eres el padre/la madre de un/a niño/a que acaba de empezar el primer grado. Tu hijo/a no habla inglés y quieres asegurarte de que la escuela ofrece clases bilingües para niños/niñas como tu hijo/a. Habla con el/la instructor/a para explicarle tu situación.

ESTUDIANTE B: Tú eres instructor/a de una clase de primer grado en una escuela pública. Tu escuela no ofrece clases bilingües pero tú hablas español muy bien. Habla con el padre/la madre de tu estudiante y recomiéndale qué hacer en su situación.

COLOR Y FORMA

Juan Sánchez, Cielo/Tierra/Esperanza Heaven/Earth/Hope, 1990. Lithograph and collagraph on handmade paper, 10/16, 58 x 43 1/2. Mildred Lane Kemper Art Museum, Washington University in St. Louis. Gift of Island Press formerly the Washington University School of Art Collaborative Print Workshop, 1990.

Cielo / Tierra / Esperanza (*Heaven / Earth / Hope*), de Juan Sánchez, 1990. Litografía y colagrafía en papel hecho a mano.

Cielo/Tierra/Esperanza, de Juan Sánchez

3–42. Mirándolo con lupa. Juan Sánchez nació en Brooklyn, Nueva York, en 1954 de padres puertorriqueños. Su temática es frecuentemente política: critica los efectos del colonialismo estadounidense en Puerto Rico, pero demuestra un fuerte optimismo para el futuro de los puertorriqueños en Estados Unidos. *Cielo/Tierra/Esperanza* combina símbolos del pasado con un mensaje para el futuro. En parejas, completen los siguientes pasos para analizar la obra de este artista.

1. Estudien la parte superior de la obra ("cielo"). ¿Qué símbolos incorpora Sánchez? ¿Qué representan esos símbolos?
2. ¿Y en la parte inferior ("tierra")?
3. Describan la fotografía de las dos niñas: cómo son, dónde están, cómo es su entorno. ¿Qué representan las niñas? ¿Por qué están en la parte superior?
4. ¿Cuál es el tema y/o el mensaje de la obra?

Redacción

3–43. Una carta al editor. Como sabes, muchas universidades estadounidenses requieren que todos los alumnos estudien una lengua extranjera. En esta sección vas a escribir un ensayo de opinión en forma de editorial. El objetivo de esta carta al editor es expresar tu opinión sobre este requisito universitario de estudiar una lengua extranjera. Tu ensayo será "publicado" en el próximo número del periódico universitario.

Preparación

A. Piensa en argumentos a favor y en contra del requisito. Puedes usar información de la red y las siguientes preguntas como guía:

1. Además del conocimiento lingüístico, ¿qué se aprende al estudiar otra lengua?
2. ¿Crees que muchos estudiantes universitarios trabajarán en otros países y/o con empresas multinacionales en el futuro?
3. ¿Cuáles son las ventajas de ser bilingüe desde un punto de vista profesional? ¿Cuáles son las ventajas a nivel intelectual o personal?
4. En tu opinión, ¿aprender otro idioma requiere mucho esfuerzo y tiempo? ¿Vale la pena? (*Is it worth it?*)

B. Piensa en los siguientes puntos:

1. ¿Qué postura (*position*) voy a expresar: a favor, en contra, neutral?
2. ¿Quién es el/la lector/a de mi carta?
3. ¿Cómo voy a comenzar la carta?
4. ¿Qué argumentos voy a dar para apoyar mi opinión?
5. ¿Cómo voy a concluir la carta?

A escribir

1. Presenta el objetivo de tu carta.

> **MODELO**
>
> **En esta carta quiero dar mi opinión sobre el requisito de estudiar una lengua extranjera que existe en varias universidades...**

2. Desarrolla el tema/los temas de tu carta. Aquí tienes un posible formato para organizar la información.

   - Describe el origen del requisito. ¿Por qué se ha establecido el requisito en tantas universidades estadounidenses?
   - Compara la presencia del requisito entre los diferentes estados de EE. UU. o entre las diferentes escuelas.

- Presenta las diferentes posturas que hay sobre la existencia del requisito.
- Defiende una postura y no olvides dar argumentos de apoyo.

3. Termina la carta resumiendo los puntos más importantes en la conclusión.

4. Para expresar tu opinión puedes usar expresiones como estas:

es necesario que...	es importante que...
creo/ no creo que...	me molesta que...
dudo que...	es fantástico que...

Recuerda lo que has estudiado en este capítulo sobre cómo expresar opiniones.

5. Para hacer transiciones entre las ideas puedes usar las siguientes expresiones.

a diferencia de.../ en contraste con...	*as opposed to . . . /in contrast to . . .*
después de todo	*after all*
en general	*all in all*
en resumen	*in summary*
igual que	*same as, equal to*
por lo tanto	*therefore*
por un lado... por otro lado	*on the one hand . . . on the other hand*
sin embargo	*however*

Revisión

Escribe el número de borradores que te indique tu instructor/a y revisa tu carta usando la guía de revisión del Apéndice C. Escribe la versión final y entrégasela a tu instructor/a.

Ven a conocer

3–44. Anticipación. ¿Qué saben de El Álamo? ¿Qué es? ¿Dónde está? ¿Cuál es su relevancia histórica? ¿Qué significa "Recuerden El Álamo"? Estudien el texto siguiente para encontrar las respuestas a esas preguntas.

San Antonio, Texas:

El Álamo

Library of Congress

HISTORIA

El Álamo en San Antonio, Texas, es una de muchas misiones que España mandó construir en California y Texas en el siglo XVIII para convertir a los indígenas al catolicismo y asimilarlos a la cultura de las colonias españolas. Las misiones eran iglesias fortificadas que servían como centros administrativos de comunidades en que los indígenas trabajaban la tierra bajo la supervisión del sacerdote misionero. La asimilación de los coahuiltecos, término colectivo para los grupos indígenas de Texas, ayudó a España a retener sus intereses territoriales y prevenir la intrusión francesa. No hay duda de que la más conocida de las misiones de Texas es la que ahora se llama "El Álamo."

La fama de El Álamo se debe a la legendaria batalla de 1836. A partir de su independencia de España en 1821, México había invitado a ciudadanos estadounidenses a establecerse en Texas. Muchos de los que aceptaron, llegaron con esclavos para cultivar la tierra. En 1829 México prohibió la esclavitud y los anglo-tejanos comenzaron a organizarse para crear una república independiente. Los secesionistas perdieron la batalla de El Álamo pero ganaron la independencia poco después y formaron la *Lone Star Republic*. El grito "Recuerden El Álamo" representa para algunos el espíritu de rebeldía e independencia de Texas mientras que para otros significa la defensa del interés económico y la violación de los derechos humanos de los esclavos africanos.

LA VISITA

Los visitantes que llegan a la misión de hoy, restaurada y localizada en el mero centro de la ciudad de San Antonio, primero observarán una bella fachada típica de la arquitectura misionera: su puerta principal está rodeada de un sencillo diseño de columnas y arcos. Al pasar por la puerta, se entra en la modesta capilla colonial, al lado de la cual se encuentra un pequeño museo de artefactos históricos. Se visita también el convento, donde vivían los misioneros y los soldados residentes de la misión, y el cementerio, donde se enterraba a las muchas víctimas indígenas de las enfermedades europeas. Desde adentro también se hace evidente el objetivo protector de la misión: los muros altos, gruesos y sin ventanas protegían de ataques de los apache y comanche que no querían ver establecidas comunidades españolas en Texas.

PARA UNA VISITA SEGURA Y AGRADABLE

Los visitantes deben tener en cuenta que es posible que en el momento de su visita se celebren servicios religiosos que no se deben interrumpir. Los turistas no deben ni subirse ni sentarse en las murallas u otras estructuras.

Viaje virtual

Busca información en la red sobre San Antonio y el sur de Texas. Escribe una lista de cuatro lugares para visitar con una pequeña descripción. Incluye un lugar de interés histórico, un lugar para ir de compras, un lugar divertido para los niños y un lugar para observar animales.

 3–45. Impresiones del viaje. Con un/a compañero/a, imaginen que su instructor/a les recomendó una visita a El Álamo y ustedes siguieron la recomendación. Escriban una carta para informar a su instructor/a sobre su visita. Redacten dos párrafos: en el primero, incluyan tres hechos históricos que aprendieron en su visita; en el segundo, describan tres aspectos físicos de la misión que observaron. Deben incluir una introducción ("Estimado/a…") y una despedida ("Un saludo cordial").

Más allá de las palabras

Alonso S. Perales (1899–1960)

Special Collections, University of Houston Libraries

El abogado Alonso S. Perales nació en Alice, Texas, en 1899. Sirvió en el ejército estadounidense durante la Primera Guerra Mundial y luego en el cuerpo diplomático en Washington, D.C. Como activista y líder, fue miembro fundador de la Orden de los Hijos de América y de la Liga de Ciudadanos Unidos Latinoamericanos (LULAC, por sus siglas en inglés). Como escritor, dedicó su trabajo a la lucha por los derechos civiles de los mexicano-americanos de Texas y publicó ensayos y cartas al editor en español en varios periódicos hispanos además de pronunciar discursos en reuniones públicas en nombre de la causa. El discurso que leerán a continuación se pronunció en San Antonio, Texas, en 1923, y expresa la opinión de Perales sobre las fuentes de los prejuicios raciales en contra de los hispanos. Importante también es la definición que Perales ofrece del hispano como producto del mestizaje racial.

 3–46. Entrando en materia. En grupos de tres comenten estas preguntas.

1. ¿Cuáles son algunas causas posibles de los prejuicios raciales? Hagan una lista de cuatro posibilidades.

2. Lean el primer párrafo del discurso donde Perales presenta su opinión. Escriban con sus propias palabras una oración que resuma el argumento de Perales.

3. En el segundo párrafo, Perales expresa su argumento con un dicho ("a cada quien se le dé lo suyo") y un refrán ("no porque todos somos del mismo barro, lo mismo da cazuela que jarro"). *El primero significa literalmente en inglés "give each one his or her due", y el segundo, "just because they're both made of clay, doesn't mean the pot is the same as the jug."* ¿Cuál es la idea de Perales en este párrafo?

   a. La conducta de un individuo tiene su origen en los valores de su comunidad.

   b. No debemos crear generalizaciones basadas en la conducta de un número limitado de individuos.

   c. Los mexicano-americanos usan utensilios de barro en la cocina y por eso muchos creen que son inferiores.

LA IGNORANCIA COMO CAUSA DE LOS PREJUICIOS RACIALES

Un detenido análisis de la situación nos lleva a la conclusión de que el prejuicio racial existente en contra de los mexicanos y de la raza hispana en general se debe, en parte, a la ignorancia de algunas personas que, desgraciadamente para los que aquí vivimos, abundan en el estado de Texas. El hecho de que se considere el mexicano sin excepciones como un ser inferior, demuestra falta de **ilustración**[1] y cultura.

No es mi **propósito**[2] convertirme en un apóstol del socialismo, sino sostener y **abogar**[3] porque *a cada quien se le dé lo suyo.* El mexicano debería ser tomado "por lo que es individualmente" y no por lo que suelen ser otros individuos del mismo origen, pues "*no porque todos somos del mismo barro, lo mismo da cazuela que jarro*".

En el norte y el este de este país, los mexicanos y la raza hispana en general son bienvenidos y respetados. Cierto es que allá también **no deja de haber**[4] algunos ignorantes "**nenes**"[5], ya que no hay regla sin excepción y que hay algunas personas que por muy blanca que su piel sea, **se hallan**[6] aún **a la orilla**[7] de la civilización y de la cultura. En el norte y el este hay bastantes escuelas, colegios y universidades en donde el anglosajón aprende la historia y la psicología de la digna raza hispana. La cultura está **al alcance**[8] de todos – pobres y ricos – dando por resultado que cuando el anglosajón abandona las aulas bien penetrado de los méritos y las **virtudes**[9] de nuestra raza, sabe que cuando se encuentre a un español o a un hispanoamericano, no debe despreciarle y **calumniarle**[10], sino darle la bienvenida, **siquiera**[11] en atención y respeto a los fundadores de este continente, y a los ilustres héroes que figuran en la historia hispano-americana.

Esas personas que nos estudian para mejor comprendernos, no ignoran el grado de civilización que poseían los indios que habitaban la mayor parte de este continente muy antes de la conquista española; saben bajo cuáles auspicios fue descubierta América; no ignoran que los apóstoles que sembraron en el nuevo mundo las primeras **semillas**[12] de la **sabiduría**[13] no fueron anglo-sajones, sino hispanos; saben quiénes fueron Bolívar, Juárez, Hidalgo y Cuauhtémoc; y, por último, no desconocen los nombres de Ramón de Cajal, Francisco León de la Barra, y muchos otros que muy alto ponen el nombre de la raza hispana.

En el estado de Texas, la situación es muy diferente. Aquí la cultura no es un hecho; **cuando menos**[14] a esta conclusión nos guía la actitud de un gran número de anglo-texanos. Lenta pero seguramente, nos va **aniquilando**[15] la ley escrita.

Además de las humillaciones de que **a menudo**[16] son víctimas nuestros hermanos de raza, hay hoy día ciertos distritos residenciales en San Antonio, y otros lugares en que los mexicanos, no importa cuál sea su posición social, **tropiezan con**[17] dificultades para afincar su residencia. Por consiguiente, aunque queramos ser optimistas, no podemos. Nuestra situación, si la verdad se ha de decir, no es nada satisfactoria.

Por si acaso

Simón Bolívar (1783-1830) Figura clave del movimiento independentista de América del Sur, y primer presidente de La Gran Colombia.

Benito Juárez (1806-1872) Presidente de México y defensor de su constitución liberal; indígena Zapateco de Oaxaca.

Miguel Hidalgo (1753-1811) Sacerdote católico y general de las tropas mexicanas en la guerra por la independencia.

Cuautémoc (¿1495?-1525) Último emperador azteca; fue torturado y ejecutado por Hernán Cortés.

Santiago Ramón y Cajal (1852-1934) Autor y neurólogo español, premio Nobel de medicina en 1906.

Francisco León de la Barra (1863-1939) Político y diplomático mexicano; embajador en Washington entre 1909-1911.

Photo by Russell Lee/The Center for American History, The University of Texas at Austin

---

1. *enlightenment;*   2. *purpose;*   3. *defend;*   4. *there is no lack of;*   5. *simpletons;*   6. *find themselves;*   7. *on the margins;*   8. *within reach;*   9. *virtues;*   10. *slander;*   11. *if anything;*   12. *seeds;*   13. *knowledge;*   14. *at least;*   15. *destroying;*   16. *often;*   17. *they encounter*

Más allá de las palabras

No ha mucho[18] tuve el gusto de escuchar a un prominente abogado angloamericano de esta ciudad pronunciar un elocuente discurso ante[19] una concurrencia[20] mexicana. Dicho caballero dijo, entre otras cosas, más o menos lo siguiente:

"Amigos: respeto y admiro a la raza mexicana porque conozco su historia. Vosotros debéis sentiros orgullosos[21] de ser descendientes de Hidalgo y Juárez".

Un momento después, cuando yo hacía uso de la palabra, dije, aludiendo al discurso del ilustre jurisconsulto, que aquella había sido una bella alocución, la que agradecíamos, y que lo único que era de lamentarse[22] era el que[23] no hubiese sido pronunciada ante un auditorio angloamericano, toda vez que[24] nosotros conocemos nuestra historia étnica, política y demás. Ahora lo que nos gustaría sería que aquellos angloamericanos que no nos comprenden, en vez de odiarnos, sin razón, se tomaran el trabajo en beneficio propio y en justicia para nuestra raza, de estudiarnos para mejor conocernos, y que se decidieran a "darle a cada quien, lo suyo"; es decir, a reconocer los méritos y las virtudes de la digna y noble raza mexicana.

"La ignorancia como causa de prejuicios raciales," by Alonso S. Perales, from *En otra voz* (2002). Reprinted with permission of Arte Público Press, University of Houston.

 3–47. Identificación de ideas. En grupos de tres, comenten las siguientes preguntas.

1. ¿Qué recomienda Perales para superar los prejuicios raciales?
2. En el tercer párrafo, según Perales, ¿qué se estudia en el norte y el este de Estados Unidos?
3. Al final del discurso, Perales describe una presentación de un "prominente abogado angloamericano". Según Perales, ¿cuál fue el problema con la "bella elocución" del "ilustre jurisconsulto"?

 3–48. Nuestra interpretación de la obra. En parejas, comparen sus respuestas a estas preguntas.

1. Perales usa la palabra "mexicanos" para identificar a los hispanos de Texas en 1923. Según lo que ustedes han aprendido en este capítulo sobre la relación histórica entre Texas y México, ¿en qué sentido son estas personas "mexicanos" y en qué sentido no lo son?
2. Perales también habla de la "raza" mexicana y de la "raza" hispana en general. Al final del tercer párrafo cuando se refiere al "pasado ilustre" de esa raza, los lectores comprenden que la identidad racial de los hispanos es variada o "mestiza". Identifiquen tres ejemplos de referencias al elemento indígena del pasado ilustre de los hispanos.
3. Según Perales, se pueden superar los estereotipos, los prejuicios y la discriminación contra los hispanos con la educación de los angloamericanos. ¿Están de acuerdo? ¿Es también importante la educación de los hispanos? ¿Y la educación de otros grupos? Expliquen por qué. ¿Cuáles son otras alternativas posibles para reducir o eliminar los prejuicios?
4. Este discurso se pronunció a principios del siglo XX. Hagan una lista de cuatro características de las relaciones raciales mencionadas en el discurso y digan si esas cuatro observaciones de Perales son todavía vigentes a principios del siglo XXI.

18. *not long ago;*   19. *before, in front of;*   20. *gathering;*   21. *proud;*   22. *was regrettable;*
23. *the fact that;*   24. *given that*

Capítulo 3   Nuestra comunidad bicultural

WileyPLUS

Go to *WileyPLUS* to see these **videos,** and to find the **video activities** related to them.

Videoteca

Un muralista en defensa de Miami

¿Hay murales en tu ciudad? ¿Qué tipo de imágenes contienen, y qué mensajes comunican? El muralista que vas a conocer en el video utiliza este medio artístico para comunicarse con la gente de Miami y fomentar el diálogo sobre las realidades que expone. Sus murales enseñan la rica historia cultural de la ciudad. A la vez, intentan concienciar a sus ciudadanos sobre los problemas del medio ambiente, en particular los problemas que amenazan el sistema ecológico de Florida.

Conexiones con inmigrantes

Cuando se habla de las oportunidades profesionales o de voluntariado para personas bilingües, ¿en qué campos piensas? Muchos piensan en la medicina, la educación y los negocios, pero existen muchas posibilidades en diversas áreas. En este video verás cómo unos estadounidenses usan su conocimiento del español para comenzar un programa de radio en esa lengua en los EE. UU. A través de dicho programa, ayudan a los miembros hispanos de su comunidad a navegar el sistema legal y mejorar su calidad de vida en su nuevo país.

Vocabulario

Ampliar vocabulario

actual	current, present
al menos	at least
crear	to create
cuestionar	to question
echar una mano	to lend a hand, to help
enviar	to send
erróneo/a	erroneous
estadounidense	United States citizen
estimar	to estimate
gracioso/a	funny, comical
hecho *m*	fact
incluir	to include
inestabilidad *f*	instability
informática *f*	computer science
lazo *m*	tie
lector/a	reader
mitad *f*	half
mito *m*	myth
mundial	worldwide
polémico/a	polemical, controversial
racial	racial
rasgo *m*	trait
tema *m*	theme, topic
traductor/a	translator
valor *m*	value
veracidad *f*	truthfulness, veracity

Vocabulario esencial

Expresar duda y certeza

Verbos que expresan duda

dudar	to doubt
no creer	to disbelieve
no estar seguro/a	to be unsure
no pensar (ie)	to not think
negar (ie)	to deny

Verbos que expresan certeza

creer	to believe
estar seguro/a	to be sure
pensar (ie)	to think

Expresiones impersonales de duda

es dudoso	it's doubtful
es (im)posible	it's (im)possible
es (im)probable	it's (im)probable
no es seguro	it's not certain

Expresiones impersonales de certeza

es cierto/verdad	it's true
está claro	it's clear
es evidente	it's evident
es obvio	it's obvious
es seguro	it's certain

Expresar emoción

La persona es el sujeto

alegrarse (de)	to be glad
estar contento/a (de)	to be happy
odiar/detestar	to hate
sentir (ie)	to regret
temer	to fear
tener miedo (de)	to be afraid

La persona es el objeto indirecto

entristecerle	to sadden one
gustarle	to please one
molestarle	to bother one
ponerle triste	to make one sad
preocuparle	to worry one
sorprenderle	to surprise one

Las expresiones impersonales

es bueno	it's good
es fantástico	it's great
es increíble	it's unbelievable
es interesante	it's interesting
es lamentable	it's lamentable
es una lástima	it's a shame
es malo	it's bad

Recomendar y pedir

Verbos para recomendar y pedir

aconsejar	to advise
decir (i)	to tell
desear/querer (ie)	to want
insistir en	to insist
mandar	to command
pedir (i)	to ask
permitir	to permit
preferir (ie)	to prefer
prohibir	to prohibit
querer (ie)	to want
recomendar (ie)	to recommend
rogar (ue)	to beg
sugerir (ie)	to suggest

Las expresiones impersonales

es aconsejable	it's advisable
es importante	it's important
es necesario	it's necessary

CAPÍTULO

4

WileyPLUS ADDITIONAL ACTIVITIES FOR EACH TEMA AND ANIMATED GRAMMAR TUTORIALS AVAILABLE ONLINE.

LA DIVERSIDAD DE NUESTRAS COSTUMBRES Y CREENCIAS

Objetivos del capítulo

En este capítulo vas a...
- informarte sobre creencias, costumbres y tradiciones.
- evitar la redundancia usando pronombres relativos.
- dar órdenes a otras personas.
- dar explicaciones, expresar acuerdo, desacuerdo, compasión, sorpresa y alegría.
- escribir un artículo sobre turismo.

TEMA

Veronique DURRUTY / Gamma-Rapho/ Getty Images

Como parte de las costumbres de los países hispanos, se celebran festividades de diferentes tipos, generalmente religiosas. Aquí se presenta una danza azteca chichimeca durante el festival de la Virgen de Guadalupe. ¿Qué festividades se celebran en tu comunidad?

Nuestras costumbres

Workbook Stock/Jupiterimages/Getty Images

Lectura

Entrando en materia

Cuando hablamos con otras personas acompañamos las palabras con gestos (*gestures*). Estas expresiones varían según la situación y de una cultura a otra.

4–1. Expresiones de afecto. Según tus costumbres, explica qué expresiones usas en las siguientes situaciones.

Situaciones

1. Alguien me presenta a otro/a estudiante.
2. Camino con mi amigo/a por la ciudad.
3. Camino con mi madre por la ciudad.
4. Veo a un buen amigo por primera vez después de un año.

Expresiones de afecto

a. Le doy la mano.
b. Le doy un abrazo.
c. Le doy un beso.
d. Agarro el brazo de la persona.
e. No uso ninguna de las opciones. Lo que hago en esa situación es...

4–2. Vocabulario: Antes de leer. Las palabras y expresiones de la lista aparecen en la entrevista que vas a leer. Busca estas palabras en el texto y, usando el contexto, empareja cada palabra con la definición correspondiente.

1. saludar
2. mejilla
3. agarrar (el brazo)
4. alternar
5. tapas
6. por su cuenta

a. Es un sinónimo de *tomar*.
b. Hacemos esto cuando decimos cosas como *buenos días, hola, buenas noches*.
c. Ir a varios bares a beber y comer.
d. Es una parte de la cara.
e. Pequeñas porciones de comida que se sirven en los bares.
f. Independientemente.

Costumbres de todos los días

Margarita (de México) y Tomás (de España) son los invitados de hoy en una clase de español. Los estudiantes de la clase les preguntan sobre algunas costumbres de sus países.

ESTUDIANTE: Una pregunta para Tomás: cuando **saludo** a una muchacha o un muchacho en un país hispano, ¿qué debo hacer?

TOMÁS: Depende del país. Por ejemplo, en España, con amigos del sexo opuesto, y entre mujeres, se da dos besos, pero en otros países se da solamente un beso. Los hombres no se besan sino que se dan la mano o un abrazo. Bueno, hay que mencionar que la gente no se besa en la cara necesariamente. En la mayoría de los casos solo se tocan las **mejillas**.

ESTUDIANTE: Tengo una pregunta para Margarita. En una ocasión vi un documental sobre México. Había dos mujeres y mientras caminaban, una mujer **agarraba** el

Phil Borden/PhotoEdit

brazo de la otra, ¿es esta una costumbre normal entre las mujeres?

MARGARITA: Sí, es normal, especialmente entre madres e hijas, pero también entre amigas. También lo hacen en otros países hispanos, no solo en México.

ESTUDIANTE: Muy bien. Me gustaría hacer una pregunta sobre otro tema. Aquí en los Estados Unidos no se permite a los niños entrar en los bares. He oído que en España esto es diferente. ¿Es verdad?

TOMÁS: Sí. En España los niños van con sus padres a los bares. Existe una costumbre que se llama **alternar**, que consiste en ir a varios bares, uno después de otro, y comer **tapas** acompañadas de un vaso de vino o de cerveza. Algunas familias hacen este recorrido de varios bares con sus hijos y grupos de amigos, especialmente los fines de semana. El ambiente de los bares españoles es muy diferente al de los bares de Estados Unidos. Por eso se permite que los niños entren acompañados por adultos.

ESTUDIANTE: Otra preguntita sobre los hijos... Un amigo mío de Venezuela me dijo que en su país es común que los hijos vivan en la casa de sus padres hasta que se casan. ¿No se van los jóvenes a vivir **por su cuenta** cuando asisten a la universidad?

Simon Winnall/Taxi/ Getty Images

MARGARITA: Mi hermano se fue de casa de mis padres a los treinta años, el día que se casó. Es frecuente que los hijos vivan con sus padres mientras hacen sus estudios universitarios y que no se independicen totalmente hasta que terminan sus carreras universitarias. A diferencia de los Estados Unidos, no es habitual para los jóvenes universitarios trabajar y estudiar al mismo tiempo, y por eso casi todos los gastos académicos y de manutención son responsabilidad de los padres. Tampoco es costumbre que los jóvenes se vayan a estudiar a otro estado o provincia y lo normal es que asistan a una universidad cercana a la zona donde residen sus padres. Sin embargo, hay una minoría de jóvenes que se independizan de los padres cuando se van a la universidad, como se hace aquí en los Estados Unidos.

©Danny Lehman/Corbis Images

Por si acaso

El bar y el *pub*

Los estadounidenses entienden el concepto "bar" de manera diferente a los españoles. En España hay una diferencia entre "bar" y *"pub"*. El bar ofrece a los clientes una variedad de comidas y bebidas que incluye bebidas alcohólicas. El *pub* ofrece bebidas alcohólicas y no alcohólicas. Algunos establecimientos pueden servir comida, pero se limita normalmente a simples tapas o tentempiés (*finger foods or snacks*). El bar puede ser un lugar de reunión para toda la familia mientras que el *pub*, que es similar al concepto de "bar" estadounidense, es un establecimiento para adultos donde raramente se admite la entrada de niños.

4–3. ¿Comprendes? Responde a estas preguntas según la información de la lectura.

1. ¿Cómo se saludan un hombre y una mujer en España? ¿Cómo se saludan dos hombres?
2. ¿Qué costumbre tienen algunas mujeres hispano hablantes cuando caminan juntas por la calle?
3. ¿Qué es 'alternar'?
4. ¿Cuándo suelen independizarse los jóvenes españoles de sus padres?

 4–4. ¿De qué hablaron? En parejas, cada persona debe hacerle las preguntas correspondientes a su compañero/a. Después, compartan sus opiniones con el resto de la clase.

Estudiante A: De las costumbres mencionadas en la entrevista, ¿cuál te parece más interesante? ¿Por qué?

Estudiante B: En la entrevista se menciona que muchos jóvenes hispanos se quedan en casa de sus padres hasta que se casan. ¿Por qué crees que los jóvenes españoles tienen esa costumbre? ¿Crees que lo hacen por elección propia o por imposición? ¿Qué ventajas y desventajas crees que tiene vivir con los padres mientras asistes a la universidad?

 4–5. Vocabulario: Después de leer. En parejas, háganse estas preguntas personales.

1. ¿Cómo **saludas** a los amigos íntimos?, ¿a las amigas íntimas?
2. ¿En qué circunstancias besas a otra persona en la **mejilla**?
3. ¿Tienes alguna costumbre parecida a la costumbre española de **alternar**?
4. ¿Has probado las **tapas** alguna vez? ¿Hay alguna costumbre similar en Estados Unidos?
5. ¿Desde qué edad vives **por tu cuenta**? ¿Te gusta tu independencia o echas de menos vivir con tus padres?

Gramática

Using Relative Pronouns to Avoid Redundancy

Relative pronouns are used to join two sentences into a single sentence, resulting in a smoother, less redundant statement.

Este es el bar. **El bar** tiene tapas estupendas.	*This is the bar. **The bar** has wonderful tapas.*
Este es el bar **que** tiene tapas estupendas.	*This is the bar **that/which** has wonderful tapas.*

In English the relative pronoun can be omitted in sentences like:

I love the food that I ate in that restaurant. ➔ *I love the food I ate in that restaurant.*

In Spanish, **que** is never omitted.

Me gusta la comida **que** comí en ese restaurante.

Que

Que is the most common relative pronoun in everyday conversation, and it can mean *that, which, or who*. **Que** can refer to both singular or plural nouns and to both people and things. In the following examples, the antecedent is underlined (antecedent, i. e., the thing the relative pronoun refers back to).

Los <u>libros</u> **que** compraste eran excelentes.	*The <u>books</u> **that** you bought were excellent.*
El <u>hombre</u> **que** vino a cenar era mi jefe.	*The <u>man</u> **who** came to dinner was my boss.*
La <u>casa</u> de mi hermana, **que** tiene cuatro habitaciones, solo tiene un baño.	*My sister's <u>house</u>, **which** has four rooms, only has one bathroom.*
Mi <u>hermano</u>, **que** tiene 25 años, se casó ayer.	*My <u>brother</u>, **who** is twenty-five, got married yesterday.*

Observe that two of the relative clauses are set between commas and two of them aren't. The clauses without commas are said to be *restrictive* because they state a quality meant to single out an object or a person from a group. The clauses between commas are said to be *nonrestrictive* because they are not meant to single out. Instead, they merely provide additional information or an after thought about the object or person non-essential to the meaning of the sentence.

Quien/quienes

Quien/quienes is sometimes used to express the relative pronoun *who*.

- **Quien/quienes** may be used in nonrestrictive clauses when the antecedent is a person or people. Using **quien/quienes** creates a more formal tone than using **que**.

El presidente, quien fue reelegido este año, está gravemente enfermo.	*The president, who was re-elected this year, is gravely ill.*
Los organizadores de la fiesta, quienes han trabajado mucho, están orgullosos del éxito.	*The organizers of the celebration, who have worked very hard, are proud of the success.*

Lo que

Lo que means *what* or *that which*. Use **lo que** when the antecedent is an idea, an action, or a thing that is unspecified in the sentence.

Lo que me gusta hacer en España es comer tapas.	**What** I like to do in Spain is eat tapas. (Eating tapas is an action.)
Me gusta mucho **lo que** compraste en el mercado.	I really like **what** you bought in the market. (The things you bought are unspecified in the sentence.)
No comprendí **lo que** dijo Margarita sobre su hermano.	I didn't understand **what** Margarita said about her brother. (What Margarita said is an idea, unspecified in the sentence.)

WileyPLUS Go to *WileyPLUS* to review this grammar point with the help of the **Animated Grammar Tutorial** and **Verb Conjugator**. See also textbook Appendices with Grammar References and verb tables. For more practice, go to the **Activities Manual**.

4–6. Identificación. Repasa el uso de los pronombres relativos en el siguiente texto. Identifica a) el antecedente y b) si la cláusula es restrictiva o no restrictiva.

Los saludos

Los saludos representan una costumbre **1. que** varía de cultura en cultura. Si visitas una parte del mundo **2. que** tiene costumbres diferentes, es recomendable conocer **3. lo que** la gente hace para saludarse.

Por ejemplo, en el mundo hispano, dos amigas **4. que** se saludan se besan en la mejilla. Las mujeres estadounidenses, **5. quienes** solo dan besos a sus amigas más íntimas, pueden sorprenderse cuando una mujer **6. que** no conocen bien las besa en la mejilla. El saludo masculino más común, **7. que** también es típico de muchas otras partes del mundo, es darse la mano.

4–7. Costumbres del mundo hispano. Selecciona el pronombre correcto para completar las oraciones.

1. Las tapas son pequeñas porciones de comida **que/lo que** se sirven en los bares.
2. El beso en la mejilla, **que/quien** es un saludo común entre mujeres, no es típico entre los hombres.
3. Los estudiantes universitarios **que/quienes** viven con sus padres se independizan después de terminar sus carreras.
4. Darse la mano es **lo que/que** hacen los hombres para saludarse.
5. Los niños españoles, **quienes/lo que** pueden entrar en los bares, suelen acompañar a sus familias.

4–8. Un viaje de fin de curso. Una costumbre común entre los estudiantes es hacer un viaje cuando finaliza el año escolar. Tu clase de español ha decidido organizar un viaje de fin de curso. Aquí tienes las notas con los planes para el viaje. Combina las frases usando pronombres relativos para evitar las repeticiones innecesarias.

> **MODELO**
>
> **Organizaremos una gran fiesta antes de salir.**
> **La fiesta va a durar toda la noche.**
> **Organizaremos una gran fiesta antes de salir que va a durar toda la noche.**

1. Vamos a reservar un yate. <u>El yate</u> tiene capacidad para muchas personas.
2. Julia y Cecilia van a traer la música latina. A la profesora le gusta <u>la música latina</u>.
3. Invitaremos a los mejores profesores. <u>Los mejores profesores</u> saben bailar salsa.
4. Vamos a contratar a un cocinero para el viaje. <u>El cocinero</u> sabe preparar platos de origen hispano.

4–9. Acontecimientos memorables. Imagina los momentos más interesantes del viaje y completa las siguientes oraciones con una cláusula restrictiva o no restrictiva y un pronombre relativo.

> **MODELO**
>
> **Me gustó mucho...**
> **Me gustó mucho la comida hispana que sirvieron en la fiesta.**

1. Me gustó el yate...
2. No voy a olvidar las amistades...
3. Me encantó la música...
4. Me enfadé con un compañero...
5. Me alegró ver a los profesores...
6. No me gustó la sangría...

4–10. Las fiestas regionales. En parejas, lean las siguientes descripciones sobre algunas fiestas hispanas en EE. UU. Después, escriban una descripción adicional sobre alguna fiesta cultural que se celebre en su ciudad. Usen pronombres relativos para evitar redundancias y el *Vocabulario esencial*.

Descripción 1: El Carnaval de Miami, <u>que</u> se celebra durante dos semanas en marzo en la calle Ocho de la Pequeña Habana, atrae cerca de un millón de personas cada año. Las personas <u>que</u> participan en este carnaval acuden desde diferentes partes de EE. UU.

Descripción 2: La Fiesta Broadway, <u>que</u> tiene lugar en Los Ángeles en abril, presenta cada año más de cien actos artísticos <u>que</u> incluyen música y teatro.

Descripción 3: La Fiesta de San Antonio, <u>que</u> se celebra en San Antonio, Texas, dura diez días y atrae a unos tres millones de personas.

Descripción 4: ¿...?

Vocabulario esencial

Hablar de tradiciones

bandera *f*	*flag*
broma *f*	*joke*
costumbre *f*	*custom*
desfile *m*	*parade*
disfraz *m*	*costume*
fiesta *f*	*holiday, celebration*
fuegos artificiales *m*	*fireworks*
llamar a la puerta	*to knock on the door*
plato *m*	*dish (food)*
puestos *m*	*commercial stands*
reunirse	*to meet, get together*
truco *m*	*tricks*

4–11. Tradiciones de nuestra cultura. En parejas, imaginen que un estudiante de origen hispano les pide que describan algunas tradiciones de los EE. UU. Con sus propias palabras explíquenle las costumbres que se asocian con estas fiestas o tradiciones:

1. potluck dinner
2. Saint Patrick's Day
3. to kiss under the mistletoe
4. tailgate party
5. Halloween
6. Mardi Gras
7. the 4th of July
8. April Fool's Day

Vocabulario para conversar

Dar explicaciones

¿Por qué tienes esa cara tan seria?

Este es un día que me pone muy triste porque Paco y yo rompimos el día de San Valentín el año pasado.

In the course of a conversation, you may be asked to explain why you did or said something. These expressions will help you offer explanations in Spanish.

porque, puesto que,	*because*
por eso, por esta razón	*for this reason*
a causa de, por motivo de, dado que	*because of, due to*

Me acosté tarde anoche y **por eso (por esa razón)** llegué tarde a clase.

*I went to bed late last night and **for this reason** I was late to class.*

Se canceló el partido de fútbol **a causa de** la lluvia.

*The game was cancelled **because of** rain.*

Me quejé de mi vecino **porque** tiene muchas fiestas por la noche.

*I complained about my neighbor **because** he throws many parties at night.*

Explanations may be expressed as a cause-effect relationship.

Dado que me distraje hablando por teléfono, no lavé los platos y **por esa razón** tuve una discusión con mi mamá.

***Since** I got distracted while talking on the phone, I didn't wash the dishes, and **for that reason** I had an argument with my mom.*

4–12. Palabras en acción. Usa la imaginación para escribir una explicación para cada una de estas preguntas. Intenta usar varias de las expresiones que aparecen en *Vocabulario para conversar*.

> **MODELO**
>
> **¿Por qué no entregaste la tarea hoy?**
> **No entregué la tarea hoy porque se me olvidó en casa.**

1. ¿Por qué no estabas bien preparado hoy para la clase de español?
2. ¿Por qué saludaste a la chica hispana con un beso en la mejilla?
3. ¿Por qué le dijiste a tu jefe que sabías hablar español perfectamente?
4. ¿Por qué se te olvidó estudiar para el examen final de español?
5. ¿Por qué te enfadaste con tu compañero/a de apartamento?

 4–13. Mi vecino el pesado. En parejas, sigan las instrucciones correspondientes a cada estudiante para representar esta situación.

Estudiante A:

- Inicia la conversación. Las ilustraciones representan los problemas que tienes con tu vecino.
- Explícale estos problemas a tu amigo/a y pídele consejos.

Estudiante B:

- Escucha a tu compañero/a. No mires sus dibujos.
- Si no comprendes lo que dice, pídele una aclaración.
- Dale consejos a tu compañero/a. Usa el subjuntivo cuando sea necesario.

CURIOSIDADES

La costumbre de invitar

 4–14. ¿Quién paga la cuenta? ¿Qué hacen Uds. a la hora de pagar la cuenta *(bill)* en estas situaciones sociales?

bidebide

1. Cuando sales a cenar o tomar algo con dos o tres amigos:

   a) Cada uno paga lo que pidió (*"To go Dutch"),* b) Dividen la cuenta entre el número de personas que hay, para que cada uno pague la misma cantidad, o c) Una persona paga todo.

2. Cuando celebras tu cumpleaños en un restaurante con un grupo de amigos:

   a) Cada persona paga lo que pidió, y tus amigos también pagan lo que pediste tú, b) Dividen la cuenta entre el número de personas que hay, para que cada uno pague la misma cantidad, o c) Pagas tú toda la cuenta.

Si elegiste "a" para las dos preguntas, ten en cuenta al viajar a un país hispanohablante que la costumbre de pagarse lo suyo (*"Go Dutch"),* no es muy común, y ponerse a calcular en la mesa quién pidió qué y cuánto cuesta cada cosa está considerado de mal gusto en algunos lugares. La opción de dividir la cuenta por el número de personas es bastante común, sin tener en cuenta los precios de lo que haya pedido cada uno. Esa opción es frecuente cuando hay grupos grandes, o cuando estás con gente que no conoces demasiado bien. Sin embargo, en muchos casos una persona "invita", o paga la cuenta de todos. Esa sería la norma en situaciones como la número uno, con un grupo pequeño de amigos íntimos. Si un amigo te dice "invito yo" con convicción, déjale que pague, pero no te olvides de invitar en la próxima ocasión. No importa si pagas un poco más o un poco menos de lo que pagó tu amigo/a, lo importante es el gesto.

¿Y si es tu cumpleaños u otro evento especial, como tu graduación? Antes de salir a celebrar la ocasión, asegúrate de llevar suficiente dinero. ¡Hoy invitas tú! Aunque en Estados Unidos el que está de celebración suele ser invitado por los amigos, en los países hispanos es al revés.

 4–15. Reflexión. Reflexionen sobre la costumbre de invitar en su cultura y las culturas hispanohablantes, y en parejas respondan a estas preguntas.

1. ¿Qué piensas de la costumbre de invitar o ser invitado en Hispanoamérica?
2. ¿Qué costumbre te parece más práctica? ¿Por qué?

Nuestras creencias

Tom Owen Edmunds/The Image Bank/Getty Images

A escuchar

Entrando en materia

 4–16. La Noche de las Brujas. En parejas, hablen sobre las actividades típicas de la Noche de las Brujas (*Halloween*). ¿Tienen en común las mismas tradiciones en esta fecha? Si no, ¿cuáles son las diferencias? ¿Qué significado tiene esta tradición para ustedes ahora? ¿Cómo la celebraban cuando eran pequeños/as? ¿Cómo la celebran ahora? ¿Saben cuál es el origen de esta tradición? ¿Creen que existe esta celebración en otras culturas? Den ejemplos.

Por si acaso

Expresiones útiles para comparar respuestas con otro estudiante

¿Qué tienes/ pusiste en el número 1/ 2/ 3?
Yo tengo/ puse a/ b.
Yo tengo algo diferente.
No sé la respuesta./ No tengo ni idea.
Creo que la respuesta es a/ b, pero no estoy seguro/a.
Creo que es cierto./Creo que es falso.

4–17. Actitudes hacia el tema de la muerte. El tema de esta sección es la muerte. Antes de seguir adelante, vamos a ver qué piensan sobre este tema.

1. Selecciona las palabras que mejor reflejen tu opinión personal sobre la muerte.

   Hablar de la muerte es:

interesante	_____	triste	_____	importante	_____
aburrido	_____	incómodo	_____	terapéutico	_____
difícil	_____	fácil	_____		
absurdo	_____	de mal gusto	_____		

2. **¿Cuál es su actitud?** En algunas culturas la muerte se celebra con fiestas. En grupos de cuatro, dos de ustedes deben presentar razones por las que los funerales deben ser alegres y festivos. Las otras dos personas deben presentar razones por las que los funerales deben ser serios por respeto a la persona que ha muerto. ¿Qué pareja encontró los argumentos más convincentes?

> **MODELO**
>
> Nosotros pensamos que en los funerales se debe celebrar una gran fiesta en honor a la persona muerta porque...
>
> Nosotros pensamos que celebrar fiestas en un funeral es una falta de respeto hacia la persona muerta porque...

4–18. Descripción de fotos. Miren las siguientes fotos de la celebración del Día de Muertos (*Day of the Dead*) en México. Escriban una breve descripción sobre lo que ven en cada foto. Comparen sus descripciones.

©MyLoupe /Universal Images Group/ age fotostock

age fotostock/SuperStock

4–19. Vocabulario: Antes de escuchar. El vocabulario en negrita forma parte de la miniconferencia que vas a escuchar. Indica el significado apropiado de las palabras, seleccionando **a** o **b**.

1. Hablar de la muerte es algo que debe **evitarse** en ciertas culturas.

   a. no se debe hacer   **b.** es común

2. El Día de Muertos los familiares **acuden en masa** al cementerio a visitar a sus familiares difuntos.

   a. van en grandes grupos   **b.** manejan

3. **Ritualizar** la muerte significa que...

   a. se celebra con rituales   **b.** se murió una señora que se llamaba Rita

4. Hay ciertas culturas que ven la muerte como parte **integral** de la vida.

   a. la muerte no es un tema popular en absoluto   **b.** la muerte es normal en la vida diaria

5. En ciertas culturas, la muerte se toma a broma e incluso se cuentan **chistes** sobre ella.

   a. la gente cuenta historias sobre la muerte que hacen reír   **b.** la gente cuenta historias de terror sobre la muerte

Estrategia: Identificar el énfasis

©Reuters/CORBIS

Cuando escuchas un texto por primera vez, hay muchos elementos que te pueden ayudar a comprender la idea general. Uno de esos elementos es el énfasis que el narrador pone en diferentes palabras y oraciones. Mientras escuchas, fíjate en qué palabras y expresiones enfatiza el narrador. El énfasis se puede expresar levantando la voz o cambiando el tono. Ten en cuenta esta información mientras escuchas y anota los puntos que el narrador enfatiza. Después, usa esos datos para determinar cuál es el tema principal de la narración.

MINICONFERENCIA Perspectivas sobre la muerte

Ahora su instructor/a va a presentar una miniconferencia.

4–20. ¿Comprendes? Reflexiona sobre el contenido de la miniconferencia y responde a estas preguntas.

1. ¿Cuáles son las dos perspectivas culturales que se dan sobre el tema de la muerte?
2. ¿A qué perspectiva de las mencionadas corresponden las fotos del Día de Muertos de las páginas 135, 136 y 137?
3. ¿Con cuál de las dos formas de ver la muerte te identificas? ¿Y tu familia? Explica tus respuestas.

4–21. Vocabulario: Después de escuchar. Completa las oraciones con las expresiones siguientes.

de mal gusto   en voz baja   incómodo   acudir en masa   disfraz

1. La gente suele _____ a eventos deportivos, como el fútbol.
2. Para no molestar a otras personas en un lugar público es recomendable hablar _____.
3. Para celebrar el día de brujas, mucha gente se pone un _____.
4. Para algunas personas mayores, es _____ hablar de la muerte.
5. Un comentario _____ puede molestar a otras personas.

4–22. ¿Qué opinan? Nuestras ideas sobre la muerte están influidas por nuestra cultura, creencias y orientación espiritual. En grupos de cuatro, seleccionen uno de los temas a continuación. Cada persona debe exponer su punto de vista. Los demás deben escuchar y hacer preguntas para comprender mejor la perspectiva de cada persona.

1. el más allá: ¿existe?, ¿cómo es?
2. la reencarnación
3. la comunicación con los muertos
4. la existencia del cielo y el infierno

4–23. Controversia. En parejas, seleccionen una de las siguientes situaciones para representarla en clase. Dediquen unos minutos para preparar sus argumentos antes de hacer la representación.

Situación A: Una persona tiene una enfermedad mortal y expresa su deseo de morir para poder descansar en paz. La otra persona es el médico. El deber de un médico es salvar la vida de sus pacientes siempre que sea posible. Hablen de la situación para encontrar una solución.

Situación B: Uno de ustedes es un senador del estado que quiere imponer una ley que haga obligatoria la donación de órganos después de la muerte para salvar más vidas por medio de los transplantes. La otra persona es un senador que se opone a esta ley por razones religiosas. Intenten llegar a un acuerdo.

Situación C: Su ciudad no encuentra terreno para construir un cementerio nuevo. Uno de ustedes cree que deben incinerarse (*cremate*) todos los cadáveres para solucionar el problema. La otra persona está en contra de la incineración por razones religiosas. Busquen una solución aceptable para los dos.

Gramática

The Imperfect Subjunctive in Noun Clauses

In *Capítulo* 3 you learned the forms of the present subjunctive and how to use them. Now you will learn how to express desire, doubt and emotion in the past. To do so, you need to learn the forms of the past subjunctive. The terms "past subjunctive" and "imperfect subjunctive" are interchangeable. To form the past/imperfect subjunctive, follow these steps:

1. take the third person plural form of the preterit, e.g., comier**on**

2. drop the **-on** → comier-

3. add **-a**, **-as**, **-a**, **-amos**, **-ais**, **-an** for all verbs

The **nosotros/as** form requires an accent in the stem. See the following chart:

INFINITIVE	THIRD PERSON PRETERIT FORM	PAST SUBJUNCTIVE	
caminar	caminar**on**	caminara	camináramos
		caminaras	caminarais
		caminara	caminaran
comer	comier**on**	comiera	comiéramos
		comieras	comierais
		comiera	comieran
escribir	escribier**on**	escribiera	escribiéramos
		escribieras	escribierais
		escribiera	escribieran

For stem-changing verbs, spelling-changing verbs and irregulars, you will still base the imperfect subjunctive on the third person preterit. For example:

estar → **estuvier**on → estuviera, -as, -a...

hacer → **hicier**on → hiciera, -as, -a...

dormir → **durmier**on → durmiera, -as, -a...

You should review preterit verb forms in *Capítulo* 1, *Tema* 3.

As you learned in *Capítulo* 3, the subjunctive occurs in the dependent clause when the independent clause includes an expression that conveys:

- advice, suggestion or request
- doubt or denial
- emotion

How do I know when to use the past subjunctive as opposed to the present subjunctive? If the verb in the independent clause expresses a past action (preterit or imperfect), the verb in the dependent clause needs to be in the past subjunctive.

Advice, Suggestion, and Request

Independent Clause: Preterit	Dependent Clause: Imperfect Subjunctive
El año pasado mi instructor **sugirió**	que escribi**éramos** una composición sobre la Noche de las Brujas.
*Last year my instructor **suggested***	*that **we write** a composition about Halloween.*
Mis padres me **pidieron**	que orde**nara** mi cuarto.
*My parents **asked** me*	*to **tidy up** my room.*

Doubt or Denial — dudas

Independent Clause: Imperfect Indicative	Dependent Clause: Imperfect Subjunctive
Mi madre **dudaba**	que yo encontra**ra** adornos para la Noche de las Brujas en agosto.
*My mom **doubted***	*that I **would find** Halloween decorations in August.*
Mis compañeros **no creían**	que hub**iera** fantasmas en nuestro apartamento.
*My roommates **did not believe***	*that **there were** ghosts in our apartment.*

Emotion   emociones

Independent Clause: Imperfect Indicative	Dependent Clause: Imperfect Subjunctive
En la Noche de las Brujas, a mi hermana le **encantaba**	que nos **dieran** tantos caramelos.
*On Halloween, my sister **loved***	*that people **gave** us so much candy.*
Cuando era pequeño me **daba miedo**	que mis padres **apagaran** la luz de mi habitación.
*When I was a child, **I was afraid***	*that my parents **would turn off** the lights in my room.*

WileyPLUS Go to *WileyPLUS* to review this grammar point with the help of the **Animated Grammar Tutorial** and **Verb Conjugator**. See also textbook Appendices with Grammar References and verb tables. For more practice, go to the **Activities Manual.**

4–24. Identificación. Marta y Margarita se escriben estos mensajes sobre una fiesta a la que fue Margarita durante la Noche de las Brujas.

Lee los mensajes e identifica a) los verbos en imperfecto del subjuntivo y b) el verbo o expresión de la cláusula independiente que requiere el uso del subjuntivo *(advice, suggestion, request, doubt, denial, emotion).*

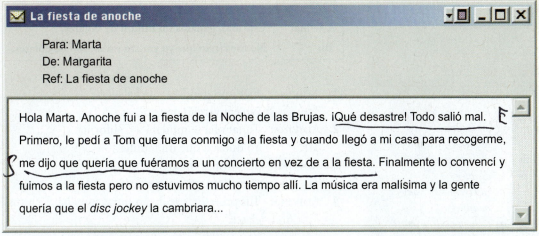

La fiesta de anoche

Para: Marta
De: Margarita
Ref: La fiesta de anoche

Hola Marta. Anoche fui a la fiesta de la Noche de las Brujas. ¡Qué desastre! Todo salió mal. Primero, le pedí a Tom que fuera conmigo a la fiesta y cuando llegó a mi casa para recogerme, me dijo que quería que fuéramos a un concierto en vez de a la fiesta. Finalmente lo convencí y fuimos a la fiesta pero no estuvimos mucho tiempo allí. La música era malísima y la gente quería que el *disc jockey* la cambiara...

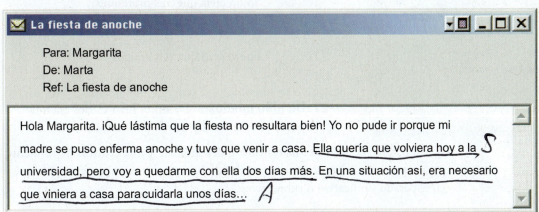

La fiesta de anoche

Para: Margarita
De: Marta
Ref: La fiesta de anoche

Hola Margarita. ¡Qué lástima que la fiesta no resultara bien! Yo no pude ir porque mi madre se puso enferma anoche y tuve que venir a casa. Ella quería que volviera hoy a la universidad, pero voy a quedarme con ella dos días más. En una situación así, era necesario que viniera a casa para cuidarla unos días...

4–25. La adivina. El primero de enero, fuiste a una adivina para saber cómo te iban a ir las cosas este año. Ella te hizo varias recomendaciones para evitar la mala suerte. Escribe la forma correcta del verbo en el imperfecto del subjuntivo para completar las recomendaciones de la adivina.

1. La adivina me recomendó que yo (evitar) los gatos negros.
2. Ella sugirió que yo (mirar) la columna de astrología en el periódico todos los días.
3. Insistió en que una quiromántica me (leer) la palma de la mano.
4. Aconsejó que yo no (salir) de casa el martes 13.
5. Me pidió que yo (consultar) con los difuntos en el más allá.

4–26. Adivinaciones. La adivina también te hizo varias adivinaciones para este año. Algunas se cumplieron (*came to pass*) y otras no. Completa las oraciones para expresar tu reacción a las adivinaciones de la adivina. ¡Ojo! Algunas oraciones requieren el imperfecto del subjuntivo y otras requieren el pretérito del indicativo.

Vocabulario esencial

Hablar de creencias y supersticiones

adivina *f*	*fortune teller*
adivinación *f*	*prediction*
adivinar	*to predict, tell the future*
apagar (la luz)	*to put out (the light)*
astrología *f*	*astrology*
cadáver *m*	*cadaver, dead body*
encantado/a	*haunted*
encender (ie) (la luz)	*to turn on (the light)*
esqueleto *m*	*skeleton*
fantasma *m*	*ghost*
más allá *m*	*the beyond*
monstruo *m*	*monster*
numerología *f*	*numerology*
oscuridad *f*	*darkness*
quiromántica *f*	*palm reader*
suerte *f*	*luck*

1. ADIVINA: Este año, tendrás mucha suerte.
   TÚ: No era verdad que yo…
2. ADIVINA: Tu familia se mudará a California.
   TÚ: Yo dudaba que mi familia…
3. ADIVINA: Tu novio/a romperá contigo.
   TÚ: Fue cierto que mi novio/a…
4. ADIVINA: Tus profesores te darán notas muy bajas en tus clases.
   TÚ: Yo no creía que mis profesores…
5. ADIVINA: Tus amigos tendrán mucha importancia en tu vida.
   TÚ: Fue verdad que mis amigos…

4–27. Un niño miedoso. De niño, Juan Carlos era muy supersticioso y tenía mucho miedo por la noche.

A. En parejas, combinen una cláusula independiente y una cláusula dependiente para expresar las supersticiones y miedos de Juan Carlos. Conjuguen los verbos en el pasado (indicativo o subjuntivo).

MODELO

Juan Carlos temer/que/haber brujas en la casa
Juan Carlos temía que hubiera brujas en la casa.

Juan Carlos:

tener miedo de	que	haber monstruos debajo de la cama
creer		sus padres encender la luz
estar contento de		sus padres apagar la luz
querer		su hermano dormir en su cuarto
pedir		su casa estar encantada
temer		fantasmas entrar en su cuarto
pensar		su familia estar segura en la casa
dudar […]		

B. Comparen las supersticiones y los temores que ustedes tenían de niños con los de Juan Carlos. ¿Temían ustedes las mismas cosas? ¿Tenían las mismas supersticiones?

4–28. Antes de comenzar la universidad. Piensen en el último año de la escuela secundaria y las muchas personas que les dieron consejos. ¿Qué consejos o recomendaciones recibieron? Comparen las recomendaciones que recibieron de estas personas: amigos, padres, profesores y maestros, etc. ¿Qué consejos similares y diferentes recibieron?

Vocabulario para conversar

Expresar acuerdo y desacuerdo enfáticamente

Sí, por supuesto, profesor. Le doy toda la razón.

Srta. Smith, usted tiene que hacer más esfuerzo en mi clase. Intente entregar las tareas a tiempo.

In *Capítulo 3* you studied some expressions to react to the opinions of others showing agreement or disagreement. In this section you will learn a few expressions that are commonly used to react to others' opinions in a more emphatic way.

Expresar acuerdo enfáticamente

Eso es absolutamente / totalmente cierto.	*That is totally true.*
Le / Te doy toda la razón.	*You are absolutely right.*
Creo / Me parece que es una idea buenísima.	*I think that is a great idea.*
Por supuesto que sí.	*Absolutely.*
Lo que dice(s) tiene mucho sentido.	*You are making a lot of sense.*
Exactamente, eso mismo pienso yo.	*That is exactly what I think.*

Expresar desacuerdo enfáticamente

Eso es absolutamente / totalmente falso.	*That is totally false.*
No tiene(s) ninguna razón.	*You are absolutely wrong.*
Creo / Me parece que es una idea malísima.	*I think it is a terrible idea.*
Por supuesto que no.	*Absolutely not.*
Lo que dice(s) no tiene ningún sentido.	*You are not making any sense.*

4–29. Palabras en acción. Expresa enfáticamente tu opinión con estos comentarios. Añade información a las expresiones para justificar tu propia opinión.

> Tu compañero/a de apartamento te dice: El casero (*landlord*) me ha dicho que una vez más no has pagado tu parte del alquiler. Estoy harto/a de esta situación.
>
> Tú dices: ¡Eso es abolutamente falso! Dejé un sobre con el dinero del alquiler en el buzón del casero hace ya una semana.

1. Un amigo hispano te dice: Los estadounidenses no saben divertirse. Los fines de semana, en vez de salir, se quedan en casa viendo películas y comiendo papitas.
2. Tu instructor de español te comenta: El español es un idioma fácil de aprender. La gramática no es complicada y se puede aprender en un mes.
3. Un compañero de clase te comenta: "Los cubanos, los mexicanos y los argentinos son todos iguales, hablan exactamente igual y comen las mismas comidas".
4. Tu padre te dice: "No es necesario aprender otro idioma porque el inglés es el idioma más importante y si hablas inglés, no necesitas saber otra lengua".

4–30. Un día cultural. Un/a amigo/a y tú están pasando un día en México. No se pueden poner de acuerdo sobre qué hacer. Lean las instrucciones de la situación y representen el diálogo.

Estudiante A: Tú inicias la conversación. Quieres ir a ver una corrida de toros (*bullfight*) porque te parece fascinante. Tu ídolo era Paquirri, uno de los grandes toreros de la historia, y la corrida de hoy es un homenaje a él. Explícale a tu compañero/a por qué quieres ir, por qué tu idea es mejor que la suya y por qué es importante que te acompañe.

Estudiante B: Tu compañero/a inicia la conversación. Estás en contra de las corridas de toros y piensas que son horribles. Explica por qué no quieres ir, expresando tu desacuerdo enfáticamente, sugiere una idea mejor e intenta llegar a un acuerdo con tu compañero/a.

CURIOSIDADES

4–31. Numerología. En algunas culturas, los números tienen un significado importante en la vida de las personas. ¿Sabes cuál es tu número personal? Sigue las instrucciones a continuación para calcularlo; después, puedes calcular el número de tus amigos. ¿Crees que la información es correcta?

Para saber el número que te corresponde debes sumar los números de tu fecha de nacimiento y reducirlos a un solo número. Por ejemplo, si has nacido el 26 de junio de 1982, debes hacer el siguiente cálculo:

2 + 6 (día) + 6 (mes) + 1 + 9 + 8 + 2 (año) = 34; 3 + 4 = 7.

El número 7 es tu número personal. Ahora ya puedes leer tu pronóstico para el próximo mes según tu propio número.

Los números 11 y 22 son números mágicos y no se pueden reducir. Si quieres aprender más sobre la numerología, haz una búsqueda en Internet escribiendo *numerología* en el buscador para saber más sobre tu destino mientras practicas español.

1. Comienza para ti una etapa muy tranquila. Es una buena época para aclarar tus dudas sobre esa persona especial que acabas de conocer. Vas a dedicar más tiempo a los estudios. Déjate llevar por tus instintos y no te preocupes por la opinión de los demás.

2. En estos días vas a conseguir todo lo que quieras. Aprovecha la ocasión para atraer a esa persona que te gusta porque no va a poder resistirse a tus encantos (*charm*).

3. ¡Qué hiperactividad! Intenta tomarte las cosas con un poco más de calma, de lo contrario, puedes tener un accidente. Tendrás una ruptura con alguien especial en tu vida: tu mejor amigo/a o tu pareja. Pero esta ruptura te dejará aliviado/a (*relieved*).

4. ¡Muchos cambios en tu vida! Todos los cambios serán positivos. Es un buen momento para dedicarte a los estudios plenamente.

5. Necesitas cultivar tus dotes diplomáticas para conseguir tus objetivos. Tendrás que hacer el papel de mediador/a entre dos personas cercanas a ti.

6. Todo va muy bien. Tienes una actitud muy positiva y alegre. Eso siempre ayuda a la hora de hacer amigos. Vas a conocer a mucha gente nueva y vas a ser el centro de atención. Habrá tantas personas interesadas en ti que no sabrás a quién escoger.

7. ¡Bla! Todo te parece muy lento en estos días. Necesitas aplicarte una buena dosis de realismo y dejar de soñar despierto/a.

8. Estás lleno/a de energía. Las cosas te van de perlas (*very well*) y este mes vas a tener muchas ofertas divertidas: fiestas, viajes, excursiones, etc. Quizás cambies de ciudad o hagas un viaje en el que conocerás a gente muy interesante.

9. Mira a tu alrededor porque muy cerca de ti encontrarás a tu amor ideal. Esta relación va a ser muy seria. Tu único problema serán los estudios, así que concéntrate si no quieres reprobar (*fail*) tus clases.

Nuestras celebraciones

©Danny Lehman/Corbis Images

Lectura

Entrando en materia

 4–32. Celebrar un día especial. Indiquen un día especial que asocien con las siguientes actividades:

- beber champán
- comer pavo
- dar y recibir regalos
- reunirse con la familia
- ir de picnic

En parejas, hablen sobre estas celebraciones. ¿Cuál prefieren? ¿Por qué? ¿Hacen las mismas actividades en estas fechas? ¿Qué diferencias hay entre la forma en que las celebran?

4–33. Religiones y símbolos. ¿Con qué religión asocias estos lugares, personas y objetos?

Religión

1. el Corán   judaísmo
2. la Biblia   islam
3. el Papa   catolicismo
4. el pastor (*minister*) budismo
5. una mezquita   protestantismo
6. México
7. Hanukkah
8. la Navidad
9. una estatua de Buda
10. la Tora

4–34. Vocabulario: Antes de leer. A continuación vas a leer unas frases que aparecen en la lectura. Presta atención a las palabras en negrita y al contexto e indica cuál es la definición más apropiada.

1. La diversidad de **días festivos** y celebraciones dentro del mundo hispano refleja la **idiosincrasia** de cada uno de los países que lo componen.

   días festivos

   a. día en el que los estudiantes de una fraternidad tienen una fiesta
   b. día en el que no hay que trabajar porque hay alguna celebración nacional

   idiosincrasia

   a. personalidad o características únicas
   b. una persona que no habla lógicamente

2. Una de las tradiciones de la fiesta son los **tamales** oaxaqueños que preparan los responsables de organizar la fiesta.

   a. sinónimo de la expresión "está mal"
   b. un tipo de comida

3. En algunos pueblos de Galicia, una región del noroeste de España, se celebra el día de San Juan **asando** sardinas en la playa por la noche.

   a. cocinar en una sartén con muy poco aceite o en contacto directo con el fuego
   b. cocinar con agua

4. El Santo Patrón puede proteger a personas que tienen una característica específica, por ejemplo, a las mujeres **embarazadas**.

   a. mujeres que están esperando un bebé
   b. mujeres que trabajan en la cocina

5. Sus padres eran **campesinos** muy pobres que no pudieron enviar a su hijo a la escuela.

   a. personas que trabajan en la ciudad
   b. personas que trabajan en el campo

6. Isidro se levantaba muy de **madrugada** y nunca empezaba su día de trabajo sin haber asistido antes a misa.

   a. Se levantaba muy tarde por la mañana.
   b. Se levantaba muy temprano por la mañana.

7. A los 43 años de haber sido sepultado, en 1173, sacaron de la **tumba** su cadáver y este estaba incorrupto.

   a. el lugar donde descansan los muertos en el cementerio
   b. sinónimo de la palabra "también"

8. Por todos sus milagros, la iglesia católica lo **canonizó** como San Isidro en el año 1622.

   a. El Papa le dio a Isidro el título de santo.
   b. El Papa construyó una iglesia en su honor.

Por si acaso

Religiones del mundo hispano

El catolicismo es la religión predominante en el mundo hispano. Sin embargo, también se practican otras religiones, aunque de forma minoritaria. Estas religiones incluyen el protestantismo, el judaísmo, el islam y una variedad de religiones indígenas y de origen africano. Las siguientes cifras reflejan porcentajes de algunas de estas religiones. Para obtener más información sobre otras religiones en Internet puedes usar tu buscador favorito.

Países	Católicos	Protestantes	Otras
Argentina	92%	2%	4%
Bolivia	95%	5% evangélica metodista	
Chile	70%	15% evangélica	1% testigos de Jehová, 4.6% otras
Colombia	90%		10%
Costa Rica	76%	13.7%	1.3% testigos de Jehová, 4.8% otras
Cuba	85%		15%
Ecuador	95%	5%	
El Salvador	83%	17%	
España	94%	6%	
Guatemala	50%	25%	25% mayas y otras
Honduras	97%	3%	
México	76%	6.3%	1.4% pentecostal, 1.1% testigos de Jehová, 13.8% sin especificar
Nicaragua	73%	15.1% evangélica, 1.5% morava	1.9%
Panamá	85%	15%	
Paraguay	89%	6%	3%
Perú	81%		1.4% adventista del séptimo día, 16.3% sin especificar
Puerto Rico	85%	15%	
República Dominicana	95%	5%	
Uruguay	66%	2%	31%
Venezuela	96%	2%	2%

Fiestas patronales

La diversidad de **días festivos** y celebraciones dentro del mundo hispano refleja la **idiosincrasia** de cada uno de los países que lo componen. Algunas de las celebraciones giran alrededor de un tipo de producto o comida típicos de una región; otras celebraciones son semejantes a las de otros países no hispanos, como la Navidad y el Año Nuevo; y hay otro grupo de días festivos que tienen como propósito conmemorar o recordar a la Virgen María o a algún santo del calendario católico. A este tipo de celebración pertenecen las llamadas *fiestas patronales*. Las fiestas patronales varían mucho de país a país y de región a región, sin embargo, todas tienen algunas características en común. Por ejemplo, generalmente hay algún tipo de comida que se come durante esas fechas, puede haber competiciones deportivas, hay presentaciones de bailes regionales y puede haber música y baile en la plaza del pueblo. En Comotinchan, un pueblo ubicado en el Estado de Oaxaca, México, una de las fiestas más importantes tiene lugar el 15 de mayo en honor del patrón del pueblo, San Isidro Labrador. Una de las tradiciones de la fiesta son los **tamales** oaxaqueños que preparan los responsables de organizar la fiesta.

En algunos pueblos de Galicia, una región del noroeste de España, se celebra el día de San Juan **asando** sardinas en la playa por la noche. Ⓜ

> Ⓜ **omento de reflexión**
>
> ¿Cierto o falso?
> F 1. Las celebraciones religiosas en el mundo hispano son iguales.
> C 2. Se mencionan tres tipos de días festivos.
> C 3. Las fiestas patronales tienen características en común en el mundo hispano.
> F 4. Hay una sola manera de celebrar una fiesta patronal.

Los santos patrones

Un santo patrón es un santo protector. El santo patrón puede proteger a personas que tienen un tipo de trabajo, por ejemplo, a los agricultores. Puede proteger a personas que tienen una característica específica, por ejemplo, a las mujeres **embarazadas,** o puede proteger una ciudad o un pueblo. Ⓜ

> Ⓜ **omento de reflexión**
>
> ¿Cierto o falso?
> F 1. El santo patrón tiene como función principal la protección de ciertas comunidades.

San Isidro Labrador

15 de mayo

San Isidro es el patrón de los agricultores del mundo. Sus padres eran **campesinos** muy pobres que no pudieron enviar a su hijo a la escuela. Pero en su casa le enseñaron principios religiosos. Cuando tenía diez años, San Isidro se empleó como peón de campo en una finca cerca de Madrid, donde pasó muchos años trabajando las tierras.

Se casó con una campesina que también llegó a ser santa y ahora se llama Santa María de la Cabeza (no porque ese fuera su apellido, sino porque su cabeza se saca en procesión cuando pasan muchos meses sin llover).

San Isidro se levantaba muy de **madrugada** y nunca empezaba su día de trabajo sin haber asistido antes a misa. El dinero que ganaba, lo distribuía en tres partes: una para la iglesia, otra para los pobres y otra para su familia (él, su esposa y su hijo).

San Isidro murió en el año 1130. A los 43 años de haber sido sepultado, en 1173, sacaron de la **tumba** su cadáver y este estaba incorrupto. La gente consideró esto como un milagro. Por este y otros muchos milagros, la iglesia católica lo **canonizó** como San Isidro Labrador en el año 1622.

4–35. ¿Comprendes? Antes de continuar, contesta estas preguntas para asegurarte de que comprendes toda la información importante de la lectura.

1. ¿Cuál de estas palabras describe mejor el texto sobre San Isidro: diario personal, biografía, novela?
2. ¿A qué tipo de personas protege San Isidro?
3. ¿Cuál de estas palabras describe mejor a San Isidro: trabajador, alegre, triste?
4. ¿Qué parte del texto indica que San Isidro era una persona muy religiosa?
5. Define el término *milagro*.

 4–36. Vocabulario: Después de leer. En parejas, imaginen que acaban de presenciar un milagro. Ahora tienen que escribir un pequeño párrafo explicándole al resto de la clase lo que vieron. Para que resulte más interesante, deben usar las palabras que se incluyen abajo y toda la creatividad posible. ¡Lo más probable es que el resultado sea bastante cómico!

tumba   madrugada   campesino   embarazada   tamales   día festivo   asar

4–37. Su opinión. En parejas, preparen una encuesta para entrevistar a los estudiantes de su clase. Tienen que averiguar qué porcentaje de los encuestados celebra el día de su santo, qué religión es la más popular entre los estudiantes, cuántos participantes en la encuesta asisten a celebraciones religiosas, con qué frecuencia, y cuál es su celebración favorita. Después, analicen los datos para presentarlos oralmente en clase.

Gramática

Formal and Informal Commands to Get People to Do Things for You or Others

The command forms fulfill the same functions in English and Spanish. Those situations that call for a command form in English will call for a command form in Spanish. In this dialogue between Margarita and Tomás, several command forms are used. Can you identify them?

> T: Por favor, Margarita, dame la receta para los tamales.
>
> M: ¿Vas a hacer tamales para la fiesta de San Isidro?
>
> T: Pues sí.
>
> M: Compra tomates verdes, cilantro... Si necesitas ayuda, llámame.
>
> T: Gracias, así lo haré.

Command forms vary according to the level of familiarity that you have with the person you are speaking to. Formal commands and negative informal commands use verb forms you learned in the context of the present subjunctive in *Capítulo* 3.

	Formal (usted, ustedes)	**Informal (tú, vosotros)**
caminar	(no) camine	camina, no camines
	(no) caminen	caminad, no caminéis (vosotros/as)
comer	(no) coma	come, no comas
	(no) coman	comed, no comáis (vosotros/as)
escribir	(no) escriba	escribe, no escribas
	(no) escriban	escribid, no escribáis (vosotros/as)

The **vosotros/as** form is only used in Spain. The rest of the Spanish-speaking countries use **ustedes** forms in both formal and informal situations.

You also need to pay attention to direct-object pronouns accompanying the command; when they occur they need to be attached to the end of the affirmative command.

> Prepara la mesa. → Prepára**la**.
>
> *Set up the table.* → *Set it up.*

Place the pronoun in front of the verb if the command is negative.

> No **la** prepares.
>
> *Do not set it up.*

Irregular formal and negative informal commands parallel the irregular present subjunctive verb forms. You will need to learn irregular affirmative *tú* commands as separate vocabulary items.

Irregular Formal Commands			Irregular Informal Commands		
decir			**decir**		
(Ud.) diga	no diga		(tú) di	no digas	
(Uds.) digan	no digan		(vos.) decid	no digáis	
hacer			**hacer**		
(Ud.) haga	no haga		(tú) haz	no hagas	
(Uds.) hagan	no hagan		(vos.) haced	no hagáis	
ir			**ir**		
(Ud.) vaya	no vaya		(tú) ve	no vayas	
(Uds.) vayan	no vayan		(vos.) id	no vayáis	
poner			**poner**		
(Ud.) ponga	no ponga		(tú) pon	no pongas	
(Uds.) pongan	no pongan		(vos.) poned	no pongáis	
salir			**salir**		
(Ud.) salga	no salga		(tú) sal	no salgas	
(Uds.) salgan	no salgan		(vos.) salid	no salgáis	
ser			**ser**		
(Ud.) sea	no sea		(tú) sé	no seas	
(Uds.) sean	no sean		(vos.) sed	no seáis	
tener			**tener**		
(Ud.) tenga	no tenga		(tú) ten	no tengas	
(Uds.) tengan	no tengan		(vos.) tened	no tengáis	
venir			**venir**		
(Ud.) venga	no venga		(tú) ven	no vengas	
(Uds.) vengan	no vengan		(vos.) venid	no vengáis	

WileyPLUS Go to *WileyPLUS* to review this grammar point with the help of the **Animated Grammar Tutorial** and **Verb Conjugator.** See also textbook Appendices with Grammar References and verb tables. For more practice, go to the **Activities Manual.**

4–38. Identificación. La sangría es una bebida típica de las celebraciones del mundo hispano. Lee la receta de sangría e identifica los mandatos.

En una jarra, mezcle cuatro vasos de vino tinto, cuatro vasos de agua, un vaso de azúcar y un vaso de jugo de lima. Con una cuchara, revuelva el líquido varias veces. Añada una naranja en rodajas y medio vaso de trocitos de melocotón y piña. Ponga la sangría en el refrigerador. Añada cubitos de hielo y sírvala bien fría.

4–39. La comida típica de los estudiantes.

A. Sopa de pollo. Usa mandatos formales *de usted* para completar esta receta.

Abrir una lata de sopa de pollo concentrada. *Echarla* en una cacerola. *Añadir* una taza de agua. *Revolverla* varias veces. *No hervirla. Servirla* caliente con pan o galletas saladas.

B. Pasta con salsa de tomate. Usa mandatos formales *de usted* para escribir la receta de este plato típico entre los estudiantes. Ingredientes: un paquete de espaguetis, agua, un tarro de salsa de tomate.

4–40. ¿Qué les pedimos a los santos patrones? Lean la información sobre estos dos santos patrones y preparen una lista de peticiones con mandatos afirmativos y negativos. Recuerden que tenemos una relación personal con los santos y usamos mandatos informales para hablar con ellos.

Verbos posibles: abandonar, ayudar, dar, guiar, hacer, proteger, etc.

San Valentín: Santo patrón de los enamorados, 14 de febrero. Murió decapitado en Roma en el año 270. Su martirio fue conmemorado con la construcción de una iglesia cerca de Ponte Mole, Italia. Es el santo patrón de los enamorados porque las aves comienzan a buscar sus parejas el 14 de febrero.

Santo Tomás: Santo patrón de los estudiantes, 28 de enero. Nació en Italia en 1225 en una familia aristócrata. Optó por una vida religiosa a la edad de 19 años y sus superiores lo mandaron a estudiar a París. Llegó a ser doctor y enseñar en la Universidad de París. Al volver a Italia, ocupó el puesto de Rector de la Universidad de Nápoles. Es el santo patrón de los estudiantes por su inteligencia, su profesión de profesor y sus muchos escritos académicos.

4–41. El santo patrón de la universidad. Inventen un santo patrón para la universidad donde ustedes estudian. ¿Cómo se llama? ¿Qué le piden los estudiantes de la universidad? Usen mandatos afirmativos y negativos en sus peticiones.

4–42. La Feria de San Marcos. En Aguascalientes, una ciudad de México, se celebra la Feria Nacional de San Marcos. En parejas, lean el artículo y preparen una lista de mandatos informales (afirmativos y negativos) para animar a otro/a estudiante a divertirse en la fiesta.

MODELO

Escucha los conciertos de mariachis.

Vocabulario esencial

Escribir recetas y hablar de celebraciones

añadir	*to add*
calentar (ie)	*to heat*
echar	*to put in*
hervir (ie)	*to boil*
mezclar	*to mix, combine*
poner	*to put*
revolver (ue)	*to stir*
servir (i)	*to serve*

Hablar de celebraciones

amanecer *m*	*dawn*
artesanía *f*	*handicrafts*
asistir a	*to attend*
concierto *m*	*concert*
corrida *f*	*bullfight*
espectáculo *m*	*performance*
feria *f*	*festival*
probar (ue)	*to try (food)*
santo patrón *m*	*patron saint*

©Jeff Greenberg/PhotoEdit

Origen: La festividad tuvo su origen con la fundación del pueblo de San Marcos en el año 1604, que todos los años celebraba al santo patrón San Marcos. Con el paso del tiempo este pueblo se fue uniendo a la ciudad de Aguascalientes, y ahora esta ciudad es el centro de esta festividad que se llama Feria Nacional de San Marcos.

Descripción: Esta feria es considerada la mejor de todo México. Empieza la tercera semana de abril y dura hasta la primera semana de mayo. Se llevan a cabo doce corridas de toros. Tienen también lugar el Encuentro Internacional de Poetas, conciertos de mariachis, obras de teatro, exposiciones de artesanía y juegos infantiles. La diversión en la feria empieza temprano y concluye al amanecer del día siguiente.

Comida típica: los tamales

Otras actividades: Aguascalientes tiene diversos museos y un centro histórico de gran interés con hermosos monumentos coloniales.

Vocabulario para conversar

Expresar compasión, sorpresa y alegría

> ¡No te vas a creer lo que me acaba de pasar!

> ¡Me han tocado tres millones en la lotería!

> ¿Qué? ¡Cuéntame!

> ¿De verdad? ¡No me digas! ¡Qué suerte tienes!

Expresar compasión

¡Pobre hombre / mujer!	*Poor man/woman!*
¡Qué desgracia!	*What a bad luck!*
Me puedo poner en tu lugar.	*I can see your point/I can sympathize.*
Comprendo muy bien tu situación.	*I really understand your situation.*
Mi más sentido pésame.	*My deepest sympathy (at a funeral).*

Expresar sorpresa

¿De verdad?	*Really?*
¿En serio?	*Are you serious? Really?*
¡No me digas!	*No way! Get out of here!*

Expresar alegría

¡Cuánto me alegro!	*I'm so glad!*
¡Qué bueno! ¡Qué bien!	*Great!*
Pues, me alegro mucho.	*Well, I'm really glad.*

4–43. Palabras en acción. ¿Cómo respondes a estos comentarios?

1. Tu amigo/a: Cuando venía a clase me caí y me rompí una pierna.
2. Tu abuela de 70 años: ¡Estoy embarazada!
3. Tu madre: ¡Nos ha tocado la lotería!
4. Tu profesor: Has sacado una A en el examen.
5. Un/a amigo/a especial: ¿Te quieres casar conmigo?

 4–44. Reacciones. En parejas, sigan las instrucciones a continuación para describir algunas situaciones interesantes con las que practicar las expresiones anteriores.

Estudiante A: Tú inicias la actividad. Descríbele los dibujos a tu compañero/a y escucha su reacción a cada descripción. ¿Te parecen adecuadas sus reacciones?

Estudiante B: Tu compañero/a inicia la actividad. Escucha sus descripciones y reacciona con una expresión apropiada. Después, descríbele tus dibujos a tu compañero/a e indica si las expresiones que usó te parecen apropiadas o no.

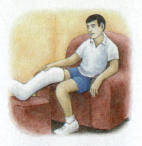

COLOR Y FORMA

La Sagrada Familia con Santa Ana y el niño Juan Bautista, de El Greco (Domenikos Theotokopoulos)

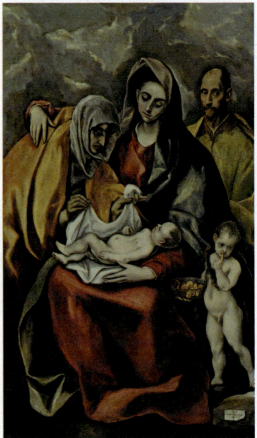

La Sagrada Familia con Santa Ana y el niño Juan Bautista, de El Greco, Museo de Santa Cruz, en Toledo, España.

Conocido como El Greco, Domenikos Theotokopoulos nació en Creta, Grecia, hacia el año 1541. En 1577 se documentó por primera vez su presencia en Toledo, España, ciudad en la que permaneció hasta su muerte en 1614. Puede decirse que la mitad de su vida transcurrió en Toledo.

 4–45. Mirándolo con lupa. En parejas, observen el cuadro con atención y después, respondan a las siguientes preguntas.

1. Describan a las personas que ven en el cuadro: ¿dónde está cada persona con respecto a la persona más cercana?, ¿qué tipo de ropa llevan?, ¿cómo es la expresión de las caras de estas personas?

2. Describan los colores: ¿son predominantemente oscuros o claros?, ¿qué color o gama de colores predomina?

3. El tema de este cuadro, ¿es religioso o secular? Justifiquen su respuesta.

4. ¿Qué sentimiento les producen o comunican las imágenes de este cuadro?, ¿alegría?, ¿tristeza?, ¿tensión?, ¿paz? ¿Les inspira contemplación espiritual? ¿Sienten lo mismo al mirar el cuadro? Si no es así, ¿cuáles son las diferencias?

4–46. Un artículo sobre turismo. El periódico *La Feria* te ha encargado que escribas un artículo con recomendaciones para el visitante a Madrid durante la feria de San Isidro. Los lectores de tu artículo pueden ser turistas estadounidenses o de otros lugares del mundo. Tu artículo tiene como objetivo informar al lector sobre la feria y su historia y debe incluir una sección de consejos prácticos para que el turista saque el mayor partido de su visita. Para escribir este artículo debes convertirte primero en un "experto" en la feria de San Isidro de Madrid. Consulta Internet u otras fuentes en la biblioteca para poder ampliar tus conocimientos sobre esta fiesta.

Preparación

1. Determina cuáles son los objetivos de este artículo:

    _____ describir la realidad cultural estadounidense

    _____ analizar la actitud de la gente hacia esta celebración

    _____ persuadir al lector para que visite la feria de San Isidro

    _____ narrar la historia de San Isidro

    _____ informar al lector sobre lo que se puede hacer en esta feria

    _____ una combinación de dos o más de los objetivos listados arriba

2. Decide a qué tipo de lector va dirigido el artículo:

    _____ el público en general

    _____ estudiantes de español

    _____ turistas estadounidenses

    _____ turistas de todo el mundo

    _____ estudiantes de antropología

    _____ profesores de Historia

    _____ otros _____

3. Con base en la información obtenida en tu investigación sobre el tema, ¿qué información vas a incluir en tu artículo? Escribe una lista con estas ideas.

4. Piensa cómo vas a organizar las ideas:

    a. ¿Cuál es el título de mi artículo?

    b. ¿Qué información voy a incluir en la introducción?

    c. ¿Qué tema/s voy a incluir en cada párrafo?

    d. ¿Qué información voy a incluir en la conclusión?

    e. ¿Quiero usar imágenes? ¿Cuáles voy a incluir?

A escribir

1. Escribe una introducción que capte el interés del lector.

> **MODELO**
>
> **Es 15 de mayo y, como todos los años, madrileños y visitantes se preparan para disfrutar la celebración del santo patrón, San Isidro Labrador.**

2. Desarrolla el cuerpo de tu artículo. Puedes seguir la estructura siguiente:

   a. Describe la historia de la feria en detalle.
   b. Resume los eventos más importantes de la feria.
   c. Ofrécele al lector una serie de recomendaciones para disfrutar al máximo de su visita.

3. Escribe una conclusión resumiendo el tema.

> **MODELO**
>
> **Espero que el lector tenga ya la información necesaria para sentirse cómodo en la feria. Ahora solo le falta hacer las maletas y presentarse en Madrid el 15 de mayo.**

Revisión

Escribe el número de borradores que te indique tu instructor/a y revisa tu artículo usando la guía de revisión del Apéndice C. Escribe la versión final y entrégasela a tu instructor/a.

Ven a conocer

4-47. Anticipación. ¿En qué piensan cuando oyen la palabra "Pamplona"? ¿Han visto imágenes de los Sanfermines y sus emblemáticos encierros en la televisión o en la red? Lean el texto para saber más acerca de una de las fiestas más famosas de España.

Por si acaso

Los Sanfermines

La fiesta de San Fermín, o los Sanfermines, se celebra todos los años en Pamplona, España. La feria dura una semana y su componente más conocido es el encierro. La fiesta es popular a nivel internacional y son varios los estadounidenses que han participado en el encierro.

7 de julio, San Fermín

La historia

El origen de esta fiesta se pierde en la historia. Hay crónicas de los siglos XIII y XIV que ya hablan de los Sanfermines, que hasta el siglo XVI se celebraron en octubre, coincidiendo con la festividad del santo, pero que se trasladaron a julio debido a que el clima en octubre era bastante impredecible.

La conmemoración de San Fermín evolucionó a través de los siglos, incorporando nuevos elementos como música, danzas, teatro y corridas de toros.

En el siglo XX los Sanfermines alcanzaron su máxima popularidad. La novela *The Sun Also Rises (Fiesta)*, escrita por Ernest Hemingway en 1926, animó a personas de todo el mundo a participar en las fiestas de Pamplona y vivir de cerca las emociones descritas por el escritor norteamericano. El interés que hoy despiertan los Sanfermines es tan grande que la aglomeración es uno de los principales problemas de esta celebración.

El encierro (o la encerrona)

El encierro es el evento que más se conoce de los Sanfermines y el motivo por el que muchos extranjeros llegan a Pamplona el 6 de julio. Básicamente consiste en correr delante de los toros un tramo de calle convenientemente vallada, y tiene como fin trasladar a los toros desde los corrales de Santo Domingo hasta los de la Plaza de Toros donde, por la tarde, serán toreados. En total corren seis toros de lidia y dos manadas de toros mansos, y el trayecto, que transcurre por diferentes calles del Casco Viejo de la ciudad, mide 825 metros de largo. La peligrosa carrera, que se celebra todas las mañanas del 7 al 14 de julio, comienza a las 8:00 de la mañana, aunque los corredores deben estar preparados para el recorrido antes de las 7:30 de la mañana.

La carrera tiene una duración media de tres minutos, que se prolongan si alguno de los toros se separa de la manada. Aunque todos los tramos son peligrosos, la curva de la calle Mercaderes y el tramo comprendido entre la calle Estafeta y la plaza son los que más riesgo representan.

Actualmente, la aglomeración es uno de los principales problemas del encierro y aumenta el peligro de la carrera, en la que los participantes no deberán correr más de 50 metros delante de los toros. El resto del recorrido deben hacerlo detrás de los toros.

Todos los tramos del recorrido están vigilados por un amplio dispositivo de seguridad y atención médica. No obstante, la peligrosidad de la carrera ha hecho que entre 1924 y 1997 se haya registrado un total de 14 muertos y más de 200 heridos.

Por si acaso

corrales	*cattle pen*
corridas de toros	*bullfights*
lidia	*bullfighting*
manadas	*herds*
mansos	*tame*
pregón	*announcement*
riesgo	*risk*
taurino	*related to bulls*
tramo	*section*
trayecto	*distance*
vallada	*fenced in*

CONSEJOS ÚTILES

Además de ser el evento más conocido de los Sanfermines, el encierro también es el más peligroso. Para procurar que la carrera transcurra fluidamente y evitar peligros, conviene que los espectadores y los corredores tengan en cuenta unas mínimas normas que garanticen el normal transcurso del encierro.

1. Se prohíbe la presencia en el trayecto de menores de 18 años, con exclusión absoluta del derecho a correr o participar.
2. Se prohíbe desbordar las barreras policiales.
3. Es necesario situarse exclusivamente en las zonas y lugares que expresamente señalen los agentes de la autoridad.
4. Está absolutamente prohibido resguardarse en rincones, ángulos muertos o portales de casas antes de la salida de los toros.
5. Todos los portales de las casas en el trayecto deben estar cerrados, siendo responsables de ellos los propietarios.
6. Se prohíbe permanecer en el recorrido bajo los efectos del alcohol, de drogas o de cualquier forma impropia.
7. Se debe llevar vestuario o calzado adecuado para la carrera.
8. No se debe llamar la atención de los toros en el itinerario o en el ruedo de la plaza.
9. Se prohíbe pararse en el recorrido y quedarse en el vallado, barreras o portales, de forma que se dificulte la carrera o defensa de los corredores.

Hemingway y los Sanfermines

Loomis Dean/Time & Life Pictures/ Getty Images

Ernest Hemingway (1899–1961) llegó por primera vez a Pamplona, procedente de París, el 6 de julio 1923, recién iniciadas las fiestas de San Fermín. El ambiente de la ciudad y, en particular, el juego gratuito del hombre con el toro y con la muerte le impactaron tanto que la eligió como escenario de su primera novela importante *The Sun Also Rises (Fiesta)*, publicada tres años después. El estadounidense regresó a los Sanfermines en ocho ocasiones más, la última en 1959, cinco años después de obtener el premio Nobel de Literatura y dos años antes de poner fin a su vida en Ketchum, Idaho.

El Ayuntamiento de Pamplona rindió un homenaje a Ernest Hemingway el 6 de julio de 1968, con la inauguración de un monumento en el paseo que lleva su nombre, junto a la Plaza de Toros, acto al que asistió su última esposa, Mary Welsh.

4–48. ¿Comprendieron? En grupos de cuatro, respondan oralmente a todas las preguntas de la tabla. Tienen cinco minutos para preparar sus respuestas. Después, su instructor/a va a hacer preguntas. El grupo que primero responda a cinco preguntas gana.

La historia	El encierro	Consejos útiles	Hemingway
¿De qué siglos son las primeras crónicas que hablan de los Sanfermines?	¿En qué consiste el encierro?	¿Quiénes pueden participar en el encierro?	¿Cuándo visitó el escritor la feria por primera vez?
¿Por qué se cambió la fecha de la feria de octubre a julio?	¿En qué fechas se celebra la carrera?	¿Por qué está prohibido pararse o meterse en portales durante la carrera?	¿Qué obra suya está inspirada en la feria?
¿Qué hecho motivó la popularidad internacional de los Sanfermines?	¿A qué hora tienen que estar preparados los corredores?	¿Es aceptable llamar la atención de los toros durante el trayecto? ¿Por qué?	¿Cuántas veces visitó Hemingway Pamplona durante la feria?
	¿Qué distancia deben correr los participantes?		¿Quién asistió al homenaje que le hizo al escritor el Ayuntamiento de Pamplona?
	¿Por qué es la aglomeración un problema en los Sanfermines?		

 4–49. Recomendaciones para los Sanfermines. Su amigo/a está planeando participar en la encerrona de los Sanfermines este año. Escriban una lista de 4 consejos o recomendaciones para su amigo/a usando mandatos. Pueden consultar la sección de "consejos útiles" de la lectura.

MODELO

> Lleva ropa y zapatos muy cómodos.
>
> No toques o molestes a los toros.

Viaje virtual

Busca información en la red sobre la Tomatina en Buñol, España. Prepara un informe oral de unas 50–100 palabras. Tu informe debe incluir lo siguiente: 1) una descripción de la fiesta y su historia, 2) las reglas de la Tomatina, 3) tu opinión sobre esta tradición.

El escritor tiene la palabra

Sor Juana Inés de la Cruz (1651–1695)

Sor Juana Inés de la Cruz es una de las pocas escritoras de su tiempo. Nació en México y se crió entre los libros de la biblioteca de su abuelo. Ya desde muy joven, antes de cumplir los veinte años, decidió dedicarse a la vida religiosa e ingresó en un convento de la orden de San Jerónimo. Su escritura se clasifica dentro del periodo literario llamado Barroco, que se caracteriza por el uso frecuente de dobles sentidos. Estos dobles sentidos aparecen en el soneto *En perseguirme, Mundo, ¿qué interesas?*

Portrait of Sor Juana Inés de la Cruz, 1750 oil on canvas, Cabrera, Miguel 1695-1768/ Museo Nacional de Historia, Castillo de Chapultepec, Mexico/Jean-Pierre Courau/ The Bridgeman Art Library

4–50. Entrando en materia.

1. Identifica qué actividades de la siguiente lista se relacionan con los conceptos "valores espirituales" y "valores materiales":

   a. mantener la forma física
   b. leer sobre temas filosóficos
   c. practicar una religión
   d. hacer trabajo voluntario
   e. pensar en el dinero
   f. buscar la fama

2. Lee el título. La pregunta "¿qué interesas?" está dirigida (*addressed*) a:

   a. una persona específica
   b. nadie específicamente

3. Lee la segunda estrofa (*stanza*). Selecciona la opción que explica mejor esta estrofa.

   a. La poeta está interesada en cosas materiales.
   b. La poeta no quiere pensar en cosas materiales.

EN PERSEGUIRME, MUNDO, ¿QUÉ INTERESAS?

En **perseguirme**[1], Mundo, ¿qué interesas?
¿En qué te ofendo, cuando solo intento
poner bellezas en mi **entendimiento**[2]
y no mi entendimiento en las bellezas?

Yo no estimo tesoros ni riquezas;
y así, siempre me causa más contento

poner riquezas en mi pensamiento
que no mi pensamiento en las riquezas.
Y no estimo **hermosura**[3] que, **vencida**[4],
es **despojo civil**[5] de las edades,
ni riqueza me agrada **fementida**[6],

teniendo por mejor, **en mis verdades**[7],
consumir vanidades de la vida
que consumir la vida en vanidades.

---

1. *to hound*   2. *thoughts, mind*   3. *physical beauty*   4. *defeated*   5. *mundane refuse*
6. *deceiving*   7. *in my values*

4–51. Nuestra interpretación de la obra. Lean el poema y respondan a las siguientes preguntas.

1. Identifiquen las expresiones que están relacionadas con valores materiales.
2. Identifiquen las expresiones que están relacionadas con valores espirituales.
3. La palabra "bellezas" aparece en la primera estrofa con dos significados, uno material y otro espiritual, ¿puedes identificar cuál tiene un significado material?
4. En la segunda estrofa, ¿qué expresión es casi sinónima de "gustar"?
5. En la tercera estrofa hay dos palabras que son casi sinónimas de "gustar", ¿cuáles son?
6. ¿Con qué estrofa o estrofas asocian estas afirmaciones?
   a. para la poeta la apariencia física no es importante
   b. para la poeta el dinero no es importante
   c. la poeta quiere enriquecer su pensamiento

 4–52. Ustedes tienen la palabra. Reescriban una de las estrofas cambiando algunas palabras o expresiones con palabras o expresiones sinónimas. Después, lean su estrofa a la clase.

WileyPLUS

Go to *WileyPLUS* to see these **videos,** and to find the **video activities** related to them.

Videoteca

La feria de San Isidro en Madrid

En el Tema 3, leíste sobre San Isidro Labrador, santo patrón de los agricultores y también de la ciudad de Madrid. Ahora vas a ver cómo la capital española festeja el día de su santo cada mes de mayo. Además de fiesta religiosa, la feria de San Isidro es una celebración de la cultura madrileña, con los trajes, comidas y bailes que han formado parte de su cultura desde hace siglos. Madrid, "la ciudad que nunca duerme", está más animada que nunca al celebrar la feria de su santo.

Un paseo por Madrid

En este video vas a conocer Madrid, la ciudad que nunca duerme. Capital de España desde el siglo XVI, es una ciudad llena de historia y cultura. Darás un paseo por la Plaza Mayor, el Palacio Real, la Puerta del Sol, el barrio de Malasaña, entre otros. Con sus museos, teatros, fiestas, gastronomía y sus barrios emblemáticos, Madrid ofrece algo para todos.

Vocabulario

Ampliar vocabulario

acudir en masa	*to flock to*
agarrar	*to hold*
alternar	*to socialize*
asar	*to roast*
campesino/a	*peasant*
canonizar	*canonize*
chiste *m*	*joke*
de mal gusto *m/f*	*bad taste*
día festivo *m*	*holiday*
embarazada *f*	*pregnant*
evitarse	*to avoid*
idiosincrasia *f*	*idiosincrasy*
incómodo/a	*uncomfortable*
integral *m/f*	*integral, essential*
madrugada *f*	*dawn, daybreak*
mejilla *f*	*cheek*
por su cuenta	*on his/her own*
ritualizar	*to make into a ritual*
saludar	*to greet*
tamal *m*	*tamale*
tapas *f*	*snacks, appetizers*
tumba *f*	*grave, tomb*
voz baja (en)	*low voice*

Vocabulario esencial
Hablar de tradiciones

bandera *f*	*flag*
broma *f*	*joke*
costumbre *f*	*custom*
desfile *m*	*parade*
disfraz *m*	*costume*
fiesta *f*	*holiday, celebration*
fuegos artificiales *m*	*fireworks*
llamar a la puerta	*to knock on the door*
plato *m*	*dish (food)*
puestos *m*	*commercial stands*
reunirse	*to meet, get together*
truco *m*	*tricks*

Hablar de creencias y supersticiones

adivina *f*	*fortune teller*
adivinación *f*	*prediction*
adivinar	*to predict, tell the future*
apagar (la luz)	*to put out (the light)*
astrología *f*	*astrology*
cadáver *m*	*cadaver, dead body*
encantado/a	*haunted*
encender (ie) (la luz)	*to turn on (the light)*
esqueleto *m*	*skeleton*
fantasma *m*	*ghost*
más allá *m*	*the beyond*
monstruo *m*	*monster*
numerología *f*	*numerology*
oscuridad *f*	*darkness*
quiromántica *f*	*palm reader*
suerte *f*	*luck*

Escribir recetas y hablar de celebraciones

añadir	*to add*
calentar (ie)	*to heat*
echar	*to put in*
hervir (ie)	*to boil*
mezclar	*to mix, combine*
poner	*to put*
revolver (ue)	*to stir*
servir (i)	*to serve*

Hablar de celebraciones

amanecer *m*	*dawn*
artesanía *f*	*handicrafts*
asistir a	*to attend*
concierto *m*	*concert*
corrida *f*	*bullfight*
espectáculo *m*	*performance*
feria *f*	*festival*
probar (ue)	*to try (food)*
santo patrón *m*	*patron saint*

CAPÍTULO

5

NUESTRA HERENCIA INDÍGENA, AFRICANA Y ESPAÑOLA

Objetivos del capítulo

En este capítulo vas a...

- ampliar tus conocimientos sobre el significado del llamado descubrimiento de América.
- describir y narrar en el futuro.
- hablar sobre acontecimientos posibles.
- expresar hipótesis.
- iniciar y mantener una discusión, debatir un tema y convencer a otras personas.
- escribir una narración en el futuro.

TEMA

John & Lisa Merrill/The Image Bank/Getty Images

Esta mujer guatemalteca de ascendencia maya pasa parte del día tejiendo, como lo vienen haciendo las mujeres de su cultura desde hace siglos. ¿Qué sabes tú sobre las culturas indígenas antes y después del descubrimiento de América?

Antes de 1492: La gente de América

Lectura

Entrando en materia

5–1. Repaso de geografía. En parejas, primero identifiquen todos los continentes del mapa ("Este es...." o "Aquí está..."). Después, cada persona debe hacer una comparación entre dos de los mares y océanos según la extensión (más grande/pequeño). Finalmente, cada persona debe hacer una observación sobre la posición relativa de un continente y un mar u océano (estar al sur/norte/este/oeste de...).

Los continentes: Norteamérica, Sudamérica, Asia, África, Europa, Oceanía, Antártida

Los océanos y mares: Atlántico, Pacífico, Mediterráneo, Caribe

Por si acaso

Expresiones útiles para comparar respuestas con otro estudiante

¿Qué tienes/ pusiste en el número 1/ 2/ 3?
Yo tengo/ puse a/ b.
Yo tengo algo diferente.
No sé la respuesta./ No tengo ni idea.
Creo que la respuesta es a/ b, pero no estoy seguro/a.
Creo que es cierto./ Creo que es falso.

5–2. Vocabulario: Antes de leer. Selecciona el significado de la palabra en negrita. Si es necesario, consulta la lectura o el vocabulario al final del capítulo.

1. El continente americano estaba **habitado** por una gran variedad de grupos étnicos.

   a. poblado   **b.** organizado

2. El **descubrimiento** de América no ocurrió en 1492.

   a. la llegada de Cristóbal Colón   **b.** la inmigración

3. Los aztecas tenían una organización social **compleja**.

   a. primitiva   **b.** sofisticada

4. La **variedad** cultural de estos grupos era enorme.

   a. diversidad   **b.** migración

5. Los mayas, los incas y los aztecas eran sociedades **precolombinas**.

   a. posteriores a la llegada de Cristóbal Colón

   b. anteriores a la llegada de Cristóbal Colón

6. La civilización maya tenía una cultura muy **avanzada**.

   a. simple   **b.** compleja

América no fue descubierta en 1492

Antes de 1492, el continente americano estaba **habitado** por una gran variedad de grupos étnicos, a los que se les llamó "indios". Cristóbal Colón llamó "indios" equivocadamente a los habitantes que encontró al llegar a América, y llamó al territorio Las Indias, creyendo que había llegado a ese lugar. Colón murió con esta idea errónea sobre las tierras que había encontrado.

La historia de los llamados indios empieza más de 30,000 años a. C. (antes de Cristo). Por consiguiente, el **descubrimiento** de América ocurrió literalmente en esta

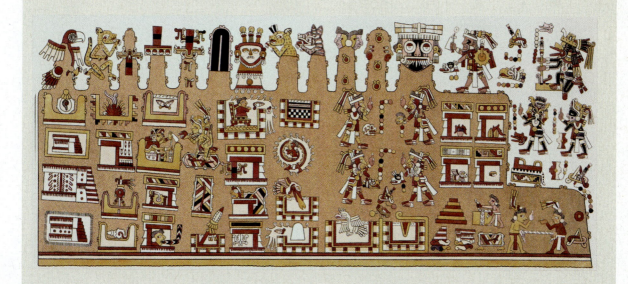

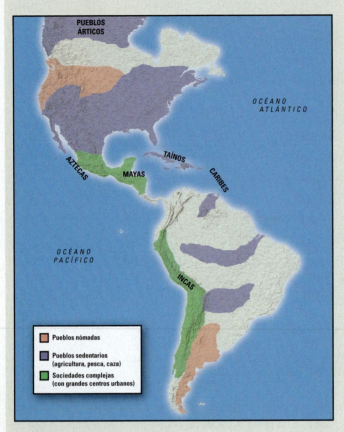

PUEBLOS
ÁRTICOS

OCÉANO
ATLÁNTICO

AZTECAS
MAYAS
TAÍNOS
CARIBES

OCÉANO
PACÍFICO

INCAS

Pueblos nómadas

Pueblos sedentarios
(agricultura, pesca, caza)

Sociedades complejas
(con grandes centros urbanos)

América antes de 1492

fecha y no en 1492. América comenzó a habitarse cuando unos nómadas asiáticos pasaron por un brazo de tierra que unía Asia y América. Estos primeros habitantes bajaron por el continente americano en dos o tres grandes migraciones durante un período de miles de años y así surgieron cientos de culturas diferentes. Ⓜ¹

La **variedad** cultural de estos grupos se manifiesta en el gran número de idiomas que hablaban. Estos pueblos indígenas hablaban un total de dos mil lenguas diferentes cuando los europeos llegaron al continente americano. Estos idiomas tenían diferencias comparables a las que existen entre el árabe y el inglés; es decir, eran muy diferentes entre sí.

La enorme diversidad de estos grupos indígenas también se manifiesta en el tipo de sociedades que desarrollaron. Los aztecas, por ejemplo, tenían una organización social **compleja** y estratificada de guerreros, comerciantes, sacerdotes, gente común y esclavos. El nacimiento determinaba el estatus del individuo y no había movilidad social. Sin embargo, otras sociedades indígenas se organizaban de forma más sencilla, sin muchas distinciones sociales rígidas. Los mayas, los incas y los aztecas constituían las sociedades **precolombinas** más **avanzadas**. Sus ciudades tenían una población mayor que los centros urbanos europeos de la época y eran más limpias, con sistemas sofisticados de agua corriente. Los avances tecnológicos de arquitectura, agricultura y astronomía son también notables. Los mayas usaban una escritura jeroglífica, representaciones de palabras por medio de símbolos y figuras, y establecieron un sistema de numeración basado en veintenas que incluía el número cero. Ⓜ²

¹Ⓜomento de reflexión

Marca con una X la oración correcta.
❑ 1. El descubrimiento de América ocurrió realmente hace unos 30,000 años.
❑ 2. Colón sabía que las tierras a las que llegó no eran Las Indias.

²Ⓜomento de reflexión

Marca con una X la oración correcta.
❑ 1. Las diferentes lenguas indígenas eran muy similares.
❑ 2. Algunos pueblos indígenas tenían una organización social muy compleja.

5–3. ¿Comprendes? Responde a estas preguntas sobre la lectura.

1. Explica por qué América no fue descubierta en 1492.
2. ¿Por qué el término *indio* es un término inexacto?
3. ¿Cuántas lenguas hablaban los pueblos indígenas?
4. ¿Qué tipo de distinciones sociales tenían los aztecas?
5. ¿Qué diferencias se mencionan entre las ciudades indígenas y las ciudades europeas?
6. ¿Qué avances tecnológicos fueron importantes en las sociedades precolombinas avanzadas?

5–4. Vocabulario: Después de leer. En parejas, háganse unos a otros estas preguntas. Intenten usar el vocabulario en negrita en sus respuestas.

1. ¿Por qué comunidades o grupos étnicos está **habitada** tu ciudad de origen?
2. ¿Tiene tu ciudad una gran **variedad** de lugares de diversión?
3. ¿Puedes dar un ejemplo de un **descubrimiento** científico importante?
4. ¿Qué debes hacer para alcanzar (*reach*) un nivel **avanzado** de español?
5. ¿Qué tareas de la clase de español te parecen más **complejas**?

5–5. Más detalles. En parejas, hagan una tabla con información de la lectura acerca de los cuatro temas que aparecen a continuación. Incluyan tantos detalles como sea posible.

• Origen de los primeros habitantes de América
• Cuándo ocurrió el descubrimiento de América
• Ejemplos de variedad cultural entre los pueblos indígenas
• Ejemplos de sociedades avanzadas

Gramática

The Future to Talk About Plans

In this section you will learn how to talk about future events and plans using the future tense. You already know a way to talk about future occurrences. Do you remember?

To form the future tense:

1. take the infinitive of a verb
2. add the endings **-é, -ás, -á, -emos, -éis, -án**

Regular Verbs

-ar verbs		-er verbs		-ir verbs	
hablar**é**	hablar**emos**	beber**é**	beber**emos**	escribir**é**	escribir**emos**
hablar**ás**	hablar**éis**	beber**ás**	beber**éis**	escribir**ás**	escribir**éis**
hablar**á**	hablar**án**	beber**á**	beber**án**	escribir**á**	escribir**án**

The irregular verbs shown below take the same future endings as the regular verbs. Note the changes in the stem.

Irregular Verbs

Drop last vowel in the infinitive		Replace last vowel in the infinitive with *d*		Other	
haber	→ **habr-**	poner	→ **pondr-**	decir	→ **dir-**
poder	→ **podr-**	salir	→ **saldr-**	hacer	→ **har-**
querer	→ **querr-**	tener	→ **tendr-**		
saber	→ **sabr-**	valer	→ **valdr-**		
		venir	→ **vendr-**		

When to Use the Future Tense

- Use the future tense in the same situations you would use future tense in English.

  Mañana mi hermana **visitará** el Museo de Historia Precolombina.
  *Tomorrow my sister **will visit** the Pre-Columbian History Museum.*

- The future tense and the expression **ir + a +** *infinitive* are interchangeable.

  Mañana mi hermana **va a visitar** el Museo de Historia Precolombina.
  *Tomorrow my sister **is going** to the Pre-Columbian History Museum.*

WileyPLUS Go to *WileyPLUS* to review this grammar point with the help of the **Animated Grammar Tutorial** and **Verb Conjugator**. See also textbook Appendices with Grammar References and verb tables. For more practice, go to the **Activities Manual.**

5–6. Identificación. El astrólogo consejero de Moctezuma hizo algunas profecías sobre el destino de su pueblo. Lee las profecías e identifica los verbos en tiempo futuro.

"Nuestros reinos sufrirán terribles calamidades. Los invasores destruirán nuestras ciudades y nosotros seremos sus esclavos; la muerte dominará en nuestras ciudades. Tú verás toda esta destrucción porque todas estas cosas ocurrirán durante tu reinado".

5–7. ¿Qué aprenderemos? ¿Qué vas a aprender en este capítulo sobre el descubrimiento de América? Completa el párrafo con verbos de la lista.

encontrar   poner   venir   poder   querer   tener   escuchar   hacer

En este capítulo yo (1) _____ información sobre el nombre de América. Mis compañeros y yo (2) _____ hablar sobre la historia del descubrimiento. Después, el instructor (3) _____ un video sobre las culturas maya y azteca. Cuando estudiemos el Tema 2, toda la clase (4) _____ una miniconferencia sobre los instrumentos de exploración. Finalmente, al terminar el capítulo, yo (5) _____ una composición usando el tiempo futuro.

5–8. Los aztecas atacados. Los aztecas y sus vecinos eran guerreros feroces. Imagina que una ciudad vecina (*neighboring city*) ataca a los aztecas. Conjuga los verbos en el futuro para describir las responsabilidades de los distintos residentes.

1. Los guerreros: *tener* que defender su territorio *y salir* al encuentro del enemigo
2. La gente común: *querer* proteger a sus familias
3. Los agricultores: no *poder* trabajar en los campos
4. Los comerciantes: *saber* negociar con los invasores
5. Los sacerdotes: *hacer* la paz con los invasores y *poner* su fe en los dioses

5–9. Un joven guerrero azteca. A los ocho años de edad, los varones aztecas iban al *techpocalli*, la escuela de entrenamiento para guerreros. A continuación tienen algunos detalles de su entrenamiento. En parejas, usen esta información y representen un diálogo entre un padre y un hijo, quien se prepara para asistir al *techpocalli*.

MODELO

Hijo: ¿Qué haré los primeros días?
Papá: Los primeros días te entrenarás con armas de madera.

Durante los primeros días, los jóvenes se entrenan con armas de madera y cuando su entrenamiento está más avanzado, acompañan a los guerreros expertos como ayudantes. En general, la vida de los aprendices es muy dura. Tienen que aprender a ser humildes, haciendo trabajos de todo tipo y no se quejan por miedo a ser castigados. Los jóvenes pueden ir a sus casas durante algunas horas al día, pero incluso allí no pueden descansar, ya que tienen que ayudar a sus padres. En la escuela, aprenden canciones y danzas religiosas. Allí también estudian las leyes de la comunidad.

La mayoría de los aprendices tiene un comportamiento excelente, sobre todo porque se castiga con espinas (*thorns*) a los desobedientes o perezosos.

5–10. Un descubrimiento en el espacio exterior. En parejas, usen el *Vocabulario esencial* para expresar sus predicciones sobre la vida en otros planetas. ¿Colonizaremos otro planeta? ¿Descubriremos una sociedad compleja con habitantes extraterrestres en el espacio exterior? ¿Encontraremos otras formas de vida extraterrestre? ¿En qué año? ¿Cómo la descubriremos?

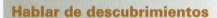

Vocabulario esencial

Hablar de descubrimientos

colonia *f*	*colony*
colonizar	*to colonize*
descubrir	*to discover*
espacio exterior *m*	*outer space*
establecer	*to establish*
extraterrestre *m/f*	*alien*
galaxia *f*	*galaxy*
habitantes *m*	*inhabitants*
nave espacial *f*	*space ship*
planeta *m*	*planet*
población *f*	*population*
sistema solar *m*	*solar system*
sociedad *f*	*society*
territorio *m*	*territory*

Convencer o persuadir

Bueno, me voy a mi casa a estudiar para el examen de mañana.

¡Espera! Te propongo una idea... ¿Qué te parece si estudiamos juntos? Creo que nos beneficiará a los dos.

We employ convincing or persuading when our points of view or desires enter in competition with those of someone else. We can persuade others by offering something in exchange on the spot, promising delivery of something in the near future, by simply presenting logical reasoning, by flattering our opponent or a combination of the four strategies. Below are some expressions that you can use while trying to persuade.

Proponer algo

Te/Le propongo este plan...
I propose this plan . . .

Yo te/le doy... y a cambio tú/usted me da(s)...
I give you . . . and in exchange you give me . . .

Te/Le invito a cenar (en mi casa/ en un restaurante).
Please come to dinner (at my house/at a restaurant).

Prometer

Te/Le prometo que...
I promise you that . . .

Razonar en forma lógica

Tu/Mi plan tendrá consecuencias graves/ negativas/ positivas/ beneficiosas para...
Your/My plan will have grave/negative/positive/ beneficial consequences for . . .

Creo que mi idea es acertada porque...
I believe my idea is right because . . .

Esto nos beneficiará a los dos porque...
This will work well/be advantageous to us both because . . .

Piensa/e lo que pasará si...
Think about what will happen if . . .

Halagar

Admiro tu/su inteligencia/ valentía/ dinamismo.
I admire your intelligence/bravery/energy.

Como siempre, tu/su lógica es admirable/ impecable.
As usual, your ability to reason is remarkable/flawless.

¡Qué guapo/a está(s)!
You look great!

Te/Le queda muy bien ese traje/ sombrero.
That suit/hat looks great on you.

¡Qué buen trabajo has/ha hecho!
What a nice job you've done!

5–11. Palabras en acción. ¿Qué expresión será apropiada para cada una de las siguientes situaciones?

1. Tu padre comenta: Ya estoy harto de tus malas notas en la clase de español.
   Tú: _____

2. Tu compañero/a de apartamento: He decidido que me voy a cambiar de apartamento porque tú nunca quieres hablar en español conmigo y estoy cansado/a de hablar siempre en inglés.
   Tú: _____

3. Tu instructor/a: Me temo que si no preparas un buen informe sobre los mayas vas a reprobar esta clase...
   Tú: _____

4. Tu novio/a: Como no te gusta el desorden, he decidido limpiar el apartamento y ordenarlo todo. Así, tú puedes descansar.
   Tú: _____

 5–12. El futuro de nuestra civilización. En parejas, representen la siguiente situación, utilizando las expresiones de la página anterior cuando sea necesario.

Estudiante A: Eres un marciano. Has llegado al planeta Tierra con intenciones hostiles. Tienes una conversación "ciberespacial" con el presidente de la Organización de las Naciones Unidas en la que le comunicas tus planes (le dices las cosas que harás). Tienes una debilidad: te gustan los nachos pero tu gente no sabe hacerlos.

Estudiante B: Eres el/la presidente/a de la Organización de las Naciones Unidas. Tienes que convencer al marciano hostil para que no destruya tu civilización. El marciano tiene una debilidad: le gustan los nachos, pero su gente no sabe hacerlos. Intenta llegar a un acuerdo pacífico y satisfactorio para ambas partes.

CURIOSIDADES

Los números mayas

Los mayas tenían un sistema de numeración vigesimal, es decir que el número 20 era la unidad básica, mientras que nuestro sistema es un sistema decimal, es decir que el 10 es la unidad básica. Otra diferencia entre el sistema maya y el nuestro se encuentra en los símbolos que usaban para representar los números.

5–13. Contemos. Estudia el sistema de números mayas. Observa que al llegar a 20, hay dos niveles de símbolos: el nivel superior representa el número de unidades de 20, el nivel inferior representa el número de unidades 0–20. Debes escribir la respuesta (o una posible respuesta) a estas preguntas, según el sistema numérico maya: 1) ¿Cuántos años tienes? 2) ¿Cuánto pagas por una comida para dos en un restaurante elegante? 3) ¿Cuántos estudiantes se gradúan de tu escuela secundaria en un año típico? 4) ¿Cuántos años tiene el presidente actual de Estados Unidos? Ahora, léele a la clase las respuestas de un/a compañero/a. (James tiene 19 años. James cree que el presidente tiene 52 años, etc.)

0	1	2	3	4
5	6	7	8	9
10	11	12	13	14
15	16	17	18	19
20	21	22	23	24

1492: El encuentro de dos mundos

A escuchar

Entrando en materia

5–14. Anticipar ideas. Mira el título de la miniconferencia en la página 176. ¿Qué tema crees que tratará la miniconferencia? ¿Has estudiado antes las exploraciones al Nuevo Mundo? ¿Qué sabes sobre este tema? ¿Sabes cómo se guiaban los barcos en el siglo XV?

5–15. Vocabulario: Antes de escuchar.

A. Objetos de navegación. Lee las definiciones y después determina qué dibujo le corresponde a cada una.

a.

d.

b.

e.

c.

f.

1. Se llaman **cuerpos celestes** porque están en el cielo. Solo se ve un objeto celeste durante el día y se ven muchos objetos celestes durante la noche.
2. Se llama **brújula** y es un instrumento que sirve para determinar la posición del norte, sur, este y oeste.

3. Se llama **vela** y forma parte del mecanismo de los barcos que utilizan el viento como energía.

4. Se llama **reloj de arena** y sirve para medir el tiempo.

5. Se llama **mástil** y es un palo vertical que sirve para sostener la vela de un barco.

6. Se llama **reloj de sol** y sirve para determinar la hora según la luz del sol.

B. Palabras en contexto. Lee estos segmentos que aparecen en la miniconferencia. Presta atención a las palabras en negrita y trata de adivinar su significado seleccionando *a* o *b*. También puedes consultar el vocabulario al final del capítulo.

1. Las **naves** se dirigieron primero a Canarias, de donde salieron el 9 de septiembre.
   a. los barcos   **b.** los conquistadores

2. ... porque Colón pensaba que había llegado a las Indias Orientales, es decir, al territorio que **comprendía** India, Indochina y Malasia.
   a. conocía   **b.** incluía

3. La Pinta, la Niña y la Santa María son **embarcaciones**.
   a. instrumentos de navegación   **b.** barcos

4. Al conocer a los indígenas, Colón les **obsequió** regalos para agradarlos.
   a. dio   **b.** pidió

5. Los regalos eran **collares de cuentas** que los indígenas podían usar para adornar el cuello.
   a. adornos para el cuello   **b.** adornos para los pies

Estrategia: ¿Qué sabes ya del tema?

Piensa en las predicciones una vez más. ¿Qué puedes predecir sobre el contenido del texto que vas a escuchar? Por ejemplo, el título indica que tratará sobre los instrumentos de exploración. Piensa en lo que aprendiste en tus clases de historia. ¿Qué tipo de instrumentos crees que usaban Colón y sus hombres? Después, piensa en lo que aprendiste sobre los orígenes de tu país. ¿Crees que el nombre de Amerigo Vespucci se mencionará en el texto? Dedica unos minutos a anotar tus predicciones acerca de este contenido, teniendo en cuenta lo que aprendiste sobre el tema en otras clases. Después de escuchar, vuelve a leer tu lista y modifica las predicciones que no eran correctas.

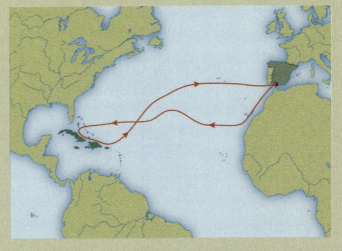

Los instrumentos de exploración, el viaje al continente desconocido y el nombre de América

Ahora su instructor/a va a presentar una miniconferencia.

▶ **5–16. Detalles.** Contesta estas preguntas sobre la miniconferencia para verificar tu comprensión.

1. ¿Cuánto tiempo tardó Colón en llegar a América desde su salida del Puerto de Palos?
2. Según su diario, ¿cuál fue la primera impresión de Colón al llegar al Nuevo Mundo?
3. ¿Por qué Colón llamó "indios" a los habitantes de estas tierras?
4. ¿Descubrió Colón que no había llegado a Asia sino a un continente desconocido para los europeos?
5. ¿Por qué eran las carabelas embarcaciones ideales para el primer viaje de Colón?
6. ¿Cómo sabían Colón y su tripulación (*crew*) dónde se encontraban sus embarcaciones cuando estaban en medio del Atlántico?

Fuente: Cristóbal Colón. Diario de a bordo. En **Crónicas de América**. *Vol. 9. Edición de Luis Arranz. Madrid. Historia 16, 1985.*

5–17. Vocabulario: Después de escuchar. Imagina que acompañas a Colón en su expedición, y que tienes que enviar una nota a la reina Isabel hablando de tus impresiones del viaje y la llegada al Nuevo Mundo. Escribe una descripción breve del viaje y de tus primeras impresiones del continente, incluyendo tantas palabras de la lista como sea posible.

cuerpos celestes   embarcaciones   obsequiar   collares de cuentas
reloj de sol   brújula   comprender

Gramática

Future and Present with *si* Clauses to Talk about Possibilities or Potential Events

You are already familiar with the present indicative tense, and you just learned the future tense in *Tema 1*. When you want to talk about an event that will happen only if certain conditions are met, you will use both the present and the future tenses in one sentence. These sentences have the following characteristics:

- In both English and Spanish, these sentences have two clauses, one in the present tense and one in the future.
- The two clauses are joined by **if** in English and **si** in Spanish.
- The **if** / **si** clause expresses the condition to be met.
- The remaining clause expresses the consequences.

Estados Unidos **colonizará** Marte en el futuro **si** la NASA **tiene** suficiente dinero.
              future   present

*The United States **will colonize** Mars in the future **if** NASA **has** enough money.*
              future   present

Can you express the sentence above switching the position of the clauses?

WileyPLUS Go to *WileyPLUS* to review this grammar point with the help of the **Animated Grammar Tutorial** and **Verb Conjugator**. See also textbook Appendices with Grammar References and verb tables. For more practice, go to the **Activities Manual**.

5–18. Identificación. Las siguientes personas están expresando posibilidades en el futuro. Identifica a) la cláusula con "si", que expresa la condición en el presente y b) la cláusula en el futuro, que expresa la consecuencia.

1. La reina Isabel: "España será más rica si Colón encuentra una ruta directa a las Indias".
2. Colón: "Si cruzo el Atlántico, llegaré a las Indias".
3. La tripulación: "Si usamos la brújula, no nos perderemos en el mar".
4. Colón: "Los indios no nos atacarán si les obsequiamos con collares de cuentas".

5–19. Conflicto con los caribes. A continuación leerás un fragmento imaginario del diario de Colón con planes para combatir la hostilidad de los caribes, una tribu guerrera indígena que Colón encuentra en su segundo viaje. Conjuga los verbos *en cursiva* en el presente o en el futuro para expresar posibilidades en el futuro.

Creo que la guerra con los caribes es inevitable, pero no será difícil defendernos si nosotros 1) *luchar* desde las carabelas. Si los caribes nos 2) *atacar* con flechas, nosotros 3) *poder* responder con los cañones desde las embarcaciones. Si nosotros 4) *luchar* con nuestras armas, seguramente 5) *ganar*. Si muchos caribes 6) *escapar*, 7) *volver* después con sus compañeros, pero no matarán a muchos de mi tripulación.

5–20. Conquistadores disidentes. Imaginen que ustedes son prisioneros indígenas que quieren escapar de la opresión de los españoles. El dibujo de abajo representa diferentes rutas para escapar. Todas las rutas menos una tienen un obstáculo. En parejas, usen el *Vocabulario esencial* para explicar qué pasará si siguen las diferentes rutas e indiquen cuál es la mejor.

MODELO

Si usamos la ruta 1 para escapar, dos serpientes nos atacarán.

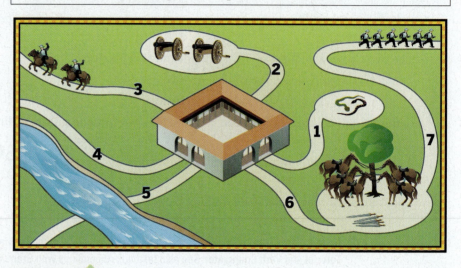

Vocabulario esencial

Hablar de guerras e invasiones

armas *f*	*weapons*
atacar	*to attack*
cañón *m*	*cannon*
conquistador/a	*conqueror*
conquistar	*to conquer*
defenderse	*to defend oneself/selves*
destruir	*to destroy*
ejército *m*	*army*
escapar	*to escape*
flechas *f*	*arrows*
guerra *f*	*war*
guerreros *m*	*warriors*
invadir	*to invade*
luchar	*to fight*
matar	*to kill*
morir (ue)	*to die*
muerte *f*	*death*
muerto/a	*dead person*
paz *f*	*peace*
rendirse (i)	*to surrender*

 5–21. El indígena exige respeto. El texto a continuación es parte de un discurso escrito para explicar las consecuencias de las acciones de los conquistadores y animar a los indígenas a defender sus derechos. En grupos de tres, deben completarlo y después, presentarlo frente a la clase. ¡Sean tan creativos como puedan!

Queridos compañeros:

Nos dirigimos a ustedes para comunicarles el gran peligro que corremos si continuamos tratando al hombre europeo como nuestro amigo. Si estos hombres nos roban nuestro oro... Nuestra raza no será pura si... Además, nuestra lengua nativa... Otro aspecto a considerar es la salud de nuestro pueblo, si permitimos que los europeos nos transmitan sus enfermedades... Por último, debemos hablar de nuestra religión, si...

Acusar y defender

> Su Señoría, las acciones de este joven han sido totalmente inmorales e inexcusables.

> Su Señoría, la afirmación del señor fiscal es totalmente cuestionable y no está justificada con la evidencia que tenemos del caso.

Controversial issues lend themselves to debate. When a person is the center of controversy, people involved in a debate play roles similar to those of defending attorneys and prosecutors. In addition to the debaters, there's usually a moderator whose role is to maintain the debate within the limits of a civil discussion and to inquire further in order to clarify a point made by the debaters. Here are some expressions that you can use in a debate.

Acusar

La moralidad de... es muy cuestionable.	The morality of . . . is very questionable.
Esta persona es inmoral.	This person has no morals.
Las acciones de... son/ fueron irracionales.	The actions of . . . are/were irrational.
Las acciones de... son/ fueron inexcusables.	The actions of . . . are/were inexcusable.

Defender

Esa es una acusación injustificada.	That is a groundless accusation.
Su/Tu argumento no es convincente.	Your argument is not convincing.
Su/Tu argumento es débil.	Your argument is weak.
La información que tienes/tiene es incompleta.	The information you have is incomplete.
Eso no es verdad.	That is not true.
Eso es verdad pero...	That's true but . . .

Moderar

Es tu/su turno. Te toca a ti (le toca a usted).	It's your turn.
Por favor, modere/a sus/tus palabras.	Please, moderate your words.
¿Puede/s explicar mejor su/tu argumento?	Can you elaborate more?
Tengo una pregunta para ti/usted/ustedes...	I have a question for you . . .

5–22. Palabras en acción. Como saben, los indígenas tenían su propio sistema legal. Aunque las leyes cambian de un lugar a otro, en todos los juicios hay un acusado y un demandante o acusador. Teniendo en cuenta lo que ya saben de las culturas indígenas, completen estos diálogos con las respuestas que podría dar cada persona. Usen las expresiones anteriores siempre que sea necesario.

1. ACUSADO: No fui a cazar esta mañana porque estaba muy cansado.
   ACUSADOR: ...

2. ACUSADOR: Usted es una mentirosa, todo lo que ha dicho hasta ahora son mentiras.
   ACUSADA: ...
   MODERADOR: ...

3. ACUSADOR: Usted estuvo ayudando a los conquistadores mientras dormíamos...
   ACUSADO: Usted es un egoísta y un desconsiderado. La ley no prohíbe ayudar a los demás...
   MODERADOR: ...

4. ACUSADOR: Usted sabe que nuestras leyes prohíben que los europeos se casen con nuestras mujeres y aún así, ¡usted lo hizo!
   ACUSADA: ...

5. ACUSADOR: Nuestro pueblo ha sufrido mucho y la moralidad de este gobierno ha sido muy cuestionable. Por eso...
   ACUSADO: Déjeme responder. Usted ha hablado mucho tiempo de cosas sobre las que no sabe nada...
   MODERADOR: ...

5–23. Colón en el banquillo (*bench*). En grupos de cuatro, preparen una representación de un juicio del año 1500. Colón está siendo juzgado por los indígenas, por los daños que causó a su tierra y a su pueblo. Un/a estudiante va a representar a Colón; otro/a va a hacer de abogado/a defensor/a; la tercera persona va a ser el/la fiscal (*prosecutor*) y la cuarta persona será el/la juez. Preparen sus argumentos y después, representen su juicio frente a la clase (la clase será el jurado que tomará la decisión final sobre la sentencia de Colón).

Estudiante A: Eres el/la abogado/a defensor/a de Colón. Aquí tienes notas para argumentar tu defensa.

Trajo a América animales domésticos: caballos, cerdos, ovejas, pollos, perros y gatos.
Llevó a Europa papas, maíz, tomates, chocolate, tabaco.
El comercio del tabaco enriqueció a muchas personas.
Llevó mucho oro a Europa.
Aumentaron los conocimientos geográficos.
El oro permitió la construcción de muchos edificios históricos.
...?

Llevó tabaco a Europa.
Los indígenas perdieron sus tierras.
Muchos indígenas murieron por malos tratos y enfermedades.
Los indígenas tuvieron que aprender español.
Los indígenas perdieron su religión.
...?

Estudiante B: Eres el/la fiscal. Aquí tienes notas para argumentar tu acusación.

Estudiante C: Eres el/la juez (*judge*). Debes moderar el debate, indicar cuándo es el turno de cada persona, hacer preguntas y escuchar la decisión del jurado (la clase) sobre si Colón es inocente o culpable, y determinar una sentencia apropiada.

Estudiante D: Eres Cristóbal Colón. Expresa tu reacción a los comentarios de los abogados y el/la juez. Pide la palabra y defiende tu espíritu aventurero. Explícale al jurado todas las dificultades por las que pasaste y háblale sobre todos los hombres que murieron en el trayecto.

CURIOSIDADES

Menú de a bordo

(Adaptado de "La dieta colombina". *El Universal* Madrid, España, jueves 22 de junio de 2006)

¿Qué comían durante sus viajes los miembros de la tripulación colombina? El historiador Julio Valles publicó un libro titulado *Saberes y sabores del legado colombino* y en su capítulo II, "Comer en el mar", relata lo que se comía en las naves de Colón.

dos mil arrobas* de vino

ochocientos quintales* de bizcocho (*biscuits*)

doscientos tocinos (*salt pork*)

ocho barriles de aceite

ocho barriles de vinagre

ochenta docenas de pollos

sesenta docenas de pescados

dos mil quesos

doce cahíces* de garbanzos (*dried chick peas*)

ocho cahíces* de habas (*dried beans*)

mostaza (*mustard*), ajos (*garlic*) y cebollas (*onions*)

The Santa María which, in 1492, took Columbus to the New World by English School (20th century) ©Private Collection/ ©Look and Learn/The Bridgeman Art Library International

La Santa María, embarcación que en 1492 llevó a Colón al Nuevo Mundo.

* 1 arroba = 15 litros; 1 quintal = 100 lbs.; 1 cahiz = 1521 lbs

5-24. La dieta colombina. Estudien la lista de alimentos que se llevaron en el cuarto viaje de Colón y comenten las preguntas siguientes.

1. ¿Tuvo la tripulación de Colón una dieta equilibrada durante este viaje? Expliquen.
2. Imaginen que reciben a Colón al otro lado del Atlántico en las colonias españolas americanas y le preparan a él y a su tripulación su primera comida. Escriban el menú incluyendo comidas típicas de América.

El crisol de tres pueblos

Lectura

Entrando en materia

5–25. Anticipar ideas. Miren el título de la lectura de la página 183. ¿A qué se refiere "su triple herencia"? ¿Cuáles son los tres grupos que componen la herencia hispanoamericana? Miren el título de la lectura de la página 184. ¿Cuál es la importancia de la fecha 1992? ¿A qué se refiere la palabra "controversia"? ¿Por qué fue controvertido 1992?

5–26. Vocabulario: Antes de leer.

A. Estos fragmentos aparecen en la lectura. Presta atención a las palabras en negrita y selecciona la definición que corresponde a cada palabra según su contexto.

Expresiones en contexto	Definiciones
1. Después de tres siglos de dominación española... Hispanoamérica es hoy el resultado de la **mezcla** de tres culturas: la europea, la indígena y la africana.	**a.** sinónimo de **pedir**
2. La herencia africana está presente fundamentalmente en las áreas **cercanas** al mar Caribe.	**b.** antónimo de **libertad**
3. ... el indígena y el negro **reclaman** que seamos críticos de las consecuencias negativas de la invasión europea: **esclavitud** y genocidio.	**c.** sinónimo de **próximas, adyacentes**
	d. sinónimo de **combinación**

B. Cognados. Estas palabras se encuentran en la segunda lectura y tienen cognados en inglés. ¿Sabes cuáles son?

1. oposición
2. celebración
3. centenario
4. controversia
5. conmemoración
6. genocidio

Hispanoamérica y su triple herencia

Cuando llegaron los europeos al Nuevo Mundo en 1492, había en tierras americanas de 60 a 70 millones de habitantes. La mayoría poblaba la zona central de la cordillera de los Andes y la región que se encuentra entre Centroamérica y México. Se trataba de los pueblos inca, maya y azteca.

Cincuenta años después, más de la mitad de esta población indígena había perecido y, después de un siglo, solo quedaba un cuarto de la población original. La muerte de tantos indígenas se ha atribuido a la crueldad y malos tratos de los españoles. Sin embargo, ciertas enfermedades importadas de Europa, como la viruela y el sarampión, también contribuyeron a la desaparición de la población indígena, la cual no tenía defensas inmunológicas contra tales enfermedades.

Con el fin de obtener más mano de obra, los portugueses y españoles llevaron esclavos africanos a América. Durante los tres siglos anteriores a 1850, se llevaron 14 millones de esclavos africanos a Latinoamérica, comparado con los 500,000 que se llevaron a Estados Unidos. Las zonas de mayor concentración africana fueron el norte de Brasil y las islas del Caribe, donde estos esclavos trabajaban en plantaciones de azúcar.

Después de tres siglos de dominación, España perdió sus últimas colonias americanas, Puerto Rico y Cuba, en 1898. Después de cinco siglos, Hispanoamérica es hoy el resultado de la **mezcla** de tres culturas: la europea, la indígena y la africana. Junto a la lengua española, se hablan otras lenguas indígenas. Entre 20 y 25 millones de indígenas hablan su lengua nativa además del español. Aunque la mayoría de la población indígena es bilingüe, existen comunidades en las que solo se habla la lengua indígena. Las lenguas nativas más habladas son el quechua y aimara en Perú, Bolivia y Ecuador; el chibcha en Colombia, el mam y quiché en Guatemala, y el náhuatl y el maya en México. La herencia africana está presente fundamentalmente en las áreas **cercanas** al mar Caribe y su influencia se observa en rituales religiosos y en manifestaciones artísticas como la música, el baile y las esculturas de madera.

©Bettmann/Corbis Images

SuperStock

En 1992 se celebró el V **Centenario** del descubrimiento de América. Esta **celebración** no fue bienvenida por todos, ya que encontró **oposición** entre varios grupos que consideran el descubrimiento de América como una invasión más que como un descubrimiento.

"La **controversia** sobre la **conmemoración**, que ha causado tantas reacciones diversas, reside en nosotros mismos. Mientras el español que llevamos dentro quiere que celebremos el *V Centenario*, el indígena y el negro **reclaman** que seamos críticos de las consecuencias negativas de la invasión europea: **esclavitud** y **genocidio**".

(*Fuente:* "El otro punto de vista", *Más*, mayo-junio 1992, vol. IV, No. 3, p. 75)

 5–27. ¿Comprendieron? Repasen la lectura y decidan si estas afirmaciones son ciertas o falsas. Si la afirmación es falsa, díganle la versión correcta a su compañero/a.

1. Cuando los europeos llegaron al Nuevo Mundo en 1492, las tierras americanas estaban poco pobladas por comunidades indígenas.
2. La crueldad de los españoles, así como las enfermedades que trajeron de Europa, contribuyeron a la desaparición de más de la mitad de la población indígena original.
3. El número de esclavos que llegó a los Estados Unidos fue mucho mayor que el número de esclavos que llegó a Latinoamérica.
4. La dominación española de las colonias americanas duró 300 años.
5. Hispanoamérica es el resultado de la mezcla de las culturas indígena y africana.
6. La dominación española dio lugar a la desaparición de todas las lenguas indígenas.

 5–28. Vocabulario: Después de leer. En parejas, háganse estas preguntas. Intenten usar las palabras en negrita en sus respuestas.

1. Menciona una ocasión en la que tuviste que **reclamar** algo. ¿Qué pasó?
2. ¿Qué ejemplos históricos de **genocidio** conoces?
3. ¿Cuándo terminó la **esclavitud** en los Estados Unidos?
4. ¿A cuántos años se refiere la palabra "**centenario**"?
5. ¿Cuál es tu **celebración** favorita del año? ¿Por qué?

 5–29. Hablemos del tema. La lectura menciona que hay un grupo de personas que no está de acuerdo con la celebración del llamado "descubrimiento" de América. Lean la última parte de la lectura y háganse estas preguntas para hablar del tema.

1. ¿Por qué hay un grupo de personas que se opone a la celebración del V Centenario?
2. ¿Cuáles son las objeciones de este grupo a la celebración?
3. ¿Estás de acuerdo con ese punto de vista? Explícale a tu compañero/a tu opinión.

The Conditional and Conditional Sentences to Talk About Hypothetical Events

In this section you will learn how to use the conditional tense. The forms of the conditional are easy to learn because the stems are the same as those for the future. To form the conditional tense:

1. take the infinitive of a verb
2. add the endings -ía, -ías, -ía, -íamos, -íais, -ían

Regular Verbs

-ar verbs	-er verbs	-ir verbs
hablaría	bebería	escribiría
hablarías	beberías	escribirías
hablaría	bebería	escribiría
hablaríamos	beberíamos	escribiríamos
hablaríais	beberíais	escribiríais
hablarían	beberían	escribirían

The irregular verbs shown below take the same conditional endings as the regular verbs.

Irregular Verbs

Drop last vowel in the infinitive	Replace last vowel in the infinitive with d	Other
haber → habr-	poner → pondr-	decir → dir-
poder → podr-	salir → saldr-	hacer → har-
querer → querr-	tener → tendr-	
saber → sabr-	valer → valdr-	
	venir → vendr-	

Conditional Tense and Past Subjunctive in Conditional Sentences

You use the conditional:

1. To speculate about consequences to situations that are hypothetical or contrary to fact.

   The conditional expresses what would happen given a situation that doesn't exist now or is unlikely to occur. Use a **si** clause with imperfect subjunctive to express the hypothetical situation and the conditional to express the consequences.

Si yo **fuera** explorador, no **invadiría** nuevas tierras.	*If I **were** an explorer, I **would not invade** new lands.*
Viviríamos en paz si no **hubiera** discriminación.	*We **would live** in peace if **there weren't** discrimination.*
Si la ciudad **tuviera** mejores programas de entrenamiento, el paro **disminuiría**.	*If the city **had** better training programs, unemployment **would decrease**.*

2. To express the result of a condition expressed with a prepositional phrase.

Con un millón de dólares, yo **invertiría** en expediciones a Marte.

*With a million dollars, I **would invest** in expeditions to Mars.*

Sin la mezcla de razas, Latinoamérica **sería** menos diversa.

*Without the mix of races, Latinamerica **would be** less diverse.*

Para poder vivir en Perú, **tendrías que** hablar español.

*In order to live in Peru, you **would need** to speak Spanish.*

3. To make a polite request or suggestion with verbs like **deber, desear, gustar, poder, preferir** and **querer.**

¿**Podrías** ayudarme con mi tarea?
Me **gustaría** pedirte un favor.
Preferiríamos tomar agua.

Would/Could you help me with my homework?
*I **would like** to ask you a favor.*
*We **would prefer** to drink water.*

WileyPLUS Go to *WileyPLUS* to review this grammar point with the help of the **Animated Grammar Tutorial** and **Verb Conjugator.** See also textbook Appendices with Grammar References and verb tables. For more practice, go to the **Activities Manual.**

5–30. Identificación. Lee los ejemplos siguientes e identifica el uso del condicional: a) resultado de una condición no real *(contrary to fact)* (expresada con imperfecto del subjuntivo en una cláusula con "si"), b) resultado de una condición expresada con una frase preposicional, c) petición cortés.

1. Con un billete de avión, llegaríamos a Cuzco en diez horas.
2. Me gustaría leer más sobre los aztecas. ¿Podría usted sugerir un buen libro?
3. Si pudiera conversar con Colón, le preguntaría sobre las condiciones sanitarias en las carabelas.
4. Antes de viajar a México, yo estudiaría las civilizaciones indígenas precolombinas.
5. Nos perderíamos en mar abierto si no tuviéramos instrumentos de navegación sofisticados.
6. ¿Preferirías tomar una clase de historia medieval europea o historia precolombina?

5-31. Una nueva administración universitaria. El texto a continuación describe una situación hipotética en tu universidad. Lee el texto y conjuga los verbos en cursiva en el condicional o el imperfecto del subjuntivo.

Si yo (1) *ser* presidente de la universidad, (2) *hacer* muchos cambios. Para darles más tiempo libre a los estudiantes, no (3) *haber* clases los viernes. Si los profesores (4) *asignar* demasiada tarea, la administración de la universidad (5) *protestar.* Nosotros (6) *cancelar* clases si la temperatura (7) *subir* a 70 grados en febrero. Con todos estos cambios, los estudiantes de nuestra universidad (8) *estar* más contentos.

5–32. Situaciones hipotéticas. Cada una de las siguientes situaciones representa una condición no real (*contrary to fact*). Por lo tanto, todas se expresan con una cláusula con "si" y un verbo en el imperfecto del subjuntivo. Imaginen una consecuencia para cada situación hipotética y escríbanla.

1. Si los conquistadores se interesaran por las culturas indígenas,... *tendríamos mas diversidad*
2. Si los seres humanos no discriminaran a las diferentes razas,... *tendríamos en mundo sin Problemas de*
3. Si Colón estuviera vivo hoy en día,... *tendría mucho discriminazion*
4. Si todos compartiéramos un idioma universal,... *diverso*
5. Si los indígenas tuvieran armas nucleares,... *tendríamos*
6. Si nadie matara en nombre de la religión,...

 5–33. Conversar con cortesía. En parejas, inventen un breve diálogo para representar una de las situaciones a continuación. Usen el condicional y los verbos *poder, querer, desear, gustar* o *preferir* para mantener un alto nivel de cortesía.

Situación 1: Van a comer en un restaurante.
  Estudiante A: No tienes dinero pero sí tienes hambre.
  Estudiante B: No quieres gastar mucho dinero y tratas de convencer a tu amigo/a de no comer/beber mucho.

Situación 2: Buscan un hotel en Tegucigalpa, Honduras.
  Estudiante A: Quieres estar cómodo/a y prefieres los hoteles de 4 estrellas. (****)
  Estudiante B: Prefieres un hotel modesto o un hostal y tratas de disuadir a tu amigo/a.

 5–34. Una sociedad ideal. En grupos de cuatro, imaginen la oportunidad de desarrollar una sociedad ideal. Usen el *Vocabulario esencial* para describir esa sociedad.

> **MODELO**
> **En la nueva sociedad, la discriminación racial no existiría.**

1. Dos de ustedes deben hacer una lista de cuatro elementos que NO habría en la sociedad ideal y dos de ustedes deben hacer una lista de cuatro características que tendría la sociedad. Para redactar su lista, piensen en las categorías siguientes: educación, relaciones raciales, trabajo, economía, justicia/crimen, gobierno.
2. Los dos grupos deben comparar sus listas para encontrar ideas similares en las diferentes categorías usando las siguientes expresiones:

   ¿Tienen ustedes una idea para la educación/gobierno/etc.? ¿Cuál es?

   Nosotros también dijimos que habría.../las personas tendrían.../etc.
3. Compartan con la clase dos de sus ideas similares.

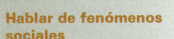
Hablar de fenómenos sociales

adicción *f*	*addiction*
aumentar	*to increase*
cooperación *f*	*cooperation*
crimen *m*	*crime*
derechos *m*	*rights*
paro *m*	*unemployment*
discriminación *f*	*discrimination*
disminuir	*to diminish*
empleo *m*	*employment*
enseñanza *f*	*teaching*
entrenamiento *m*	*training*
estabilidad *f*	*stability*
orientación sexual *f*	*sexual orientation*
prejuicio *m*	*prejudice*
título *m*	*diploma*
violencia *f*	*violence*

5–35. Reacción en cadena. En grupos de cuatro personas, siéntense formando un círculo. Van a jugar un juego en el que cada persona inventa una consecuencia de una situación. La situación original es "ganarse la lotería". Una persona comienza la cadena diciendo "Si me ganara la lotería..." y añade una consecuencia con el verbo en el condicional. La siguiente persona usa la información de la consecuencia como la nueva situación e inventa otra consecuencia, y así sucesivamente.

MODELO

Estudiante A: Si me ganara la lotería, yo me compraría una casa en Chile.
Estudiante B: Si me comprara una casa en Chile, invitaría a mis amigos.
Estudiante C: Si invitara a mis amigos, invitaría también a mis padres.
Estudiante D: Si invitara a mis padres, mi madre reorganizaría todos mis muebles.
Estudiante E: Si ...

Vocabulario para conversar

Iniciar y mantener una discusión

Iniciar y mantener una discusión

¿Qué piensa/s de...?	*What is your opinion of . . . ?*
¿(No) Cree/s que...?	*Do (Don't) you believe that . . . ?*
¿No te/le parece un buen tema?	*Doesn't it seem like a good topic?*
¿Cuál es tu/su reacción ante...?	*What is your reaction to . . . ?*
Es un tema muy controvertido pero...	*It is a very controversial topic, but . . .*
Es verdad.	*It's true.*
Es exactamente lo que pienso yo./	*That's exactly what I think /*
Eso mismo pienso yo.	*That's what I think.*

Mira...	Look . . .
¿Bueno?	OK?
¿Verdad?	Is it?, Isn't it?, Does it?, Doesn't it?
Perdona, pero...	Pardon me, but . . .

5–36. Expresiones en contexto. Carmen y Mariam están hablando acerca de un problema que tiene una amiga común. Reconstruye la conversación completando los espacios en blanco con las expresiones correspondientes de la lista anterior u otras que aprendiste antes.

CARMEN: Ayer estuve toda la tarde hablando con Cristina y su novio.

MARIAM: (1) _____ yo no sabía que Cristina tuviera novio...

CARMEN: Sí, es un chico español, es encantador. Pero la pobre Cristina está muy disgustada porque a su familia no le gusta que salga con él. Y él tiene el mismo problema con su propia familia.

MARIAM: ¿Por qué?

CARMEN: Las dos familias son muy cerradas. A la de él no le gusta que el hijo tenga una novia dominicana y de alta sociedad, y la de ella no quiere que su hija se case con un chico de la clase trabajadora.

MARIAM: ¿(2) _____ eso es un poco exagerado?
(3) _____

CARMEN: (4) _____ yo no lo veo exagerado, lo veo absurdo, increíble. Cristina intentó hablar con su madre, pero ese
(5) _____ en su familia, no quieren ni hablar de ello.

MARIAM: ¿Y (6) _____ de Cristina y su novio
(7) _____ esta situación?

CARMEN: Ellos van a seguir intentando que sus familias vean las cosas de otro modo. Pero pase lo que pase, no piensan separarse.

MARIAM: ¿Tú (8) _____ eso?

CARMEN: Creo que es lo mejor que pueden hacer. (9) _____

MARIAM: (10) _____

CARMEN: ¿Crees que podríamos ayudarlos?

MARIAM: Yo creo que si todos se conocieran... (11) _____

CARMEN: ¡Pues vamos a pensar en algo!

 5–37. Una discusión. En grupos de seis personas, representen una situación en la que se reúnen las dos familias del diálogo anterior. Dos personas van a representar a Cristina y a Esteban, su novio español. Otras dos personas, a los padres de Cristina, y otras dos, a los padres de Esteban. Sigan los siguientes pasos.

1. La pareja de novios debe presentar a su familia a los miembros de la otra familia.

2. Después, los padres de cada persona deben presentar las razones por las que no quieren que su hijo/a salga con la otra persona.

3. A continuación, Cristina y Esteban deben presentar su punto de vista y explicar las razones por las que no están de acuerdo con las opiniones de sus respectivas familias.
4. Finalmente, deben hablar sobre el tema y sugerir ideas para resolver el conflicto, hasta que encuentren una solución satisfactoria para todos.

COLOR Y FORMA

La conquista de México, de Diego Rivera

Diego Rivera, muralista y pintor mexicano, nació en 1886 y murió en 1957. Aparte de su arte, es conocido por la relación tumultuosa que tuvo con su esposa, la artista Frida Kahlo. La obra de Rivera se encuentra representada en museos de arte moderno en varios continentes, pero quizá su contribución más significativa al arte fue el Muralismo, un movimiento tanto artístico como sociopolítico que Rivera y otros intelectuales mexicanos establecieron a principios del siglo XX. Rivera se interesó en la historia y en las condiciones sociales de la gente indígena y la clase trabajadora de su país, y sus murales intentaban comunicar mensajes de contenido sociopolítico a las masas. Además de influir en la conciencia nacional mexicana, la obra de Rivera influyó en movimientos muralistas de todo el mundo.

The Conquest of Mexico: Invaders Attack with cannon and firearmms. West Wall, by Diego Rivera ©Banco de MexicoTrust/Art Resource

Historia de México: de la conquista al futuro, 1929–35 de Diego Rivera, Palacio Nacional, Ciudad de México.

5–38. Mirándolo con lupa. En parejas, observen el cuadro y completen las siguientes tareas.

1. Describan los objetos, personas y colores que observan en el cuadro.
2. Expliquen la relación que existe entre las imágenes del cuadro y el título.
3. Inventen un título diferente para el cuadro y expliquen por qué es más adecuado que el título real.
4. Finalmente, ¿cuál creen que es la relación entre el tema de este cuadro y el tema de este capítulo?

Más allá de las palabras

5–39. Diario de a bordo. Eres miembro de la tripulación de la Pinta y anotas las experiencias de tu viaje en un diario. La vida a bordo es bastante monótona y todos los días la tripulación de esta carabela hace las mismas cosas. Escribe una entrada en tu diario haciendo predicciones futuras sobre lo que ocurrirá en los próximos días de la travesía. Antes de escribir, repasa lo que aprendiste en el *Tema 2* de este capítulo sobre Colón y consulta la caja de *Por si acaso* de esta página para saber cuáles eran las actividades diarias de la tripulación de Colón.

Preparación

1. Piensa en los siguientes puntos:
   a. ¿Cuáles serán tus quehaceres en la carabela en los próximos días?
   b. ¿Qué instrumentos o herramientas usarás?
   c. ¿Qué comerás para desayunar, almorzar y cenar?
   d. ¿Qué actividades harás durante la mañana, la tarde y la noche?
   e. ¿Qué harás con los otros tripulantes?
   f. ¿Qué harás cuando extrañes a la familia?
   g. ¿Qué encontrarás cuando llegues al Nuevo Mundo?

A escribir

1. Empieza tu entrada de diario con el día, la fecha y una introducción interesante.

> **MODELO**
>
> **Lunes, 10 de octubre de 1492**
> **La vida en el barco es monótona y todos estamos bastante cansados de la travesía. Mañana no será muy diferente de hoy. Así que mañana, para comenzar el día...**

2. Al escribir el resto de la entrada recuerda lo que has aprendido en este capítulo sobre el tiempo futuro.

3. Las expresiones de la lista te servirán para hacer transiciones entre diferentes ideas.

a diferencia de, en contraste con	*in contrast to*
igual que	*the same as, equal to*
mientras	*while*
al fin y al cabo	*in the end*
en resumen	*in summary*
después de todo	*after all*
sin embargo	*however*

Por si acaso

¿Qué hacían diariamente los miembros de la tripulación de Colón?

- Rezaban antes del amanecer y al caer la noche (rezar era obligatorio).
- Se lavaban con agua salada, pero no todos los días.
- Fregaban las cubiertas del barco con agua salada.
- Movían las velas varias veces para aprovechar la fuerza del viento.
- Almorzaban a las 11 de la mañana, la única comida caliente del día.
- Conversaban con los compañeros de viaje.
- Pescaban cuando hacía buen tiempo.
- Lavaban su ropa con agua salada.
- Se quitaban los piojos unos a otros.
- Se sentaban en la cubierta a charlar o añorar a sus seres queridos.
- Cenaban y contaban historias.
- Se acostaban al anochecer después de rezar.

Para revisar tu redacción usa la guía de revisión del Apéndice C. Después de hacer el número de revisiones que te indique tu instructor/a, escribe la versión final y entrega tu redacción.

Ven a conocer

 5–40. Anticipación. ¿Recuerdan la miniconferencia del *Capítulo 1* sobre las plazas de las ciudades hispanas? En parejas, piensen en lo que aprendieron en esa miniconferencia para escribir respuestas a estas preguntas: ¿Cuál es el edificio más común de una plaza típica? ¿Cuáles son las actividades comúnmente asociadas con las plazas? Después, lean el texto que aparece abajo. ¿Se mencionan en la lectura los elementos que ustedes recordaron de la miniconferencia? ¿Qué otros edificios se mencionan en la lectura?

México, D.F.:

El Zócalo

Esta plaza, con casi siete siglos de historia, constituye la sede del poder político, económico y religioso del México actual y también representa un espacio donde se mezclan el pasado indígena y el pasado colonial. En tiempos prehispánicos este sitio formaba el centro de la capital del imperio azteca, Tenochtitlán. En sus templos tenían lugar los ritos y ceremonias religiosas aztecas y en su palacio vivía el emperador Moctezuma. Los españoles conservaron la función religiosa y administrativa del lugar y construyeron su catedral sobre los restos del Templo Mayor azteca y en el lugar del palacio de Moctezuma, edificaron el Palacio del Virrey, la autoridad suprema de Nueva España. La catedral, en su forma contemporánea, es sede de la Arquidiócesis de México y constituye la iglesia más grande de Latinoamérica. El actual Palacio Nacional es sede del poder ejecutivo mexicano. En el Zócalo se llevan a cabo las celebraciones del Día de la Independencia, bienvenidas a jefes de estado, protestas, fiestas y otros eventos culturales. De esa manera el Zócalo de la Ciudad de México es símbolo de la contemporaneidad y la herencia cultural mexicana.

ZONA ARQUEOLÓGICA Y MUSEO DEL TEMPLO MAYOR

La zona arqueológica del Templo Mayor azteca fue descubierta en la segunda mitad del siglo XX, durante las obras de construcción del metro de la Ciudad de México. Han quedado al descubierto las capas más antiguas de la pirámide que antes sostenía el doble

Mapa de Tenochtitlán y el lago de México, de '*Praeclara Ferdinadi Cortesii de Nova maris Oceani Hyspania Narratio*' , de Hernán Cortés (1485–1547), 1524 (litografía, siglo XVI) / Newberry Library, Chicago, Illinois, USA, /The Bridgeman Art Library International

templo de alrededor de 60 metros de altura. Fue aquí donde se encontraban los adoratorios de las más importantes deidades aztecas: Tláloc, dios de la Lluvia y por lo tanto de la agricultura, y Huitzilopochtli, dios del Sol y de la guerra. En la mitología azteca, Huitzilopochtli guió al pueblo mexica a fundar Tenochtitlán y es él quien exige el sacrificio humano. En el museo se observan los artefactos encontrados entre las ruinas del Templo Mayor: ofrendas funerarias, enormes estatuas de piedra, máscaras, cráneos de los sacrificados y objetos del comercio y para adorno personal de gran belleza artística.

©JTB Photo/ age fotostock

CATEDRAL METROPOLITANA

La Catedral Metropolitana fue construida a lo largo de tres siglos y así engloba los distintos estilos de la época virreinal: renacentista, barroco, gótico y neoclásico. Hernán Cortés colocó la primera piedra, la cual formaba antes parte del Templo Mayor azteca. En el siglo XVI, se realizó la demolición del edificio original y se iniciaron los trabajos en el interior del nuevo: la sacristía, el coro con sus dos órganos monumentales, las catorce capillas y los altares principales. El visitante puede apreciar los diversos tesoros religiosos y varias pinturas murales de la época colonial. Las obras en el exterior de la catedral se finalizaron en 1813 cuando el arquitecto Manuel Tolsá concluyó las fachadas y campanarios.

PALACIO NACIONAL

Desde épocas prehispánicas y hasta la actualidad, el lugar que hoy ocupa el Palacio Nacional en el lado este del Zócalo ha sido el centro político de mayor importancia en México. Además de su papel como edificio de ceremonias presidenciales, sus galerías están abiertas al público. Allí se guardan los famosos murales de Diego Rivera, pintados entre 1929 y 1945, que representan vívidamente la historia de México a través de miles de personajes plasmados en las paredes. El patio central del palacio también merece una visita para ver una fuente del siglo XVII, adornada con la figura mitológica de Pegaso, quien encarna las tres virtudes que deben formar parte del carácter de quien ocupe el palacio y gobierne al país: el valor, la prudencia y la inteligencia.

 5–41. Recomendaciones para la visita. Ustedes van a viajar a México, D.F. con una excursión organizada por la agencia Viajes Mexica, S.A. El tercer día de la excursión visitarán el Zócalo. Ya que saben mucho sobre esta plaza, deben escribir una pequeña nota a los otros participantes con recomendaciones para su visita. A continuación tienen la lista de los participantes y sus intereses principales. Para cada individuo o pareja, incluyan dos o tres frases en su nota: las recomendaciones (Recomendamos/Sugerimos/Aconsejamos que...) y una explicación (... porque...).

Más allá de las palabras

Viaje virtual

Busca más información en la red sobre Tenochtitlán, la capital azteca que ocupaba el lugar que hoy es El Zócalo. Escribe un párrafo sobre un aspecto de Tenochtitlán que te interese. Aquí tienes algunas ideas: 1) el plano físico y la organización de la ciudad, 2) los palacios de Moctezuma y sus animales, 3) Tenochtitlán visto por los españoles.

PARTICIPANTES	INTERÉS PRINCIPAL
Los señores Martin & Lucille Copeland	el arte
William Fludd	la arquitectura
Los hermanos Walsh (Robert & Alfred)	la historia
Virginia Silva	la arqueología

El escritor tiene la palabra

Cristóbal Colón (c. 1450-1506)

Cristóbal Colón nació en Génova, Italia, en el seno de una familia de la clase media. Antes de salir para "las Indias" en 1492, Colón y los Reyes Católicos firmaron un acuerdo sobre cómo repartir los territorios y riquezas por descubrir. Una década después de partir en su primer viaje, Colón había sido nombrado Virrey y Gobernador de las Indias, para luego perder ambos puestos y ser enviado de vuelta a España tras acusaciones de abuso de poder y maltrato a los indígenas. En España quiso conseguir que los Reyes Católicos cumpliesen con su parte del contrato, tema que trata con su hijo en la carta que sigue. La carta está firmada casi dos años antes de su muerte en la ciudad de Sevilla, donde hoy está enterrado.

5–42. Anticipación. Fíjense en el título completo de la obra de donde proviene esta carta: "Cristóbal Colón: cartas que escribió sobre el descubrimiento de América y testamento que hizo a su muerte". ¿Qué tipo de carta escribiría una persona al final de su vida? ¿Qué mensajes querría comunicar? Piensen en algunas posibilidades.

5–43. Entrando en materia.

1. Lee la primera y la última línea del texto. ¿Te parece que el autor tiene una buena relación con su hijo? ¿Qué palabras te lo indican?
2. ¿Cuál de estas descripciones crees que corresponde a Cristóbal Colón?
   a. Fue una persona humilde que no se promocionaba.
   b. Fue una persona orgullosa que luchó contra sus detractores.
3. En la carta, Colón se defiende y le da a su hijo información que puede ayudarle a ganar la disputa con los Reyes Católicos. Con esto en mente, ¿qué piensas que Colón haya incluido en la carta?
   _____ una lista de sus faltas
   _____ una mención de otras personas culpables (*guilty*)
   _____ una defensa de sus intenciones siempre honestas
   _____ una confesión de su culpa (*guilt*)

CARTA DE DON CRISTÓBAL COLÓN A SU HIJO DON DIEGO COLÓN

Muy querido hijo: Recibí tu carta con el correo. Hiciste bien en quedarte allá y atender a nuestros negocios. El señor obispo de Palencia siempre, desde que llegué a Castilla, me ha favorecido y deseado fortuna. Ahora es el momento de suplicarle que sus **Altezas**[1] pongan remedio a mis **agravios**;[2] y que sus Altezas manden cumplir los acuerdos y promesas que me comunicaron en sus cartas.

[...]

Me complació mucho leer tu carta y lo que el rey dijo, por lo cual le besarás sus manos reales. Es cierto que yo he servido a sus Altezas con tanta diligencia y amor, o todavía más, como para ganar el paraíso; y si en algo ha habido **falta**[3], habrá sido un imposible o porque mis fuerzas e inteligencia no han podido hacer más. En tal caso, Dios nuestro Señor no quiere de las personas salvo la **voluntad**[4].

[...]

Llevé conmigo a dos hermanos, que se llaman Porras, **por ruego del**[5] señor tesorero Morales. Uno de ellos tuvo el cargo de capitán y el otro tuvo el cargo de contador. Ninguno de ellos tenía las cualificaciones necesarias para los puestos que ocupaban y tuve que hacer su trabajo por consideración a quien me los recomendó. Allá se volvieron más vanos de lo que ya eran. Les traté con más deferencia que a mi propia familia. Eran de tal naturaleza que merecían un castigo mayor que la reprensión verbal.

[...]

Fecha en Sevilla a 21 de noviembre de 1504

Tu padre que te ama más que a sí mismo

"Carta de Don Cristóbal Colón a su hijo Don Diego Colón." Adapted from "Biblioteca Universal: Colección de los autores antiguos y modernos, Nacionales y extranjeros" Vol. 97.

5–44. Identificación de ideas. Encuentra las palabras en la carta que expresan las siguientes ideas.

1. El servicio diligente de Colón a los reyes.
2. La incompetencia de los hermanos Porras.
3. El apoyo que recibe Colón de un miembro de la Iglesia.
4. Colón siempre ha hecho todo lo posible con todas sus fuerzas.
5. La petición de Colón para que Diego suplique a los reyes.

5–45. Nuestra interpretación de la obra. En parejas, comenten estas preguntas.

1. ¿Qué imagen de Cristóbal Colón presenta esta carta? ¿Coincide con la imagen de Colón que ustedes tienen?
2. Describan la intención de Colón en esta carta. ¿Qué estrategias emplea para lograr su intención? ¿Son estrategias típicas de las personas acusadas?
3. Piensen en las personas mencionadas en la carta (Colón, Diego, los reyes, los hermanos Porras, el obispo de Palencia). ¿A quiénes atribuye Colón faltas y quiénes no tienen faltas según Colón? ¿Cuál es el motivo de Colón al asociar faltas con ciertas personas y no con otras?
4. En la biografía introductoria a la lectura sabemos que Colón fue acusado de abusar del poder y de maltratar a los indígenas. Escriban otra carta a Diego Colón desde la perspectiva de un defensor de los indígenas.

1. *Their Highnesses;*   2. *grievances;*   3. *fault, offense;*   4. *will, willingness*   5. *At the request of*

Más allá de las palabras

Videoteca

De la conquista a la independencia

En este capítulo aprendiste que la llegada de Colón a las Américas en 1492 cambió para siempre dos continentes. En este video vas a aprender qué pasó después, y cómo fueron las relaciones entre España y sus colonias en los siglos siguientes, hasta independizarse y formar sus propias naciones. La influencia española ha dejado una huella permanente en Latinoamérica, y hasta hoy los dos continentes comparten un mismo idioma y muchos elementos culturales en común.

Identidad y nombres

¿Cuál es la diferencia entre los términos "hispano" y "latinoamericano"? Entre los latinoamericanos existen multitud de culturas y etnias, aunque hay elementos comunes a todos ellos. Mira este video para ampliar tus conocimientos sobre la identidad hispana y sobre la enorme variedad de culturas y etnias que la forman.

Vocabulario

Ampliar vocabulario

avanzado/a	*advanced*
brújula *f*	*compass*
celebración *f*	*celebration*
centenario *m*	*centennial*
cercano/a	*close, nearby*
collar de cuentas *m*	*bead necklace*
complejo/a	*complex*
comprender	*to comprise*
conmemoración *f*	*commemoration*
controversia *f*	*controversy*
cuerpo celeste *m*	*celestial object*
descubrimiento *m*	*discovery*
embarcación *f*	*ship*
esclavitud *f*	*slavery*
genocidio *m*	*genocide*
habitar	*to inhabit*
mástil *m*	*mast*
mezcla *f*	*mixture*
nave *f*	*vessel (maritime)*
obsequiar	*to give (as a present)*
oposición *f*	*opposition*
precolombino/a	*pre-columbian*
reclamar	*to demand*
reloj de arena *m*	*hourglass*
reloj de sol *m*	*sundial*
variedad *f*	*variety*
vela *f*	*sail*

Vocabulario esencial
Hablar de descubrimientos

colonia *f*	*colony*
colonizar	*to colonize*
descubrir	*to discover*

espacio exterior *m*	*outer space*
establecer	*to establish*
extraterrestre *m/f*	*alien*
galaxia *f*	*galaxy*
habitantes *m*	*inhabitants*
nave espacial *f*	*space ship*
planeta *m*	*planet*
población *f*	*population*
sistema solar *m*	*solar system*
sociedad *f*	*society*
territorio *m*	*territory*

Hablar de guerras e invasiones

armas *f*	*weapons*
atacar	*to attack*
cañón *m*	*cannon*
conquistador/a	*conqueror*
conquistar	*to conquer*
defenderse	*to defend oneself/selves*
destruir	*to destroy*
ejército *m*	*army*
escapar	*to escape*
flechas *f*	*arrows*
guerra *f*	*war*
guerreros *m*	*warriors*
invadir	*to invade*
luchar	*to fight*
matar	*to kill*
morir (ue)	*to die*
muerte *f*	*death*
muerto/a	*dead person*
paz *f*	*peace*
rendirse (i)	*to surrender*

Vocabulario

Hablar de fenómenos sociales

adicción *f*	*addiction*
aumentar	*to increase*
cooperación *f*	*cooperation*
crimen *m*	*crime*
derechos *m*	*rights*
paro *m*	*unemployment*
discriminación *f*	*discrimination*
disminuir	*to diminish*

empleo *m*	*employment*
enseñanza *f*	*teaching*
entrenamiento *m*	*training*
estabilidad *f*	*stability*
orientación sexual *f*	*sexual orientation*
prejuicio *m*	*prejudice*
título *m*	*diploma*
violencia *f*	*violence*

CAPÍTULO

6

TRADICIÓN Y MODERNIDAD (MÉXICO Y ESPAÑA)

Objetivos del capítulo

En este capítulo vas a...

- explorar conexiones entre las culturas de México y España.
- describir y narrar en el pasado.
- expresar acciones en el pasado que afectan el presente.
- hablar nostálgicamente del pasado, conversar sobre el pasado reciente y usar algunos coloquialismos mexicanos y españoles.
- escribir el resumen de una película.

TEMA

Walter Bibikow / AWL Images / Getty Images

El Zócalo de la Ciudad de México, D.F., es un ejemplo de la influencia española en el mundo hispano. En la plaza se representan el gobierno, la iglesia y el comercio. ¿Hay algún sitio parecido en tu comunidad?

Primeras alianzas

©Historical Picture Archive/CORBIS

Capital:	México, D.F.
Población:	110 millones de habitantes
Grupos étnicos:	mestizo 60%, amerindio 30%, blanco 9%, otros 1%
Idiomas:	español, náhuatl, maya y otras lenguas indígenas
Moneda:	peso
Área:	aproximadamente tres veces el tamaño de Texas

WileyPLUS

Go to *WileyPLUS* to explore this country further in the *Perfil de México* section.

Por si acaso

Expresiones útiles para comparar respuestas con otro estudiante

¿Qué tienes/ pusiste en el número 1/ 2/ 3?
Yo tengo/ puse a/ b.
Yo tengo algo diferente.
No sé la respuesta./ No tengo ni idea.
Creo que la respuesta es a/ b, pero no estoy seguro/a.
Creo que es cierto./ Creo que es falso.

6–1. ¿Qué sabes del México prehispánico? Lee las siguientes oraciones sobre los mayas y los aztecas y decide si son ciertas o falsas. Si puedes, corrige las falsas. Si no estás seguro, repasa tus respuestas después de leer la lectura.

Los mayas y los aztecas…

1. hablaban la misma lengua.
2. no existían cuando llegaron los españoles.
3. tenían una sociedad estratificada con nobles, guerreros, comerciantes y esclavos.
4. eran pueblos nómadas.
5. fueron, en algunos casos, esclavos de los españoles.

Entrando en materia

6–2. Amigos y enemigos. Los conquistadores españoles que llegaron a México en 1519 a veces encontraban aliados entre los indígenas. Piensa en posibles razones por las que algunos indígenas se hacían amigos de los españoles. Usa las siguientes pistas para generar ideas.

1. comercio con los españoles
2. combatir otras comunidades indígenas
3. inferioridad militar
4. salvar la vida

6–3. Ganar amigos. En las relaciones internacionales, la diplomacia es muy importante. Imagina que eres el/la presidente/a de tu universidad y quieres establecer un programa internacional en un país de Latinoamérica. ¿Qué regalos les llevarías al/a la presidente/a de la universidad latinoamericana? Explica tu elección.

6–4. Vocabulario: Antes de leer. Las siguientes expresiones aparecen en el texto que vas a leer. Para familiarizarte con el vocabulario, selecciona la expresión sinónima de cada frase en negrita. Si tienes dudas, verifica tus selecciones en el contexto de la lectura.

1. En marzo de 1519, Hernán Cortés estaba **dando los primeros pasos** en la campaña de conquista de México.

   a. terminando   **b.** iniciando

2. Los **caciques** indígenas llegaron al campamento español con regalos.

   a. prisioneros   **b.** señores

3. Pero todo cambió cuando murió su padre y su madre **se volvió a casar** con un señor local...

   a. se divorció   **b.** se casó otra vez

4. Los indígenas vieron que los españoles **carecían de** mujeres que les cocinaran.

   a. no tenían   **b.** vendían

5. Cortés ordenó que las doncellas indias fueran **bautizadas** para cumplir la ley castellana.

   a. bañadas   **b.** convertidas en cristianas

6. Cortés **repartió** a las «primeras cristianas» entre sus capitanes.

   a. distribuyó   **b.** mató

7. En poco tiempo, Cortés averiguó que Malinalli hablaba **náhuatl y maya**.

   a. lenguas indígenas   **b.** lenguas asiáticas

Malinche, la indígena que ayudó a Cortés

En marzo de 1519, Hernán Cortés estaba **dando los primeros pasos** en la campaña de conquista de México. Se encontraba en la costa de Tabasco, poblada por los mayas. Los **caciques** indígenas llegaron una mañana al campamento español y obsequiaron a Cortés con numerosos regalos de oro, mantas y alimentos. Le llevaban también veinte doncellas. El conquistador español no imaginó en ese momento que una de esas jóvenes, llamada Malinalli o Malinche, doña Marina para los españoles, sería una colaboradora decisiva en sus operaciones contra los aztecas.

Malinalli había nacido hacia el año 1500, en la región de la actual Veracruz. Pertenecía a una familia noble –su padre era el gobernante de la ciudad de Painala– y en su infancia parecía tener por delante un futuro prometedor. Pero todo terminó cuando murió su padre y su madre **se volvió a casar** con un señor local y Marina fue vendida como esclava al señor de Potonchán. Fue este quien finalmente la entregaría a Hernán Cortés en 1519.

Los indígenas mexicanos solían viajar acompañados por mujeres que les cocinaban, y al ver que los españoles **carecían de** ellas decidieron ofrecerles algunas jóvenes destinadas al servicio doméstico, aunque era fácil que se convirtieran en concubinas. Cortés ordenó que fueran **bautizadas** para cumplir la ley castellana que permitía mantener relaciones de concubinato únicamente entre personas cristianas. Al día siguiente, un fraile «puso por nombre doña Marina a aquella india y señora que allí nos dieron». Cortés **repartió** a las «primeras cristianas» entre sus capitanes. A doña Marina la entregó a un pariente suyo, Alonso Hernández Portocarrero. Ⓜ¹

xaltelolco.

©Bettmann/CORBIS

Doña Marina se convirtió en la intérprete de Cortés. Fue decisivo para el avance conquistador de Cortés porque le permitió comunicarse con los indígenas y ganarse su lealtad frente al enemigo común, Moctezuma.

A partir de entonces la situación de Marina cambió radicalmente. Cortés no tardó en hacerla su amante («se echó carnalmente con Marina», dice una crónica). En 1522 tuvieron un hijo al que llamaron Martín, en honor al padre del conquistador. Pero entretanto había llegado a México la esposa de Cortés, y este organizó la boda de Marina con otro conquistador.

Su legado, sin embargo, sería duradero. Gracias a su conocimiento de las lenguas indígenas, de la geografía y de la situación política del país, doña Marina logró que la conquista de México fuera más rápida y exitosa de lo que hubiera sido sin ella. Malinalli, Malinche, la «lengua» de Cortés, fue «la llave que abrió México». Ⓜ²

---

¹Ⓜomento de reflexión

¿Cierto (C) o falso (F)?

___ Hernán Cortés robó oro y veinte mujeres de unos caciques indígenas.
___ Hernán Cortés bautizó a las mujeres antes de repartirlas entre sus capitanes.
___ La indígena Malinalli recibió el nombre cristiano de "Marina".

---

²Ⓜomento de reflexión

¿Cierto (C) o Falso (F)?

___ Cortés se casó con Marina, tuvieron un hijo y la familia vivió feliz.
___ Marina ayudó a Cortés en la conquista de México porque sabía varias lenguas.

En poco tiempo, Cortés averiguó que Malinalli hablaba **náhuatl**, la lengua de muchos de los habitantes de lo que hoy se conoce como México y también hablaba **maya**.

Adapted from "Malinche, la indígena que abrió México a Cortés" by Isabel Bueno. Doctora en Historia, Historia NG n° 102. National Geographic España. Adapted by permission of Historia National Geographic / RBA.

6–5. ¿Comprendes? Responde a las preguntas según la información de la lectura.

1. ¿Cuáles son los tres nombres de la intérprete indígena de Hernán Cortés?
2. ¿En qué circunstancias llegó Malinalli al campamento de Hernán Cortés?
3. ¿Cómo llegó a ser esclava Malinalli?
4. ¿Por qué los indígenas ofrecieron veinte mujeres a los españoles?
5. Después del bautizo, ¿qué pasó con las veinte doncellas?
6. ¿Qué talento tenía doña Marina y qué importancia tuvo en la conquista de México?

6–6. Vocabulario: Después de leer. Completa el párrafo con las expresiones de la lista para narrar la historia de doña Marina.

bautizó	daba los primeros pasos	caciques	volvió a
carecían de	repartió		náhuatl y maya

Hernán Cortés 1. _____ en la conquista de México cuando unos 2. _____ indígenas le regalaron veinte doncellas porque vieron que los españoles 3. _____ servicio doméstico. Una de las doncellas, llamada Malinalli, se había convertido en esclava cuando su madre 4. _____ casarse. Primero, Cortés las 5. _____ y después las 6. _____ entre sus capitanes. Malinalli se convirtió en concubina y ayudante de Cortés porque hablaba 7. _____.

 6–7. Hablemos del tema. En México, la relación entre Malinche y Hernán Cortés se considera un símbolo de la identidad mexicana. Sin embargo, la interpretación de ese símbolo es controvertida y hay diferentes maneras de ver su importancia. En grupos de tres, identifiquen los eventos de la historia de Malinche que corresponden a cada una de estas interpretaciones.

Interpretación 1: Malinche fue una víctima y representa a todas las víctimas indígenas de la conquista española.

Interpretación 2: Malinche fue una traidora (*traitor*) de los indígenas y representa la traición que permitió la conquista española.

Interpretación 3: Malinche y Cortés son el "Adán y Eva" de México: el padre español y la madre indígena de los hijos mestizos, que son los mexicanos.

Interpretación 4: La relación entre Cortés y Malinche es un ejemplo de machismo y de la discriminación de las mujeres.

6–8. Dos mujeres indígenas. ¿Conoces la historia de Sacagawea, la indígena shoshone que les sirvió de intérprete a Meriwether Lewis y William Clark? Investiga la historia de Sacagawea en Internet o en la biblioteca y compárala con Malinalli/Malinche/Marina.

Preterit and Imperfect Tenses in Contrast

You studied the forms and usage of the preterit and imperfect tenses in *Capítulos 1* and *2* so you know that each tense indicates a different aspect of the past (completed vs. ongoing). Now review the formation of the preterit and imperfect tenses and study this list of uses in order to complete the activities that follow:

Preterit

1. Conveys an action, event or condition that is viewed as completed in the past:

   Hernán Cortés **llegó** a la costa   *Hernán Cortés **arrived** on the*
     mexicana en 1519.   *Mexican coast in 1519.*

   Sometimes, a completed action may occur over an extended period of time:

   Mi familia **vivió** en California   *My family **lived** in California*
     por treinta años.   *for thirty years.*

2. Preterit expresses a change in a physical, mental, or emotional state:

   Al escuchar las noticias **tuve** miedo.   *Upon hearing the news **I was (became) scared**.*

Imperfect

1. Indicates habitual past events or actions:

   Los indígenas **viajaban** con mujeres   *The indians **traveled (would travel, used to travel)***
     que les **cocinaban**.   *with women who **cooked (would cook, used***
                                                    ***to cook)** for them.*

2. Expresses that an action was ongoing or in progress ("was/were _____ing" in English):

   Cortés **daba** los primeros pasos de la   *Cortés **was taking** the first steps of*
     conquista en 1519.   *the conquest in 1519.*

3. Describes a scene or gives background information such as age or time:

   Había pirámides magníficas en el   ***There were** magnificent pyramids in*
     centro de Tenochtitlán.   *the center of Tenochtitlan.*

   Malinche **tenía** 19 años en 1519.   *Malinche **was** 19 years old in 1519.*

   Eran las dos de la mañana cuando   ***It was** two in the morning when*
     terminé mi investigación.   *I finished my research.*

4. Expresses an ongoing physical, mental, or emotional state:

   Hernán Cortés **estaba** ansioso de   *Hernán Cortés **was** anxious to*
     llegar a Tenochtitlán.   *arrive at Tenochtitlan.*

Two or More Past-Tense Verbs in One Sentence

1. Preterit interrupts an ongoing action in the imperfect:

   Cortés **hablaba** con sus capitanes cuando los embajadores de Moctezuma **llegaron**.

   *Cortés **was talking** with his captains when Moctezuma's ambassadors **arrived**.*

2. Imperfect is used for two or more simultaneous, ongoing actions:

   Mientras yo **estudiaba**, mi compañero **preparaba** la cena.

   *While I **was studying**, my roommate **was preparing** dinner.*

3. Preterit is used for two or more actions in a sequence:

   Me levanté, me vestí y **salí** de mi casa.

   *I **got up, got dressed**, and **left** my house.*

4. Imperfect describes the background for a completed action:

   Era Viernes Santo cuando Cortés **salió** de San Juan de Ulúa.

   *It **was** Good Friday when Cortés **left** San Juan de Ulúa.*

Verbs that Convey Different Meanings in the Preterit and the Imperfect

Imperfect	Preterit
conocer (*to be acquainted with*)	**conocer** (*to meet, make the acquaintance of*)
Al principio, Cortés no **conocía** la leyenda del dios Quetzalcóatl.	Finalmente, Cortés **conoció** a Moctezuma II.
*At first, Cortés **did** not **know** about the Quetzalcoatl legend.*	*Finally, Cortés **met** Moctezuma II.*
saber (*to know how to, have knowledge that*)	**saber** (*to learn, find out*)
Doña Marina **sabía** maya y náhuatl.	Finalmente, Moctezuma II **supo** que los españoles no eran sus amigos.
*Doña Marina **knew** maya and nahuatl.*	*Finally, Moctezuma II **learned** that the Spaniards were not his friends.*
poder (*to be able to*)	**poder** (*to manage to do something*)
Moctezuma II y su gente no **podían** imaginar su destino.	Los estudiantes **pudieron** finalmente comprender la problemática indígena en México.
*Moctezuma II and his people **couldn't** imagine their destiny.*	*The students **were** finally **able** to understand the indigenous problems in Mexico.*
querer (*to want to do something*)	**querer** (*to try to do something*)
Cortés y sus hombres no **querían** revelar sus verdaderas intenciones.	Cortés **quiso** comunicarse con los caciques locales pero no pudo.
*Cortés and his men **didn't want** to reveal their true intentions.*	*Cortés **tried** to comunicate with the local chiefs but he didn't manage to do so.*

WileyPLUS Go to *WileyPLUS* to review this grammar point with the help of the **Animated Grammar Tutorial** and **Verb Conjugator**. See also textbook Appendices with Grammar References and verb tables. For more practice, go to the **Activities Manual**.

6–9. Identificación. Estudia esta narración de un evento importante en la conquista de México y usa la lista de abajo para seleccionar el uso del pretérito e imperfecto que corresponde a cada verbo. (Hay más de un ejemplo de uno de los usos).

Cortés 1) *llegó* a San Juan de Ulúa tras cinco días de navegación. 2) *Era* un Viernes Santo. Mientras los españoles 3) *organizaban* el campamento, 4) *llegaron* embajadores de Moctezuma para saber qué 5) *querían* aquellos viajeros. Cortés 6) *llamó* a Jerónimo de Aguilar, un español que 7) *sabía* maya, pero Aguilar no 8) *entendía* el idioma de Moctezuma, el náhuatl. En este momento Cortés 9) *supo* que doña Marina 10) *hablaba* esa lengua, que 11) *era* el idioma de sus padres, además del maya.

Usos del imperfecto
acción continua (*was/were ___ing*)
acción continua interrumpida
saber = *to know*
querer = *to want*
información de fondo

Usos del pretérito
acción completa
acción completa que interrumpe acción continua
saber = *to find out*

6–10. Cuando tenía diez años. Escribe una descripción de cómo eras a la edad de diez años con por lo menos siete verbos en el imperfecto. Incluye información de fondo (tu lugar de residencia, tu escuela, tus amigos, etc.), descripción de tu aspecto físico y/o personalidad y algunas actividades habituales que hacías. Al terminar, lee la descripción de otro/a estudiante y hazle dos preguntas para saber información adicional.

6–11. Sebastián y las matemáticas.

A. Escribe la forma correcta del verbo indicado para narrar la historia. Recuerda que estos verbos cambian de sentido según aparezcan en pretérito o imperfecto.

De niño, Sebastián no 1) *saber* nada de matemáticas. No 2) *poder* comprender las tareas y no 3) *querer* practicar con sus padres en casa. Un día, la maestra de matemáticas habló con Sebastián y 4) *querer* convencerle de que trabajara con un tutor pero Sebastián dijo que no. La maestra 5) *conocer* a una tutora excelente y finalmente los padres de Sebastián la llamaron. Sebastián la 6) *conocer* al día siguiente y ella le explicó los problemas de manera clara. En ese momento Sebastián 7) *poder* comprender las matemáticas.

B. En parejas, comparen la historia de Sebastián con la experiencia de ustedes en la escuela. ¿Tenían problemas con alguna clase? ¿Conocieron a un/a profesor/a especial alguna vez? ¿Querían trabajar con un/a tutor/a?

6–12. Un día especial.

A. Lee la narración "El día que cancelaron las clases" e identifica los verbos que corresponden a estas tres secciones:

1. información de fondo
2. una secuencia de eventos
3. una reacción

"El día que cancelaron las clases"

Era un lunes de febrero y nevaba en mi ciudad. Estaba alegre porque no había clases ese día. Tenía tarea para el día siguiente pero no me importaba. Después de desayunar, salí de casa, me reuní con mis amigos y fuimos al parque para bajar la colina en trineo (*to sled down the hill*). Regresé a casa muy tarde y mi madre se enojó.

B. Usa el *Vocabulario esencial* para inventar una breve narración similar sobre algún evento, real o imaginario, que causó la cancelación de clases en tu escuela secundaria o universidad. Tu narración debe tener las mismas tres secciones.

 6–13. Ayer. En parejas, conversen sobre los siguientes aspectos del día de ayer. Usen el *Vocabulario esencial* y otras palabras y expresiones para comparar sus experiencias.

1. la hora (*time*) cuando te despertaste
2. el tiempo (*the weather*) y tu estado mental por la mañana
3. dos acciones simultáneas en una clase
4. una acción completa y tu reacción en el gimnasio
5. una acción continua interrumpida por una acción completa en la cafetería
6. dos acciones consecutivas de tu rutina antes de acostarte
7. la hora cuando te acostaste

Vocabulario esencial

Narrar en el pasado

Información de fondo

era la una	*it was 1 o'clock*
era lunes/martes/etc.	*it was Monday/ Tuesday/etc.*
eran las dos/tres/etc.	*it was 2/3/etc. o'clock*
hacía buen/mal tiempo	*the weather was nice/bad*
hacía frío/calor/sol	*it was hot/cold/ sunny out*
llovía	*it was raining*
nevaba	*it was snowing*
yo tenía ___ años	*I was _____ years old*

Reacciones y cambios de estado mental

me alegré/se alegró	*I/he/she was (became) happy*
me enojé/se enojó	*I/he/she got mad*
me gustó/le gustó	*I/he/she was (became) pleased*
me puse/se puso nervioso(a)/triste	*I/he/she got nervous/sad*
me sorprendí/se sorprendió	*I/he/she was (became) surprised*
tuve/tuvo miedo	*I/he/she got scared*

Descripción de estados mentales

estaba alegre	*I/he/she was happy*
enojado/a	*angry*
indiferente	*indifferent*
nervioso/a	*nervous*
triste	*sad*
sorprendido/a	*surprised*
tenía miedo	*I/he/she was scared*

Recordar viejos tiempos

¿Recuerdas el día que tuvimos el accidente?

Lo recuerdo como si acabara de pasar.

Recordar viejos tiempos

How do we share experiences from the past? The following expressions will help you recall events in your life and talk about how you felt at the time.

¿Recuerdas el día que...?	*Do you remember the day when . . . ?*
¿Te acuerdas de alguien o algo especial?	*Do you remember someone or something special?*
¿Hay un objeto, color, canción, etc. que te recuerde algo especial?	*Is there an object, color, song, etc. that makes you remember something special?*
Nunca voy a olvidar a... (una persona)	*I will never forget . . . (a person)*
Nunca voy a olvidar cuando...	*I will never forget when . . .*
Cuando era más joven, solía...	*When I was younger, I used to . . .*
En esa época acostumbraba...	*Back then, I used to . . .*
Algo positivo/negativo que me ocurrió una vez fue...	*Something positive/negative that happened to me once was . . .*
Lo recuerdo como si acabara de pasar.	*I remember as if it had just happened.*
Lo recuerdo como si fuera ayer.	*I remember as if it were yesterday.*
No quiero ni acordarme (de)...	*I don't even want to remember . . .*
Eso me hace pensar en...	*That makes me think of . . .*

6–14. Palabras en acción. Empareja las expresiones de la columna izquierda con las correspondientes de la columna derecha.

1. ¿Recuerdas el día que compraste tu primer carro?
2. ¿Hay algún olor que te recuerde algo especial?
3. Nunca voy a olvidar a Mireya.
4. Nunca voy a olvidar el día que recibí la noticia de la muerte de mi tío.
5. Cuando estabas en la secundaria, ¿solías conectarte a Internet?

a. No quiero ni acordarme. Estabas inconsolable.
b. Lo recuerdo como si acabara de pasar. Ese fue un día muy emocionante.
c. Yo tampoco. Ella siempre ha sido una persona muy especial.
d. Con muchísima frecuencia. Para mí era muy importante estar comunicado.
e. Sí, el olor a mango me hace pensar en la casa de mi abuela. Yo me subía al árbol a comer mangos con frecuencia.

6–15. Un momento memorable. Describan en un párrafo de 75 a 100 palabras, un momento memorable de su vida. Puede ser una experiencia positiva (un premio, un triunfo, etc.) o una experiencia negativa (un accidente, un desastre romántico, etc.). Su párrafo debe incluir información de fondo, estados mentales, reacciones y acciones/eventos. Consulten las reglas para el uso del pretérito e imperfecto y usen por lo menos cuatro de las expresiones que aparecen en la página anterior.

Hablen de sus recuerdos con sus compañeros de clase.

6–16. Una sesión con el psicólogo. Ahora van a representar una visita a la oficina del psicólogo en la que una persona tiene problemas para enfrentarse con su pasado. En parejas, dediquen cinco minutos a preparar la situación usando el vocabulario de esta sección.

Estudiante A: Te sientes perturbado/a por recuerdos del pasado. Decides visitar al/a la psicólogo/a para que te ayude a superar tus problemas. Contesta todas las preguntas que te haga y dale muchos detalles. Piensa en las cosas, personas y experiencias buenas y/o malas del pasado. Sé creativo/a.

Estudiante B: Eres un/a psicólogo/a. A tu consultorio llega un/a paciente muy perturbado/a por cosas que le han sucedido. Hazle preguntas para ayudarlo/a a hablar de su pasado. Ayúdale también a pensar en experiencias positivas. Si el/la paciente no da muchos detalles, hazle más preguntas.

CURIOSIDADES

Refranero

Los refranes son frases cortas, a veces metafóricas, que contienen una enseñanza o una moraleja (*moral*). Las personas mayores tienden a usar refranes más que los jóvenes. Muchos refranes hispanos tienen un equivalente cercano en inglés, por ejemplo, *A bird in the hand is worth two in the bush* en español es *Más vale pájaro en mano que ciento/cien volando.*

 6–17. Refranes. Emparejen los refranes de la columna A con sus equivalentes en inglés de la columna B.

A	B
1. El tiempo es oro.	a. *Better late than never.*
2. Perro que ladra, no muerde.	b. *Don't look a gift horse in the mouth.*
3. Ojos que no ven, corazón que no siente.	c. *Time is money.*
4. Más vale tarde que nunca.	d. *Love is blind.*
5. En casa del herrero, cucharas de palo.	e. *Barking dogs never bite.*
6. El amor es ciego.	f. *Out of sight, out of mind.*
7. No todo lo que brilla es oro.	g. *The shoemaker's son always goes barefoot.*
8. A caballo regalado no se le mira el colmillo.	h. *All that glitters is not gold.*

6–18. ¿Cuándo se usan estos refranes? Escojan dos de los refranes anteriores y traten de explicarlos con sus propias palabras o usando un ejemplo.

> **MODELO**
>
> **No todo lo que brilla es oro.**
> **A veces las apariencias engañan y algo que parece ser muy bueno realmente no lo es.**

Gastronomía sin fronteras

©Catherine Karnow/Corbis

WileyPLUS

Go to *WileyPLUS* to explore these countries further in the *Perfil de México y España* section.

6–19. ¿Qué sabes de la gastronomía de México y España? Lee las siguientes oraciones y decide si son ciertas o falsas. Si puedes, corrige las falsas.

1. La comida de España es muy similar a la comida de México.
2. El cacao, el maíz y el tomate son nativos de México.
3. El pescado (*fish*) y los mariscos (*shellfish*) son comunes en la gastronomía mexicana y española.
4. La comida tuvo una función diplomática en las relaciones entre los conquistadores españoles y los indígenas.
5. La tortilla española y la tortilla mexicana son comidas diferentes.
6. El picante es un ingrediente común en la comida mexicana.
7. El mole es una salsa originaria de España que se hace con chiles y chocolate.

> **Por si acaso**
>
> **Expresiones útiles para comparar respuestas con otro estudiante**
>
> ¿Qué tienes/ pusiste en el número 1/ 2/ 3?
> Yo tengo/ puse a/ b.
> Yo tengo algo diferente.
> No sé la respuesta./ No tengo ni idea.
> Creo que la respuesta es a/ b, pero no estoy seguro/a.
> Creo que es cierto./Creo que es falso.

Estrategia: ¿Qué sabes ya del tema?

¿Qué saben ya sobre el chocolate? ¿Tienen una idea general del tipo de información que van a escuchar? Usen la información que ya tienen o simplemente su "sentido común" para escribir una lista con 4 o 5 cosas que les gustaría saber sobre la historia del chocolate. Después de escuchar la miniconferencia, revisen su lista. ¿Les dio la miniconferencia, respuestas a sus preguntas?

Entrando en materia

6–20. Gastronomía internacional. Mira la lista de comidas y bebidas de fama internacional que aparece abajo. ¿Sabes cuáles son sus países de origen?

1.	coca cola	**a.**	Los antiguos pueblos egipcios
2.	cerveza	**b.**	Estados Unidos
3.	papas fritas	**c.**	Alemania
4.	tomate	**d.**	México
5.	pizza	**e.**	Italia
6.	espaguetis	**f.**	China
7.	hamburguesa	**g.**	Francia

6–21. ¿Te gusta el chocolate? Hay muy pocas personas a quienes no les gusta el chocolate. ¿Y a ustedes? Háganle a otro/a estudiante estas preguntas sobre este alimento.

1. ¿Te gusta el chocolate? ¿Por qué?

2. ¿Cuál es tu tipo de chocolate favorito? ¿Con qué frecuencia lo comes?

3. ¿Qué comidas te gustan que tienen este ingrediente?

4. ¿Con qué situaciones o eventos asocias el chocolate?

5. ¿Sabes cuál es el país de origen del chocolate?

6–22. Vocabulario: Antes de escuchar. Por el contexto de las oraciones, deduce el significado de las palabras en negrita. Indica qué idea de la columna derecha se corresponde con las expresiones de la columna izquierda.

- **A lo largo de** la historia, la comida y la bebida han sido dos aspectos importantes en las relaciones humanas.
- … ofrecemos comida y bebida para dar la **bienvenida** a los visitantes.
- Hay comidas y bebidas que se hacen populares porque mucha gente está de acuerdo en que tienen un **sabor** y una textura agradables.
- Cuando la popularidad de las comidas y bebidas traspasa **fronteras** nacionales, esas comidas y bebidas **alcanzan** popularidad internacional.
- El chocolate líquido que bebían los indígenas tenía pimientos chiles y no tenía azúcar, por tanto esta bebida tenía un sabor **amargo**.
- … los españoles sí reconocieron el valor potencial de las **semillas** de cacao.
- La idea de añadir azúcar al chocolate **surgió** en algún momento del s. XVI,…

1.	a lo largo de	**a.**	obtener, lograr
2.	bienvenida	**b.**	apareció
3.	sabor	**c.**	el café sin azúcar tiene esta cualidad
4.	fronteras	**d.**	líneas divisorias geográficas entre países
5.	alcanzan	**e.**	sensación que se produce en la boca
6.	amargo	**f.**	se usa para producir nuevas plantas y árboles
7.	semillas	**g.**	mostrar hospitalidad y afecto
8.	surgió	**h.**	indica duración

MINICONFERENCIA — El chocolate: de México a España y al mundo

Ahora su instructor/a va a presentar una miniconferencia.

6–23. ¿Es verdad? Indica si las siguientes ideas son ciertas (C) o falsas (F) con base en la información de la miniconferencia. Corrige las ideas falsas.

1. Pocas culturas usan la comida para mostrar hospitalidad.
2. El chocolate tiene su origen en Europa.
3. Los españoles trajeron el chocolate a Latinoamérica.
4. El chocolate alcanzó popularidad en España rápidamente.
5. A los indígenas les gustaba el chocolate con azúcar.
6. Los pueblos indígenas usaban las semillas de cacao para comprar cosas.
7. A los españoles les gustaba mucho el chocolate que bebían los indígenas por su sabor dulce.
8. La iglesia católica de España prohibía el consumo de chocolate.

6–24. Vocabulario: Después de escuchar. Completa las siguientes oraciones usando el banco de expresiones.

a lo largo de	bienvenida	sabor	fronteras
alcanzan	amargo	semillas	surgió

1. La comida internacional traspasa las _____ entre países.
2. Hay comidas, como el chocolate, que _____ popularidad internacional.
3. El chocolate ha ganado popularidad _____ los años.
4. El _____ dulce del chocolate le dio a este alimento aceptación internacional.
5. A los españoles no les gustó el sabor _____ del chocolate que bebían los indígenas.
6. La idea de añadir azúcar al chocolate _____ en el s. XVI.
7. Invitar a comer o beber es una buena forma de dar la _____ a otras personas.
8. Las _____ de cacao son el principal ingrediente del chocolate.

6–25. ¿Comprendieron? En parejas, respondan a estas preguntas sobre la miniconferencia.

1. ¿Por qué algunas comidas y bebidas se hacen populares?
2. ¿En qué forma se servía el chocolate cuando los españoles lo probaron por primera vez?
3. ¿Cómo era el sabor del chocolate que servían los indígenas?
4. ¿Qué propiedad observaron los españoles en el chocolate?
5. Además de ser ingrediente del chocolate, ¿de qué otra forma se usaban las semillas de cacao?
6. ¿Por qué estaba la iglesia católica en contra del consumo de chocolate?

6–26. Hablemos del tema. Los caciques mayas han invitado a Hernán Cortés y a sus capitanes a una cumbre (*summit*) diplomática en su palacio. Para darle la bienvenida, le ofrecen a Cortés una taza de chocolate para beber.

Estudiante A: Tú eres un cacique maya. Ofrécele el chocolate a Cortés y explica la importancia del chocolate en tu sociedad. Explica también los efectos que tiene el chocolate. Tienes que insistir en que Cortés se lo beba todo.

Estudiante B: Tú eres Hernán Cortés. Para ti, el chocolate tiene un sabor amargo y no lo quieres beber. Sin embargo, tienes que reaccionar de manera diplomática.

Gramática

Present Perfect Tense

Formation

The present perfect tense has two parts, the first one is the present tense of the auxiliary verb **haber**, the second one is the past participle of the main verb.

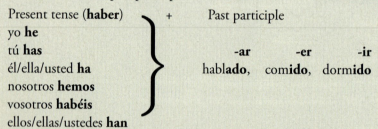

Present tense (**haber**)	+	Past participle
yo **he**		
tú **has**		-ar -er -ir
él/ella/usted **ha**		habl**ado**, com**ido**, dorm**ido**
nosotros **hemos**		
vosotros **habéis**		
ellos/ellas/ustedes **han**		

To form the past participle, drop the last two letters of the infinitive and add **-ado** for **-ar** verbs, and **-ido** for **-er** and **-ir** verbs. Some verbs feature an irregular past participle. The most common ones are listed below.

abrir	→	abierto	hacer	→	hecho
romper	→	roto	decir	→	dicho
morir	→	muerto	ver	→	visto
escribir	→	escrito	poner	→	puesto
volver	→	vuelto	freír	→	frito
resolver	→	resuelto			

Any verbs that derive from the verbs above also have irregular past participles, e.g., **describir, refreír, deshacer, imponer, componer, prever,** and **devolver**.

Uses of the Present Perfect

The present perfect is used in Spanish in very much the same way it is used in English.

España y Portugal **han recibido** mucha ayuda económica de la Unión Europea.
*Spain and Portugal **have received** a lot of financial help from the European Union.*

The present perfect is a past tense used when the speaker perceives that a past action has some bearing upon the present time. The present perfect expresses things that have happened up to the present moment. The window of time for these events can vary from very brief (hoy, esta mañana, este mes) to very long (en mi vida, en los últimos 500 años).

Este mes hemos tenido muchos exámenes.
This month we have had many tests.

España **ha superado** muchos problemas políticos en los últimos cien años.
Spain has overcome many political problems in the last hundred years.

No word can come between the auxiliary verb and the past participle, therefore in negative sentences **no** is always placed before the auxiliary verb. The same is true of pronouns (direct object, indirect object, reflexive).

—¿Has estudiado para el examen ya? —No, **no** he estudiado todavía.
*Have you studied for the test yet? No, I have **not** studied yet.*

Tu familia **me** ha dado una calurosa bienvenida.
*Your family has given **me** a warm welcome.*

Present Perfect vs. Preterit

The present perfect differs from the preterit in that it does not focus on exactly when or how far back in the past something happened; what's important is that the action is perfective (completed) at the present moment.

¿Has visitado España?	*Have you visited Spain? (at some point in your life before the present moment?)*
Sí, fui a Madrid en 2001.	*Yes, I went to Madrid in 2001. (completed action in 2001)*

WileyPLUS Go to *WileyPLUS* to review this grammar point with the help of the **Animated Grammar Tutorial** and **Verb Conjugator.** See also textbook Appendices with Grammar References and verb tables. For more practice, go to the **Activities Manual.**

6-27. Identificación. Lee el párrafo siguiente e identifica los verbos en pretérito, imperfecto y presente perfecto. Para cada verbo, explica el significado asociado con el tiempo verbal.

La gastronomía mexicana tiene una larga historia con tradiciones que han pasado de generación en generación. Desde sus orígenes, el maíz ha sido el ingrediente básico de la cocina mexicana. Las sociedades prehistóricas domesticaron el maíz que los aztecas cultivaban en el s. XV. En la época colonial, España contribuyó una variedad de carnes a la cocina mexicana con la importación de animales europeos como el cerdo, la vaca y la oveja. En tiempos más recientes, México ha exportado su cocina y ahora se puede comer tortillas, mole y salsa de chile en todas partes del mundo.

6–28. Carta a Carlos I. Inmediatamente después de una sesión diplomática con unos caciques mayas, Cortés le escribe una carta al Rey Carlos I y le comunica lo que acaba de pasar. Cambia los verbos a la forma correcta del presente perfecto.

Carta a su Alteza, el Rey Carlos I

Nosotros **1) llegar** a un pueblo maya muy hermoso y el cacique **2) servirnos** una bebida de color marrón que se llama "chocolate" y que se hace con las semillas de un alimento llamado "cacao". Yo **3) probarla** y no **4) gustarme** pero, para ser diplomático, yo no **5) decirle** nada al cacique sobre su sabor amargo y desagradable. El chocolate es muy importante para este pueblo y los indios **6) decirnos** que el chocolate es la bebida de la clase alta y de los dioses. Nosotros **7) ver** con nuestros propios ojos que estos indios también usan las semillas del cacao como moneda para hacer comercio. El cacique **8) explicarnos** que tiene efectos estimulantes y afrodisíacos.

 6–29. Chocolate a la taza. El instructor de la clase de cocina les ha pedido que preparen esta receta de chocolate a la taza. Después de preparar la receta, tienen que explicarle a su compañero/a los pasos que han seguido para hacerla. Sigan el modelo.

> **MODELO**
>
> Poner la leche en un cazo.
> **Hemos puesto la leche en un cazo.**

Vocabulario esencial

Hablar de gastronomía

carne de cerdo *f*	pork
carne de res *f*	beef
cebolla *f*	onion
chile *m*	chile pepper
chorizo *m*	sausage
freír (i)	to fry
hornear	to bake
mantequilla *f*	butter
mariscos *m*	shellfish
masa *f*	dough
mayonesa *f*	mayonnaise
mezclar	to mix
lechuga *f*	lettuce
queso *m*	cheese
rebanada (de pan) *f*	slice (of bread)
sabroso/a	delicious
salsa *f*	sauce
untar	to spread
verduras *f*	vegetables

Chocolate a la taza

Poner la leche en un cazo.
Calentar la leche a fuego medio.
Cortar el chocolate en pedazos pequeños.
Añadir el chocolate a la leche.
Revolver la mezcla de leche y chocolate con una cuchara de madera.
Agregar azúcar y un poquito de sal.
Poner un poquito de harina para que la mezcla se espese.
Servir el chocolate bien caliente y tomarlo con bizcocho o churros.

6–30. Una cena internacional. Un amigo ha organizado una cena informal en su casa. Les ha pedido que traigan un plato para compartir pero la condición es que sea un plato popular internacionalmente. En parejas, háganse estas preguntas para comparar sus platos. Consulten el *Vocabulario esencial,* la actividad 6–20 o el diccionario, si es necesario.

Platos comunes de difusión internacional

espaguetis	tacos	pizza	patatas fritas
sándwich	ensalada	pasta con salsa de tomate	chile con carne

1. ¿Qué plato has preparado?
2. ¿Cuál es el país de origen del plato?
3. ¿Qué ingredientes has usado?
4. ¿Qué pasos has seguido para la preparación?
5. ¿Por qué has seleccionado este plato?

6–31. ¿Qué ha hecho el instructor o la instructora? En parejas, escriban una lista imaginaria de las actividades que ha hecho su instructor o instructora de español esta semana. ¿Adónde ha ido? ¿Con quiénes se ha reunido? ¿Qué comidas o bebidas les ha ofrecido a sus visitantes para darles la bienvenida? ¿Qué decisiones ha tomado? Compartan su lista con la clase para decidir qué lista es la más creativa.

6–32. El juego de la mentira. Cada estudiante de la clase debe escribir una lista de tres experiencias que ha tenido en su vida. Dos de ellas son verdaderas y una es mentira. Leerás tu lista y los otros estudiantes adivinarán (*will guess*) cuál de las experiencias es mentira.

> **MODELO**
>
> **He viajado a... (algún lugar exótico)**
> **He conocido a... (alguna persona famosa)**
> **He probado... (alguna comida exótica)**
> **¿otra experiencia?**

Vocabulario para conversar

Hablar de lo que acaba de pasar

Hola Mónica, ¿de dónde vienes?

Acabo de ver al médico.

Hablar de lo que acaba de pasar

In this chapter we have studied the present perfect. As you know, this tense is used to refer to actions that have taken place in the recent past, e.g: *He visto a mi hijo recientemente.* But in Spanish there are additional expressions that you can use to refer to the recent past:

Acabo de (*infinitivo*)…	*I just (past)/I have just (past participle). . .*
Acabo de terminar la tarea.	*I just finished my homework/I have just finished my homework.*
Hace un rato (que)…	*It's been a little while (since) . . .*
Hace un rato que almorcé.	*It's been a little while since I had lunch.*
Hace unos minutos (que)…	*It's been a few minutes (since) . . ./. . . a few minutes ago.*
Hace unos minutos que te llamé.	*It's been a few minutes since I called you/I called you a few minutes ago.*
Vengo de (*infinitivo*)…	*I have come from (gerund). . .*
Vengo de hablar con mi tío.	*I have come from talking to my uncle.*

6–33. Palabras en acción. Completa la siguiente conversación usando las expresiones mencionadas en el vocabulario nuevo. No repitas ninguna.

Rubén: ¿Qué acabas de hacer?
Mónica: 1. _____ ver al médico.
Rubén: ¿Cómo te fue? ¿Qué te dijo?
Mónica   2. _____ enterarme de que tengo amigdalitis. (*tonsillitis*)
Rubén: ¿Te mandaron alguna medicina?
Mónica: Sí, 3. _____ la compré en la farmacia de la esquina.
Rubén: ¿Ya te la tomaste?
Mónica: Sí, 4. _____.

 6–34. Un jefe impaciente. En parejas, representen esta situación entre un jefe impaciente y su asistente. Dediquen unos minutos a preparar la situación y luego represéntenla para toda la clase.

Estudiante A: Tú eres el jefe de una compañía y has convocado una reunión (*you have called a meeting*) muy importante. Todo lo que necesitas debe estar hecho antes de la reunión. Estás muy estresado/a porque tu asistente es un poco incompetente. Pregúntale a tu asistente si todo está listo. En tu lista de cosas importantes están: la lista de asistentes, las copias, los informes, las llamadas y los correos electrónicos.

Estudiante B: Tu jefe ha convocado una reunión de trabajo muy importante. Tú estás muy estresado/a porque tu jefe es una persona muy impaciente. Él necesita saber si cumpliste con los siguientes asuntos: la lista de asistentes, las copias, los informes, las llamadas y los correos electrónicos.

> **MODELO**
>
> **Estudiante A: ¿Respondiste los correos electrónicos?**
> **Estudiante B: Sí, hace unos minutos que los envié.**

CURIOSIDADES

6–35. Crucigrama. Los nombres de muchas comidas en inglés son de origen español. Usa las pistas para averiguar el nombre de la comida en inglés. Completa el crucigrama con las respuestas.

©BSIP SA / Alamy

©pixhook / iStockphotos

HORIZONTALES:

1. _____: *barbacoa*, del chibcha, un grupo indígena de Colombia y Ecuador.

3. _____: del náhuatl *āhuacamōlli*, de *āhuacatl* (*aguacate*) + *mōlli* (*salsa*). Forma parte de la cocina mexicana.

5. _____: significa "de la Habana" (Cuba). Es una especie de chile muy picante.

7. _____: del taíno *batata*. Es una planta originaria de América del Sur.

9. _____: originalmente *Xerés*, ahora *Jerez*. Además de ser una bebida alcohólica, es una ciudad en el sur de España.

VERTICALES:

2. _____: *aguacate*, del náhuatl *ahuacatl*. Es una fruta verde rica en grasa vegetal.

4. _____: de *mojado*; se refiere a las hojas de hierba buena (o de menta) mojadas en ron. Es un cóctel proveniente de Cuba.

6. _____: *charqui*, del quechua *ch'arki*, que significa "carne seca".

Cine mexicano de hoy sobre la España de ayer

Capital:	Madrid
Población:	46 millones de habitantes
Grupos étnicos:	europeos
Idiomas:	español (castellano) 74%, catalán 17%, gallego 7%, vasco 2%
Moneda:	euro
Área:	aproximadamente dos veces el tamaño de Oregón

WileyPLUS

Go to *WileyPLUS* to explore this country further in the *Perfil de España* section.

6–36. ¿Qué sabes sobre la historia de España? Selecciona la opción correcta para completar las oraciones.

1. En la actualidad, España es un país con un régimen de gobierno...
   a. democrático   **b.** dictatorial
2. En España hubo una guerra civil...
   a. desde 2000 a 2005   **b.** desde 1936 a 1939
3. Después de la Guerra Civil, se estableció en España una dictadura militar liderada por...
   a. el general Francisco Franco   **b.** el presidente Zapatero
4. La Guerra Civil española es un tema frecuente en...
   a. el cine español y mexicano   **b.** en el cine internacional
5. La película *El laberinto del fauno* (*Pan's Labyrinth*) del director mexicano Guillermo del Toro trata sobre...
   a. la Guerra Civil estadounidense   **b.** la Guerra Civil española

Por si acaso

Expresiones útiles para comparar respuestas con otro estudiante

¿Qué tienes/ pusiste en el número 1/ 2/ 3?
Yo tengo/ puse a/ b.
Yo tengo algo diferente.
No sé la respuesta./ No tengo ni idea.
Creo que la respuesta es a/ b, pero no estoy seguro/a.
Creo que es cierto./Creo que es falso.

Lectura

Entrando en materia

 6–37. Géneros fílmicos. Miren la lista de géneros fílmicos y háganle estas preguntas a su compañero/a:

1. ¿Qué géneros son tus preferidos?
2. ¿Por qué te gustan esos géneros?
3. ¿A qué género pertenece la última película que has visto?

el drama	el terror	la comedia
la fantasía	la ciencia-ficción	el romance

6–38. Anticipar información. Mira el título de la lectura y las fotos que la acompañan. Lee los primeros dos párrafos para anticipar el tema.

¿Sabes qué tema trata la lectura? Selecciona uno.

1. un actor mexicano
2. un director de cine
3. un escritor español
4. unas películas españolas y mexicanas
5. una actriz mexicana

6–39. Vocabulario: Antes de leer. La lista que aparece abajo contiene palabras que aparecen en la lectura. Localiza la palabra en el texto y trata de deducir el significado por el contexto. Luego completa las oraciones con la forma apropiada de la palabra.

fantasma   abordar   apoyarse   insatisfecho   refugiarse
a menudo   bando   cineasta

1. Los directores de cine a veces se sienten _____ (*dissatisfied*) cuando trabajan en Hollywood.
2. Las películas de Hollywood _____ (*deal with*) una variedad de temas.
3. Los _____ (*film makers*) independientes prefieren no trabajar en Hollywood.
4. En las películas de terror los _____ (*ghosts*) aparecen por la noche.
5. En una guerra la población civil a veces tiene que _____ (*take refuge*) en un lugar seguro.
6. En una guerra frecuentemente hay dos _____ (*sides*).
7. Un sinónimo de la palabra "frecuentemente" es _____ (*often*).
8. Los temas de algunas películas mexicanas _____ (*are based, are supported*) en la historia de España.

Cine mexicano sobre España

DAVID SILPA/UPI /Landov

Guionista, artista de efectos especiales, director y productor cinematográfico, Guillermo del Toro ha recibido reconocimiento internacional por películas como *Cronos* (1993), *Mimic* (1997), *El espinazo del diablo* (2001), *Blade II* (2002), *Hellboy* (2004) y *El laberinto del fauno* (2006).

Del Toro nació en Guadalajara (México) en 1964. Aunque desde muy joven tuvo contacto con actividades cinematográficas, pasó diez años trabajando como supervisor de maquillaje. *Cronos* fue la primera película que le dio fama internacional y poco tiempo después, Del Toro tuvo la oportunidad de trabajar en Hollywood dirigiendo *Mimic*. Esta experiencia dejó a Del Toro un poco **insatisfecho** porque la dirección de la película tuvo que llevarla a cabo[1] dentro de los límites establecidos por Hollywood. Así pues, regresó a México y empezó a trabajar en *El espinazo del diablo*.

El cine de Del Toro se caracteriza por una estética mágica y fantástica. Su estilo está marcado por su gusto por la biología y por la escuela de arte simbolista, su fascinación por el mundo fantástico de los cuentos de hadas y su gusto por los temas oscuros, los monstruos, fantasmas o seres fantásticos. **M**

Su película *El laberinto del fauno* recibió dos premios Oscar y para muchos críticos es su obra maestra[2].

Por si acaso

La Guerra Civil española

El enfrentamiento entre el ejército republicano y el nacionalista comenzó en 1936 y terminó en 1939. En 1936 España estaba gobernada por los republicanos, un grupo con ideales socialistas a quienes los miembros del bando nacionalista llamaban "los rojos" (*reds*). El ejército nacionalista, dirigido por el general Francisco Franco, ganó la guerra y Franco tomó el poder estableciendo una dictadura militar que duraría 40 años.

Esta película y *El espinazo del diablo* **abordan** temas semejantes, ya que en las dos aparece el tema de la inocencia y la fantasía de la niñez y ambas comparten el escenario de la Guerra Civil española (1936–1939).

En *El espinazo del diablo*, Casares y Carmen están a cargo[3] de un orfanato en un lugar remoto y desolado de España durante la Guerra Civil. Uno de los protagonistas es un niño, que se llama Carlos. Por las noches, Carlos tiene visiones de un **fantasma** que lo llama por su nombre. Carlos se da cuenta que es el fantasma de Santi, un niño que había muerto hacía unos meses y que se le aparece en múltiples ocasiones para comunicarle un importante mensaje sobre el pasado y el futuro.

En *El laberinto del fauno*, una niña llamada Ofelia **se refugia** en un mundo de fantasía para afrontar la dura realidad de España durante los años de la posguerra. Del Toro ha reconocido que en esta película él se siente identificado con Ofelia, quien es una especie de recreación autobiográfica de la niñez del director mexicano. En cuanto al fauno[4], Del Toro ha revelado que se inspiró en la imagen de un fauno que aparecía en sus sueños cuando era niño.

Es conocida la conexión entre México y España en la época de la posguerra española. México acogió[5] a miles de

©Moviestore collection Ltd / Alamy

---

1. *to carry out;*   2. *master piece;*   3. *to be in charge;*   4. *faun; satyr (mythological creature);*   5. *took in*

españoles del **bando** republicano que tuvieron que exiliarse al terminar la Guerra Civil española en 1939. Una de las influencias más importantes en la vida creativa de Del Toro fue su tío, Emiliano García Riera, un historiador de cine muy conocido en México que fue exiliado de España cuando todavía era un niño y que **a menudo** le contaba a su sobrino historias sobre la guerra. Su influencia definió el interés de Del Toro por el cine y su conocimiento sobre la Guerra Civil española, que para él es una guerra muy cercana a México.

Del Toro ha dicho en alguna ocasión que las circunstancias de la Guerra Civil española ofrecen un perfecto referente para reflexionar sobre temas humanos como el amor, la envidia, la generosidad y la ambición, entre otros. Por eso no podemos ver *El espinazo del diablo* y *El laberinto del fauno* como películas que tratan el tema de la Guerra Civil española, sino como películas que **se apoyan** en esas circunstancias históricas de España para desarrollar temas universales. Es esta universalidad la que quizás explique en parte el éxito internacional de estas dos películas. Ⓜ

> **Ⓜ omento de reflexión**
>
> Selecciona la idea que mejor representa el contenido de los cinco últimos párrafos.
> _____ Los párrafos presentan un resumen de dos películas.
> _____ Los párrafos dan información sobre dos películas y sobre el tío de Del Toro.

6–40. ¿Es verdad? Indica si las siguientes ideas son ciertas (C) o falsas (F) con base en la información de la lectura.

1. Guillermo del Toro es un director de cine español.
2. El cine de Del Toro no se conoce en otros países.
3. La primera experiencia que tuvo Del Toro en Hollywood fue muy positiva.
4. Sus películas se clasifican dentro del género fantástico y de terror.
5. A Del Toro le gusta usar a niños como protagonistas.
6. La Guerra Civil española es una etapa histórica que le interesa a Del Toro.
7. Una persona de su familia inspiró en Del Toro su amor por el cine e interés por la Guerra Civil española.

6–41. Vocabulario: Después de leer. Por el contexto de las oraciones, deduce el significado de las palabras en negrita. Indica qué idea de la columna derecha se corresponde con las expresiones de la columna izquierda.

1. Esta experiencia dejó a Del Toro un poco **insatisfecho**.
2. Esta película y *El espinazo del diablo* **abordan** temas semejantes.
3. Carlos tiene visiones de un **fantasma** que lo llama por su nombre.
4. … una joven llamada Ofelia **se refugia** en un mundo de fantasía.
5. México acogió a miles de españoles del **bando** republicano.
6. Con él hablaba **a menudo** sobre esta guerra.
7. … no podemos ver *El espinazo del diablo* y *El laberinto del fauno* como películas que tratan el tema de la Guerra Civil española, sino como películas que **se apoyan** en esas circunstancias históricas de España.

1. fantasma	a. protegerse de un peligro
2. abordar	b. grupo, facción
3. insatisfecho	c. espíritu
4. apoyarse	d. tener soporte
5. refugiarse	e. tratar (un tema)
6. a menudo	f. descontento
7. bando	h. con frecuencia

6–42. ¿Comprendes? Completa estas ideas sobre la lectura.

1. Del Toro no es solo director de cine sino que además…
2. Su primera experiencia en Hollywood no le gustó mucho porque…
3. La Guerra Civil española es el escenario de…
4. Del Toro se identifica con el personaje de…
5. México ayudó a los españoles que…
6. Una persona influyente en Del Toro fue…

 6–43. Hablemos del tema. En grupos, piensen en sus películas favoritas y adivinen qué películas describen sus compañeros. Cada miembro del grupo debe seleccionar una película conocida por todos y describirla. Usen el modelo como guía.

> **MODELO**
>
> **¿Qué película es?**

El título de la película tiene _____ palabras.
Es una película del género…
El/La protagonista/los protagonistas…
La película trata de/cuenta la historia de…
El desenlace de la película…

Gramática

Prepositions por, para, de, a, en

We can define a preposition as a word that establishes a relationship between its most immediate words, e.g., mesa **de** madera, caminamos **por** dos días, vivo **en** Puebla. In these examples **de, por** and **en** indicate a relationship of substance, time and location respectively.

Only a few Spanish prepositions feature a one-to-one correspondence with English so you must memorize the rules for preposition usage and begin to recognize the contexts in which Spanish prepositions appear.

The focus of this chapter is the use of the prepositions **por, para, de, a** and **en**.

Uses of **por** and **para**

Por

1. Place of transit (**por** = *through*)

   Pasamos **por** México, D.F. en el viaje a Oaxaca.
   *We went **through** Mexico City on the trip to Oaxaca.*

2. The reason or cause (**por** = *because of*)

   Por eso no pude ir al cine anoche.
   ***Because of** that (for that reason), I couldn't go to the movies last night.*

   Nos mojamos **por** la lluvia.
   *We got wet **because of** the rain.*

Para

1. Place of destination (**para** = *for, headed to*)

   Salimos **para** Yucatán a las 7.00 de la mañana.
   *We left **for** (headed to) Yucatán at 7:00 AM.*

2. Recipient or goal (**para** = *for, in order to*)

   He comprado un regalo **para** mi novio.
   *I have bought a gift **for** my boyfriend.*

   Del Toro filmó sus películas **para** expresar temas universales.
   *Del Toro filmed his movies **in order to** express universal themes.*

3. Duration (**por** = *for*)

Los rebeldes lucharon **por** once años.
*The rebels fought **for** eleven years.*

4. In exchange (**por** = *for*)

Pagamos 10 euros **por** las entradas.
*We paid 10 euros **for** the tickets.*

Uses of **de**

1. To indicate possession (**de** = *'s*)

Las películas **de** Del Toro son famosas fuera de México.
Del Toro's films are famous outside of Mexico.

2. To form an adjectival phrase modifying a noun (**de** doesn't translate)

Me gustan las películas **de** horror.
I like horror movies.

Los cuentos **de** hadas crean un mundo de fantasía.
Fairy tales create a world of fantasy.

3. To indicate the period of the day in these two expressions (**de** = *at, during*)

Los revolucionarios atacaban **de** noche.
*The revolutionaries attacked **at** night.*

Los campesinos trabajaban **de** día.
*The peasants worked **during** the day.*

To say "in the morning", use "**por** la mañana"

4. To attribute authorship (**de** = *by*)

La historia "Los novios" es **de** un autor desconocido.
*The story "Los novios" is **by** an unknown author.*

Estoy leyendo una novela **de** un autor mexicano.
*I am reading a novel **by** a Mexican author.*

Uses of **a**

1. To express the time of an event (**a** = *at*)

Los estudiantes se levantaron **a** las seis de la mañana.
*The students got up **at** six in the morning.*

2. To indicate destination after verbs of motion (**ir, venir, llegar, volver, caminar, correr**) (**a** = *to*)

Los turistas fueron **a** la capital de México.
*The tourists went **to** the capital of Mexico.*

3. In the construction **al** + *infinitive* to express an event that triggers another (**a** = *on/upon* + _____*ing*)

Al salir de Hollywood, Del Toro comenzó a trabajar en *El espinazo del diablo*.
***Upon** leaving Hollywood, Del Toro began to work on El espinazo del diablo.*

Uses of **en**

1. Location (**en** = *at, on, in*)

El estreno tendrá lugar **en** el Cine Mirabel.
*The premiere will take place **at** the Mirabel Theatre.*

Van a poner la película **en** el centro estudiantil.
*They're going to show the movie **in** the student center.*

Los informes están **en** la mesa de mi oficina.
*The reports are **on** the table in my office.*

WileyPLUS Go to *WileyPLUS* to review this grammar point with the help of the **Animated Grammar Tutorial** and **Verb Conjugator**. See also textbook Appendices with Grammar References and verb tables. For more practice, go to the **Activities Manual**.

6–44. Identificación e imitación. Identifica el uso de las preposiciones en las siguientes oraciones. Escribe una oración sobre tu vida personal o académica usando la misma preposición del ejemplo.

> **MODELO**
>
> **Guillermo del Toro estudió *en* la Universidad de Guadalajara, México.**
> **Use: location (en = *at*)**
> **Yo estudio en la Universidad de California.**

1. El interés **de** Guillermo del Toro en el cine comenzó cuando era niño.
2. Vamos a ver la película *Mimic*, que comienza **a** las 11:40 de la noche.
3. El tío de Guillermo fue un historiador **de** cine.
4. Las escenas de terror suelen tener lugar **de** noche.
5. **Al** escuchar las historias de su tío, Guillermo del Toro comenzó a interesarse por la Guerra Civil española.
6. Hubo mucha gente **en** el estreno de *El laberinto del fauno*.
7. Mucha gente no sabe que *Hellboy* es una película **de** Guillermo del Toro.

6–45. ¿Quién es Pedro Almodóvar? Escoge la preposición adecuada para completar las oraciones sobre este famoso director de cine español.

Chris Jackson/Getty Images

en	para	por	de	en	a	al

1. El español Pedro Almodóvar es uno de los directores _____ cine más conocidos _____ otros países.
2. Pedro no pudo ir _____ la universidad _____ estudiar cine _____ la pobreza de su familia.
3. _____ toda su carrera cinematográfica, el interés _____ Almodóvar en temas sociales y políticos ha sido obvio.
4. Pedro sintió una gran satisfacción _____ recibir el premio Oscar _____ la película *Hable con ella* _____ Hollywood.

6–46. ¿Por o para? Estudia el contexto de las oraciones siguientes y selecciona las preposiciones **por** o **para**.

por = *place of transit*	para = *in order to*
por = *in exchange*	para = *recipient*
por = *duration*	para = *destination*
por = *cause or reason*	

1. Pedro Almodóvar ha tomado un avión (por/para) México (por/para) participar en un certamen de cine.
2. Muchos españoles vivieron en México (por/para) muchos años después de la Guerra Civil española.
3. Almodóvar ha recibido dos premios Oscar (por/para) las películas *Todo sobre mi madre* y *Hable con ella*.
4. Las películas de Guillermo del Toro no son (por/para) niños pero tratan la fantasía infantil.
5. Muchos directores de cine deben pasar (por/para) grandes obstáculos (por/para) triunfar en Hollywood.

6–47. ¿Por dónde pasas para ir a estos lugares? Usen distintos verbos para explicarle a su compañero/a por dónde pasan para ir a estos lugares. Sigan el modelo.

pasar   caminar   entrar   cruzar

> **MODELO**
>
> **el comedor de la universidad**
> **Para ir al comedor de la universidad (*cafetería*), cruzo por la biblioteca**

mi restaurante favorito
el apartamento de mi amigo/a
la biblioteca
mi primera clase
la parada del bus

6–48. Mis actividades. Para hablar de dónde, cuándo y por cuánto tiempo hacemos ciertas actividades es importante usar bien las preposiciones.

A. Sigan el modelo para escribir tres actividades de su horario personal y universitario. Después compartan la información con sus compañeros.

> **MODELO**
>
> **Asisto a la clase de español *en* el edificio de humanidades *a* las 10:00 *por* una hora.**

ACTIVIDAD	LUGAR	HORA	DURACIÓN
1. asistir a la clase de español	el edificio de humanidades	10:00	1 hora
2.			
3.			
4.			

B. Informen a la clase si, además de la clase de español, hay otras actividades en las que coinciden los miembros de su grupo.

> **MODELO**
>
> **Mark, Lauren y yo vamos a almorzar en *Panera Bread* a las 12:00 por una hora.**

6–49. Más preposiciones. Escriban un breve párrafo sobre un tema personal usando las expresiones con **por** y **para** del *Vocabulario esencial*. Deben usar el mayor número de expresiones posibles. Compartan el párrafo con su grupo y seleccionen el mejor. El más creativo y con más expresiones usadas correctamente gana.

> **MODELO**
>
> **Me ha dejado mi novio...**

Ayer supe por fin que mi novio me va a dejar para siempre. Por eso no respondía a mis llamadas y e-mails. Para colmo, me dijo que está enamorado de mi mejor amiga, a quien conoció por casualidad en mi fiesta de cumpleaños.

Vocabulario esencial

Expresiones comunes con por y para

para bien o para mal	*for better or for worse*
para colmo	*to make matters worse*
para siempre	*forever*
para variar	*for a change*
por ahora	*for the time being*
por casualidad	*by chance*
por ejemplo	*for example*
por eso	*for this reason*
por fin	*at last/finally*
por lo menos	*at least*
por si acaso	*just in case*

Vocabulario para conversar

Coloquialismos de México y España

¿Qué onda, güey?

Ya terminé los finales, ¿nos vamos de marcha?

Usar coloquialismos en México y España

The following expressions are commonly used in everyday conversations in Mexico and Spain. As you may imagine, this is only a partial sample of how rich the Spanish language is. Enjoy!

México	España	Estados Unidos
lana	pasta	*money*
cuate/güey	tío/tía/colega	*dude*
chela	birra	*beer*
codo	agarrado	*stingy*
fresa	pijo	*snob, stuck-up*
órale	vale	*OK, right on!*
¡Qué padre!	¡Qué guay!	*How cool!*
ir de reventón	ir de marcha	*go party*
un chorro de...	un mogollón de...	*an awful lot of . . .*

España		
pasarlo bomba		*to have a great time*
ser un rollo		*to be a bore*
tener mala leche/uva		*to be bad-tempered*
un/una guiri		*a tourist*

México

¡Aguas!	*Watch out!*
¡Chin!	*Bummer!*
¡Híjole!	*Holy cow!*
¡No manches!	*Give me a break!*
¿Mande?	*Pardon?/ A way to respond to someone who has called your attention*
¿Qué onda?	*What's up?*

6–50. ¿Nos vamos de reventón? Completen las siguientes conversaciones usando los coloquialismos que aparecen en las listas.

Un par de mexicanos en un café:

Alejandro: Hola 1. _____.

Rodolfo: ¿Qué onda, 2. _____? ¿Te tomas un café?

Alejandro: 3. _____. Hace 4. _____ tiempo que no hablamos, así que aprovechemos para ponernos al día.

Rodolfo: Oye, ¿qué ha pasado con tu novia? No te he visto con ella últimamente.

Alejandro: Estoy harto con su temperamento. Siempre está enojada.

Rodolfo: Pues güey, tengo que presentarte a Lupita. Ella es la hermana de mi novia y tiene un muy buen sentido del humor. Seguro que con ella vas a pasarlo bien.

Alejandro: ¿Qué te parece si invitas a tu novia y a Lupita y los cuatro nos 5. _____ el viernes?

Rodolfo: 6. ¡_____! Paga los cafecitos porque estoy sin 7. _____.

Alejandro: Tú, 8. _____ como siempre. ¡Ja, ja, ja!

La misma situación en un café en Sevilla:

Manolo: Hola 1. _____.

Fernando: Manolo, qué bueno verte. ¿Te tomas un café?

Manolo: 2. _____. Hace 3. _____ tiempo que no hablamos, así que aprovechemos para ponernos al día.

Fernando: Oye, ¿qué ha pasado con tu novia? No te he visto con ella últimamente.

Manolo: Esa 4. _____ tiene 5. _____. Siempre está enojada.

Fernando: Pues tengo que presentarte a Lola. Ella es la hermana de mi novia y tiene un muy buen sentido del humor. Seguro que con ella vas a 6. _____.

Manolo: Hablando de pasarlo bien, ¿qué te parece si invitas a tu novia y a Lola y los cuatro nos 7. _____ el viernes?

Fernando: Me parece fenomenal. Paga los cafecitos porque estoy sin 8. _____.

Manolo: Tú, 9. _____ como siempre. ¡Ja, ja, ja!

COLOR Y FORMA

El padre Miguel Hidalgo y la independencia nacional, de José Clemente Orozco

José Clemente Orozco (1883–1949) nació en el estado de Jalisco, México. Este pintor popularizó la técnica del fresco y es uno de los mejores muralistas de la cultura occidental. Trabajó en EE. UU. entre 1927 y 1934. Durante esta época pintó los murales de la biblioteca Baker en Dartmouth College, en los cuales se representa la historia de América. El movimiento artístico que más influyó en su arte fue el simbolismo. Orozco fue un hombre activo en la política durante la Revolución Mexicana (1910 a 1920). Su preocupación por la justicia social es evidente en sus murales y en sus caricaturas.

Schakwijk/Art Resource/ARS

El padre Miguel Hidalgo y la independencia nacional,
de José Clemente Orozco. Palacio de Gobierno.
Guadalajara, México.

 6–51. Mirándolo con lupa. Observen esta obra de arte y hagan lo siguiente:

1. Describan los objetos y los colores que observen en el cuadro.
2. Expliquen la relación entre las imágenes del cuadro y el título.
3. Denle un título diferente a la obra y expliquen su selección.
4. Expliquen la relación entre el tema de este cuadro y el tema de este capítulo.
5. ¿Comprarían este cuadro? Expliquen.

6–52. Un resumen de una película. Un grupo de estudiantes de español ha creado una página web que compila resúmenes (*summaries*) de películas hechas por directores españoles y mexicanos. Vas a contribuir al proyecto con el resumen de una película.

Preparación

1. Consulta con tu instructor/a sobre qué película resumir.
2. Antes de ver la película, busca esta información básica: a. El nombre del director y su país de origen; b. El año de producción; c. El género (drama, comedia, acción, etc.)
3. Toma apuntes mientras ves la película. Puedes anotar la secuencia de eventos de la trama (plot), los nombres de los protagonistas principales y otros detalles que te parezcan importantes.

A escribir

1. Escribe una introducción con la información básica (director, año de producción, género).
2. Escribe un resumen de la trama. Narra la trama en orden cronológico. Incluye descripción de los escenarios y de los personajes principales. Organiza tus ideas en párrafos.
3. Nota que, al igual que en inglés, el resumen de la trama de una película se puede escribir en español con verbos en el presente (conocido como "el presente histórico").

> **MODELO**
>
> ***El Laberinto del fauno,*** **de Guillermo del Toro, tiene lugar en el año 1944, en la época posterior a la Guerra Civil española. Cuenta la historia de Ofelia, una niña de 13 años que vive en un pequeño pueblo con su madre y su padrastro. Su madre está embarazada y su padrastro es capitán del ejército franquista...**

Revisión

1. Escribe el número de borradores que te indique tu instructor/a y revisa tu texto usando la guía de revisión del Apéndice C.
2. Escribe la versión final y entrégasela a tu instructor/a.

Ven a conocer

 6–53. Preparación. Aquí tienen varios folletos turísticos. En parejas, y antes de leer, preparen una lista breve incluyendo el tipo de información que normalmente se encuentra en folletos turísticos. Incluyan la mayor cantidad de puntos posibles. Después de leer, repasen su lista para comprobar si sus predicciones fueron acertadas.

Más allá de las palabras

Qué ver en Oaxaca

EL ESTADO DE OAXACA

En su vasta geografía encontrarás playas, montañas, bosques y valles, zonas arqueológicas, arquitectura colonial, enormes recursos de biodiversidad, todas las comodidades del mundo moderno, tradiciones centenarias y folclor. Todos estos aspectos hacen de Oaxaca uno de los destinos preferidos por el turismo nacional y extranjero.

LA CIUDAD DE OAXACA

La ciudad de Oaxaca se distingue por la belleza y armonía de su arquitectura, la riqueza de sus costumbres y tradiciones, la extensa variedad de su comida y la suavidad de su clima primaveral.

El centro histórico de la ciudad fue declarado Patrimonio de la Humanidad por la Organización de las Naciones Unidas para la Educación, las Ciencias y la Cultura (UNESCO). La Plaza de la Constitución o Zócalo de la ciudad es una de las más hermosas de México. El andador Macedonio Alcalá o "Andador Turístico" es una calle peatonal (*pedestrian*) y es donde están los museos, las antiguas casas coloniales, las galerías, los restaurantes y las más distinguidas tiendas de artesanía y joyería.

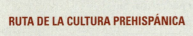

RUTA DE LA CULTURA PREHISPÁNICA

La ruta Monte Albán-Zaachila comprende la zona arqueológica de Monte Albán, la ciudad más representativa de la cultura zapoteca por su desarrollo cultural y su arquitectura monumental. En el poblado de Atzompa se elaboran hermosas piezas de barro natural y verde **vidriado**[1].

LA COSTA OAXAQUEÑA

¡Huatulco tiene de todo, menos invierno! Es uno de los lugares más bellos de la costa del

Pacífico mexicano. Huatulco también es uno de los complejos turísticos más ambiciosos del país, porque en todos sus megaproyectos se ha buscado proteger la belleza natural del lugar y conservar su ecología.

EL SABOR DE OAXACA

La cocina oaxaqueña es una de las más ricas de México. En la cocina de Oaxaca el ingrediente prehispánico es fundamental. Los platillos más tradicionales son: el "mole oaxaqueño", en sus siete variedades dependiendo del tipo de chile que se utiliza, comenzando desde el mole más sencillo hasta el más elaborado; hay mole negro, amarillo, almendrado, de chichilo, verde y colorado. Además sobresalen los chiles rellenos, el quesillo, las tlayudas y los típicos tamales. Pero el platillo más peculiar es los **"chapulines"**[2] preparados con sal. Se dice que aquellos que lo prueban siempre regresan a Oaxaca.

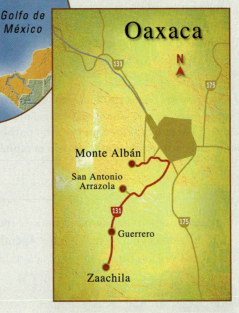

---

1. *glass crafts;* 2. *grasshopper*

El Camino de Santiago:

Turismo espiritual

La **red**[3] de caminos que conducen a Santiago de Compostela (España) recibe el título de Primer Itinerario Cultural Europeo por su función difusora de las manifestaciones culturales y creadora de una identidad común entre los pueblos de Europa. Es sin duda la primera gran ruta que conduce por tierras de España a viajeros de todo el mundo.

Desde hace más de ocho siglos, el culto al apóstol Santiago tiene como consecuencia un flujo interminable de **peregrinos**[4]. El itinerario del Camino de Santiago tiene una función espiritual y cultural. En la ruta resalta la gran variedad cultural de las regiones que se recorren, la hospitalidad de sus gentes y el variado paisaje.

La ruta más conocida y mejor acondicionada es la que se conoce como el camino francés. Entra en España por Somport u Orreaga-Roncesvalles en los Pirineos y se unifica después en Puente la Reina. El objetivo de la ruta es visitar la tumba del Apóstol Santiago, que se encuentra en la ciudad de Santiago de Compostela, específicamente en la catedral de esta ciudad.

La ciudad del apóstol está llena de monumentos, y recorrer sus calles, plazas y rincones es el mejor atractivo antes de probar la excelente cocina. Las fiestas para honrar al apóstol Santiago son los días 24 y 25 de julio.

6–54. Comprensión y preferencias. En parejas, hagan lo siguiente: imaginen que tienen que hacer varias recomendaciones para sus amigos sobre algunos de los lugares mencionados en los folletos. Uno de sus amigos quiere hacer turismo arqueológico, a otro le interesa mucho la gastronomía y a su amiga Marta le fascina ir a la playa durante las vacaciones.

- Primero indiquen qué lugar les parece más indicado para cada viajero.
- Después, incluyan información sobre las actividades disponibles en cada lugar.
- Finalmente, incluyan sus preferencias personales y explíquenles por qué ustedes preferirían ir a un sitio u otro.

6–55. Una postal. Imagínate que acabas de pasar tus vacaciones en uno de los lugares sobre los cuales has leído. Escribe una postal de unas 50 a 75 palabras y explícale a tu instructor/a adónde fuiste y qué hiciste en los lugares de tu elección. Recuerda que debes dirigirte a tu instructor/a formalmente, usando *usted*, y presta atención a los tiempos verbales del pasado.

Viaje virtual

Opción 1: Busca en la red información y consejos de otros peregrinos para gente interesada en hacer el Camino de Santiago. Prepara un informe para traer a clase con la siguiente información: Cuándo piensas ir, cómo prefieres viajar (a pie o en bicicleta), qué sitios quieres visitar y cómo te vas a preparar para el camino. Opción 2: Busca en la red información sobre Oaxaca y escoge dos o tres aspectos que te parezcan interesantes. Algunas sugerencias: atractivos naturales, actividades culturales, ecoturismo y consejos de viaje. Prepara un informe con esta información para traer a clase.

---

3. *network;*   4. *pilgrims*

Más allá de las palabras

6–56. Anticipar. Antes de leer, respondan a las siguientes preguntas para identificar lo que ya saben sobre el tema que trata esta leyenda.

1. El título "Los novios" sugiere:

   a. una historia de misterio   **b.** una historia de amor

2. Lean la primera frase. ¿Conocen otras historias que empiezan de esa forma? ¿Qué tipo de historias son?

3. ¿Qué personajes creen que van a encontrar en "Los novios"?

4. Miren la ilustración de la historia y preparen una hipótesis sobre qué representan los dos volcanes. Después de leer la leyenda, revisen su hipótesis y corrijan los elementos necesarios.

Los novios (Leyenda anónima)

Hace mucho tiempo había un gran emperador azteca cuyo mayor tesoro era su hija, la muy hermosa Ixtaccíhuatl. Los aztecas, como toda nación poderosa, tenían muchos enemigos. Un día, el emperador recibió malas noticias. Sus peores enemigos planeaban un ataque contra su pueblo. El emperador era ya viejo y no podía ser el jefe de sus soldados en una lucha **despiadada**[1] y cruel. Por eso, convocó en el salón del **trono**[2] a todos los **guerreros**[3] jóvenes y valientes del imperio. El emperador les dijo:

—He recibido noticias terribles. Nuestros peores enemigos están planeando un ataque enorme contra nuestras fronteras. Yo ya soy viejo y no puedo mandar las tropas. Necesito un jefe para mi ejército. **Elijan**[4] entre ustedes al guerrero más valiente, más fuerte y más inteligente, y yo lo nombraré capitán de mis ejércitos. Si ganamos la guerra, no solo le daré todo mi imperio, sino también mi joya más preciada: mi hija, la bella princesa Ixtaccíhuatl.

En la sala hubo mucho **alboroto**[5], un gran **rugido**[6] se elevó de las **gargantas**[7]; todos los guerreros gritaron al mismo tiempo un solo nombre:

—¡Popocatepetl! ¡Popocatepetl! Popocatepetl es el más valiente, Popocatepetl es el más fuerte y el más inteligente. Popocatepetl va a **derrotar**[8] a nuestros enemigos. ¡Viva Popocatepetl!

Los jóvenes guerreros **levantaron** a Popocatepetl **en hombros**[9] y lo llevaron hasta el emperador. Este lo miró a los ojos y le dijo:

—Popocatepetl, la **suerte**[10] de nuestro pueblo está en tus manos. Tú eres el nuevo jefe del ejército azteca. El enemigo es poderoso. Si **vences**[11], te daré mi trono y la mano de mi hija, la bella princesa Ixtaccíhuatl. Pero si eres **derrotado**[12], no vuelvas.

Popocatepetl tenía una tarea muy difícil ante él. Estaba preocupado y feliz: preocupado por la guerra, pero ¿por qué estaba feliz? Nadie lo sabía. El secreto que guardaba era que él e Ixtaccíhuatl se amaban. Se habían conocido hacía un año caminando entre **aguacates**[13], y el amor floreció en sus ojos desde la **primera mirada**[14]. La guerra sería dura, sería difícil, sería terrible; pero con la victoria, sus sueños de amor se verían cumplidos.

La noche antes de partir para la lucha, Popocatepetl fue a despedirse de Ixtaccíhuatl. La encontró paseando entre los canales. La princesa estaba muy triste y le dijo a su amado:

—Tengo miedo de que mueras, ten mucho cuidado, mi amor. Regresa **sano**[15] y vivo. Sé que no podré seguir viviendo si tú no estás conmigo.

---

1. *merciless;*   2. *throne;*   3. *warriors;*   4. *Choose;*   5. *uproar;*   6. *roar;*   7. *throats;*   8. *defeat;*   9. *carried on their shoulders;*   10. *fate;*
11. *win;*   12. *defeated;*   13. *avocado trees;*   14. *first sight;*   15. *healthy*

—Volveré, volveré por ti. Nos casaremos y siempre, siempre, permaneceré a tu lado —contestó Popocatepetl.

Popocatepetl salió de la capital **al mando de**[16] los jóvenes soldados. La guerra resultó sangrienta, larga, feroz. Pero Popocatepetl era el más fuerte. Popocatepetl era el más inteligente. ¡Nadie era más valiente que Popocatepetl! ¡Viva Popocatepetl!

El ejército azteca triunfó contra sus enemigos. Todos los guerreros se alegraron. Todos celebraron la victoria. ¿Todos? Había un guerrero que no se alegró, un guerrero que no celebró la victoria. ¿Qué pasaba? Este guerrero tenía celos de Popocatepetl. Deseaba todo lo que Popocatepetl poseía. Él quería ser el nuevo jefe del ejército azteca y deseaba casarse con la princesa Ixtaccíhuatl.

Los soldados aztecas se prepararon para regresar a la capital. Sin embargo, el guerrero celoso salió más pronto, corrió tan rápidamente que llegó un día antes que el resto del ejército. Fue donde el emperador. **Se arrodilló**[17] a sus pies y le anunció que Popocatepetl había muerto en el primer día de lucha; que él, y no Popocatepetl, fue el guerrero más fuerte y valiente; que él, y no Popocatepetl, fue el jefe del ejército en la batalla.

El emperador, quien apreciaba de verdad a Popocatepetl, se entristeció profundamente. Su **rostro**[18] se oscureció de dolor; pero él había hecho una promesa y tenía que cumplirla. Le ofreció al guerrero celoso todo el imperio azteca y la mano de su hija. Al día siguiente hubo una gran fiesta en el palacio con flores, música, bailes y concursos de poesía. Ese día se celebraban las bodas de la bella princesa y de aquel guerrero. **De repente**[19], en mitad de la ceremonia, Ixtaccíhuatl gritó: ¡Ay mi pobre Popocatepetl! No podré vivir sin ti. Y cayó muerta en el suelo.

En ese momento, los otros guerreros aztecas con Popocatepetl a la cabeza entraron ruidosamente en el palacio. Popocatepetl quería su recompensa y sus ojos buscaron a su amada por las salas. Nadie habló. Un gran silencio ocupó todas las estancias. Las miradas se dirigieron a la princesa muerta. Popocatepetl vio a Ixtaccíhuatl. Corrió a su lado. La tomó en sus brazos, le **acarició**[20] el pelo y **sollozando**[21] le **susurró**[22]:

—No te preocupes, amor mío. No te dejaré nunca sola. Estaré a tu lado hasta el fin del mundo. La llevó a las montañas más altas. La puso en un **lecho**[23] de flores y se sentó a su lado, para siempre, lejos de todos. Pasó tiempo y, por fin, uno de los buenos dioses se compadeció de los dos amantes: los transformó en volcanes.

Desde entonces, Ixtaccíhuatl ha sido un volcán tranquilo y silencioso: permanece dormido. Pero Popocatepetl tiembla de vez en cuando. Cuando su corazón sangra, **suspira**[24] y **vierte**[25] lágrimas **teñidas**[26] de fuego. Entonces, todo México sabe que Popocatepetl llora por su amor, la hermosa Ixtaccíhuatl.

Susan M. Bacon, Nancy A. Humbach, Gregg O. Courtad, and Aitor Bikandi-Mejias (2000). *Leyendas del Mundo Hispano*, 1st edition, ©2000, pp. 42-45. Reprinted by permission of Pearson Education, Inc., Upper Saddle River, NJ.

---

16. *in charge of;*   17. *He kneeled down;*   18. *face;*   19. *Suddenly;*   20. *caressed;*   21. *sobbing;*   22. *whispered;*   23. *bed;*
24. *sighs;*   25. *sheds;*   26. *tinged*

6–57. Nuestra interpretación de la obra. Responde a las siguientes preguntas:

1. Selecciona la idea que mejor resume la trama (*plot*) de la leyenda:
   a. Una historia de amor
   b. Una explicación mítica o fantástica del origen de dos volcanes

2. ¿Qué semejanzas encuentras entre la leyenda y la trama de *Romeo y Julieta*?

3. Haz una lista de los personajes de la leyenda y describe su personalidad brevemente.

4. ¿Con qué personaje te identificas? Explica.

5. ¿Cuál es la parte más dramática de la historia?

6. ¿Cuál es la parte mítica o fantástica de la historia?

 6–58. Ustedes tienen la palabra. En parejas, seleccionen una parte de la historia para representarla en clase. Pueden utilizar el diálogo original o adaptarlo de forma creativa para cambiar el final. Escriban el diálogo y ensayen de 5 a 10 minutos antes de representarlo.

WileyPLUS

Videoteca

México y España: Cruce de culturas

En este capítulo te has informado sobre la fusión de culturas entre México y España. El video que vas a ver muestra evidencia de este cruce en la arquitectura, la música, la religión, la cocina y otros aspectos de la cultura mexicana. Como verás en el video, tampoco se puede olvidar la riqueza de las culturas indígenas, que constituyen una parte fundamental de la identidad mexicana.

México: Una luz entre la contaminación

La Ciudad de México es un lugar fascinante, lleno de historia y cultura, pero su belleza está eclipsada por niveles muy altos de contaminación. En este video vas a conocer los factores que han contribuido a la gravedad de la situación, y las medidas que se están tomando para resolver el problema. Con estas medidas y el uso de nuevas tecnologías, se espera hacer avances importantes en la calidad del aire de la capital.

Vocabulario

Ampliar vocabulario

abordar	to deal with, address
alcanzar	to achieve
a lo largo de	throughout
amargo/a	unsweetened, bitter
a menudo	often
apoyarse	to be based on, to be supported by
bando *m*	side (of a cause)
bautizar	baptize
bienvenida *f*	welcome
cacique *m*	chieftain
carecer de	to lack of
cineasta *m/f*	filmmaker
dar los primeros pasos	take the first steps
fantasma *m*	ghost
frontera *f*	border
insatisfecho/a	dissatisfied
maya	maya (indigenous language)
náhuatl	nahuatl (indigenous language)
refugiarse	to take refuge
repartir	to distribute
sabor *m*	flavor
semilla *f*	seed
surgir	to emerge
volverse a casar	to get married again

Vocabulario esencial
Narrar en el pasado

Información de fondo

era la una	it was 1 o'clock
era lunes/martes/ etc.	it was Monday/Tuesday/ etc.
eran las dos/tres/etc.	it was 2/3/etc. o'clock
hacía buen/mal tiempo	the weather was nice/bad
hacía frío/calor/sol	it was hot/cold/sunny out
llovía	it was raining
nevaba	it was snowing
yo tenía ___ años	I was _____ years old

Reacciones y cambios de estado mental

me alegré/se alegró	I/he/she was (became) happy
me enojé/se enojó	I/he/she got mad
me gustó/le gustó	I/he/she was (became) pleased
me puse/se puso nervioso(a)/triste	I/he/she got nervous/sad
me sorprendí/se sorprendió	I/he/she was (became) surprised
tuve/tuvo miedo	I/he/she got scared

Descripción de estados mentales

estaba alegre	I/he/she was happy
enojado/a	angry
indiferente	indifferent
nervioso/a	nervous
triste	sad
sorprendido/a	surprised
tenía miedo	I/he/she was scared

Hablar de gastronomía

carne de cerdo *f*	pork
carne de res *f*	beef
cebolla *f*	onion
chile *m*	chile pepper
chorizo *m*	sausage
freír (i)	to fry
hornear	to bake
mantequilla *f*	butter
mariscos *m*	shellfish
masa *f*	dough
mayonesa *f*	mayonnaise
mezclar	to mix
lechuga *f*	lettuce
queso *m*	cheese
rebanada (de pan) *f*	slice (of bread)
sabroso/a	delicious
salsa *f*	sauce
untar	to spread
verduras *f*	vegetables

Vocabulario

Expresiones comunes con **por y para**

para bien o para mal	*for better or for worse*
para colmo	*to make matters worse*
para siempre	*forever*
para variar	*for a change*
por ahora	*for the time being*
por casualidad	*by chance*

por ejemplo	*for example*
por eso	*for this reason*
por fin	*at last/finally*
por lo menos	*at least*
por si acaso	*just in case*

CAPÍTULO 7

IDEOLOGÍAS DE NUESTRA SOCIEDAD (PAÍSES DEL CARIBE)

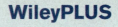

WileyPLUS ADDITIONAL ACTIVITIES FOR EACH TEMA AND ANIMATED GRAMMAR TUTORIALS AVAILABLE ONLINE.

Objetivos del capítulo

En este capítulo vas a...

- explorar las ideologías de algunas culturas hispanas caribeñas.
- expresar opiniones, recomendaciones y emociones.
- hablar de personas y objetos conocidos y desconocidos.
- tener una discusión acalorada, usar gestos para comunicarte y explicar un malentendido.
- escribir un artículo de opinión.

TEMA

©Franz Marc Frei/age fotostock

Muchas ciudades con costa en El Caribe, como San Juan en Puerto Rico, cuentan con antiguas fortificaciones que protegían la ciudad de posibles invasores. ¿De qué invasores crees que se estaban protegiendo?

Nuestras ideologías

©Ismael Francisco/Cubadebate /Associated Press

Capital:	La Habana
Población:	11,394,043 habitantes
Grupos étnicos:	blanco 64%, mulato 25%, africano 10%, otro 1%
Idiomas:	español
Moneda:	peso
Área:	aproximadamente del tamaño de Pensilvania

WileyPLUS

Go to *WileyPLUS* to explore this country further in the *Perfil de Cuba* section.

7–1. ¿Qué sabes sobre la historia de Cuba? Lee las siguientes oraciones sobre Cuba y decide si son ciertas o falsas. Si puedes, corrige las falsas.

1. La isla de Cuba es la más grande de las Antillas.
2. Cuba es el único país latino con una dictadura socialista.
3. El jefe del gobierno de Cuba es Fidel Castro.
4. Las relaciones entre EE. UU. y Cuba han sido siempre excelentes.
5. Durante el gobierno de Fidel Castro, muchos cubanos abandonaron la isla y se exiliaron en EE. UU.

Lectura

Entrando en materia

7–2. Anticipar el tema. Lean el título de la lectura que aparece a continuación. ¿Cuál es el significado del título?

1. El título significa que hay más de una isla en Cuba.
2. El título significa que hay dos formas de ver el gobierno de Cuba.

Ahora, piensen en lo que ya saben sobre Cuba. Recuerden la información de la televisión, de la radio o de Internet. Comenten con su compañero/a lo que ya saben sobre el gobierno, y la vida social y económica de este país.

7–3. Vocabulario: Antes de leer. Las siguientes expresiones aparecen en la lectura. Para familiarizarte con el vocabulario, selecciona la expresión sinónima de cada frase en negrita.

1. **Ha transcurrido** más de medio siglo desde que Fulgencio Batista fue derrocado por Castro.

    a. ha pasado   **b.** ha retrasado

2. ... durante estos años Cuba **ha logrado** avances notables.

    a. ha experimentado   **b.** ha fracasado

3. Las violaciones de **los derechos humanos** no se pueden ignorar.

    a. los exiliados   **b.** los privilegios legales

4. ... no hay una prensa libre donde los **ciudadanos** puedan expresarse.

    a. los periodistas   **b.** los habitantes de un país

5. El bloqueo económico **no ha debilitado** al gobierno.

    a. no ha impactado   **b.** no ha fortalecido

6. El diálogo es la única forma de evitar un **derramamiento de sangre**.

    a. violencia   **b.** enfermedad

Cuba: Dos visiones, una isla

Ha transcurrido más de medio siglo desde que Fulgencio Batista fue derrocado por Fidel Castro. Aunque Fidel ha dejado el liderazgo del país a su hermano Raúl, los principios comunistas de la Revolución cubana como los concibió Fidel no han cambiado mucho en todos esos años. La otra cosa que no ha cambiado es la división de opinión sobre la legitimidad del gobierno comunista de Cuba y las condiciones de vida en la isla.

No hay duda de que después de la Revolución, Cuba **ha logrado** avances sociales en las áreas de la educación, la salud pública y los derechos civiles de las minorías. Durante la dictadura de Batista, un alto porcentaje de

Tema 1   Nuestras ideologías   **241**

los ciudadanos no tenían las necesidades básicas para vivir bien y la población afrocubana, por ejemplo, sufría discriminación. Esta situación es diferente ahora y todos los cubanos son iguales bajo la ley y tienen acceso a comida, servicios médicos y educación.

Sin embargo, muchos críticos del régimen de Castro afirman que las violaciones de los derechos humanos no se pueden ignorar. La realidad cubana es que los partidos políticos, las elecciones y una prensa libre no existen, y que los ciudadanos que expresan opiniones contra el régimen en la prensa, en el arte o en la música, fácilmente pueden acabar en la cárcel.

En cuanto a la vida diaria de los cubanos, solo los más revolucionarios dirían que es satisfactoria. A pesar de tener cubiertas las necesidades básicas, y de tener acceso a la educación y a los servicios médicos, el bloqueo económico que Estados Unidos estableció en 1962 ha limitado significativamente el acceso de los cubanos a muchas mercancías y productos de consumo. Ⓜ

¿Y la Cuba del futuro? Muchos cubanoamericanos exiliados en Estados Unidos desean el derrocamiento del gobierno comunista y su reemplazo con instituciones democráticas. Pero no ha sido posible forzar que Cuba acepte la democracia. El bloqueo económico no ha debilitado al gobierno y por la vía de la fuerza no se puede alcanzar nada. Este hecho se probó en 1961 cuando Estados Unidos organizó una invasión de la isla que fracasó y provocó un derramamiento de sangre. Los más moderados desean un diálogo que permita la reconciliación del pueblo cubano con las naciones democráticas del mundo para abrir la isla al comercio y al intercambio cultural.

Es difícil conocer con certeza las opiniones de los cubanos en Cuba ya que las restricciones que impone el gobierno no permiten que las ideas se puedan expresar con libertad. Con todo, es lógico concluir que las precarias condiciones económicas hayan exacerbado un deseo interno de que las cosas cambien. Ⓜ

> Ⓜomento de reflexión
> Selecciona la oración que mejor describa el contenido de estos párrafos.
> ❑ 1. Los cubanos viven peor bajo el régimen de los Castro.
> ❑ 2. Hay una diferencia de opinión sobre la política cubana después de la Revolución.

> Ⓜomento de reflexión
> Selecciona la oración que mejor describa el contenido de estos párrafos.
> ❑ 1. Muchos individuos y naciones quieren ver cambios en el sistema político-económico de Cuba.
> ❑ 2. Es posible que EE. UU organice una invasión de Cuba para abrir la isla al comercio.

7–4. ¿Comprendes? Lee las siguientes oraciones y decide si son ciertas o falsas. Corrige las falsas con la información correcta.

1. El gobierno de Fulgencio Batista y el de Fidel Castro representaban ideologías políticas similares.
2. El bloqueo económico ha afectado negativamente el progreso de la educación y de la salud en Cuba.
3. El bloqueo económico ha tenido efectos negativos en la economía del país.
4. Los cubanos protestan públicamente por la falta de libertad y la violación de los derechos humanos.
5. Los cubanoamericanos desean que el gobierno de Raúl Castro sea derrocado.
6. Según el artículo, las opiniones de los cubanos que viven en Cuba son bien conocidas por todos.

7–5. Vocabulario: Después de leer. Responde a estas preguntas incorporando en tus respuestas el vocabulario escrito en negrita.

1. ¿Cuántos años **han transcurrido** desde que Fidel nombró a Raúl Castro presidente interino de Cuba? ¿Por qué lo hizo?
2. Explica con tus propias palabras qué significa para ti la palabra *ciudadano*.
3. Menciona dos **derechos** que los cubanos no tienen.
4. ¿Qué acontecimiento histórico **ha debilitado** la economía de Cuba? ¿Qué opinas sobre esto? ¿Te parece una buena solución a los problemas actuales? ¿Por qué?
5. Identifica una o dos situaciones reales en las que pueda haber **derramamiento de sangre**.

7–6. Resumir. En parejas, repasen el texto anterior para separar la información en estas dos categorías:

La visión positiva:
La visión negativa:

Ahora, estudien las dos listas y comenten estas preguntas: ¿Hay un balance entre las dos visiones de Cuba en el artículo? ¿Tiene el autor o la autora una visión neutral o expresa una opinión? ¿Están ustedes de acuerdo con la visión del autor/a?

7–7. Hablemos del tema. En grupos de cuatro, lean las citas de "Los cubanos hablan", que incluye comentarios positivos y negativos sobre el gobierno de Fidel y Raúl Castro. Identifiquen los comentarios positivos y los negativos. Después den su opinión personal a sus compañeros sobre un comentario de su elección. Para dar su opinión usen expresiones como: "Creo que...", "Me parece que...", "Opino que...".

Los cubanos hablan

"El gobierno dice que los cubanos que abandonan Cuba no tienen futuro".

"En Cuba no hay libertad para salir del país".

"El gobierno cubano provee educación y servicios médicos gratuitos para todos los ciudadanos".

"En las tiendas para los turistas no falta nada, pero la gente local no puede comprar en ellas".

"En Cuba, el índice de criminalidad es más bajo que en otros países latinoamericanos".

"Cuba sobresale por el desarrollo de las artes y los deportes".

Gramática

Another look at the Subjunctive in Noun Clauses

The subjunctive mood is used mostly in dependent clauses. There are three types of dependent clauses: noun clauses, adjective clauses (later in this chapter) and adverb clauses (later in *Capítulo 9*). In this section you are going to review and practice the use of the present and imperfect subjunctive in noun clauses, which you studied in *Capítulos 3* and *4*. Let's begin by reviewing the forms.

Infinitive	*Yo* Form Present Indicative	Present Subjunctive	
camin**ar**	camin**o**	camin**e**	camin**emos**
		camin**es**	camin**éis**
		camin**e**	camin**en**
com**er**	com**o**	com**a**	com**amos**
		com**as**	com**áis**
		com**a**	com**an**
escrib**ir**	escrib**o**	escrib**a**	escrib**amos**
		escrib**as**	escrib**áis**
		escrib**a**	escrib**an**

It is important to remember the irregular *yo* forms of the present indicative when forming the present subjunctive: **tener** (tenga, tengas...), **salir** (salga, salgas...), **decir** (diga, digas...), **hacer** (haga, hagas...), etc.

Infinitive	Third-Person Plural Preterit	Imperfect Subjunctive*	
camin**ar**	camin**aron**	camin**ara**	camin**áramos**
		camin**aras**	camin**arais**
		camin**ara**	camin**aran**
com**er**	com**ieron**	com**iera**	com**iéramos**
		com**ieras**	com**ierais**
		com**iera**	com**ieran**
escrib**ir**	escrib**ieron**	escrib**iera**	escrib**iéramos**
		escrib**ieras**	escrib**ierais**
		escrib**iera**	escrib**ieran**

When forming the imperfect subjunctive it is important to remember irregular preterit forms (**pudieron, pusieron, estuvieron, vinieron, supieron,** etc) and **-ir** stem-change verbs (**pidieron, durmieron, sirvieron, se divirtieron,** etc.).

*There is an alternative spelling of the past subjunctive using the ending **-se** instead of **-ra**. The **-se** form is less commonly used in Latin America than the **-ra** form. In Spain, both forms are used interchangeably.

caminar: caminase, caminases, caminásemos…

comer: comiese, comieses, comiésemos…

escribir: escribiese, escribieses, escribiésemos…

Uses

Use the subjunctive in the dependent clause when the main verb in the independent clause expresses:

- uncertainty, doubt, or denial
- advice, suggestion, or recommendation
- personal judgment, or emotion.

1. Some verbs and expressions of uncertainty or doubt are:

dudar	**negar**
ser (im)posible que	ser (im)probable que
no ser seguro que	ser dudoso que
no ser cierto que	no creer/pensar que
no estar seguro de que	

Independent Clause	Dependent Clause
No creo	que las relaciones entre EE. UU. y Cuba cambien drásticamente en un futuro cercano.
I don't think	*that the relations between the US and Cuba will change drastically in the near future.*
Es improbable	que podamos memorizar todas las reglas del subjuntivo.
It is unlikely	*that we are able to memorize all the rules of the subjunctive.*

2. Some verbs and expressions of advice, recommendation, or suggestion are:

aconsejar que	permitir que
recomendar que	sugerir que
querer que	prohibir que
insistir en que	decir que
desear que	mandar que
ser mejor que	ser necesario que
ser preciso que	ser urgente que

Independent Clause	Dependent Clause
Las agencias de viaje recomiendan	que sus clientes **vayan** de vacaciones a Cuba.
Travel agencies recommend	*that their clients **go** to Cuba on vacation.*
La profesora siempre recomienda	que **trabajemos** en grupos.
The professor always recommends	*that **we work** in groups.*

3. Some verbs and expressions of judgment and emotion are:

estar contento/ triste de que...	sentir que...
tener miedo de que...	(no) gustar que...
preocupar que...	disgustar, detestar que...
molestar que...	ser bueno (malo, fantástico, increíble, interesante, importante, etc.) que...

Independent Clause

Al gobierno cubano le preocupa

The Cuban government is worried

A algunos estudiantes de la clase no les gusta
Some students in this class don't like

Dependent Clause

que el gobierno estadounidense **continúe** con el bloqueo económico.

*that the American government **will continue** with the economic blockade.*

que el profesor **asigne** tanta tarea.
*that the professor **assigns** so much homework.*

Present Subjunctive or Imperfect Subjunctive

If the dependent clause requires the subjunctive, how do we know which tense to use?

Here are the rules:

1. When the verb or impersonal expression in the independent clause is in the present, present perfect, future or is a command, use the <u>present subjunctive</u> in the dependent clause.

2. When the verb or impersonal expression in the independent clause is in the preterite or imperfect, use the <u>imperfect subjunctive</u> in the dependent clause.

Independent Clause	Dependent Clause
Present, present perfect, future, command	Present subjunctive
Preterit, imperfect	Imperfect subjunctive

Independent Clause

Es bueno
It's good

La clase alta cubana temía
The Cuban upper class was afraid

Dependent Clause

que los cubanos **tengan** un sistema avanzado de salud.
*that Cubans **have** an advanced health-care system.*

que el gobierno de Castro le **quitara** todas sus riquezas.
*that the Castro regime **would take away** all of their riches.*

WileyPLUS Go to *WileyPLUS* to review this grammar point with the help of the **Animated Grammar Tutorial** and **Verb Conjugator**. See also textbook Appendices with Grammar References and verb tables. For more practice, go to the **Activities Manual**.

7–8. Identificación. Lee el párrafo siguiente e identifica los usos del subjuntivo (duda, recomendación, emoción) y el tiempo verbal (presente del subjuntivo, imperfecto del subjuntivo). Hay también un ejemplo del indicativo en una cláusula dependiente. ¿Lo puedes identificar?

En el debate sobre Cuba, hay muy poco acuerdo entre las dos visiones de la isla. En los años 50, Fidel Castro detestaba que el gobierno fuera corrupto y dictatorial. Muchos cubanos piensan que las reformas de la Revolución representan una contribución positiva a la sociedad. Los exiliados cubanos dudan que la vida en la isla sea mejor que antes. Es interesante que el debate siga después de más de 50 años.

7–9. Después de la Revolución. Con base en lo que sabes de Cuba, usa una expresión de la lista para escribir una reacción a estas declaraciones.

(no) creo	(no) es cierto	(no) estoy seguro/a
(no) dudo	(no) es verdad	(no) es posible

1. Los cubanos salen de la isla con total libertad.
2. El turismo da oportunidades económicas a los cubanos.
3. Los cubanos son pobres.
4. Los cubanos apoyan a Fidel y Raúl Castro.
5. Cuba tiene excelentes servicios médicos.
6. El sistema cubano de educación es sobresaliente.

 7–10. Una visita a Cuba. Un/a compañero/a de la clase de español tiene la oportunidad de visitar Cuba este verano en un viaje educativo. ¿Qué recomendaciones le ofrecen ustedes? (hablar con..., visitar..., ver..., ir a..., etc.) Expliquen sus recomendaciones.

> **MODELO**
>
> Recomendamos que visites un hospital para ver cómo son los servicios médicos.

7–11. Comentarios sobre Cuba. Imagina que acabas de conocer a una estudiante cubana de tu edad. Ella te hace algunos comentarios interesantes sobre Cuba. Expresa tu reacción por escrito sobre al menos cuatro de los comentarios de tu nueva amiga. Puedes usar los verbos y expresiones siguientes. ¡Ojo! Algunas de estas expresiones requieren el uso del indicativo y otras el uso del subjuntivo.

ser bueno	ser interesante	ser sorprendente
ser increíble	ser extraño	ser cierto / verdad

> **MODELO**
>
> Mucha gente en Cuba usa la expresión *compañero* o *compañera (comrade)* para dirigirse a personas que no conocen.
>
> Tú: Es interesante que la gente en Cuba use esta expresión.

1. Algunos cubanos hablan ruso porque estudiaron en la Unión Soviética.
2. El 50% de las mujeres cubanas son profesionales que trabajan fuera de la casa.
3. La gente de Cuba no es tan religiosa como la de otros países de Latinoamérica.
4. La mayoría de la gente en Cuba se casa en una ceremonia civil, seguida de una pequeña fiesta familiar.
5. Como no hay muchas casas disponibles, muchas parejas de recién casados viven un tiempo con los padres hasta que tienen casa o apartamento propio.

7–12. Cuando salí de Cuba. En la década de 1960 muchos cubanos salieron de Cuba y se exiliaron en Estados Unidos. Celia Cruz, una famosa cantante cubana, fue una de estas personas. ¿Qué recomendaciones creen que le hicieron su familia y amigos en los años 60?

sugerir   recomendar   pedir   desear   aconsejar   decir

> **MODELO**
>
> **Su madre le pidió que escribiera a menudo.**

Su abuela...   Otros cantantes cubanos...

Su padre...   Su agente artístico...

Su amigo/a de la infancia...   ¿...?

7–13. La reacción de Nicolás Guillén. El poeta afrocubano Nicolás Guillén apoyó (*supported*) la Revolución cubana porque creía en los cambios sociales que llegaron con ella. Lean la descripción de los problemas sociales que había en Cuba antes de la Revolución e imaginen la opinión de Nicolás Guillén. Pueden usar las expresiones siguientes u otras diferentes.

©Rose Prouser/Reuters/CORBIS

molestar(le) que..., alegrarse de que..., gustar(le) que..., parecer(le) justo/injusto que..., estar/no estar seguro de que..., desear que..., recomendar que..., parecer(le) inadmisible que..., etc.

> **MODELO**
>
> **Había desigualdad social.**
> **A Guillén no le gustaba que hubiera desigualdad social.**

1. El gobierno de Fulgencio Batista terminó en el año 1959.
2. Nadie luchaba por los derechos civiles.
3. Había discriminación racial.
4. Los pobres no recibían servicios médicos.
5. Muchas personas no tenían oportunidades educativas.
6. Muchos norteamericanos venían a La Habana para divertirse.
7. Se permitía el abuso de los derechos humanos.

Vocabulario esencial

Hablar de problemas sociales y soluciones

abuso *m*	*abuse*
cambiar	*to change*
cambio *m*	*change*
desigualdad *f*	*inequality*
eliminar	*to eliminate*
igualdad *f*	*equality*
libertad *f*	*freedom*
luchar por	*to fight for*
pobres *m*	*poor people*
pobreza *f*	*poverty*
servicios médicos *m*	*health care*

7–14. ¿Y en EE. UU.? ¿Qué opinan ustedes sobre los problemas sociales actuales de nuestro país? Usen el *Vocabulario esencial* para identificar cinco problemas y escriban su opinión sobre esos problemas con expresiones de certeza, duda, recomendación y emoción.

> **MODELO**
>
> **Es cierto que hay discriminación racial en nuestro país.**
> **Es urgente que todos los ciudadanos reciban servicios médicos.**

Tener una discusión acalorada

There are times when arguments can escalate. The following list will provide you with expressions needed to present your case and to express how unhappy or frustrated you might feel.

¡Cállate!	*Shut up!*
¡Deja de decir tonterías!	*Stop that nonsense!*
¡Eso es una ridiculez!	*That is foolish!*
¡Estás loco/a!	*You are crazy!*
¡Estás más loco/a que una cabra!	*You are crazier than I thought!*
¡Lo que dices no tiene ningún sentido!	*What you are saying doesn't make any sense!*
¡No puedes estar hablando en serio!	*You can't be serious!*
¿Cómo pudiste hacerme esto?	*How could you do this to me?*
Estás muy equivocado/a si piensas que...	*You are utterly mistaken if you think that . . .*

7–15. Palabras en acción. Empareja las expresiones de la columna de la izquierda con las correspondientes de la columna de la derecha.

1. ¡Deja de decir tonterías!	**a.** Tiene todo el sentido del mundo.
2. ¡Estás loco!	**b.** Yo no soy ningún tonto.
3. Lo que dices no tiene ningún sentido.	**c.** ¡No me mandes a callar!
4. ¿Cómo pudiste hacerme esto?	**d.** ¿Hacerte qué?
5. ¡Cállate!	**e.** ¡Más loco estás tú!

7–16. ¡Te lo puedo explicar! Tú y tu novio/a se encuentran sorpresivamente por la calle. El problema es que tú estás con otra persona con quien has estado saliendo en secreto durante un mes. Tu pareja te ha pillado con las manos en la masa (*you got caught with your hand in the cookie jar*). Preparen la situación durante unos minutos y luego represéntenla para la clase. Usen el vocabulario nuevo.

Estudiante A

Llegas a la universidad después de las vacaciones y sorprendes a tu pareja paseando de la mano con otra persona. Como es de esperar, estás muy enojado/a. Hazle saber cómo te sientes.

Estudiante B

Tu pareja te encuentra en la universidad paseando de la mano con otra persona. Se enfada muchísimo y empieza a insultarte. Trata de explicarle la situación.

CURIOSIDADES

 7–17. Quiero saber. Hagan esta prueba para ver cuánto saben sobre el Caribe hispanohablante. Gana el estudiante que responda correctamente a todas las preguntas en el menor tiempo.

1. ¿Cuál de estos países NO da al mar Caribe?
- **a.** Venezuela
- **b.** Colombia
- **c.** Argentina
- **d.** Panamá
- **e.** Honduras

2. Antes de la llegada de Cristóbal Colón, ¿cómo llamaban los taínos a la isla que hoy es Puerto Rico?
- **a.** Brizuela
- **b.** Boriquén
- **c.** Guaybaná
- **d.** Baguanao

3. ¿Cuáles son los dos beisbolistas del *Hall of Fame* que son de Puerto Rico?
- **a.** Roberto Clemente y Orlando Cepeda
- **b.** Roberto Clemente y Ozzie Guillén
- **c.** Héctor López y Omar Vizquel
- **d.** José Cabrera y Sammy Sosa

4. ¿Qué país tiene la misma bandera que Puerto Rico, pero con los colores invertidos?
- **a.** Honduras
- **b.** Nicaragua
- **c.** Venezuela
- **d.** Cuba

5. ¿Dónde se encuentra el Salto Ángel, el salto de agua (*waterfall*) más alto del mundo?
- **a.** Puerto Rico
- **b.** Panamá
- **c.** Venezuela
- **d.** Costa Rica

6. ¿En qué país escribió Hemingway *For Whom the Bell Tolls*, una novela sobre la guerra civil española?
- **a.** Colombia
- **b.** Honduras
- **c.** Cuba
- **d.** la República Dominicana

7. Cristóbal Colón nombró a las islas Vírgenes en honor a:
   a. Santa Úrsula
   b. Santa Teresa de Ávila
   c. La Virgen María, madre de Jesús
   d. Santa Ana

8. ¿Cuál es la ciudad más antigua de las Américas?
   a. San Juan, Puerto Rico
   b. Santo Domingo, la República Dominicana
   c. La Habana, Cuba
   d. Caracas, Venezuela

9. El único país sudamericano que tiene costas en el Pacífico y el Caribe es:
   a. Colombia
   b. Venezuela
   c. Ecuador
   d. Bolivia

10. Uno de estos países tiene frontera con Haití.
    a. la República Dominicana
    b. Honduras
    c. Venezuela
    d. Panamá

11. ¿Cuál de las siguientes expresiones se usa en Costa Rica en una variedad de contextos, para saludar o para indicar que las cosas van bien?
    a. ¡Chévere!
    b. ¡Épale!
    c. ¡Venga!
    d. ¡Pura vida!

TEMA 2

Música y sociedad

©Bettmann/CORBIS

Capital: Santo Domingo
Población: 9,523,209 habitantes
Grupos étnicos: mezcla de amerindio/ europeo/ africano 73%, blanco 16%, africano 11%
Idiomas: español
Moneda: peso
Área: el doble del tamaño de Vermont

WileyPLUS

Go to *WileyPLUS* to explore this country further in the *Perfil de la República Dominicana* section.

Por si acaso

Expresiones útiles para comparar respuestas con otro estudiante

¿Qué tienes/ pusiste en el número 1/ 2/ 3?
Yo tengo/ puse a/ b.
Yo tengo algo diferente.
No sé la respuesta./ No tengo ni idea.
Creo que la respuesta es a/ b, pero no estoy seguro/a.
Creo que es cierto./ Creo que es falso.

7–18. ¿Qué sabes de la República Dominicana? Decide si las siguientes oraciones son ciertas o falsas. Si puedes, corrige las falsas.

1. Los taínos vivían en la isla cuando llegaron los conquistadores.
2. La capital de la República Dominicana es San Cristóbal.
3. El béisbol es el deporte más popular en este país.
4. Tanto en Haití como en la República Dominicana se habla español.
5. El merengue es un tipo de música que se baila en la República Dominicana.

A escuchar

Entrando en materia

7–19. Ritmos populares. ¿Puedes adivinar cuál es el origen de estos ritmos populares? Selecciona la respuesta que te parezca correcta. Si no estás seguro/a, vuelve a mirar tus respuestas después de escuchar la miniconferencia.

1. *Jazz*
   a. Viene de la música africana de la época de la esclavitud en el siglo XIX.
   b. Se origina en Nueva Orleáns a principios del siglo XX.

2. *Rock-and-roll*
   a. Se establece como género en la década de 1950.
   b. Se establece como género en la década de 1930.

3. *Blues*
   a. Es una variedad del *jazz* con el mismo origen.
   b. El origen del *blues* es desconocido.

4. *Rap* o *hip-hop*
   a. Comenzó en la década de 1970 en la comunidad hispana.
   b. Comenzó en la década de 1970 entre las comunidades afroamericanas e hispanas de Nueva York.

 7–20. ¿Qué tipo de música? En grupos de cuatro, hablen sobre el tipo de música que les gusta escuchar y del tipo de música que prefieren para bailar. Entre todos, intenten llegar a un acuerdo para decidir qué tipo de música o qué cantantes serían los mejores en las siguientes situaciones. Después, comenten sus respuestas con sus compañeros de clase.

> **MODELO**
>
> **Música para meditar: La mejor música para meditar es la de Enya.**

1. Música para estudiar
2. Música para una cena romántica
3. Música para dormir
4. Música para una fiesta latina
5. ¿...?

7–21. Vocabulario: Antes de escuchar. Por el contexto de las oraciones, deduce el significado de las palabras en negrita. Indica qué idea de la columna derecha le corresponde a las expresiones de la columna izquierda.

1. raíces		a. porque
2. ha conseguido		b. gobernante autoritario
3. ya que		c. secciones de una ciudad
4. barrios		d. orígenes
5. dictador		e. palabras
6. gobernó		f. ha obtenido
7. letra		g. dirigió, estuvo en control

1. Esta música tiene sus **raíces** en la música folclórica de las áreas rurales de este país.
2. ... esta popularidad la **ha conseguido** gradualmente, ya que el merengue no siempre ha sido tan popular como lo es hoy.
3. ... el merengue se ha popularizado gradualmente, **ya que** esta música no era popular en el pasado.
4. ... el merengue se asociaba con la afición musical de la gente del campo o de los **barrios** pobres.
5. La popularidad del merengue se incrementó por la influencia del **dictador** Rafael Trujillo.
6. Trujillo **gobernó** el país por treinta años, desde 1930 a 1961.
7. Trujillo encargó en varias ocasiones la creación de canciones con instrucciones sobre el contenido de la **letra**.

Estrategia: ¿Qué sabes ya del tema?

La miniconferencia de esta unidad trata sobre el origen del merengue. Antes de escucharla, piensa en lo que sabes sobre la música latina. ¿Hay algún elemento que diferencie la música latina de otros tipos de música que escuchas en la radio? ¿Qué diferencias hay? ¿Qué tipo de instrumentos son más comunes en los países del Caribe? Piensa en lo que has aprendido sobre la cultura y las gentes de estos países. ¿Crees que su música refleja su estilo de vida? Anota tus observaciones y presta atención al texto que vas a escuchar para ver si estabas en lo cierto.

Por si acaso

La dictadura de Rafael Leónidas Trujillo comenzó en 1930. Aunque el gobierno de Trujillo hizo énfasis en la expansión de la industria y de la economía, su gobierno ha pasado a la historia como una de las dictaduras más corruptas. En 1961, Trujillo fue asesinado, poniendo fin a 30 años de dictadura y corrupción.

©Bettmann/CORBIS

MINICONFERENCIA   Política y merengue

Ahora su instructor/a va a presentar una miniconferencia.

7–22. ¿Es verdad? Indiquen si las siguientes ideas son ciertas (C) o falsas (F) con base en la información de la miniconferencia. Corrijan las ideas falsas con la información correcta.

1. El merengue es un tipo de música de élite.
2. El merengue se conoce mucho fuera de la República Dominicana.
3. A finales del siglo XIX, el merengue era popular internacionalmente.
4. Rafael Trujillo fue un presidente dominicano elegido democráticamente.
5. A Trujillo no le gustaba el merengue.
6. Trujillo usó el merengue para hacer propaganda política de su gobierno.
7. Durante el gobierno de Trujillo era obligatorio que las orquestas tocaran merengue.

7–23. Vocabulario: Después de escuchar. Completa las siguientes oraciones usando el banco de expresiones.

raíces   conseguir   ya que   barrio   dictador   gobernar   consolidar   letra

1. El merengue es un tipo de música tradicional, _____ (*since, because*) se origina en la música folclórica.
2. Rafael Trujillo fue un _____ (*dictator*).
3. El merengue ayudó a Trujillo a _____ (*consolidate*) sus ideas políticas.
4. El merengue se oía en los _____ (*neighborhoods*) de clase baja.
5. Las _____ (*lyrics*) de algunos merengues hablaban de Trujillo.
6. Trujillo _____ (*ruled*) la República Dominicana hasta el 1961.
7. El merengue tiene _____ (*roots*) en la música folclórica.
8. El merengue ya _____ (*has achieved*) popularidad internacional.

7–24. ¿Comprendes? Responde a estas preguntas sobre la miniconferencia.

1. ¿Qué grupo social aceptaba el merengue? ¿Qué grupo social lo rechazaba? ¿Por qué?
2. ¿Cuánto tiempo gobernó Trujillo?
3. ¿Cómo se formó la Orquesta Presidente Trujillo?
4. ¿Cómo contribuyó la Orquesta Presidente Trujillo a popularizar el merengue?
5. ¿Cómo contribuyó el merengue a consolidar el poder de Trujillo?

Tema 2   Música y sociedad

7–25. Hablemos del tema. Ahora van a representar una situación entre un músico disidente y el dictador Rafael Trujillo. Dediquen cinco minutos a pensar en el vocabulario que necesitan y a preparar la representación. Sean creativos.

Estudiante A Eres el director de la Orquesta Presidente Trujillo pero detestas el merengue apasionadamente. Te parece que es un tipo de música ordinaria y sin valor artístico pero, además, por tus ideas políticas estás en contra de que el presidente use a tu orquesta para hacerse propaganda. Has planeado boicotear la próxima actuación de la orquesta y no tocar ninguna pieza de merengue. Responde a las preguntas del presidente.

Estudiante B Eres el dictador Rafael Trujillo y has oído rumores de que el director de tu orquesta planea boicotear tu próxima fiesta y no tocar ninguna canción de merengue. Hazle preguntas a este músico disidente para confirmar los rumores. Debes dejar bien claro quién es el que manda (*who is the boss*) y que no obedecer tus órdenes puede tener serias consecuencias.

Gramática

The Subjunctive in Adjective Clauses

What is an adjective clause? An adjective clause, also known as relative clause, is a dependent clause that describes a preceding noun, known as the antecedent. You studied the formation of relative clauses in *Capítulo 4, Tema* 1.

El merengue es <u>la música</u>   **que prefiere la mayoría de los dominicanos**.
Merengue is the music   ***that the majority of dominicans prefer***.

La música is the preceding noun to the adjective clause **que prefiere la mayoría de los dominicanos**. This clause qualifies the word **música**.

When do I use the subjunctive in an adjective clause?

1. Use the subjunctive in an adjective clause when the antecedent is unknown, unspecific or uncertain.

   Ese estudiante quiere viajar a <u>un lugar de la República Dominicana</u> **que no sea demasiado turístico**.
   *That student wants to travel to a place in the Dominican Republic **that is not too touristy**. (The place the student is going to is not known.)*

2. When the antecedent refers to someone or something that is known to exist, the indicative is used.

   Ese estudiante quiere viajar a <u>ese lugar de la República Dominicana</u> **que tiene más turistas**.
   *That student wants to travel to that place in the Dominican Republic **that has more tourists**.*
   (The place is specific and known to exist.)

Experienced or known reality   →   Indicative
Unknown, unspecific reality   →   Subjunctive

Buscar, querer, necesitar

These verbs and other such verbs commonly trigger subjunctive in the dependent clause. Nevertheless, they may also refer to known or specific objects or people. When that is the case, the indicative must be used in the adjective clause:

Busco **un hotel en Santo Domingo** que tenga todas las comodidades.
*I'm looking for **a hotel in Santo Domingo** that has all the comforts.*

Busco **el hotel de Santo Domingo** que ofrece una noche gratis para los recién casados.
*I'm looking for **the hotel in Santo Domingo** that offers a free night stay to newlyweds.*

Do I need to use the present subjunctive or the imperfect subjunctive?

The rule is the same as the one you learned for noun clauses.

1. When the verb or impersonal expression in the independent clause is in the present, present perfect, future or is a command, then the present subjunctive appears in the dependent clause.

   Quiero hablar con una persona **que conozca bien la cultura dominicana**.
   *I want to speak with someone **that knows well the Dominican culture**.*

2. When the verb or impersonal expression in the independent clause is in the preterit or imperfect, the imperfect subjunctive appears in the dependent clause.

   Después de Trujillo, el pueblo dominicano quería un presidente **que tuviera ideas democráticas**.
   *After Trujillo, the Dominican people wanted a president **who had democratic ideas**.*

WileyPLUS Go to *WileyPLUS* to review this grammar point with the help of the **Animated Grammar Tutorial** and **Verb Conjugator**. See also textbook Appendices with Grammar References and verb tables. For more practice, go to the **Activities Manual**.

7–26. Identificación. Lee esta breve historia del merengue y estudia los verbos de las cláusulas adjetivas. Luego clasifica cada verbo en una de estas categorías:

a. presente del indicativo (porque el antecedente es conocido)
b. presente del subjuntivo (porque el antecedente es desconocido)
c. imperfecto del indicativo (porque el antecedente era conocido)
d. imperfecto del subjuntivo (porque el antecedente era desconocido)

El merengue es la música que 1) define la identidad nacional de los dominicanos hoy en día, pero este ritmo no ha sido siempre popular en este país. En el siglo XIX, el merengue era la música favorita de la clase baja, pero la clase alta prefería ritmos más sofisticados que no 2) se asociaran con el campo y los barrios pobres. A este grupo de élite le gustaba bailar el minué y el vals, dos tipos de baile que 3) tenían origen europeo. En los años 30, el dictador Rafael Trujillo pensó que la República Dominicana necesitaba un ritmo que 4) representara la identidad nacional, e introdujo el merengue en las fiestas 5) que se celebraban en la alta sociedad dominicana. Trujillo le daba instrucciones a la orquesta para que tocara merengues que 6) hablaran de las virtudes del dictador y además promulgó un decreto que 7) obligaba a las orquestas a tocar merengues. Hoy en día los dominicanos no necesitan una ley que los 8) obligue a tocar merengues en sus celebraciones. Una fiesta sin merengue no es una fiesta dominicana.

7–27. Santo Domingo Lee el siguiente párrafo sobre Santo Domingo. En las oraciones que siguen, escoge el verbo apropiado y conjúgalo para completar cada oración.

Vocabulario esencial

Hablar de la música

bailable	*danceable*
bajar	*to download*
bajo *m*	*upright base/base guitar*
batería *f*	*drums*
canción *f*	*song*
cantante *m, f*	*singer*
guitarra *f*	*guitar*
hip hop *m*	*hip hop*
melodía *f*	*melody*
música alternativa *f*	*alternative music*
rap *m*	*rap*
ritmo *m*	*beat*
rock *m*	*rock*
subir	*to upload*

Santo Domingo es la capital y ciudad más grande del país. Tiene un claro sabor colonial pero también es el centro industrial y comercial del país. La ciudad fue fundada en 1496 por Bartolomé Colón, hermano de Cristóbal Colón, y fue la primera colonia establecida en el Nuevo Mundo. En los últimos años, el turismo se ha convertido en una de las fuentes de ingresos más importantes para el país, el cual recibe visitas de numerosos turistas norteamericanos y de otras nacionalidades.

1. El turista en Santo Domingo se encuentra con una ciudad que (tener / necesitar) muchos edificios de la época colonial.
2. Los dominicanos quieren atraer a turistas que (distribuir / aumentar) los ingresos del país.
3. La ciudad de Santo Domingo necesita contratar a una compañía que (restaurar / vender) la arquitectura colonial.
4. Santo Domingo fue la primera colonia que los españoles (descubrir / establecer) en el Nuevo Mundo.
5. Bartolomé Colón buscaba un lugar que (tener / poner) acceso al mar para fundar la ciudad de Santo Domingo.

 7–28. Planear una fiesta. Están planeando la música para una fiesta. Describan sus deseos, preferencias y necesidades con un elemento de cada columna y una cláusula adjetival. Consulten el *Vocabulario esencial* y usen el subjuntivo cuando el antecedente de la cláusula es desconocido o indefinido.

yo	necesitar	música	
la fiesta	querer	una letra	
Lorenzo	tener	una selección	que...
Marta y Susana	preferir	muchas bandas	
nosotros	desear	una fiesta	
	buscar		

 7–29. Cuando tenía 15 años. En parejas, describan sus preferencias musicales cuando eran adolescentes. ¿Qué música preferían? ¿Qué música querían escuchar? Usen el *Vocabulario esencial* y el imperfecto del subjuntivo en cláusulas adjetivales para comparar sus preferencias.

> **MODELO**
>
> **Me gustaba escuchar canciones que tuvieran letra romántica.**

7–30. Música de protesta. Un género de música común de muchas partes del mundo es la música de protesta. Piensen en la música que ustedes conocen e identifiquen una canción de protesta. ¿Qué tema y mensaje comunica la letra? Usen cláusulas adjetivales para hablar del tipo de sociedad que busca, quiere o prefiere el/la cantante de la canción.

MODELO

Los cantantes de canciones de protesta quieren una sociedad que sea más justa.

Vocabulario para conversar

Usar gestos y palabras para comunicarse

¡Esta música es insoportable!

Different cultures make use of nonverbal communication or use gestures to convey certain meanings. In this section you are going to learn some gestures Spanish speaking people use. Some may be gestures you are familiar with, and that you may use already in your daily communications, while others may be different. Which of the following gestures are the same or different in your culture?

Pedirle a alguien que se acerque

¡Ven acá!   *Come here!*

The gesture for beckoning is performed by bending the index finger of one hand toward the gesticulator. The movement can also be performed by using all the fingers of one hand.

Indicar que hay mucha gente

Hay muchísima gente aquí.   *There are a lot of people here.*

To express the idea of large crowds some people perform a gesture by opening and closing–rapidly and repeatedly–the bunched fingers of one or both hands, held directly in front of the gesticulator.

Saludar a otra persona

¡Hola! ¿Qué tal?   *Hi! What's up?*

A common greeting and leave-taking behavior (especially in Spain) is kissing or brushing both cheeks with the lips. This behavior is more common between two females and between a male and a female.

Expresar desagrado

¡Este profesor es terrible!   *This professor is awful!*

Expressions of disapproval are often accompanied by shaking the head negatively in response to something we are unhappy with. In some cultures this head movement is accompanied by a clicking sound.

No oír o escuchar bien

Perdona, no te he oído.   *I am sorry, I didn't hear what you said.*

When you can't hear what someone said you can perform a gesture by cupping your fingers of one hand behind the ear, or you may push the fingers back and forth while in the same position behind the ear.

Indicar que hay ruido

¡Este ruido es insoportable!   *I can't stand this noise!*

To express displeasure or to escape from unwelcome noise, cover your ears with both hands or both index fingers.

Indicar locura

Este tipo está un poco loco.   *This dude is a little crazy.*

When somebody says or does something crazy, you may use your index finger to make small circles next to your temple.

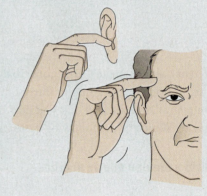

 7–31. Palabras en acción. Hagan los gestos que corresponden a las expresiones subrayadas. Tomando turnos, un estudiante lee una expresión y el otro responde con un gesto.

1. Mi clase de química <u>es un desastre</u>.
2. ¡Ay! <u>¡Qué desagradable!</u> Ese muchacho acaba de raspar la pizarra con la tiza.
3. La música está muy alta. <u>Tengo que taparme los oídos</u>.
4. El estadio donde se celebró la Copa de Europa estaba <u>hasta los topes</u>.
5. <u>Acércate un poco más</u> para que te dé un abrazo.
6. <u>¿Cómo has dicho?</u>
7. El profesor de español vino hoy a clase sin camisa. Creo que <u>le falta un tornillo</u>.

7–32. Un restaurante hasta los topes. Ustedes están en un restaurante de moda donde hay muchísima gente. En parejas, representen esta situación usando los gestos correspondientes a las expresiones subrayadas.

Estudiante A: You are waiting for your friend at a restaurant. It is Saturday night and the place is packed and extremely loud. When you see your friend at the door, you wave and <u>signal to him/her to join you at the table</u>.

Estudiante B: You just walked into this very busy restaurant. Walk to the table and <u>greet your friend</u>. Remember this may be different if your friend is a male or female.

Estudiante A: Ask what's new with him/her lately.

Estudiante B: Answer the question. Ask how long he/she has been waiting.

Estudiante A: Answer the question. Tell him/her that you have been trying to get the waiter's attention for a while with no luck, and that you <u>think this waiter is a little crazy</u>.

Estudiante B: <u>Express disapproval</u> in response to your friend's comment. Tell your friend you think this restaurant is way <u>too loud and crowded</u>, and ask why did he/she pick it.

Estudiante A: <u>You couldn't hear</u> what he/she just said. Ask him/her to repeat again.

Estudiante B: Repeat what you said by yelling your response.

Estudiante A: Tell your friend <u>you can't stand the noise</u> and that you think you will go deaf in this place.

Estudiante B: Suggest leaving the restaurant for a quieter place.

Estudiante A: Agree with your friend.

CURIOSIDADES

"El costo de la vida", de Juan Luis Guerra

Tu instructor/a te dará instrucciones sobre dónde encontrar la letra de la canción "El costo de la vida".

7–33. Anticipar el contenido. Primero lee el título y decide de qué trata este merengue.

1. tema amoroso
2. tema social y político
3. una combinación de los dos temas

7–34. En otras palabras. A continuación está la idea general de cada una de las estrofas de la canción. Identifiquen la estrofa que corresponde a la idea general.

Chris Weeks/Getty Images
Entertainment/Getty Images

1. Otro problema es la delincuencia (el crimen) y nadie quiere hacer nada para solucionarlo.
2. Hay tanta inflación en la República Dominicana que ni los productos básicos como el café, las habichuelas (frijoles) y el arroz se pueden comprar.
3. Repetición de otra estrofa con algunas variaciones.
4. Los servicios médicos son escasos y poco eficientes.
5. Los dominicanos no solo tienen problemas para adquirir productos de primera necesidad sino que también tienen que vivir bajo la corrupción del gobierno.
6. No hay trabajo para todos en el país.
7. Quinientos años después de la llegada de los conquistadores, la República Dominicana es todavía un lugar olvidado por todos, habitado por personas que representan la mezcla étnica de tres culturas.

Nuestra identidad política

OCÉANO ATLÁNTICO

PUERTO RICO

San Juan

Mar Caribe

©Ricardo Arduengo/Associated Press

Capital: San Juan

Población: 3,994,259 habitantes

Grupos étnicos: blanco 80.5%, mezcla de amerindio/blanco/africano 11.3%, africano 8%, asiático 0.2%

Idiomas: español e inglés

Moneda: dólar americano

Área: aproximadamente del tamaño de Maryland

WileyPLUS

Go to *WileyPLUS* to explore this country further in the *Perfil de Puerto Rico* section.

7–35. ¿Qué sabes sobre la política de Puerto Rico? Lee las siguientes oraciones sobre Puerto Rico y determina si son ciertas o falsas. Si puedes, corrige las falsas.

1. Puerto Rico es una isla del Caribe con una extensión comparable al estado de Florida.
2. Los puertorriqueños son ciudadanos de Estados Unidos.
3. El gobierno de Puerto Rico es un gobierno democrático e independiente.
4. El jefe del gobierno de Puerto Rico es el presidente de Estados Unidos.
5. En Puerto Rico, la mayoría de la gente quiere seguir formando parte de Estados Unidos.

Por si acaso

Expresiones útiles para comparar respuestas con otro estudiante

¿Qué tienes/ pusiste en el número 1/ 2/ 3?
Yo tengo/ puse a/ b.
Yo tengo algo diferente.
No sé la respuesta./ No tengo ni idea.
Creo que la respuesta es a/ b, pero no estoy seguro/a.
Creo que es cierto./ Creo que es falso.

Entrando en materia

7–36. Un poco de historia. En este resumen histórico se explica el estatus político actual de Puerto Rico como Estado Libre Asociado de Estados Unidos. Lee el texto y después selecciona las ideas ciertas (C) y falsas (F). Corrige las ideas falsas.

Puerto Rico: Estado Libre Asociado

Con la Constitución de 1952, Puerto Rico pasó a llamarse Estado Libre Asociado de Puerto Rico *(Commonwealth of Puerto Rico)*. Económicamente Puerto Rico es más fuerte que las otras islas del Caribe, con una mejor y mayor red de industrias, comercios y servicios. Como Estado Libre Asociado, los puertorriqueños obtienen algunos de los beneficios de los ciudadanos de Estados Unidos, pero los puertorriqueños que residen en la isla no tienen derecho a votar en las elecciones presidenciales.

Los habitantes de Puerto Rico no están obligados a pagar impuestos federales *(federal taxes),* pero pagan impuestos al gobierno de Puerto Rico. La dependencia política de Estados Unidos es un tema controvertido en Puerto Rico. Los independentistas quieren la separación absoluta para convertirse en una nación autónoma; otro grupo apoya el estatus presente como Estado Libre Asociado y un tercer grupo apoya la estadidad, es decir, desea que Puerto Rico se convierta en el estado 51 de la Unión.

Por si acaso

En noviembre de 2012, los puertorriqueños votaron para decidir si querían continuar como Estado Libre Asociado de Estados Unidos. Los resultados de esa votación fueron los siguientes: Estado 51 de la Unión (o estadidad) - 61.16%, Estado Libre Asociado (ELA)- 33.34%, Independencia - 5.49%.

1. Puerto Rico es Estado Libre Asociado de Estados Unidos desde 1952.
2. A pesar de su asociación con Estados Unidos, la economía de Puerto Rico no es más fuerte que la de otras islas caribeñas.
3. Los puertorriqueños votan en las elecciones generales de EE. UU.
4. Los residentes de la isla pagan impuestos federales.
5. Todos los puertorriqueños están de acuerdo con el estatus de Puerto Rico como Estado Libre Asociado.
6. Hay tres opiniones acerca del futuro de Puerto Rico como Estado Libre Asociado.

7–37. Anticipar el contenido. Haz una lectura rápida de los mensajes electrónicos del foro de las páginas 266 y 267 y determina la idea general.

1. Los mensajes expresan varios puntos de vista sobre el estatus político de Puerto Rico.
2. Los mensajes hacen propaganda en contra de la intervención de Estados Unidos en Puerto Rico.

7–38. Vocabulario: Antes de leer. Usa las explicaciones y el contexto de estas oraciones para comprender el vocabulario. Usa la palabra en una oración.

1. impuestos
   Los ciudadanos pagan **impuestos** federales por los servicios recibidos.
   Los **impuestos** son pagos que se hacen al estado.
2. equivocado
   Creo que estás totalmente **equivocado**.
   no tener razón; cometer un error
3. desempleo
   El resultado de esto: más **desempleo**.
   Desempleo es la ausencia o falta de trabajo.
4. invierten
   Las compañías que **invierten** en la isla no van a querer hacerlo si tienen que pagar impuestos federales.
   Invertir significa "contribuir con dinero con el fin de obtener un beneficio".
5. apoyar
   El gobierno no va a **apoyar** la autonomía cultural de Puerto Rico.
   Apoyar es aquí sinónimo de *favorecer*.

Foro sobre Puerto Rico

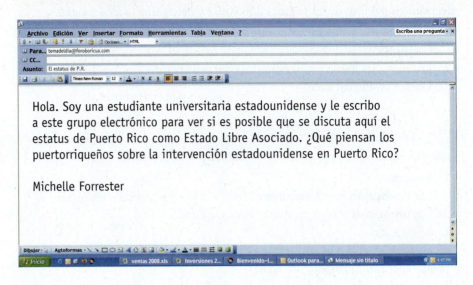

Hola. Soy una estudiante universitaria estadounidense y le escribo a este grupo electrónico para ver si es posible que se discuta aquí el estatus de Puerto Rico como Estado Libre Asociado. ¿Qué piensan los puertorriqueños sobre la intervención estadounidense en Puerto Rico?

Michelle Forrester

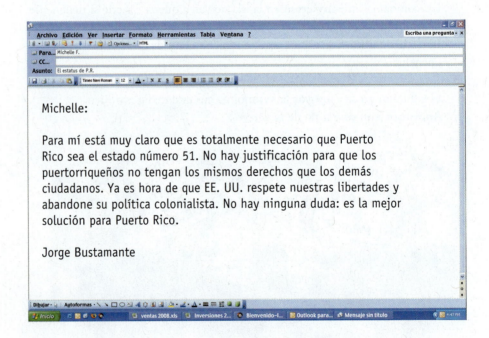

Michelle:

Para mí está muy claro que es totalmente necesario que Puerto Rico sea el estado número 51. No hay justificación para que los puertorriqueños no tengan los mismos derechos que los demás ciudadanos. Ya es hora de que EE. UU. respete nuestras libertades y abandone su política colonialista. No hay ninguna duda: es la mejor solución para Puerto Rico.

Jorge Bustamante

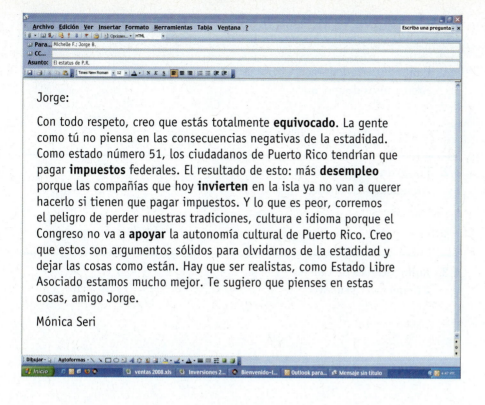

Jorge:

Con todo respeto, creo que estás totalmente **equivocado**. La gente como tú no piensa en las consecuencias negativas de la estadidad. Como estado número 51, los ciudadanos de Puerto Rico tendrían que pagar **impuestos** federales. El resultado de esto: más **desempleo** porque las compañías que hoy **invierten** en la isla ya no van a querer hacerlo si tienen que pagar impuestos. Y lo que es peor, corremos el peligro de perder nuestras tradiciones, cultura e idioma porque el Congreso no va a **apoyar** la autonomía cultural de Puerto Rico. Creo que estos son argumentos sólidos para olvidarnos de la estadidad y dejar las cosas como están. Hay que ser realistas, como Estado Libre Asociado estamos mucho mejor. Te sugiero que pienses en estas cosas, amigo Jorge.

Mónica Seri

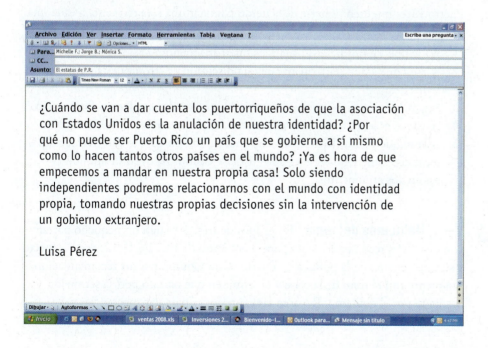

¿Cuándo se van a dar cuenta los puertorriqueños de que la asociación con Estados Unidos es la anulación de nuestra identidad? ¿Por qué no puede ser Puerto Rico un país que se gobierne a sí mismo como lo hacen tantos otros países en el mundo? ¡Ya es hora de que empecemos a mandar en nuestra propia casa! Solo siendo independientes podremos relacionarnos con el mundo con identidad propia, tomando nuestras propias decisiones sin la intervención de un gobierno extranjero.

Luisa Pérez

7–39. A resumir. Identifica el punto de vista de cada uno de los participantes del foro. Luego, identifica los argumentos de apoyo que da cada persona.

1. Punto de vista de Jorge:
   Argumentos de apoyo:

2. Punto de vista de Mónica:
   Argumentos de apoyo:

3. Punto de vista de Luisa:
   Argumentos de apoyo:

 7–40. Vocabulario: Después de leer. Con la información que tienen sobre Puerto Rico, intenten ponerse de acuerdo para dar una sola respuesta a cada una de estas preguntas.

1. ¿Qué tipo de **impuestos** pagan los puertorriqueños?
2. ¿Creen que algún participante de esta discusión electrónica está **equivocado**? ¿Por qué?
3. Según Mónica, ¿qué puede causar problemas de **desempleo** en Puerto Rico?
4. ¿Por qué es beneficioso para ciertas compañías **invertir** en Puerto Rico?
5. ¿Creen que Puerto Rico debe continuar siendo un Estado Libre Asociado, ser independiente o ser el estado 51 de la Unión? **Apoyen** su opinión con uno o dos argumentos.

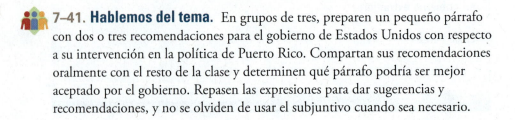 **7–41. Hablemos del tema.** En grupos de tres, preparen un pequeño párrafo con dos o tres recomendaciones para el gobierno de Estados Unidos con respecto a su intervención en la política de Puerto Rico. Compartan sus recomendaciones oralmente con el resto de la clase y determinen qué párrafo podría ser mejor aceptado por el gobierno. Repasen las expresiones para dar sugerencias y recomendaciones, y no se olviden de usar el subjuntivo cuando sea necesario.

One More Look at the Indicative and Subjunctive Moods

When do I use subjunctive or indicative?

Noun Clauses

Always use the subjunctive in the dependent clause when the subject of the main clause:

1. gives advice, a recommendation or attempts to influence someone's behavior.

   Te recomiendo que **visites** Ponce durante tus vacaciones en Puerto Rico.

   *I recommend that **you visit** Ponce during your vacation in Puerto Rico.*

2. expresses doubt, uncertainty or denial.

   No creo que el 80% de los puertorriqueños **desee** la independencia.

   *I don't think that 80% of Puerto Ricans **want** independence.*

3. expresses a personal judgment or emotional reaction.

   Es importante que **aprendas** a hablar español antes de ir a Puerto Rico.

   *It is important that **you learn** to speak Spanish before going to Puerto Rico.*

   Me alegro de que **puedas** ir de vacaciones a Puerto Rico este verano.

   *I'm happy that you **can** go to Puerto Rico on vacation this summer.*

Always use the indicative:

1. if the main clause simply transmits information.

   Los independentistas dicen que el gobierno de Puerto Rico **debe** ser de los puertorriqueños.

   *The independents say that the Puerto Rican government **should** belong to the Puerto Ricans.*

2. after expressions of certainty or belief.

   Estoy segura de que la vida en San Juan no **es** tan estresante como la vida en Nueva York.

   *I am sure that life in San Juan **is** not as stressful as life in New York.*

Adjective Clauses

Always use the subjunctive when the adjective clause refers back to an antecedent that is either unknown, indefinite or may not exist at all.

   No hay nadie en Puerto Rico que no **hable** español. (nadie *is the antecedent*)

   *There is **nobody** in Puerto Rico that does not **speak** Spanish.*

Always use the indicative when the adjective clause refers back to an antecedent that is known or specific to the speaker.

   Voy a pasar una semana en el hotel que **tiene** los precios más altos de todo el mundo.

   *I am going to spend a week in the hotel that **has** the highest rates in the world.*

Infinitive Instead of Subjunctive

In noun clauses, when the verb in the main clause expresses recommendations, suggestions, or wishes and the verb in the dependent clause has the same subject, the infinitive is used instead of the subjunctive. In this case **que** is not used.

Quiero que (**tú**) **vengas** a visitarme a la isla el próximo verano.
I want you to come visit me on the island next summer.

but

Quiero visitar la isla el próximo verano.
I want to visit the island next summer.

Es necesario que (**ustedes**) **practiquen** el español antes de ir a Puerto Rico.
It is necessary that you practice your Spanish before going to Puerto Rico.

but

Es necesario practicar el español antes de ir a Puerto Rico.
It is necessary to practice Spanish before going to Puerto Rico.

WileyPLUS Go to *WileyPLUS* to review this grammar point with the help of the **Animated Grammar Tutorial** and **Verb Conjugator**. See also textbook Appendices with Grammar References and verb tables. For more practice, go to the **Activities Manual**.

7–42. Identificación. Lee la información siguiente y clasifica las cláusulas dependientes en una de estas categorías: cláusula nominal (*noun clause*) o cláusula adjetiva (*adjective clause*). Luego, identifica la forma del verbo de la cláusula dependiente: presente o pasado del subjuntivo, presente o pasado del indicativo o infinitivo.

Dos referendos

En 1998, los puertorriqueños votaron en un referendo sobre el estatus futuro de la isla. "Ninguna de las anteriores" fue la opción que recibió la mayoría de los votos (50.3%). Los puertorriqueños querían que las opciones fueran más claras y por eso votaron así.

El referendo de 2012 refleja la opinión actual de los puertorriqueños. El 54% recomienda que el estatus cambie. ¿Qué estatus buscan? El 33.3% busca un estatus que ofrezca más independencia ("asociación libre"), pero el 61.2% prefiere ser el estado número 51 de EE. UU.

7–43. La cultura híbrida de Puerto Rico. Escribe la forma correcta de los verbos para completar el párrafo. Usa el presente del indicativo o el presente del subjuntivo.

No es sorprendente que la cultura de Puerto Rico (1) _____ (tener) características híbridas. La isla tiene una historia que la (2) _____ (asociar) con los países de habla hispana pero su estatus político actual la conecta con Estados Unidos. En las fiestas y celebraciones puertorriqueñas hay baile y música que (3) _____ (reflejar) las tradiciones hispanas y en la radio se escucha música popular internacional. En Navidad, los niños se alegran de que Santa Claus les (4) _____ (traer) regalos dos semanas antes de la fiesta de Reyes, cuando reciben regalos otra vez. Algunos puertorriqueños quieren una cultura que (5) _____ (mantener) las tradiciones hispanas, pero la mayoría celebra su identidad híbrida. Una consecuencia de la hibridez es la comida. Es fantástico que uno (6) _____ (poder) almorzar una hamburguesa con papas fritas y cenar asopao con tostones (*stew with fried plantains*).

Hablar de política

autonomía *f*	*autonomy*
autónomo/a	*autonomous*
constitución *f*	*constitution*
elecciones *f*	*elections*
estado *m*	*state*
gobernador/a	*governor*
gobernar (ie)	*to govern*
identidad *f*	*identity*
independencia *f*	*independence*
mayoría *f*	*majority*
minoría *f*	*minority*
nación *f*	*nation*
reforma *f*	*reform*
votar	*to vote*
voto *m*	*vote*

 7-44. ¿Qué opinan ustedes? En parejas, expresen tres o cuatro reacciones a cada una de las declaraciones siguientes. Pueden expresar certeza, duda, emoción, un juicio (*judgment*) o una recomendación.

1. Puerto Rico tiene una cultura híbrida.
2. Los puertorriqueños son bilingües.
3. Los puertorriqueños pueden alistarse en el servicio militar americano.
4. Puerto Rico tiene una economía sólida.
5. En Puerto Rico se conservan monumentos de la época colonial.
6. Los restaurantes de Puerto Rico sirven comida típica y comida internacional.

 7-45. El estatus de Puerto Rico. En grupos de cuatro, piensen en argumentos políticos, culturales y económicos para cambiar o mantener el estatus de Puerto Rico como Estado Libre Asociado. Usen el *Vocabulario esencial* y el subjuntivo en cláusulas dependientes (no creo/creo que..., es bueno/malo que..., necesitan un estatus que..., etc.). Después de llegar a un acuerdo, presenten sus argumentos a la clase.

Vocabulario para conversar

Aclarar un malentendido y reaccionar

The following expressions are used to let someone know that there is a misunderstanding.

Creo que no me entendió/entendiste.	*I don't think you understood me.*
Creo que no me hice entender.	*I don't think I made myself clear.*
Déjeme explicarle/Déjame explicarte.	*Allow me to explain.*
Esa no era mi intención.	*That was not my intention.*
Eso no es lo que yo quise decir.	*That is not what I meant to say.*
Eso no fue lo que yo dije.	*That is not what I said.*
Lo que yo quise decir...	*What I wanted to say . . .*
Yo entendí mal.	*I didn't understand what you meant.*
Yo me confundí.	*I got confused.*
Yo me refería a...	*I was referring to . . .*
A ver, cuéntame.	*O.K. Tell me.*
Bueno, explícame.	*Well, let me hear an explanation.*
¿Espera/esperas que le/te crea?	*You expect me to believe that?*
¿Me crees tonto/a?	*Do you think I am an idiot?*
Nada que pueda/puedas decir va a cambiar las cosas.	*Nothing you can say is going to change anything.*
No me venga/vengas con ese cuento.	*Don't give me that.*
Soy todo/a oídos.	*I am all ears.*

7–46. Palabras en acción. Lee la siguiente situación y, usando las expresiones que están listadas arriba, trata de aclarar el malentendido. Usa tres expresiones diferentes.

Una pareja de dominicanos está invitada a una fiesta en casa de una amiga estadounidense. La estadounidense les pidió que trajeran salsa. Los dominicanos llevaron su colección de CD de salsa a la fiesta. Cuando la estadounidense vio los CD se sorprendió mucho. ¿Cuál fue el malentendido? ¿Qué podría decir la estadounidense? ¿Cómo podrían los dominicanos explicar el malentendido?

 7–47. ¿Qué me quieres decir? Escojan una de las situaciones listadas y creen un diálogo corto para representar una de las situaciones. Usen las expresiones necesarias para aclarar el malentendido.

1. Te ofreces a llevar a un amigo/a al día siguiente a la universidad. Tu amigo/a te espera a la hora convenida pero tú no llegas. Tu amigo/a te llama para ver si hubo un malentendido sobre el lugar o la hora.
2. Vienes a la clase de español con la tarea equivocada. Explícale a tu instructor/a qué pasó. Tu instructor/a debe aclarar lo que él/ella realmente dijo.

COLOR Y FORMA

José Alicea en su estudio

José Alicea, que nació en Ponce, Puerto Rico, en 1928, es un artista que se especializa en grabados (*prints*) y serigrafías (*silkscreens*). Su preferencia por estos medios se debe a su interés en expresarse con claridad y transparencia. Alicea se ha destacado sobre todo por su extraordinaria producción de carteles. Su obra se encuentra en el *Metropolitan Museum of Art* en Nueva York.

El artista en su estudio rodeado de su obra.

 7–48. Mirándolo con lupa. Miren la fotografía con atención durante un minuto y hablen de sus impresiones con su compañero/a. Sigan estos pasos.

1. Describan en detalle lo que ven en la fotografía.
2. ¿Qué imágenes pueden distinguir en los carteles que tiene el artista en su estudio?
3. Observen los carteles que se ven mejor, ¿qué títulos les pondrían?

7–49. Tomar partido. Vas a escribir un artículo de opinión para el periódico de tu universidad sobre un tema controvertido. ¿Qué problemas hay en tu universidad que necesitan solución? ¿Te preocupan el estacionamiento, las residencias estudiantiles, la comida en los comedores universitarios, el costo de los libros, etc.? Selecciona un tema de tu interés y prepara un artículo objetivo que incluya el punto de vista de los estudiantes y el de los administradores o profesores.

Preparación

Piensa en los siguientes puntos:
1. ¿Qué tema has elegido?
2. ¿Qué opinan los estudiantes del tema?
3. ¿Qué opinan los profesores o los administradores (u otros grupos)?
4. ¿Qué propone cada grupo para mejorar o resolver el problema?
5. ¿Cómo se puede llegar a un acuerdo que satisfaga a los estudiantes y a los profesores o administradores?

A escribir

1. Escribe una introducción que describa el problema.

> **MODELO**
>
> **El estacionamiento en el campus es un asunto cada vez más problemático en nuestra universidad. A los estudiantes les parece injusto que los precios sean cada vez más altos y que no puedan estacionar sus vehículos cerca de las clases. Por lo tanto, piden que la universidad baje los precios y construya (*build*) más estacionamientos en el campus...**

2. En uno o dos párrafos, presenta los distintos puntos de vista sobre el asunto. Explica qué quiere cada grupo.

> **MODELO**
>
> **Los administradores, por otra parte, no creen que sea posible bajar los precios porque...**

3. Al escribir el artículo recuerda lo que has aprendido en este capítulo sobre el uso del subjuntivo en cláusulas nominales y adjetivas.
4. Escribe una conclusión en la que propones una solución.

Más allá de las palabras

5. Usa algunas expresiones de la lista para hacer transiciones entre diferentes ideas.

a diferencia de, en contraste con	*in contrast to*
igual que	*the same as, equal to*
mientras	*while*
al fin y al cabo	*in the end*
en resumen	*in summary*
después de todo	*after all*
sin embargo	*however*

Revisión

Para revisar tu artículo usa la guía de revisión del Apéndice C. Después de hacer el número de revisiones que te indique tu instructor/a, escribe la versión final.

Ven a conocer

7–50. Anticipar el tema. Miren el texto y la fotografía de esta página. Hablen con su compañero/a de lo siguiente:

1. de qué trata este texto
2. a qué tipo de público está dirigido
3. en qué medio se puede encontrar un texto como este

7–51. Identificación. Lee el texto para encontrar la siguiente información.

1. qué tipo de lugar es Canaima
2. el tipo de paquetes de viaje disponibles en verano
3. el tipo de paquetes de viaje disponibles en temporada de lluvia
4. el paquete de viaje más caro de todos

Canaima:
Un paraíso terrenal

CANAIMA Y SALTO ÁNGEL

Vayamos en una excursión de aventura a uno de los parques nacionales más grandes del mundo. Ubicado al sur del río Orinoco, Canaima es un paraíso con una variedad infinita de recursos naturales y asombrosos paisajes. En esta expedición usted tendrá la oportunidad de apreciar los hermosos paisajes de Canaima, sin duda uno de los lugares más espectaculares del mundo.

Nuestro destino más famoso es el Salto Ángel en la selva venezolana. El Salto Ángel tiene más de 3,000 pies de altura y es la caída libre de agua más alta del mundo. La mejor época del año es la temporada de lluvia, de junio a noviembre. ¡Usted podrá ver otras cascadas y pasear sobre algunos rápidos! En este recorrido viajaremos río arriba en curiaras (canoas indígenas que ahora tienen motores fuera de borda), acompañados por guías bilingües conocedores de la zona y que con gusto responderán a las preguntas que tanto usted como sus acompañantes quieran hacer.

Visitará también el no menos famoso Salto Sapo, atracción muy singular y única en el mundo en la

Kevin Schafer/The Image Bank/Getty Images

a Isla de Orquídea, rápidos de Mayupa y Pozo de la Felicidad, Paseo en la Laguna Canaima. Alojamiento en posada (hab. con camas y baño privado): US$350

Alojamiento en campamento rústico en hamacas: US$210

Sobrevuelo al Salto Ángel (opcional): US$40

EXCURSIONES EN TEMPORADA DE LLUVIA:

Canaima, 3 días y 2 noches.

Incluye: Expedición hasta Salto Ángel, navegación río arriba por el río Carrao (pasando por los rápidos de Mayupa) hasta llegar al campamento en la Isla de Orquídea. Viaje al pie del Salto Ángel y caminata por la selva tropical. Regreso a Canaima de llegada a las 11:00 de la mañana aproximadamente.

Alojamiento en campamento rústico: US$210

Alojamiento en posada con camas y baño privados: US$385

Sobrevuelo al Salto Ángel (opcional): US$40

Todas las excursiones incluyen:

Asistencia al pasajero en el aeropuerto de Canaima. Un guía exclusivo en cada excursión. Traslados terrestres y fluviales. Todas las comidas y bebidas (exceptuando bebidas alcohólicas). Alojamiento en posadas o campamento rústico (de acuerdo al plan seleccionado). Chaleco salvavidas para cada pasajero.

Sugerimos que traiga:

Identificación o pasaporte * suéteres o chaquetas * botas o zapatos de tenis * *jeans* y camisetas * pantalones cortos deportivos * linterna pequeña * impermeable * trajes de baño y toallas * repelente de mosquitos y protector solar

El costo del impuesto de entrada al Parque Nacional Canaima no está incluido. Los niños menores de 7 años pagan 50%. Las excursiones con alojamiento en los campamentos en la selva no se recomiendan para personas de edad avanzada ni con problemas físicos o de salud. Si el cliente no tiene una razón válida para cancelar la excursión la compañía no hará devoluciones.

que tendrá la oportunidad de caminar detrás de una cortina de toneladas de agua. Se encontrará en esta excursión con visitantes de todas partes del mundo, amantes de la naturaleza que han encontrado en Canaima la pureza y tranquilidad de una tierra virgen y mágica, llena de leyendas y personajes.

EXCURSIONES DURANTE TODO EL AÑO:

Canaima en verano, 2 días y 1 noche.

Incluye: Excursiones a Salto Sapo, medio día. Yuri-Lú, (Playa y Salto Yuri) medio día. Paseo en la Laguna Canaima. Alojamiento en posada (hab. con camas y baño privado): US$220

Alojamiento en campamento rústico en hamacas: US$170

Sobrevuelo al Salto Ángel (opcional): US$40

Canaima en verano, 3 días y 2 noches.

Incluye: Excursiones a Salto Sapo, medio día. Yuri-Lú, (Salto y Playa Yuri) medio día. Expedición

7–52. Comprensión. Túrnense para responder a las siguientes preguntas sobre Canaima.

1. ¿Qué es el Salto Ángel? Descríbelo con tus propias palabras.
2. ¿Por qué es la temporada de lluvia la mejor época para visitar el salto?
3. ¿Qué tipo de alojamiento seleccionarías tú si fueras de viaje a Canaima? Explica tu respuesta.
4. Según el texto, ¿es este un tipo de excursión recomendable para personas mayores? Explica tu respuesta.
5. ¿Te interesaría hacer un viaje a Canaima? ¿Por qué?

7–53. Vacaciones en Canaima. Un amigo está a punto de salir de viaje para Canaima con uno de estos paquetes de viaje y les envía este mensaje electrónico para pedir consejo. Usando la información del texto, háganle cinco recomendaciones a su amigo.

Viaje virtual

En la red busca información sobre el Parque Nacional Canaima. Contesta las siguientes preguntas y comparte la información que encuentres con tus compañeros. Si puedes, imprime un par de fotos para compartirlas con la clase.

1. ¿En qué fecha se estableció este parque?
2. ¿Qué tan grande es el parque?
3. ¿En qué año fue el parque nombrado Patrimonio de la Humanidad?
4. Nombra 3 saltos que se encuentran en Canaima.
5. Nombra 5 especies de animales que se encuentran en Canaima.
6. ¿Podrías dibujar un tepuy?
7. ¿Te gustaría visitar este parque? ¿Por qué?

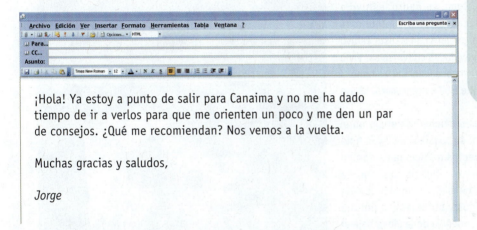

¡Hola! Ya estoy a punto de salir para Canaima y no me ha dado tiempo de ir a verlos para que me orienten un poco y me den un par de consejos. ¿Qué me recomiendan? Nos vemos a la vuelta.

Muchas gracias y saludos,

Jorge

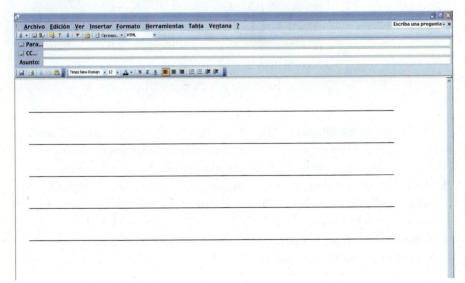

El escritor tiene la palabra

Nicolás Guillén (1902–1989)

El cubano Nicolás Guillén es uno de los poetas más conocidos de los autores que escriben literatura afroantillana. Es conocido por sus poemas sobre la vida afrocubana y sobre la protesta política y social. El poema que vas a leer, sin embargo, es de una de sus colecciones con menos contenido político, *Poemas para niños y mayores de edad* (1977).

Guillén nació en Camagüey, Cuba, el diez de julio de 1902. Como su padre, estuvo a favor de la Revolución cubana durante toda su vida. Durante el gobierno de Batista estuvo exiliado por sus actividades subversivas. Vivió en Buenos Aires hasta que Fidel Castro tomó el poder y permitió que Guillén regresara. Murió en Cuba en 1989.

Guillén ha tenido mucha influencia en el mundo literario por su poesía simple y directa que combina aspectos tradicionales con un lenguaje coloquial y vocabulario cotidiano. La poesía de Guillén también ha influido la vida de muchos cubanos y otros latinos porque dio validez a la experiencia de la clase baja al usarla como tema literario.

Nicolás Guillén

Henri Cartier-Bresson/Magnum Photos, Inc.

 7–54. Entrando en materia. "Barcarola" significa "canción de barca" (*small boat*) en italiano. Originalmente se asociaba con los gondoleros de Venecia (*Venetian gondoliers*), pero Guillén adapta la barcarola al contexto cubano.

1. Antes de leer el poema, escuchen una barcarola en Internet ("Barcarola Veneziana", por ejemplo). ¿Cómo es el ritmo? ¿Qué estado de ánimo comunica la barcarola?

2. Después, lean el poema que aparece abajo en voz alta. ¿Creen que tiene elementos musicales? ¿Cuáles son?

BARCAROLA

1   El mar con sus ondas **mece**[1]
    la **barca**[2], mece
    la barca junto a la costa
    brava,[3] la mece
    el mar.

5   Del **hondo**[4] cielo la noche
    cae, la noche
    con su gran **velo**[5] flotando
    cae la noche
    ¡al mar!

"Barcarola". *Sóngoro Cosongo y Otros Poemas* by Nicolás Guillén. Reprinted with permission of Agencia Literaria Latinoamericana (Cuba).

7–55. Nuestra interpretación de la obra. Lee el poema y responde a las siguientes preguntas.

1. Identifica las expresiones que describen:
    a. el mar y la costa   **b.** el cielo   **c.** la noche
2. Identifica dos ejemplos de personificación en este poema.
3. Identifica los elementos:
    a. naturales   **b.** hechos por hombres.
4. Compara las descripciones de los elementos naturales y artificiales. ¿Qué tiene más fuerza en este poema, lo natural o lo artificial?
5. La relación que existe entre el mar y la barca en el poema se puede comparar con la relación entre:
    a. Un marinero que pilota un barco.
    b. Una madre que balancea a su bebé en la cuna (*cradle*).
    c. Una tormenta que destruye un puerto.

WileyPLUS

Go to *WileyPLUS* to see these **videos,** and to find the **video activities** related to them.

Videoteca

Descubre el Viejo San Juan

Quizá no hay lugar más emblemático de Puerto Rico que el Viejo San Juan, el barrio más antiguo de la capital y el centro artístico y cultural de la isla. En este video descubrirás por qué el Viejo San Juan es una joya del Caribe.

¿Existe una verdad objetiva?

Esopo (Aesop) dijo que "Toda verdad tiene dos lados", y habrás oído otros refranes similares. ¿Cuántas versiones de cada verdad crees tú que existen? ¿Es posible que haya una sola? Esta es la pregunta que se explora en el video que vas a ver.

---

1. *rocks;*   2. *small boat;*   3. *rough, wild;*   4. *deep;*   5. *veil*

Vocabulario

Ampliar vocabulario

apoyar	to support
barrio *m*	neighborhood
conseguir (i)	to achieve
consolidar	to consolidate, strengthen
ciudadano/a	citizen
debilitar	to weaken
derramamiento	
de sangre *m*	bloodshed
derecho *m*	right
derechos humanos *m*	human rights
desempleo *m*	unemployment
dictador/a	dictator
equivocado/a	wrong, mistaken
gobernar (ie)	to govern
impuestos *m*	taxes
invertir (ie, i)	to invest
letra *f*	lyrics
lograr	to achieve
raíces *f*	roots
transcurrir	to pass, go
ya que	since, because

Vocabulario esencial
Hablar de problemas sociales y soluciones

abuso *m*	abuse
cambiar	to change
cambio *m*	change
desigualdad *f*	inequality
eliminar	to eliminate
igualdad *f*	equality
libertad *f*	freedom
luchar por	to fight for
pobres *m*	poor people
pobreza *f*	poverty
servicios médicos *m*	health care

Hablar de la música

bailable	danceable
bajar	to download
bajo *m*	upright base/base guitar
batería *f*	drums
canción *f*	song
cantante *m, f*	singer
guitarra *f*	guitar
hip hop *m*	hip hop
melodía *f*	melody
música alternativa *f*	alternative music
rap *m*	rap
ritmo *m*	beat
rock *m*	rock
subir	to upload

Hablar de política

autonomía *f*	autonomy
autónomo/a	autonomous
constitución *f*	constitution
elecciones *f*	elections
estado *m*	state
gobernador/a	governor
gobernar (ie)	to govern
identidad *f*	identity
independencia *f*	independence
mayoría *f*	majority
minoría *f*	minority
nación *f*	nation
reforma *f*	reform
votar	to vote
voto *m*	vote

CAPÍTULO 8

EXPLORAR NUESTRO MUNDO (CENTROAMÉRICA)

Objetivos del capítulo

En este capítulo vas a...

- adquirir conocimientos sobre la ropa y el ideal de belleza de los mayas.
- explorar el ecoturismo y el servicio a la comunidad como formas de viaje.
- hablar del futuro.
- hacer conjeturas.
- expresar condiciones y su resultado.
- hablar de la moda, planear vacaciones y hacer una entrevista de trabajo.
- escribir una carta de solicitud.

TEMA

Rolf Richrdson/Robert Harding World Imagery/Getty Images

Las edificaciones coloniales, como la catedral de León en Nicaragua, contrastan con las modernas. ¿Hay en tu estado edificios antiguos como este?

Qué llevar para viajar

©Christie & Cole/CORBIS

Por si acaso

Para orientarse:

a la derecha de	*to the right of*
a la izquierda de	*to the left of*
abajo de	*below*
arriba de	*above*
al este de	*east of*
al norte de	*north of*
frontera	*border*
océano	*ocean*
país	*country*

GUATEMALA

Ciudad de Guatemala

Capital: Ciudad de Guatemala

Población: aproximadamente 14 millones de habitantes

Grupos étnicos: mestizo 57%, amerindio 41%, blanco 2%

Idiomas: español y 23 lenguas indígenas

Moneda: quetzal

Área: aproximadamente el tamaño de Tennessee

WileyPLUS

Go to *WileyPLUS* to explore this country further in the *Perfil de Guatemala* section.

Por si acaso

Expresiones útiles para comparar respuestas con otro estudiante

¿Qué tienes/ pusiste en el número 1/ 2/ 3?
Yo tengo/ puse a/ b.
Yo tengo algo diferente.
No sé la respuesta./ No tengo ni idea.
Creo que la respuesta es a/ b, pero no estoy seguro/a.
Creo que es cierto./ Creo que es falso.

8–1. ¿Qué saben de Guatemala? Miren el mapa de Guatemala, lean la información y usen sus conocimientos previos para responder a estas preguntas.

1. Guatemala está...
   a. al norte del Salvador. **b.** al sur de México. **c.** a y b.
2. San Salvador es la capital de Guatemala.
   a. Sí. **b.** No. **c.** No estoy seguro/a.
3. Guatemala tiene costas en...
   a. el Océano Pacífico **b.** el Caribe **c.** a y b
4. La población amerindia de Guatemala es...
   a. mayor que la población blanca. **b.** menor que la población mestiza.
   c. a y b.

5. Las culturas indígenas...

    a. son muy importantes.   **b.** no son muy importantes.   **c.** han desaparecido.

6. La civilización maya floreció en Guatemala.

    a. Sí.   **b.** No.   **c.** No estoy seguro/a.

Lectura

Entrando en materia

8–2. Los mayas y la estética. Lee la descripción y selecciona si el texto menciona las ideas de la lista.

La civilización maya floreció en toda el área de Guatemala hace más de dos mil años. Se extendió también a México, Belice y Honduras. Los mayas tenían un ideal de belleza muy peculiar. Tenían piel oscura, eran de baja estatura y tenían cabezas redondas con la frente plana, que era considerado un signo de belleza en esta civilización. A los mayas también les gustaba la estética de los ojos bizcos, una "moda" maya comparable a los lentes de contacto que se usan en el presente para cambiar el color de los ojos.

1. Los mayas habitaron varios territorios de Centroamérica.	Sí	No
2. Los mayas tenían un ideal de belleza similar al ideal contemporáneo.	Sí	No
3. Los mayas eran bajos y morenos.	Sí	No
4. A los mayas les gustaba ponerse lentes de contacto.	Sí	No
5. Para los mayas era muy atractivo tener la frente en forma de línea recta.	Sí	No
6. También les gustaba la estética de los ojos bizcos, es decir, los dos ojos orientados hacia la nariz.	Sí	No

 8–3. ¿Qué llevan para estar a la moda? Antes de leer sobre las preferencias estéticas de los mayas, van a hablar sobre sus preferencias estéticas personales. Miren la selección de abajo y díganle a sus compañeros/as con qué frecuencia llevan estas cosas.

Siempre llevo...   A veces llevo...   Nunca llevo...

uno o dos pendientes en las orejas	*grills* en los dientes	barba
maquillaje en la cara	uno o más tatuajes	bigote
un pendiente en la nariz	un *mohawk*	patillas
un pendiente en el labio superior o inferior	gomina en el pelo	
un pendiente en la lengua	pulseras, anillos u otras joyas	
	gorras o sombreros	

8–4. Vocabulario: Antes de leer. Busca estas expresiones en la lectura e intenta deducir su significado usando el contexto. Si tienes dudas, repasa tus respuestas después de leer para ver si eran correctas.

1. ... es tarde para adoptar esta moda maya porque se tiene que hacer **al nacer**.
   a. cuando eres un bebé
   b. en la adolescencia

2. La presión de las tablas era suficiente para dar al **cráneo** una nueva forma plana, alargada.
   a. un dios maya
   b. los huesos de la cabeza

3. Dada la gran flexibilidad del **cerebro** durante la infancia, la cabeza se adaptaba fácilmente a su nueva forma.
   a. un órgano dentro del cráneo
   b. una parte de los brazos

4. un grano de **maíz**
   a. un cereal que se usa para hacer las tortillas mexicanas tradicionales
   b. un juego infantil maya

5. En esos casos, los mayas tenían una creación cosmética alternativa para reducir los efectos del **fracaso**.
   a. un resultado negativo
   b. algo positivo para la estética

6. el **puente nasal**
   a. un objeto redondo que los mayas se ponían en los pies
   b. un objeto alargado que los mayas se ponían en la nariz

7. **uñas postizas**
   a. adornos duros que se ponen en la punta de los dedos
   b. adornos que se llevan en la cabeza

8. Para los mayas ser **bizco** tenía un gran atractivo
   a. los dos ojos están orientados hacia la nariz
   b. llevar lentes

9. **tatuajes**
   a. dibujos permanentes en la piel en varias partes del cuerpo
   b. un tipo de comida maya

10. **la persona vencida** o el **perdedor**
    a. cuando no tienes suficiente dinero eres la persona vencida
    b. cuando no ganas en una competición eres la persona vencida

11. Este **atuendo** identificaba al hombre importante en la sociedad maya.
    a. sinónimo de ropa
    b. sinónimo de atender

Ponte a la moda al estilo maya del período clásico

La forma de la cabeza

Desafortunadamente, si estás leyendo este texto ya es demasiado tarde para adoptar esta moda maya porque se tiene que hacer **al nacer**. Los mayas colocaban a los recién nacidos entre dos tablas durante varios días. La presión de las tablas era suficiente para dar al **cráneo** una nueva forma plana, alargada y con el ángulo de la frente hacia atrás. Se cree que esta práctica no tenía efectos negativos en la inteligencia. Dada la gran flexibilidad del **cerebro** durante la infancia, la cabeza se adaptaba fácilmente a su nueva forma. Se piensa que esta costumbre maya tenía como objetivo remodelar la forma de la cabeza para imitar la forma de un grano de **maíz**. El maíz era la fuente esencial de alimentación para la civilización maya y, según el *Popol Vuh*, la sustancia de este grano era el origen de todos los seres humanos.

Por si acaso

El *Popol Vuh* o la biblia maya, fue escrita en la lengua maya quiché por un cronista del siglo XVI. El libro narra los orígenes del pueblo maya quiché.

Por supuesto, cabía la posibilidad de que a pesar de pasar por el proceso, el perfil de la cabeza no consiguiera tener ese aspecto plano y elegante que los mayas admiraban tanto. En esos casos, los mayas tenían una creación cosmética alternativa para reducir los efectos del **fracaso**: el **puente nasal**. No se sabe con seguridad de qué estaban hechos estos artefactos nasales mesoamericanos, equivalentes a las **uñas postizas** que algunas mujeres se ponen en los dedos en los tiempos modernos. Ⓜ

Ⓜomento de reflexión

Marca con una X las ideas correctas.
- ❏ 1. El texto dice que algunas prácticas mayas son barbáricas.
- ❏ 2. El texto describe objetivamente algunas prácticas mayas e ideas mayas sobre la belleza.
- ❏ 3. La forma de la cabeza era importante en el ideal maya de belleza.

La estética de los ojos, los dientes, perforaciones de la piel y tatuajes

Cambiar la disposición de los ojos es otra moda maya que ya no puedes adoptar dado que el proceso de transformación estética también se iniciaba en la infancia. Para los mayas ser **bizco** tenía un gran atractivo. Para conseguir el efecto estético deseado, colgaban una bolsita de cera entre los ojos de los niños con la esperanza de obtener el resultado esperado.

Pero incluso si la transformación de la cabeza o los ojos no es posible, todavía puedes seguir la moda maya poniéndote pirita o jade entre los dientes. Los mayas se perforaban con agujeros las orejas, la nariz y los labios para poder ponerse joyas de jade, conchas y madera. Por supuesto, no hay que olvidar que también puedes seguir la moda maya decorando tu cuerpo con **tatuajes** y pintura.

Sombreros y tocados

Los sombreros mayas variaban de un lugar a otro pero en todos los tipos de sombreros había un denominador común: cuanto más grande era el sombrero, más importante era el individuo que lo llevaba. En la ilustración que acompaña a este texto se pueden ver cuatro sombreros. Uno de ellos perteneció a la **persona vencida** en una batalla. No es muy difícil adivinar qué sombrero perteneció al **perdedor**, ¿no te parece?

Retoques finales

Las mujeres de la aristocracia maya se vestían con el hermoso y elegante huipil. También llevaban faldas cubiertas con adornos. Para los hombres, la moda era llevar pieles de jaguar desde la cabeza a los pies.

Este **atuendo** identificaba al hombre importante en la sociedad maya. En los murales de Bonampak se puede reconocer al jefe de la comunidad porque es el único que lleva sandalias de piel de jaguar. También era muy elegante llevar abundantes ornamentos de jade y plumas de **quetzal**.

Hay que mencionar que es muy posible que algunas de las prácticas estéticas descritas aquí solo fueran propias de la aristocracia maya. A lo largo de la historia de varias culturas, la tendencia ha sido que la clase dirigente se diferenciara de la gente del pueblo por medio de su apariencia. También es lógico pensar que dedicar atención a la estética requería tiempo libre y riquezas, que típicamente caracterizan a los miembros de la clase alta.

8–5. ¿Es verdad? Indica si las siguientes oraciones son ciertas o falsas con base en la información de la lectura.

1. Los mayas nacían con el cráneo en forma de grano de maíz.
2. Los mayas no conocían la técnica del tatuaje.
3. Las mujeres mayas se vestían con pieles de jaguar.
4. Los sombreros eran un símbolo de distinción social en la sociedad maya.
5. El quetzal es un tipo de comida.

8–6. ¿Comprendieron?

A. En parejas, escriban una prueba de cuatro preguntas sobre los temas de la lista. Una persona escribe preguntas sobre los temas 1 a 4, la otra, sobre los temas 5 a 8.

1. Ser bizco en la cultura maya
2. Relación entre la clase social y la importancia de la estética
3. Signos estéticos que identificaban al hombre importante
4. El tamaño de los sombreros
5. Procedimiento para aplanar la cabeza
6. Efectos de este procedimiento en la inteligencia
7. La estética femenina
8. El jaguar y la moda

©Kit Day/Alamy Images

B. Hagan sus preguntas a la otra pareja y respondan a las que ellos han preparado.

Por si acaso

¿Qué significa la palabra quetzal?

Quetzal es una palabra maya para designar a un pájaro sagrado de esta cultura. Hoy el quetzal es un símbolo de Guatemala. Este pájaro no es mítico, es real y es uno de los motivos que adornan la bandera guatemalteca.

8–7. Vocabulario: Después de leer. Completa las siguientes oraciones con palabras del vocabulario nuevo. Puedes usar las pistas entre paréntesis para determinar qué palabra del vocabulario debes usar.

1. Los bebés suelen llorar _____ (*cuando nacen*).
2. El tamaño del _____ (*los huesos de la cabeza*) no está relacionado con la inteligencia.
3. Muchas comidas latinoamericanas tienen como base el _____ (*un cereal*).

4. Carlos está disgustado por su _____ (*mal resultado*) en los exámenes.

5. Mónica se hizo un _____ (*un dibujo permanente*) en el brazo derecho.

6. Nuestro equipo ha sido el _____ (*que no ganó*) del partido.

 8–8. Qué dirá la gente. Imaginen que son esteticistas mayas del período clásico. Díganle a su compañero/a qué dirá la gente (*what will people say*) si toman estas decisiones estéticas. Emparejen las oraciones según la información de la lectura.

> **MODELO**
>
> **Si te pones una bolsita de cera entre los ojos, tendrás los ojos bizcos.**

1. Si tienes los ojos bizcos y la frente plana,...
2. Si te pones sandalias de piel de jaguar,...
3. Si te vistes con muchas plumas de quetzal,...
4. Si llevas un sombrero pequeño,...

a. la gente reconocerá que eres el jefe de la comunidad.
b. la gente dirá que estás muy atractivo/a.
c. la gente imaginará que no eres alguien importante.
d. la gente comentará que estás super elegante.

 8–9. Qué llevarán los mayas en un viaje. Tú y tu compañero/a son aristócratas mayas que preparan un viaje diplomático para visitar otra tribu (*tribe*) de una cultura diferente. Según la información de la lectura, la lista de abajo incluye cuatro artículos que generalmente llevaban los aristócratas mayas y cuatro artículos que no llevaban. Habla con un/a compañero/a, decidan qué van a llevar y expliquen los criterios de su selección.

> **MODELO**
>
> **unas joyas de jade   un huipil**
>
> **Estudiante A y B: Vamos a llevar unas joyas de jade porque las joyas son símbolo de nuestro estatus social. No vamos a llevar un huipil porque somos hombres y solo las mujeres llevan el huipil.**

unas sandalias de jade
unas plumas de quetzal
unos sombreros pequeños
un poco de pirita
unas sandalias de piel de jaguar
unas plumas de cacatúa
unos sombreros grandes
unas capas (*capes*) de piel de oso

 8–10. Hablemos del tema. En parejas, hagan una lista de las diferencias y similitudes entre la moda maya del período clásico y la contemporánea. Después, preparen un breve informe oral expresando su opinión personal sobre la moda maya. Expliquen qué modas mayas les gustan más o menos y por qué.

Gramática

The Future Tense to Talk About What Will Happen and May Happen

As you learned in *Capítulo 5, Tema 3*, the future tense in Spanish corresponds to the English *shall/will*. Here, you will review this use and learn two other uses of the future tense. Remember that the future conjugation of regular verbs is quite easy: take the infinitive of a verb (e.g., *hablar, comer, escribir*) and add the endings **-é, -ás, -á, -emos, -éis, -án.** Be sure to review the conjugation of irregular future verbs in *Capítulo 5, Tema 3*, and in Grammar Reference 8 in the back of the book.

Use of the Future Tense

1. To express future actions

You basically use the future tense in Spanish in the same situations you would use future tense in English (*shall/will* + verb).

La clase de español **viajará** a Guatemala este verano.
*The Spanish class **will travel** to Guatemala this summer.*

Spanish speakers tend to use the future tense less frequently than English speakers. They commonly substitute this tense with either the simple present or the **ir a** + *infinitive* construction.

Mañana **voy** a la universidad en autobús.
Mañana **voy a ir** a la universidad en autobús.
Mañana **iré** a la universidad en autobús.
*Tomorrow **I'll go** to the university by bus.*

2. To express probability or conjecture in the present (*El futuro de probabilidad*)

The future tense can be used to express conjecture about an event that may be happening in the present. In English, we express conjecture with *probably* + present tense or *may* + verb.

¿Dónde está tu hermana?	*Where is your sister?*
No sé. **Estará** en casa de su mejor amiga.	*I don't know. She **may be (is probably)** at her best friend's house.*

You can also use the future of probability in a question to invite someone else to express conjecture.

¿Cuántos años **tendrá** Susanita ahora?	*I **wonder** how old Susanita **is** now?* *How old **do you suppose** Susanita is now?*
Tendrá 5 años.	She *is probably* 5. She *may be* 5.
¿Qué hora **será**?	*I **wonder** what time **it is**?* *What time **do you suppose** it is?*
Serán las 3.	*It's **probably** 3 o'clock. It **may be** 3 o'clock.*

3. Future tense in sentences with **si** *(if)* to express possible or probable outcomes

In Spanish, as in English, the future is used to talk about an event that will happen if certain conditions are met. Sentences that express a possible condition and its outcome contain two clauses: one clause begins with "si" (if) and states the condition with a verb in the present indicative tense; a clause with a verb in the future states the outcome. The order of these two clauses is reversible in Spanish as in English.

	or	
Si voy a Guatemala, **visitaré** las ruinas mayas.	or	**Visitaré** las ruinas mayas **si** voy a Guatemala.
If I go to Guatemala, I will visit the Mayan ruins.		*I will visit the Mayan ruins if I go to Guatemala.*
Si practicamos las oraciones condicionales, **sacaremos** buena nota en el examen.	or	**Sacaremos** buena nota en el examen **si** practicamos las oraciones condicionales.
If we practice conditional sentences, we will do well on the test.		*We will do well on the test if we practice conditional sentences.*

WileyPLUS Go to *WileyPLUS* to review this grammar point with the help of the **Animated Grammar Tutorial** and **Verb Conjugator**. See also textbook Appendices with Grammar References and verb tables. For more practice, go to the **Activities Manual**.

8–11. Identificación. Lee estas predicciones que un profeta maya hizo sobre la desaparición de su civilización. Identifica los verbos que expresan futuro. Después, vuelve a escribir el párrafo, sustituyendo estos verbos por la construcción **ir a** + infinitivo para expresar futuro.

> **MODELO**
>
> **Nuestro pueblo, tal y como lo conocemos hoy, dejará de existir.**
> **Nuestro pueblo, tal y como lo conocemos hoy, va a dejar de existir.**

Los dioses me han revelado terribles noticias. Nuestro pueblo, tal y como lo conocemos hoy, dejará de existir. La vegetación de la selva cubrirá y sepultará nuestras casas, templos y monumentos. Estos quedarán olvidados durante cientos y cientos de años. Pero un día, dos hombres extranjeros con apariencia y ropas extrañas encontrarán los restos de nuestra civilización y todos los pueblos del mundo conocerán y admirarán nuestra cultura.

Por si acaso

Los extranjeros mencionados en el texto son el estadounidense John Lloyd Stephens y el inglés Frederick Catherwood, quienes en el siglo XIX dieron a conocer al mundo la civilización maya. Sus descubrimientos se describieron en *Incidentes del viaje a Centroamérica, Chiapas y Yucatán* (1841), y relataron un segundo viaje en *Incidentes del viaje a Yucatán* (1843). Sus libros crearon un interés popular y académico en la región.

8–12. ¿Qué llevaremos en nuestro viaje a Guatemala? Están preparándose para un viaje a Guatemala y tienen que decidir que artículos de viaje llevarán. Seleccionen sus artículos de viaje de la lista de *Vocabulario esencial* y decidan qué artículos pondrán y no pondrán en su equipaje.

A. Cada estudiante debe rellenar los espacios con su selección individual:

1. ¿Qué ropa te pondrás para hacer el viaje?
   Para el viaje me pondré _____ y _____,
   pero no me pondré _____.

2. ¿Qué artículos de aseo incluirás en el neceser?
   En el neceser incluiré _____ y _____, pero no incluiré _____.

Vocabulario esencial

Hablar de ropa y de artículos de viaje

Ropa y complementos

abrigo *m*	*coat*
bragas *f*	*panties*
calzoncillos *m*	*briefs, boxers*
camiseta *f*	*t-shirt*
cepillo de dientes *m*	*toothbrush*
champú y suavizante *m*	*shampoo and conditioner*
gafas de sol *f*	*sunglasses*
gorra *f*	*hat, cap*
guantes *m*	*gloves*
joyas *f*	*jewelry*
maleta *f*	*suitcase*
maquillaje *m*	*makeup*
pantalones largos/ cortos *m*	*pants/shorts*
traje de baño *m*	*swimming suit/ trunks*

Documentos y aparatos electrónicos

auriculares *m*	*headphones*
carnet de identidad *m*	*ID card*
dinero *m*	*money*
iPod *m*	*iPod*
ordenador portátil *m*	*laptop*
pasaporte *m*	*passport*
tarjeta de crédito *f*	*credit card*
tarjeta de embarque *f*	*boarding pass*
teléfono móvil *m*	*cell phone*

3. ¿Qué meterás en la maleta?
En la maleta meteré _____ y _____, pero no meteré _____.

4. ¿Qué pondrás en el bolso de mano?
En el bolso de mano pondré _____ y _____, pero no pondré _____.

B. Pregúntale a tu compañero/a qué artículos llevará. Rellena los espacios con sus respuestas y después informa oralmente al/a la profesor/a y a la clase.

> **MODELO**
>
> **Tú: ¿Qué ropa te pondrás para hacer el viaje?**
> **Compañero/a: Me pondré una camiseta y unos pantalones cortos, pero no me pondré un abrigo.**
> **Tú: Mi compañero/a se pondrá una camiseta y unos pantalones, pero no se pondrá un abrigo.**

Tú: ¿Qué ropa te pondrás para hacer el viaje?

Compañero/a: _____

Tú: _____

Tú: ¿Qué artículos de aseo incluirás en el neceser?

Compañero/a: _____

Tú: _____

Tú: ¿Qué meterás en la maleta?

Compañero/a: _____

Tú: _____

Tú: ¿Qué pondrás en el bolso de mano?

Compañero/a: _____

Tú: _____

 8–13. ¿Qué haremos? Tu amigo y tú están en el avión destino a Ciudad de Guatemala. Están mirando un folleto turístico sobre actividades y lugares de interés. Seleccionen las opciones que les interesan y las que no. Díganle a la clase qué harán y qué no harán durante su visita y por qué.

> **MODELO**
>
> **Pasearemos por los mercados populares pero no compraremos un huipil porque no nos interesa la artesanía indígena.**

Pasear por los mercados populares.

Visitar las ruinas mayas de Tikal.

Hacer *surf* en las playas del océano Pacífico.

Comprar un huipil.

Ir a las playas caribeñas de Izabal.

Probar el *tapado*, un plato típico de mariscos que se sirve en Izabal.

Comer en McDonald's.

Aprender la lengua quiché.

Estudiar el sistema jeroglífico de los mayas.

Dormir la siesta todos los días.

Conocer a gente de nuestra edad.

Salir por las noches a los clubes de la capital.

Tomar un curso de español en la USAC (Universidad de San Carlos de Guatemala).

Tikal

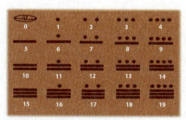

Sistema jeroglífico

 8–14. ¿Cómo será Guatemala?

A. Seleccionen las respuestas que les parecen más lógicas.

B. Comparen sus respuestas usando el futuro de probabilidad.

> **MODELO**
>
> Estudiante A: **¿Cuántos habitantes tiene Guatemala?**
> Estudiante B: **Tendrá entre 13 y 15 millones de habitantes.**

1. ¿Cuántos años tienen las ruinas mayas de Tikal?

   a. más de diez siglos   **b.** menos de diez siglos   **c.** entre uno y dos siglos

2. ¿Cómo es el nivel de vida de la población indígena guatemalteca?

   a. alto   **b.** aceptable   **c.** bajo

3. ¿Cuál es la religión predominante en Guatemala?

   a. católica   **b.** protestante   **c.** maya

4. ¿Dónde está la capital de Guatemala?

   a. al norte   **b.** al sur   **c.** en el centro

5. ¿Cuál es la fuente más importante de ingresos económicos para el país?

   a. la agricultura   **b.** el turismo   **c.** el petróleo

8-15. ¿Qué pasará en tu viaje? Vas a Guatemala en avión. ¿Qué pasará en el viaje si haces todas estas cosas? Empareja la condición de la izquierda con el resultado lógico de la derecha.

1. Si no tienes la tarjeta de embarque,...
2. Si llevas muchos líquidos en tu bolso de mano,...
3. Si fumas en los baños del avión,...
4. Si quieres comprar algo en la tienda libre de impuestos,...
5. Si usas el móvil durante el despegue (*take-off*),...
6. Si pides una cerveza,...

a. el auxiliar de vuelo te llamará la atención.
b. tendrás que usar tu tarjeta de crédito.
c. recibirás una A.
d. no podrás embarcar en el avión.
e. te pedirán el carnet de identidad.
f. tus padres estarán orgullosos de ti.
g. no podrás pasar el control de seguridad.
h. te pondrán una multa (*fine*).

 8-16. Estudiante de intercambio. En parejas, una persona va a hacer el papel de Luis, un estudiante de la Universidad de San Carlos de Guatemala que va a pasar el verano en EE. UU. La otra persona es Roberto, el estudiante estadounidense que va a recibir a Luis. Antes de salir de viaje, Luis llama por teléfono a Roberto para preguntarle algunas cosas. Representen la conversación entre los dos estudiantes siguiendo las preguntas 1 a 4 a continuación. Después cambien de papel y representen la conversación con las preguntas 5 a 7.

> **MODELO**
>
> **¿Qué pasará... si llego a casa a las dos de la mañana?**
> **Si llegas a casa a las dos de la mañana, mi madre se pondrá furiosa,** *o*
> **Mi madre se pondrá furiosa si llegas a casa a las dos de la mañana.**

¿Qué pasará...

1. si llevo solo ropa elegante?
2. si no aprendo a hablar inglés perfectamente antes de viajar?
3. si fumo en tu casa?
4. si llevo solo ropa informal?
5. si a tu familia no le gustan mis hábitos?
6. si no me gusta la comida de tu país?
7. si quiero conocer otras partes del país?

8–17. ¿Qué planes tienen? Conversen sobre sus planes para tres momentos futuros: el próximo semestre, las próximas vacaciones y después de graduarse. Háganse preguntas sobre estos tres temas y después informen a la clase.

> **MODELO**
>
> **Tú: ¿Qué vas a hacer el próximo semestre?**
> **Compañero/a: El próximo semestre tomaré dos clases más de literatura.**
> **Tú: ¿Y qué planes tienes para las próximas vacaciones?**
> **Compañero/a: Pues creo que iré a visitar a mi primo que vive en Nueva York.**

8–18. La máquina del tiempo. Imaginen que son miembros de la tripulación de una máquina del tiempo que ha viajado al año 300 d. C. La máquina aterriza en Tikal, donde conocen a un grupo de jóvenes mayas de su edad. Estos jóvenes mayas quieren usar la máquina del tiempo para visitar la civilización actual. Completen la narración con dos o tres ejemplos de avances de nuestra civilización que sorprenderán a los mayas.

En nuestra civilización ustedes encontrarán muchos artefactos que no conocen. Verán a gente dentro de objetos con ruedas, que hacen mucho ruido, y que los trasladan de un lugar a otro. Es el automóvil. Además...

Vocabulario para conversar

Hablar de la moda

Choosing your clothing sometimes requires consulting with other people, evaluating and comparing in order to make the best choice. Below are some expressions you can use.

¿Cómo me queda el vestido/pantalón/traje de baño/etc.?	*How does the dress/pants/swimming trunks/etc. fit me?*
¿Va esta prenda con esta otra?	*Does this garment match this other one?*
¿Me hace esta prenda alto/a, gordo/a, delgado/a?	*Does this make me look taller/fatter/thinner?*
Te queda estupendamente/bien/grande/pequeño.	*It fits you great/well/big/small.*
No te queda bien.	*It doesn't look good on you.*
Esta prenda no es tu estilo en absoluto.	*This garment is not your style at all.*
Te hace más alto/a, más gordo/a, más delgado/a.	*It makes you look taller/fatter/thinner.*
Este color no va (combina) con este.	*This color does not match this other one.*
Este estilo es mejor/peor que aquel.	*This style is better/worse than that one.*
Me gusta más este.	*I like this one better.*

8–19. Palabras en acción. Usando la lista de expresiones para hablar de la moda, háganse las siguientes preguntas sobre su experiencia personal con la ropa.

1. ¿Cómo te queda normalmente la ropa que te pruebas en las tiendas?
2. Menciona dos colores que van bien juntos y dos colores que no.
3. ¿Tienes alguna prenda que te hace más delgado/a, más gordo/a?, ¿o que te hace parecer diferente?
4. ¿Te pones prendas de ropa grandes y holgadas, o pequeñas y ajustadas? ¿Por qué?
5. ¿Qué tipo de moda prefieres? ¿Cuál es tu estilo en el vestir? ¿Sport? ¿Clásico? ¿Gótico? ¿Alternativo? ¿Otro estilo diferente?

 8–20. De compras. Tu tía (ESTUDIANTE A) te lleva a ti (ESTUDIANTE B) al centro comercial para comprarte un regalo de cumpleaños. Entras a una tienda de ropa y te pruebas algunas prendas mientras ella te da su opinión.

Estudiante A. (Tú comienzas la conversación)
Pregúntale a tu sobrino/a qué ropa se quiere probar.
Dile cómo le queda la prenda que se ha probado.
Pregúntale qué ropa tiene ya en su armario que va bien (combina) con esta prenda.
Dile que esta prenda le hace más alto/a, delgado/a, gordo/a, etc. Pregúntale si se va a comprar la prenda o no.

Estudiante B. Dile a tu tía qué ropa te quieres probar.
Expresa acuerdo o desacuerdo con la opinión de tu tía.
Dile qué prendas tienes que van (combinan) con la que te estás probando.
Expresa acuerdo o desacuerdo con la opinión de tu tía.
Dile si te vas a comprar la prenda o no.

CURIOSIDADES

8–21. Crucigrama. Completa el crucigrama según las pistas horizontales y verticales. Después, compáralo con tus compañeros.

HORIZONTALES

3. La frente de los mayas era...
5. el grupo racial más numeroso de Guatemala
6. tipo de escritura maya

VERTICALES

1. nombre de un pájaro y de la moneda guatemalteca
2. nombre de la cultura indígena precolombina en Guatemala
3. La activista guatemalteca, Rigoberta Menchú, recibió el Premio Nobel de la...
4. Un país de habla inglesa donde existió la cultura maya.
5. El país que está al norte de Guatemala.

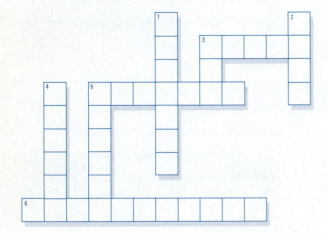

Viajar y respetar el medio ambiente

©pchoui/iStockphoto

Honduras

Capital:	Tegucigalpa
Población:	más de 8 millones de habitantes
Grupos étnicos:	mestizo 90%, amerindio 7%, negro 2%, blanco 1%
Idiomas:	español, algunas lenguas indígenas
Moneda:	lempira
Área:	un poco más grande que Tennessee

El Salvador

Capital:	San Salvador
Población:	más de 6 millones de habitantes
Grupos étnicos:	mestizo 90%, blanco 9%, amerindio 1%,
Idiomas:	español, náhuatl
Moneda:	dólar estadounidense
Área:	un poco más pequeño que Massachusetts

Nicaragua

Capital:	Managua
Población:	aproximadamente 6 millones de habitantes
Grupos étnicos:	mestizo 69%, blanco 17%, negro 9%, amerindio 5%
Idiomas:	español, algunas lenguas indígenas
Moneda:	córdoba
Área:	un poco más pequeño que el estado de Nueva York

WileyPLUS

Go to *WileyPLUS* to explore these countries further in their respective *Perfil* sections.

8–22. ¿Qué sabes de El Salvador, Honduras y Nicaragua? Indica si estas oraciones son ciertas o falsas. Si puedes, corrige las falsas.

1. De los tres países, El Salvador es el único que no tiene costa en el mar Caribe.
2. Honduras es el país con mayor población.
3. El Salvador es el país más grande de los tres.
4. Los tres países comparten fronteras (*borders*).
5. La raza blanca predomina en los tres países.
6. Los tres países tienen gobiernos democráticos en la actualidad.
7. Los tres países poseen lugares de enorme belleza natural que atraen a los ecoturistas.

Por si acaso

Expresiones útiles para comparar respuestas con otro estudiante

¿Qué tienes/ pusiste en el número 1/ 2/ 3?
Yo tengo/ puse a/ b.
Yo tengo algo diferente.
No sé la respuesta./ No tengo ni idea.
Creo que la respuesta es a/ b, pero no estoy seguro/a.
Creo que es cierto./ Creo que es falso.

A escuchar

Entrando en materia

8–23. Tipos de viajes. En parejas, identifiquen qué tipos de viajes de la lista les interesan y por qué. Expliquen su interés en relación al contacto con otras personas, el precio, el contacto con la naturaleza, el efecto positivo o negativo en el medio ambiente, la posibilidad de aprender sobre otras culturas y servir a otras comunidades.

1. crucero (*cruise*)
2. safari
3. exploración de las selvas tropicales
4. viaje a Tegucigalpa (en Honduras)
5. viaje ecoturístico
6. viaje de estudios
7. viaje de servicio

8–24. Vocabulario: Antes de escuchar. Usa el contexto de la oración para deducir el significado de las palabras. Después responde a la pregunta.

1. **medio ambiente**
   El **medio ambiente** es el grupo de elementos que hacen posible la vida, por ejemplo, el agua, el aire y la naturaleza.
   explica: Da un ejemplo de actividades beneficiosas para el medio ambiente.

2. **dañino**
   Hay actividades que son **dañinas** para la salud, por ejemplo, fumar.
   explica: Da un ejemplo de actividades dañinas para la salud de una persona.

3. **creciente**

   Describe algo que aumenta en volumen o cantidad, por ejemplo, la polución es un fenómeno **creciente**.

   explica: ¿Qué fenómenos crecientes se observan en tu región: industrialización, polución, movimientos demográficos?

4. **fauna**

   La **fauna** es el grupo de especies diferentes de animales que viven en una región.

   explica: Nombra algún animal típico de la fauna de tu región.

5. **flora**

   La **flora** es el grupo de especies diferentes de plantas que viven en una región.

   explica: Nombra alguna planta típica de la flora de tu región.

6. **inalterado/a**

   Inalterado/a es sinónimo de "no cambiado".

   explica: Nombra alguna región inalterada por la industrialización.

7. **disfrutar**

   Disfrutar es tener una experiencia positiva.

   explica: De tus viajes, ¿cuál has disfrutado más?

8. **paisaje**

   El **paisaje** es el conjunto de elementos que uno puede ver cuando visita un área rural o natural, por ejemplo, las montañas.

   explica: Describe el paisaje de las afueras de tu ciudad o pueblo.

9. **grado de**

   Expresión que se utiliza para establecer una jerarquía basada en la cantidad, por ejemplo, **grado de** inteligencia, **grado de** madurez, **grado de** industrialización.

   explica: Describe el **grado de** polución de tu región.

Estrategia: ¿Qué significa el título?

¿Has oído hablar del ecoturismo? Teniendo en cuenta que la palabra "ecoturismo" procede de la combinación de **ecología** (*ecology*) y **turismo**, ¿puedes escribir tres características del ecoturismo o de las personas que lo practican? Después de escuchar la miniconferencia, comprueba si tus predicciones han sido correctas.

Una alternativa al turismo convencional: El ecoturismo

Ahora su instructor/a va a presentar una miniconferencia.

8–25. ¿Comprendes? Contesta las siguientes preguntas según la información que escuchaste.

1. ¿Cuál es el origen del término "ecoturismo"?
2. ¿En qué aspectos puede influir positivamente el ecoturismo?
3. ¿De qué zonas geográficas vienen los ecoturistas que visitan Centroamérica?
4. ¿Qué significa la expresión "no todos los viajes ecoturísticos son igualmente ecológicos"?
5. ¿Qué nivel educativo suelen tener los ecoturistas?
6. ¿Qué tipo de alojamiento seleccionan en sus viajes?
7. ¿Qué actitud tiene el ecoturista hacia el lugar que visita?
8. Menciona dos diferencias fundamentales entre el ecoturista y el turista convencional.

 8–26. Vocabulario: Después de escuchar. Respondan a las preguntas usando el vocabulario y la información que acaban de escuchar.

1. ¿Cuál es la ciencia que estudia la relación entre los organismos y el **medio ambiente**?
2. ¿Qué ofrece Centroamérica a la **creciente** industria del ecoturismo?
3. Explica los factores que se tienen en cuenta para determinar el **grado de** ecología de un viaje.
4. Además de **disfrutar** del **paisaje**, ¿qué otros aspectos motivan al ecoturista?

 8–27. Hablemos del tema. Ahora, en parejas, expresen su opinión sobre el ecoturismo. Pueden centrarse en los puntos siguientes:

1. En su opinión, ¿cuáles son los beneficios más importantes del ecoturismo?
2. ¿Pueden pensar en algún efecto dañino de la popularidad del ecoturismo?
3. ¿Creen que el ecoturismo es más atractivo para personas de una edad determinada? ¿Por qué?
4. ¿Les interesa este tipo de turismo? ¿Han hecho algún viaje ecoturístico alguna vez? Descríbanlo.

Gramática

The Conditional to Express Probability, Future Within a Past Perspective, and Politeness

As you learned in *Capítulo 5, Tema 3*, the conditional tense in Spanish corresponds to the English *should/would*. Here, you will review the politeness conditional and learn two other uses of the conditional tense. Remember that the conditional conjugation of regular verbs is quite easy: take the

infinitive of a verb (e.g., *hablar, comer, escribir*) and add the endings **-ía, -ías, -ía, -íamos, -íais, -ían.**
Be sure to review the conjugation of irregular conditional verbs in *Capítulo 5, Tema 3,* and in the
Grammar Reference 8 in the appendix.

Uses of the Conditional Tense

1. Probability in the past

You learned to use the future to express conjecture about an event that may be happening in the
present. To express probability or conjecture about a past event you may use the conditional.

Ayer no fui a clase. ¿Qué **explicaría** el profesor sobre la historia de Nicaragua?
*Yesterday I didn't go to class. **I wonder** what my professor **explained** about the history of Nicaragua.*

Sería la medianoche cuando la policía llegó a mi apartamento.
***It was probably** midnight when the police arrived at my apartment.*

Estarían jugando con una pelota y por eso los niños de mi vecina rompieron una ventana.
***They were probably** playing with a ball and that's how my neighbor's children broke a window.*

2. Future when the reference point is a past action

The conditional may function as the counterpart of the future when it expresses a future event within
a past perspective. Therefore, when in direct speech the future tense appears, in indirect speech the
conditional tense is used.

Direct speech:	El próximo año el gobierno **estimulará** más el turismo.
	*Next year the government **will stimulate** tourism more.*
Indirect speech:	El presidente dijo que el próximo año el gobierno **estimularía** más el turismo.
	*The president said that next year the government **would stimulate** tourism more.*
Direct speech:	Los profesores del departamento de español aprobarán a todos sus estudiantes este semestre.
	The professors in the Spanish Department will pass all their students this semester.
Indirect speech:	Alguien ha mencionado que los profesores del departamento de español aprobarían a todos sus estudiantes este semestre.
	Someone has mentioned that the professors in the Spanish Department would pass all their students this semester.

3. The conditional to convey politeness or wish

The use of the conditional to convey politeness or a wish with a polite tone is usually limited to **gustar,
poder, desear,** and **preferir** + *infinitive.*

¿**Podría** decirme la hora?
***Could you** (please) tell me what time it is?*

¿**Desearían** probar otro estilo de traje?
***Would you like** to try on another style of suit?*

Preferiríamos no facturar el equipaje.
***We would prefer** not to check our baggage.*

WileyPLUS Go to *WileyPLUS* to review this grammar point with the help of the **Animated Grammar
Tutorial** and **Verb Conjugator.** See also textbook Appendices with Grammar References
and verb tables. For more practice, go to the **Activities Manual.**

8–28. Identificación. Prepara una tabla con tres columnas. En cada columna escribe uno de los tres usos del condicional que acabas de estudiar (probabilidad en el pasado, futuro en el pasado (*indirect speech*) y cortesía o deseo). Después, lee los artículos que siguen y escribe un ejemplo de cada uso en la columna correspondiente.

Honduras después del huracán Mitch

Unos días después del huracán, muchos hondureños le preguntaron al gobierno si les daría refugio a las personas afectadas. El gobierno les aseguró que proporcionaría casas y controlaría los precios de los productos básicos.

La primera dama nicaragüense y superstición importada

¿Sería verdad lo que dijeron en la televisión ayer? La primera dama, que vivió mucho tiempo en EE. UU., le pidió al presidente que cancelara su viaje a Taiwán porque la fecha era un viernes trece.

Cartas al director

Leo su periódico semanalmente y en general me parece muy buena la sección de noticias internacionales. Sin embargo, me gustaría ver noticias positivas de El Salvador. Todo lo que publican sobre este país es muy negativo. Preferiría ver noticias sobre algún aspecto cultural, por ejemplo, las costumbres culinarias o el paisaje salvadoreño.

8–29. Los presidentes siempre prometen. En los últimos años los presidentes de Honduras, El Salvador y Nicaragua prometieron cumplir varios objetivos. Completa las ideas seleccionando la forma verbal apropiada.

1. Los presidentes de El Salvador y Honduras dijeron que (*desarrollaría / desarrollarían*) la industria del turismo.
2. El presidente de Nicaragua dijo que (*incentivaría / incentivarías*) la inversión extranjera en ecoturismo. También dijo que él y el presidente de EE. UU. se (*reunirían / reuniríamos*) para establecer planes de cooperación económica.
3. El presidente de El Salvador dijo que el ministro de turismo y sus colaboradores (*mejoraría / mejorarían*) la infraestructura de los parques.

 8–30. Redacción de noticias. El periódico de la universidad quiere publicar un artículo sobre la Alianza Centroamericana para el Desarrollo Sostenible. El editor quiere que comiencen con un párrafo que enumere algunas cosas que la Alianza ha prometido. Utilicen la lista de abajo para escribir un pequeño párrafo que comience así (*like this*): "La Alianza Centroamericana para el Desarrollo Sostenible dijo el mes pasado que los países centroamericanos...". Usen el condicional para referirse al futuro en el pasado (*Indirect speech*).

1. identificarán las mejores áreas para desarrollar el ecoturismo.
2. aprovecharán (*make the most out of*) recursos hidráulicos (*water resources*).
3. distribuirán justamente los beneficios económicos.
4. informarán a los turistas sobre las reglas del turismo responsable.
5. protegerán las especies en peligro de extinción.

8–31. Su profesor, el ecologista. El profesor de historia latinoamericana es un ecologista muy apasionado. Ayer llegó muy serio a clase. Miren la lista de posibles razones por las que estaría tan preocupado (triste, deprimido, serio) y seleccionen las razones apropiadas. Consulten el *Vocabulario esencial.*

... sus vecinos no reciclaron la basura.

... unos jóvenes causaron un incendio forestal.

... su hijo decidió no usar más el coche.

... su colega no compró un coche híbrido.

... su esposa salió de viaje para hacer ecoturismo en Honduras.

8–32. Preferencias. ¡Están de suerte! Acaban de ganar un viaje y pueden elegir uno de los destinos ecológicos de la lista. Consulten la caja de *Vocabulario esencial* y escriban sus preferencias. Trabajen en parejas para preparar el documento.

HONDURAS: Parque Nacional
Cusuco (Observar las aves)
NICARAGUA: El Lago Nicaragua
(Observar las especies marinas)
EL SALVADOR: Playa de San Blas
(Observar las tortugas)

A. Háganse preguntas sobre sus preferencias acerca de los siguientes temas:

- país de tu elección
- por qué irían a ese lugar
- tipo de alojamiento (hotel, campamento, apartamento)
- duración del viaje
- dinero disponible
- personas con quienes viajar, etc.

Vocabulario esencial

Hablar de viajes y del medio ambiente

Los viajes

compañero/a de clase	classmate
conocido/a	acquaintance
dinero en efectivo *m*	cash
novio/a	boyfriend/girlfriend
ir de vacaciones	to go on vacation
quedarse (en un lugar)	to stay (in a place)

El medio ambiente

basura *f*	garbage
beneficiar	to benefit
beneficio *m*	benefit
conservación *f*	preservation, protection
conservar	to preserve, to protect
consumir	to consume, to use
consumo *m*	consumption, use
contaminación *f*	pollution
contaminar	to pollute
incendio forestal *m*	forest fire
observar la naturaleza	observe nature
proteger/dañar el medio ambiente	to protect/harm the environment
reciclaje *m*	recycling
reciclar	to recycle

B. Traten de llegar a un acuerdo sobre las vacaciones ideales para escribir un informe corto y entregárselo a su instructor/a. Recuerden que deben escribir el informe en la forma "nosotros" para expresar las preferencias de los dos.

 8–33. ¿Y ustedes? ¿Qué actividades ecológicas harían durante su viaje a Centroamérica? Consulten la caja de *Vocabulario esencial* y digan tres cosas que harían y tres que no harían durante su viaje.

> **MODELO**
>
> **Usaría una bicicleta.**
> **No consumiría productos de plástico.**

Vocabulario para conversar

Planear vacaciones

When you plan a vacation with others, it is common to have disagreements that you need to resolve by convincing others that your idea is better. In this section, you will learn and practice expressions to disagree and convince. You will also have to use vocabulary relevant to leisure activities.

Convencer, expresar acuerdo y desacuerdo

no/estar de acuerdo	*not to agree/agree*
llegar a un acuerdo	*to reach an agreement*
yo haré esto si a cambio tú...	*I will do this if you . . .*

Hablar de las vacaciones

alquilar un coche	*rent a car*	preferir	*to prefer*
ciudad	*city*	tienda de campaña	*tent*
hospedaje	*lodging*	turismo urbano / rural	*urban/rural tourism*
hospedarse	*to stay/lodge*	viajar en tren / avión / autobús	*travel by train/plane/bus*
montaña	*mountain*		
piscina	*swimming pool*	viaje organizado / paquete de viaje	*vacation packet*
playa	*beach*		

8–34. Palabras en acción. Completa estas ideas con las expresiones que aparecen en *Vocabulario para conversar.*

1. Cuando voy a la montaña me gusta dormir en una _____.
2. Me gusta la comodidad, por eso prefiero _____ en un _____ elegante.
3. Me gustan las discotecas y las fiestas de las ciudades, por eso prefiero el turismo _____.

4. Mis padres y yo tenemos personalidades diferentes, por eso a veces

_____.

5. No me gusta el transporte público, prefiero _____.

 8–35. ¿Adónde iremos? Tú y tu compañero/a están planeando un viaje juntos. Mientras planean se dan cuenta de algunas diferencias de opinión que deben resolver. ¡Suerte con la negociación!

Estudiante A: Tú eres un turista preocupado por la ecología y quieres:
- ir a Nicaragua para hacer turismo rural
- pasar dos semanas allí
- viajar en transporte público
- usar tu tienda de campaña
- hacer trabajo voluntario
- quieres planear todos los aspectos del viaje

Estudiante B: Tú eres un turista urbano y quieres:
- ir a México para hacer turismo urbano e ir a la playa
- pasar una semana allí
- viajar en un coche alquilado
- hospedarte en un buen hotel con piscina
- participar en la vida nocturna (discotecas, bares, fiestas)
- quieres un viaje organizado por una agencia

CURIOSIDADES

Humor político

—*Chiste hondureño anónimo*

El presidente de Honduras se dirige a la nación después de una reunión con dignatarios internacionales:

Estimado pueblo, les traigo una noticia buena y una mala. Les doy primero la buena: ya no tenemos deuda exterior. Ahora la mala: tenemos veinticuatro horas para salir del país.

 8–36. Humor centroamericano. ¿Creen que este chiste tendría sentido en su país? ¿Por qué? Intenten adaptar el chiste para reflejar un asunto económico, político o social de su país usando el mismo formato. Después, intercambien su chiste con otro grupo.

Viajar para servir a la comunidad

©Ann Summa/Corbis

Monteverde

San José

COSTA RICA

OCÉANO PACÍFICO

Capital: San José

Población: aproximadamente 4 millones y medio de habitantes

Grupos étnicos: blanco y mestizo 94%, africano 3%, amerindio 1%, otros 2%

Idiomas: español

Moneda: colón

Área: el doble del tamaño de Vermont

WileyPLUS

Go to *WileyPLUS* to explore this country further in the *Perfil de Costa Rica* section.

8–37. ¿Qué sabes de Costa Rica? Con base en tu conocimiento previo, determina cuáles de estas oraciones son falsas y cuáles son ciertas. Si puedes, corrige las falsas.

1. Costa Rica es un país conocido por su belleza natural, sus parques nacionales y sus reservas biológicas.
2. La mayoría de los habitantes de este país es de origen africano o indígena.
3. Costa Rica, bañada por las costas del mar Caribe y el océano Pacífico, limita con Nicaragua al norte y con Panamá al sur.

Por si acaso

Expresiones útiles para comparar respuestas con otro estudiante

¿Qué tienes/ pusiste en el número 1/ 2/ 3?
Yo tengo/ puse a/ b.
Yo tengo algo diferente.
No sé la respuesta./ No tengo ni idea.
Creo que la respuesta es a/ b, pero no estoy seguro/a.
Creo que es cierto./ Creo que es falso.

4. Costa Rica tiene reputación de ser el país más democrático de Latinoamérica.

5. Costa Rica tiene un poderoso ejército que protege al país de la agresión de sus vecinos.

6. Se conoce familiarmente a los costarricenses como "ticos".

7. El índice de alfabetización es del 50%.

8. Óscar Arias Sánchez, ex-presidente de Costa Rica, recibió el Premio Nobel de la Paz por su contribución a mantener la paz en Centroamérica.

Lectura

Entrando en materia

8–38. Anticipación. Lean el título y los subtítulos de la lectura. Después, miren la foto y localicen Monteverde en el mapa de la página 304. ¿Cuál es el tema general del texto? Describan a las personas de la foto. ¿Qué están haciendo en Costa Rica?

8–39. Vocabulario: Antes de leer. Las siguientes palabras y expresiones en negrita aparecen en la lectura. Intenta deducir su significado con base en el contexto. Si no te queda claro, puedes verificar tus respuestas después de terminar la lectura.

1. ¡Díganlo **en voz alta**!

   a. con fuerza y seguridad   **b.** solo una vez

2. La única condición es que se diga con una **sonrisa**, de lo contrario no resulta genuino.

   a. expresión facial de alegría   **b.** expresión facial de enfado o enojo

3. Costa Rica tiene un **sinfín** de expresiones únicas de la región.

   a. el final de algo   **b.** una gran variedad

4. Es buena idea aprender español porque esta lengua se habla en muchos países que **vale la pena** visitar.

   a. ser interesante   **b.** ser pobre

5. Así que, si vas a venir a Costa Rica, **apúntate** ya a clases de español.

   a. Escribe una carta en español.   **b.** Inscríbete en una clase de español.

6. En la calle a menudo nos encontramos con gente **desconocida**.

   a. antónimo de conocida   **b.** sinónimo de amigable

7. Los locales están siempre **dispuestos a echarte una mano** si necesitas ayuda.

   a. Te tocan mucho con las manos.   **b.** Tienen interés en ayudar.

Dos voluntarios en Costa Rica: Diario de un viaje

Amy y Steve pasaron un año en Costa Rica dando clases de ecología en una escuela de Monteverde. Estuvieron a cargo de una reserva ecológica en la península Osa y exploraron la costa y las montañas del país. Su estancia en Costa Rica fue parte de un programa de educación ambiental patrocinado por la Fundación Watson. Steve y Amy crearon un sitio de Internet llamado *Eco-Odyssey* en el que describieron sus experiencias.

Pura vida

¡Ya hemos llegado al mundo hispanohablante! De ahora en adelante, y a lo largo de todo un año, hablaremos español con todo el mundo. Así que... ¡pura vida! ¡Díganlo **en voz alta**! Por aquí lo dice todo el mundo y significa "*pure life*". A nosotros nos parece que la expresión simboliza a la perfección la esencia de la vida costarricense. En Costa Rica "pura vida" es la forma popular de expresar una gran variedad de cosas. Significa "hola", "sí", "¿cómo estás?", "todo va bien". A menudo nos da la impresión de que cuando la gente lo dice puede significar cualquier cosa. La única condición es que se diga con una **sonrisa**, de lo

Courtesy of Mrs. Amy Lyons Higgs

contrario no resulta genuino. Costa Rica tiene un **sinfín** de expresiones únicas de la región. Los locales llaman "ticos" a los hombres y "ticas" a las mujeres. Como en otros países de Latinoamérica, a los estadounidenses algunas veces nos llaman "gringos" o "gringas". Los hombres de Costa Rica se llaman unos a otros "maje", que equivale más o menos a *dude* en inglés. Otra expresión frecuente en Costa Rica es "tuanis", que significa *cool* en inglés. Ⓜ

> **Ⓜomento de reflexión**
> Marca con una X las ideas correctas.
> ❏ 1. Amy y Steve se quejan (*complain*) porque en Costa Rica dicen *gringo* para referirse a los estadounidenses.
> ❏ 2. Amy y Steve expresan entusiasmo hacia Costa Rica y los costarricenses.
> ❏ 3. El español de Costa Rica tiene muchas expresiones que no se usan en otros países.

Es buena idea aprender español porque esta lengua se habla en muchos países que **vale la pena** visitar. Sin embargo, los lectores deben tener en cuenta que el idioma español es diferente dependiendo de la zona que visiten. Por ejemplo, es posible que un español y un costarricense de Monteverde (la localidad rural en la que nos encontramos nosotros) no se comprendan entre sí con mucha facilidad. Así que, si vas a venir a Costa Rica, **apúntate** ya a clases de español. Vas a necesitar saber unas cuantas palabras nuevas cuando estés por aquí.

Nuestras impresiones sobre los costarricenses

Viajar al extranjero puede ser muy difícil, lo sabemos por experiencia. Pero afortunadamente para nosotros, nos encontramos en Costa Rica, donde la gente local es la más amable, considerada y servicial que hemos conocido. A los costarricenses se les conoce por su hospitalidad y carácter extrovertido. En la calle, a menudo nos encontramos con gente **desconocida** a quien le encanta sentarse a charlar con nosotros. Estos desconocidos se interesan por nosotros y nos hacen todo tipo de preguntas. Los habitantes locales están siempre **dispuestos a echarte una mano** si necesitas ayuda, desde encontrar la parada del autobús o un buen restaurante, hasta encontrar un hotel para pasar la noche. En todos los lugares que hemos visitado, nuestra impresión ha sido que el costarricense está muy orgulloso de su país y les da la bienvenida a los visitantes con los brazos abiertos. Quizás lo haga porque sabe que la economía del país depende de los turistas, pero Steve y yo creemos que la amabilidad del costarricense es genuina y que se trata esencialmente de un pueblo que da la bienvenida al extranjero de una forma sincera.

"Dos estadounidenses en Costa Rica: Diario de un viaje." By Steve and Amy Higgs. Adaptation. Reprinted with permission of Steve and Amy Higgs.

8–40. ¿Comprendes? Decide si la información de abajo es cierta o falsa. Corrige la información falsa.

1. Steve y Amy fueron a Costa Rica para hacer turismo exclusivamente.
2. La expresión "pura vida" se usa muy poco en Costa Rica y se refiere al agua.
3. El español que se habla en Costa Rica es igual al que se habla en otros países latinos.
4. Un hombre costarricense llama a otro "tuanis".
5. Amy y Steve piensan que la gente que han conocido es muy cordial, pero que no todos los costarricenses son tan amables con los extranjeros.

8–41. Vocabulario: Después de leer. En parejas, van a hacerse unas cuantas preguntas sencillas. Una persona hará las preguntas asignadas al Estudiante A y la otra persona hará las preguntas del Estudiante B. Respondan utilizando el vocabulario nuevo cuando sea posible.

Estudiante A
1. ¿Qué efectos tiene la **sonrisa** de una persona en ti?
2. En tu opinión, ¿qué países de Latinoamérica **vale la pena** visitar? ¿Por qué?
3. ¿Cuándo crees que una persona no debe hablar **en voz alta**?

Estudiante B
1. ¿Cómo reaccionas cuando vas a una fiesta o reunión social donde hay mucha gente **desconocida**?
2. ¿Qué personas en tu vida están siempre **dispuestas a echarte una mano**?
3. ¿En qué clases te has **apuntado** este semestre?

8–42. Hablemos del tema. Comenten estas preguntas según la información de la lectura y sus opiniones personales.

1. Describan el servicio a la comunidad que Amy y Steve están haciendo en Costa Rica. ¿Qué preparación, conocimientos y habilidades necesitaban Steve y Amy antes de comenzar su trabajo voluntario? ¿Estarían ustedes preparados para hacer este trabajo voluntario? ¿Por qué?
2. ¿Qué palabras mencionan Amy y Steve para ilustrar la variedad de vocabulario en el mundo de habla hispana? ¿Cuál sería la dificultad lingüística más grande para ustedes en Costa Rica u otro país de habla hispana?
3. ¿Cómo son los ticos según Steve y Amy? ¿Creen ustedes que las personas de su comunidad recibirían igual a los extranjeros?

Gramática

Conditions with *si* (if): Possible future vs. Contrary-to-fact

In *Tema 1*, you practiced expressing possible or probable future conditions and their outcomes in sentences with two clauses. Remember that these sentences are formed the same way in Spanish as in English, and the order of the two clauses is reversible in both languages. A comma marks the pause when the **si** clause comes first.

Si voy a Costa Rica, visitaré los parques nacionales.	*If I go to Costa Rica, I will visit the national parks.*
Visitaré los parques nacionales **si** voy a Costa Rica.	*I will visit the national parks if I go to Costa Rica.*

Now that you have studied the conditional tense in *Tema 2*, you can express another type of condition and outcome called improbable or contrary-to-fact (*condiciones improbables o irreales*).

Improbable and contrary-to-fact conditions use the imperfect subjunctive in the **si** clause and the conditional tense in the clause expressing the outcome. These sentences express conditions that either do not correspond to reality (*condiciones irreales*) or are highly unlikely to come about (*condiciones improbables*).

1. Contrary-to-fact conditions (*condiciones irreales*)

   Si tuviéramos tiempo y dinero, haríamos ecoturismo en Costa Rica. *(We don't have the time and money so the outcome will not come to pass.)*
   If we **had** time and money, we **would do** ecotourism in Costa Rica.

   Yo **protegería** el medio ambiente si **viviera** en Costa Rica. *(I do not live in Costa Rica.)*
   I **would protect** the environment if I **lived** in Costa Rica.

2. Improbable conditions (*condiciones improbables*)

   Si **recibieras** una beca el año que viene, **podrías** estudiar en el extranjero. *(It is improbable that you will receive a scholarship.)*
   If you **received** a scholarship, you **would be able** to study abroad.

   Nos graduaríamos temprano si tomáramos 20 créditos el semestre que viene. *(It is unlikely that we will take 20 credit hours.)*
   We **would graduate** early if we **took** 20 credit hours next semester.

Note that the conditional tense in Spanish translates as the conditional *would + infinitive* in English and the imperfect subjunctive in Spanish corresponds to the past tense in English. Remember that in all these examples, the two clauses are reversible.

Como si: Imperfect Subjunctive

The expression **como si** is always followed by the past subjunctive in Spanish. This phrase always signals improbability or contrary-to-fact situations.

Ese muchacho habla **como si fuera** un tico.	*That young man speaks **as if he were** a tico.*
Mi profesor me vio ayer y actuó **como si no me conociera**.	*My professor saw me yesterday and he acted **as if he didn't know me**.*

WileyPLUS Go to *WileyPLUS* to review this grammar point with the help of the **Animated Grammar Tutorial** and **Verb Conjugator**. See also textbook Appendices with Grammar References and verb tables. For more practice, go to the **Activities Manual**.

8–43. Identificación. Lee con atención las siguientes oraciones condicionales con **si**. Determina si la cláusula con *si* expresa una situación probable o irreal.

1. Si hablara español, viajaría a Costa Rica.
2. El nivel de alfabetización de Costa Rica seguirá mejorando si el gobierno continúa dedicando fondos a la educación.
3. Si la geografía de Costa Rica no fuera tan atractiva, el país recibiría muchos menos turistas al año.
4. El equilibrio económico de Costa Rica mejorará si la política de sus países vecinos en Centroamérica se estabiliza.
5. Si los alumnos de esta clase estuvieran interesados en hacer ecoturismo, organizarían una expedición a uno de los parques nacionales de Costa Rica.

8–44. ¿Cuál es el verbo correcto? Lee el párrafo y determina si cada cláusula con **si** expresa una condición futura posible o una condición irreal. Selecciona el verbo correcto para expresar el resultado de cada condición.

La semana pasada, les hice esta pregunta a mis padres: si tuvieran la posibilidad de cambiar algo en su vida, ¿qué (1. *cambiarán / cambiarían*)? Mi madre lamenta no haber estudiado idiomas. Le (2. *gustará / gustaría*) pasar un año en otro país si pudiera hablar un idioma extranjero. (3. *Podrá / Podría*) hacer algún servicio a la comunidad en Centroamérica si hablara español, por ejemplo. Mis hermanos y yo sabemos que (4. *tendremos / tendríamos*) este tipo de oportunidad si seguimos con el estudio de los idiomas.

8–45. Conjugar los verbos. Escribe la forma correcta del verbo entre paréntesis para expresar una condición irreal y su resultado. ¡Repasa las formas del condicional y del imperfecto del subjuntivo!

1. Si Costa Rica (*tener*) _____ un ejército, no podría dedicar tanto dinero a la educación.
2. Nosotros (*conocer*) _____ a muchos ticos si fuéramos a San José.
3. Tú (*comprender*) _____ por qué Óscar Arias Sánchez recibió el Premio Nobel si escucharas un discurso de él.
4. Si Costa Rica no (*ser*) _____ un país democrático, probablemente tendría las mismas dictaduras y guerras civiles que otros países centroamericanos.

8–46. Expresar condiciones posibles e irreales. Escribe la forma correcta de los verbos para expresar una condición y su resultado.

Vocabulario esencial

Hablar de reacciones y del servicio a la comunidad

Reacciones

alegrarse	*to become happy*
enfadarse/ enojarse	*to get angry*
entristecerse	*to become sad*
estar… gozoso/a	*to be delighted*
disgustado/a	*to be displeased*
enojado/a	*to be angry*
furioso/a	*to be furious*
feliz	*to be joyful*
escandalizado/a	*to be shocked*
tener vergüenza	*to be embarrassed, ashamed*

El servicio a la comunidad / El trabajo voluntario en el extranjero

alfabetización *f*	*literacy*
beneficios *m*	*benefits*
cantar	*sing*
clínica *f* / hospital *m*	*clinic/hospital*
colaborar	*to collaborate*
construir	*to construct*
cuidar	*to take care of*
enfermedades *f*	*illnesses, diseases*
escuela *f*	*school*
guardería infantil *f*	*daycare center*
hogar de ancianos *m*	*nursing home/ retirement community*
mantener senderos	*maintain trails*
orfanato *m*	*orphanage*
parque nacional *m*	*national park*
proteger flora y fauna	*protect plants and animals*
proveer	*to provide*
salud *f*	*health*

A. Condiciones futuras posibles.

1. Si más personas hacen trabajo voluntario en el futuro, nosotros (ver) _____ cambios positivos en nuestra sociedad.

2. Yo (ayudar) _____ en la instrucción de los niños pequeños en mi comunidad si me ofrecen la oportunidad.

3. Si tú (tener) _____ talento atlético, podrás contribuir tu tiempo a entrenar algún equipo juvenil de deporte.

B. Condiciones irreales.

1. Si yo (conocer) _____ una lengua africana, pasaría un año de voluntario en África.

2. Mis amigos y yo (poder) _____ hacer servicio a la comunidad si tuviéramos más tiempo.

3. Después de un año en Centroamérica, los voluntarios hablan español como si (ser) _____ centroamericanos.

8–47. ¿Qué harás tú? Aquí tienes una serie de situaciones en las que te podrás encontrar en un viaje a Costa Rica. Consulta el *Vocabulario esencial*.

A. Primero, completa estas oraciones explicando cuál será tu reacción personal en cada situación.

> **MODELO**
>
> **Si los ticos me dicen, "pura vida"…**
> **Si los ticos me dicen, "pura vida," estaré feliz.**

1. Si mi equipaje no llega conmigo a mi destino…
2. Si mi nueva familia tica me ofrece comida rica…
3. Si pierdo mi pasaporte…
4. Si los otros voluntarios norteamericanos siempre tienen auriculares en los oídos…
5. Si los tatuajes y perforaciones son malvistos (*are disapproved of*) en mi familia tica…
6. Si me asignan trabajo voluntario en un hogar de ancianos/un parque nacional/una guardería infantil…

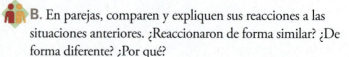 **B.** En parejas, comparen y expliquen sus reacciones a las situaciones anteriores. ¿Reaccionaron de forma similar? ¿De forma diferente? ¿Por qué?

8–48. Si vienen a estudiar aquí. Imaginen que tienen dos amigos de Costa Rica con quienes se comunican por Internet. Ellos son estudiantes universitarios y están pensando venir a estudiar a su universidad durante el semestre de otoño. Hagan una serie de predicciones para informarles qué pasará si vienen a su universidad. Usen la información de las columnas.

> **MODELO**
>
> **Llegar antes del comienzo de las clases. / Poder familiarizarse mejor con la vida del campus.**
> **Si llegan antes del comienzo de las clases, podrán familiarizarse mejor con la vida del campus.**

Condición	Resultado
1. No comer la comida del comedor universitario.	a. Tener problemas de sobrepeso de equipaje en el aeropuerto.
2. No traer ropa de abrigo para combatir el frío.	b. Pasar frío en enero y febrero.
3. No tener buenas notas para la mitad del semestre.	c. Necesitar un carro.
4. Comprar los libros en Costa Rica.	d. Recibir una carta de aviso (*warning*) de la oficina de asuntos académicos.
5. Vivir en un apartamento en las afueras.	e. Gastar mucho dinero en restaurantes.

8–49. ¿Qué trabajo voluntario harían? Si fueran a Costa Rica para hacer servicio a la comunidad, ¿dónde trabajarían? ¿qué harían todos los días? Consulten el *Vocabulario esencial* y escriban un párrafo contestando estas preguntas. Usen oraciones con **si** con el condicional y el imperfecto del subjuntivo. Después, informen a la clase.

8–50. Voluntarios en Monteverde, Costa Rica. Lean el siguiente anuncio en el que se buscan tres voluntarios para participar en un programa de estudios en Monteverde y después respondan a las preguntas.

> **Centro Creativo de Monteverde necesita voluntarios**
>
> El Centro Creativo de Monteverde busca tres jóvenes voluntarios para ayudar en la instrucción de matemáticas, arte, historia, gramática inglesa y educación física para niños de nivel escolar elemental (desde kínder hasta quinto grado). Las personas cualificadas deben tener experiencia de trabajo con niños, una gran motivación, entusiasmo por hacer trabajo voluntario y un nivel intermedio de español.

Si les dieran esos puestos de voluntarios...

1. ¿Cómo se prepararían para el viaje?
2. Una vez en Costa Rica, ¿cómo viajarían a Monteverde? (carro, autobús, tren)
3. Si les asignaran enseñar clases de segundo grado, ¿qué materias querrían enseñar y cómo lo harían?
4. ¿Qué aspectos de la cultura estadounidense les enseñarían a los niños? ¿Por qué?
5. Si tuvieran tiempo libre, ¿qué otros lugares visitarían?

Una entrevista de trabajo

Below are some expressions you can use in a job interview:

Hacer una entrevista de trabajo

encargarse de	*to be in charge of*
las destrezas	*skills*
la solicitud	*application*
supervisar	*to supervise*
¿Cuánto tiempo ha trabajado usted con/en...?	*How long have you worked with/in. . .?*
Estoy muy bien preparado/a para el puesto...	*I am well qualified for the job. . .*
Mi experiencia es/no es muy relevante...	*My experience is (is not) quite relevant. . .*
¿Podría hacer usted horas extraordinarias?	*Could you work over time?*
Sería/no sería posible trabajar los fines de semana...	*It would (would not) be possible to work on the weekends. . .*
El sueldo que me gustaría recibir...	*The salary I am hoping for. . .*
Le avisaremos cuando tomemos una decisión...	*We will let you know when a decision is made. . .*
¡Enhorabuena! El puesto es suyo.	*Congratulations! The position is yours.*
Soy muy emprendedor/a	*I am an enterprising person. . .*
Tengo entendido que...	*I understand that. . .*
Opino como usted...	*I share your opinion. . .*
Estoy totalmente de acuerdo con usted...	*I totally agree with you. . .*
Efectivamente...	*Indeed. . .*
Cambiando de tema...	*Changing the topic. . .*

8–51. Palabras en acción. Completa el diálogo de esta entrevista de trabajo usando las expresiones de esta sección.

1. **Entrevistador:** ¿Cuánta experiencia tiene usted para este empleo?
   Tú: ...

2. **Entrevistador:** En nuestra empresa necesitamos gente muy dedicada. ¿Podría usted trabajar horas extraordinarias?
   Tú: ...

3. **Entrevistador:** ¿Por qué cree usted que lo deberíamos contratar? Describa brevemente sus cualidades para el puesto.
   Tú: ...

4. **Tú:** ¿Será necesario trabajar horas extraordinarias?
   Entrevistador: ...

5. **Tú:** ¿Sabe usted cuándo tomarán una decisión sobre el puesto?
   Entrevistador: ...

 8–52. Trabajar en Monteverde. Lean otra vez el anuncio de la actividad 8–50 en el que se piden voluntarios para el programa escolar de Monteverde. Preparen y representen una entrevista de trabajo en la que un estudiante es el jefe de estudios (*program coordinator*) y otro un/a solicitante (*applicant*).

ESTUDIANTE A: (Jefe de estudios) Comienza la entrevista haciendo preguntas sobre datos biográficos. Haz preguntas de tipo profesional: experiencia, preparación académica, etc. Termina la entrevista. Dile a la persona entrevistada cuándo se le comunicará la decisión.

ESTUDIANTE B: (Solicitante) Responde a las preguntas de tu entrevistador con el mayor número de detalles posibles. Recuerda que tienes que mencionar tus cualidades más importantes para conseguir el puesto.

COLOR Y FORMA

Las molas

Las molas son originales de la cultura kuna de Panamá y Colombia. Son confecciones decorativas hechas por mujeres y elaboradas con varios textiles de llamativos colores, con figuras geométricas e imágenes de la naturaleza. Las imágenes de las molas representan el pensamiento de la cultura kuna. Según esta visión, Babdummad, el creador del universo de los indígenas, le regaló a su gente las hermosas telas en las que diseñan imágenes de la flora, la fauna y de su visión del mundo.

Kevin Schafer/Stone/Getty Images

Bruno Morandi/Getty Images

 8–53. Mirándolo con lupa. En parejas, respondan a las siguientes preguntas para comentar esta obra de artesanía.

1. ¿Qué colores tiene el diseño de la mola?
2. Describan las imágenes que ven.
3. ¿Qué título le pondrían a esta mola?
4. ¿En qué ocasión se pondrían una mola como la que lleva la joven de la foto? ¿Por qué sí? ¿Por qué no?
5. Si ustedes fueran diseñadores/as de alta costura (*haute couture*), ¿qué prendas de ropa diseñarían usando el concepto de la mola tradicional?

Más allá de las palabras

8–54. Una carta de solicitud. El programa benéfico *Nuestros Pequeños Hermanos* (NPH) ha publicado este anuncio en su sitio web pidiendo voluntarios para uno de sus orfelinatos. Lee el anuncio y responde con una carta de solicitud.

NPH Nicaragua busca voluntarios

Estamos buscando voluntarios calificados e interesados en ayudar a nuestra "familia". Necesitamos cuidadores, maestros/as de inglés y ayudantes de enfermería. Todos los años recibimos a voluntarios generosos y pacientes de todo el mundo que nos ayudan a iluminar las vidas de nuestros niños y los preparan para el futuro. ¿Tiene usted un talento o habilidad que le gustaría compartir con nuestros niños? ¿Siente que puede tener un impacto positivo en las vidas de estos niños? Si respondió sí a ambas preguntas, lo/a animamos a que envíe su solicitud al Coordinador/a. A cambio de su servicio aquí recibirá hospedaje y comida, una pequeña gratificación mensual y recuerdos que durarán toda la vida.

Preparación

1. Lee el anuncio y selecciona el puesto que quieres solicitar.
2. Haz una lista de las calificaciones que tienes para ese puesto.
3. Haz un plan del contenido de la carta. Por ejemplo, la puedes comenzar con un párrafo breve describiéndote a ti mismo/a y seguir con otro párrafo donde expresas tu interés por uno de los puestos que se ofrecen y donde describes tus calificaciones para tal puesto.
4. El tono de esta carta debe ser formal.

A escribir

1. Comienza la carta: "Estimado/a Sr./a. Coordinador/a:..."
2. Expresa tu interés en uno de los puestos que se ofrecen.
3. Descríbete a ti mismo/a con información biográfica y académica.
4. Menciona cómo tu conocimiento del idioma español podría ser beneficioso para el programa.
5. Termina la carta. Despídete con: Cordialmente, [tu nombre debajo].

MODELO

Si usted me seleccionara para el puesto de cuidador, organizaría un equipo de fútbol infantil., *o*
Si usted me selecciona para el puesto de cuidador, organizaré un equipo de fútbol infantil.

Revisión

1. Escribe el número de borradores (*drafts*) que te indique tu instructor/a y revisa tu texto usando la guía de revisión del Apéndice C.
2. Escribe la versión final y entrégasela a tu instructor/a.

Ven a conocer

8–55. Anticipación. Busca en el texto un lugar que corresponde a cada una de estas categorías. (Hay varias posibilidades para cada categoría.)

1. Interés histórico
2. Interés técnico
3. Cultura indígena
4. Actividades acuáticas
5. La naturaleza

Panamá:
Lugares de interés histórico y recreativo

EL CANAL DE PANAMÁ

El Canal de Panamá es un lugar de interés no solo por su importancia en la economía, en la política del país y en el comercio internacional, sino también porque es una de las obras de ingeniería más impresionantes que existen.

Es posible observar cómo funciona el Canal desde las esclusas de Gatún o Miraflores, por las que circulan anualmente más de 13,000 barcos.

ISLA DE SAN BLAS

Está a 20 minutos por avión de la ciudad de Panamá. Aquí visitarás las islas de los indios kunas, quienes mantienen su antiguo estilo de vida y tradiciones. Las mujeres usan coloridas blusas adornadas con las famosas molas, un complejo diseño que es la expresión del arte indígena. Puedes encontrar pequeñas, pero cómodas habitaciones en algunas de

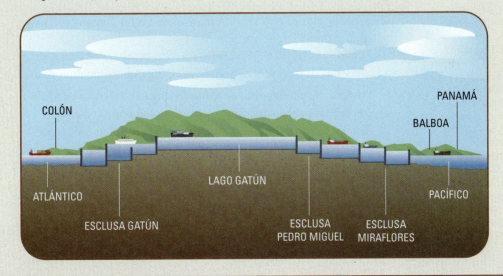

las 365 islas del archipiélago. El buceo y la natación constituyen los deportes más populares.

EL VALLE DE ANTÓN

Está a solo dos horas por carretera desde la ciudad de Panamá. Aquí es donde los campesinos llegan a vender sus frutas, vegetales y artesanías. En este mercado, también puedes comprar esculturas de "piedra de jabón", tallas en madera, sombreros de paja, mesas talladas, bandejas y flores. El valle, como generalmente se le llama, tiene una fresca temperatura, atracciones tanto arqueológicas como naturales y cómodos hoteles. Este valle es el hogar de las famosas ranas doradas y los asombrosos árboles cuadrados.

PORTOBELO

Está a corta distancia de Colón y a hora y media en carro desde la ciudad de Panamá. Durante los siglos XVII y XVIII, Portobelo sirvió como puerto

para los productos que llegaban del Perú y de otras colonias españolas. El puerto estaba protegido por cinco fuertes que hoy en día aún se pueden admirar. Arrecifes, corales y esponjas hacen de Portobelo un sitio favorito para fotógrafos marinos y buceadores en el Caribe.

EXPEDICIÓN Y TRABAJO VOLUNTARIO

Además de visitar los lugares de interés histórico o recreativo, hay otras dos maneras de conocer el país y su gente. Si estás en buena forma física y te gusta caminar, hay compañías que ofrecen itinerarios de quince días para viajar a pie y a caballo. Otra manera alternativa es viajar a un área del país para hacer trabajo voluntario. Hay organizaciones que necesitan voluntarios para preservar áreas históricas o forestales, para construir casas o educar a niños.

8–56. En detalle. Contesten las siguientes preguntas sobre Panamá para verificar su comprensión de la lectura.

1. ¿Qué lugares son interesantes para ir de compras?
2. ¿Qué lugares son interesantes para visitar monumentos históricos?
3. ¿Qué lugares son interesantes para hacer buceo?
4. ¿Qué hay de interés en el Valle de Antón?
5. ¿Qué lugar fue importante para el comercio de las colonias españolas?
6. ¿Cuál de las dos maneras alternativas de visitar Panamá prefieres y por qué?

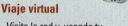

8–57. Personalidad y preferencias. En parejas, van a relacionar características de lugares y personalidades. Sigan los siguientes pasos.

a. Primero, hagan una lista de todos los lugares descritos en *Ven a conocer*.
b. Anoten las principales características de cada lugar.
c. Anoten qué tipos de actividades pueden hacerse en cada lugar.
d. Hablen sobre la personalidad y los gustos del tipo de persona que se sentiría atraída por los diferentes lugares.
e. Escriban una oración para cada lugar, explicando los resultados de su discusión.
f. Lean su informe a la clase para poder compararlo con el de otros estudiantes.

Viaje virtual

Visita la red y, usando tu buscador favorito, escribe *Barcos cruzando el Canal de Panamá*. Encontrarás imágenes e información sobre cómo se abren y cierran las compuertas y cómo sube y baja el nivel de agua, permitiendo así el paso de enormes barcos. Mira las imágenes e infórmate sobre el tema. Después escribe un informe para compartir con la clase, describiendo el proceso que permite que los barcos crucen el canal. Puedes incluir imágenes en tu informe.

Augusto Monterroso

Augusto Monterroso nació el 21 de diciembre de 1921 en Tegucigalpa, capital de Honduras, y murió el 7 de febrero de 2003. A los 15 años su familia se estableció en Guatemala y desde 1944 fijó su residencia en México, adonde se trasladó por motivos políticos. Como narrador y ensayista guatemalteco, empezó a publicar sus textos a partir de 1959, cuando salió la primera edición de *Obras completas (y otros cuentos)*, conjunto de incisivas narraciones donde comienzan a notarse los rasgos fundamentales de su narrativa: una prosa concisa, breve y, aparentemente, sencilla. El cuento corto "El Eclipse" es parte de esta colección.

©SUN/Newscom

 8–58. Entrando en materia. Una costumbre maya era hacer sacrificios humanos para complacer a los dioses. Este cuento trata sobre el sacrificio de un sacerdote (*catholic priest*) español. Antes de leer el cuento en detalle, respondan a estas preguntas.

1. Describan qué es un eclipse y qué tipos de eclipses hay.
2. ¿Quiénes tenían más conocimientos de astronomía: los mayas o los españoles?
3. Piensen en los años 1520–1540, la época en la que ocurre el cuento. ¿Con qué grupo asocian los siguientes conceptos, los mayas o los españoles?

_____ el sacrificio humano
_____ la religión católica
_____ misión evangelizadora
_____ conocimientos de astronomía

EL ECLIPSE

Cuando **fray**[1] Bartolomé Arrazola se sintió perdido aceptó que ya nada podría salvarlo. La selva poderosa de Guatemala lo había **apresado**[2], implacable y definitiva. Ante su ignorancia topográfica se sentó con tranquilidad a esperar la muerte. Quiso morir allí, sin ninguna esperanza, aislado, con el pensamiento fijo en la España distante, particularmente en el convento de los Abrojos, donde Carlos Quinto condescendiera una vez a bajar de su eminencia para decirle que confiaba en el celo religioso de su **labor redentora**[3].

Al despertar se encontró rodeado por un grupo de indígenas de **rostro**[4] impasible que se disponían a sacrificarlo ante un altar, un altar que a Bartolomé le pareció como el **lecho**[5] en que descansaría, al fin, de sus temores, de su destino, de sí mismo.

Tres años en el país le habían **conferido**[6] un mediano dominio de las lenguas nativas. **Intentó**[7] algo. Dijo algunas palabras que fueron comprendidas.

Entonces floreció en él una idea que tuvo por digna de su talento y de su cultura universal y de su arduo conocimiento de Aristóteles. Recordó que para ese día se esperaba un eclipse total de sol. Y **dispuso**[8], en lo más íntimo, **valerse de**[9] aquel conocimiento para **engañar**[10] a sus opresores y salvar la vida.

—Si me matáis —les dijo— puedo hacer que el sol se oscurezca en su altura.

Los indígenas lo miraron fijamente y Bartolomé **sorprendió**[11] la **incredulidad**[12] en sus ojos. Vio que se produjo un pequeño **consejo**[13], y esperó confiado, no sin cierto desdén.

Dos horas después el corazón de fray Bartolomé Arrazola **chorreaba**[14] su sangre vehemente sobre la piedra de los sacrificios (brillante bajo la opaca luz de un sol eclipsado), mientras uno de los indígenas recitaba sin ninguna inflexión de voz, sin prisa, una por una, las infinitas fechas en que se producirían eclipses solares y lunares, que los astrónomos de la comunidad maya habían previsto y anotado en sus códices sin la valiosa ayuda de Aristóteles.

"El eclipse" by Augusto Monterroso, Reprinted by permission of International Editors, Barcelona.

8–59. Ordenar ideas. Pon estos acontecimientos del cuento en orden cronológico.

_____ Los indígenas hicieron prisionero a fray Bartolomé y se preparaban para sacrificarlo.

_____ Uno de los indígenas decía en voz alta los días en los que ocurrirían eclipses solares y lunares.

_____ Fray Bartolomé les dijo a los indígenas que si lo sacrificaban el sol desaparecería.

_____ Fray Bartolomé estaba perdido en la selva sin saber a dónde ir.

_____ Los indígenas sacrificaron a fray Bartolomé.

_____ Fray Bartolomé planeó engañar a los indígenas para salvar su vida.

---

1. *friar, brother;*   2. *trapped;*   3. *redeeming work;*   4. *face;*   5. *bed;*   6. *given;*   7. *tried;*
8. *decided;*   9. *make use of;*   10. *deceive;*   11. *caught;*   12. *disbelief;*   13. *council, meeting;*
14. *was gushing*

8–60. Nuestra interpretación de la obra. En parejas, comparen sus respuestas a estas preguntas sobre el cuento.

1. ¿Cómo es fray Bartolomé? Lean los párrafos 1 y 4 e identifiquen tres expresiones o secciones del cuento que den información sobre cómo es él.
2. Revisen sus respuestas a la pregunta anterior e imaginen y describan cómo es la personalidad de fray Bartolomé, ¿es un hombre valiente o cobarde? ¿Subestima (*underestimates*) a los indígenas o no?
3. En el párrafo 1, identifiquen tres segmentos que expresen cómo se siente Bartolomé, ¿tiene miedo?
4. Al leer el párrafo 4, el lector piensa que fray Bartolomé no morirá. Lean el párrafo 6 y expliquen por qué el final de la historia es irónico.
5. Imaginen la conversación que tuvieron los mayas en el "pequeño consejo" antes de sacrificar a fray Bartolomé y escríbanla. Imaginen que hablaron tres mayas.

WileyPLUS

Go to *WileyPLUS* to see these **videos,** and to find the **video activities** related to them.

Videoteca

Esperanza para niños abandonados

¿Te gustaría hacer servicio a la comunidad en Latinoamérica? Vas a ver un video sobre una escuela/residencia para niños abandonados en Nicaragua. La escuela/residencia es parte de un programa que se llama "Nuestros pequeños hermanos" y tiene centros en varios países de Centroamérica, Sudamérica y el Caribe. En todos los centros, aceptan voluntarios de otras partes del mundo. Muchos voluntarios son estudiantes universitarios con un nivel intermedio de español.

Mercado al estilo maya

¿Quieres ver la tradición indígena en vivo? En este video vas a ver coloridas imágenes de la feria de Chichicastenango, en Guatemala. Esta feria es un mercado indígena donde se puede encontrar una gran variedad de cosas fascinantes.

Ampliar vocabulario

al nacer	as a newborn
apuntarse	to enroll, to sign up
atuendo *m*	outfit
bizco/a	cross-eyed
cerebro *m*	brain
cráneo *m*	skull
creciente *m/f*	growing
dañino/a	harmful
desconocido/a	unknown, unfamiliar
disfrutar	to enjoy
dispuesto/a	to be ready
echar una mano	to give a hand, to help
en voz alta	out loud
fauna *f*	fauna
flora *f*	flora
fracaso *m*	failure
grado de *m*	level of
inalterado/a	undisturbed
maíz *m*	corn
medio ambiente *m*	environment
paisaje *m*	landscape
perdedor/a	loser
puente nasal *m*	nasal bridge
quetzal	quetzal (bird)
sinfín *m*	endless
sonrisa *f*	smile
tatuaje *m*	tattoo
uña postiza *f*	fake finger nail
valer la pena	to be worthwhile
vencido/a	defeated

Vocabulario esencial
Hablar de ropa y de artículos de viaje
Ropa y complementos

abrigo *m*	coat
bragas *f*	panties
calzoncillos *m*	briefs, boxers
camiseta *f*	t-shirt
cepillo de dientes *m*	toothbrush
champú y suavizante *m*	shampoo and conditioner
gafas de sol *f*	sunglasses
gorra *f*	hat, cap
guantes *m*	gloves
joyas *f*	jewelry
maleta *f*	suitcase
maquillaje *m*	makeup
pantalones largos/ cortos *m*	pants/shorts
traje de baño *m*	swimming suit/trunks

Documentos y aparatos electrónicos

auriculares *m*	headphones
carnet de identidad *m*	ID card
dinero *m*	money
iPod *m*	iPod
ordenador portátil *m*	laptop
pasaporte *m*	passport
tarjeta de crédito *f*	credit card
tarjeta de embarque *f*	boarding pass
teléfono móvil *m*	cell phone

Hablar de viajes y del medio ambiente
Los viajes

compañero/a de clase	classmate
conocido/a	acquaintance
dinero en efectivo *m*	cash
novio/a	boyfriend/girlfriend
ir de vacaciones	to go on vacation
quedarse (en un lugar)	to stay (in a place)

El medio ambiente

basura *f*	garbage
beneficiar	to benefit
beneficio *m*	benefit
conservación *f*	preservation, protection
conservar	to preserve, to protect
consumir	to consume, to use
consumo *m*	consumption, use
contaminación *f*	pollution
contaminar	to pollute
incendio forestal *m*	forest fire
observar la naturaleza	observe nature
proteger/dañar el medio ambiente	to protect/harm the environment
reciclaje *m*	recycling
reciclar	to recycle

Hablar de reacciones y del servicio a la comunidad
Reacciones

alegrarse	to become happy
enfadarse/ enojarse	to get angry
entristecerse	to become sad
estar… gozoso/a	to be delighted
disgustado/a	to be displeased
enojado/a	to be angry
furioso/a	to be furious
feliz	to be joyful
escandalizado/a	to be shocked
tener vergüenza	to be embarrassed, ashamed

El servicio a la comunidad / El trabajo voluntario en el extranjero

alfabetización *f*	literacy
beneficios *m*	benefits
cantar	sing
clínica *f* / hospital *m*	clinic/hospital
colaborar	to collaborate
construir	to construct
cuidar	to take care of
enfermedades *f*	illnesses, diseases
escuela *f*	school
guardería infantil *f*	daycare center
hogar de ancianos *m*	nursing home/retirement community
mantener senderos	maintain trails
orfanato *m*	orphanage
parque nacional *m*	national park
proteger flora y fauna	protect plants and animals
proveer	to provide
salud *f*	health

CAPÍTULO

9

WileyPLUS ADDITIONAL ACTIVITIES FOR EACH TEMA AND ANIMATED GRAMMAR TUTORIALS AVAILABLE ONLINE.

NUESTRA HERENCIA PRECOLOMBINA (PAÍSES ANDINOS)

TEMA

©renelo/iStockphoto

La cordillera de los Andes atraviesa Colombia, Ecuador, Perú y Bolivia. ¿Cómo crees que este accidente geográfico ha influido en estos países? Piensa en la ecología, las comunicaciones y la sociedad.

El origen de la leyenda de El Dorado

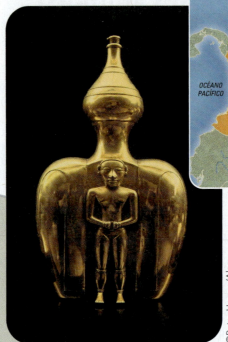

©Peter Horree/Alamy

Mar Caribe

OCÉANO PACÍFICO

Bogotá

COLOMBIA

Capital: Bogotá

Población: 45,888,592 habitantes

Grupos étnicos: mestizo 58%, blanco 20%, africano 18%, amerindio 4%

Idiomas: español y más de sesenta lenguas amerindias

Moneda: peso

Área: aproximadamente del tamaño de Texas, California y Nueva Jersey juntos

WileyPLUS

Go to *WileyPLUS* to explore this country further in the *Perfil de Colombia section.*

9–1. ¿Qué sabes de Colombia? Decide si las oraciones de abajo son ciertas o falsas. Si puedes, corrige las falsas. Si no estás seguro/a, repasa las respuestas después de leer la sección para comprobar si eran correctas.

1. Colombia tiene población amerindia y negra.
2. El nombre del país fue derivado del nombre de Cristóbal Colón.
3. En Colombia, por estar en la zona ecuatorial, solo hay temperaturas cálidas.
4. Colombia es famosa por su producción de té.
5. La famosa leyenda de El Dorado tiene su origen en Colombia.

Por si acaso

Expresiones útiles para comparar respuestas con otro estudiante

¿Qué tienes/ pusiste en el número 1/ 2/ 3?
Yo tengo/ puse a/ b.
Yo tengo algo diferente.
No sé la respuesta./ No tengo ni idea.
Creo que la respuesta es a/ b, pero no estoy seguro/a.
Creo que es cierto./Creo que es falso.

Lectura

Entrando en materia

 9–2. Sentimientos humanos. En parejas, hablen de las acciones o reacciones que los siguientes sentimientos provocan en ustedes. Escriban al menos una oración específica para cada sentimiento. Después, compartan sus oraciones con su compañero/a.

> **MODELO**
>
> **compasión**
> **Siento compasión cuando un amigo está triste.**

1. envidia
2. seguridad
3. alegría
4. frustración
5. amor

9–3. Anticipar información. Lee el título de la lectura y selecciona los temas de la lista que posiblemente aparecerán en la lectura.

1. El valor del oro en la época precolombina.
2. Las joyerías (*jewelry stores*) de Bogotá.
3. El valor del oro para los conquistadores.
4. Las minas de oro.
5. La conservación de artefactos de oro.

9–4. Vocabulario: Antes de leer. Busca las palabras de la columna de la izquierda en la lectura y deduce su significado por el contexto. Empareja los ítems de la columna de la izquierda con los de la columna de la derecha. El vocabulario aparece en negrita en el texto.

1. **acaparar**   a. historiadores
2. **según**   b. acumular más de lo necesario
3. **cronistas**   c. sin control, sin medida
4. **bruto**   d. clase, estatus
5. **rango**   e. sin refinamiento
6. **desmesurado**   f. de acuerdo con

Oro, El Dorado y el Museo del Oro de Bogotá

El interés obsesivo de los conquistadores por **acaparar** todo el oro era incomprensible para los indígenas. Para ellos el oro no tenía ningún valor comercial, es decir, el oro no servía para comprar cosas. **Según** el testimonio de algunos **cronistas**, los indígenas, al no poder explicarse la obsesión de los conquistadores, les preguntaron en una ocasión si comían oro.

En las sociedades indígenas de la época de la conquista, el oro no tenía valor material, solo valor simbólico. El oro **bruto** no tenía valor, pero adquiría un valor simbólico cuando se transformaba en un objeto específico. Los objetos de oro servían para expresar algo, como símbolo de **rango** social o de devoción religiosa. M[1]

> [1] **M**omento de reflexión
> Marca con una X la idea correcta.
> ❑ 1. Los indígenas usaban oro para comprar cosas.
> ❑ 2. Los indígenas no comprendían por qué los conquistadores tenían tanto interés en el oro.

El deseo **desmesurado** de obtener oro en combinación con la mitología indígena dio origen al mito de El Dorado, el cual se propagó rápidamente entre los conquistadores y por toda Europa. Según este mito, en alguna parte de América había una ciudad de riquezas inimaginables. Se cree que el mito de El Dorado tiene su raíz en un ritual que tenía lugar en el lago Guatavita, que está cerca de Bogotá, y que seguramente ya no se practicaba en la época de la conquista. Una de las versiones de este ritual dice que el jefe (el hombre dorado) de una tribu se cubría con polvo de oro todos los días y que al final del día se bañaba en el lago. El mito de El Dorado incluso inspiró la idea de vaciar el lago Guatavita. M[2]

> [2] **M**omento de reflexión
> Marca con una X la idea correcta.
> ❑ 1. El Dorado es un dios amerindio.
> ❑ 2. Los conquistadores crearon y popularizaron el mito de El Dorado.

Hoy en día se pueden apreciar magníficas muestras de los artefactos de oro indígenas en el Museo del Oro de Bogotá y en los Museos del Oro regionales. La Academia de Historia del Quindío y Quimbaya está tratando de recuperar su propio El Dorado, la colección más valiosa de artefactos indígenas de oro, el Tesoro Quimbaya. Un presidente de Colombia le regaló este tesoro a España en 1892 y ahora se está negociando su recuperación. Actualmente el Tesoro Quimbaya se encuentra en el Museo de América, en Madrid (España).

9–5. ¿Comprendieron? En parejas, respondan a las siguientes preguntas:

1. ¿Con qué finalidad usaban el oro los indígenas?
2. Explica el mito de El Dorado.
3. ¿Por qué hay en este momento negociaciones entre el Museo del Oro de Colombia y España?
4. ¿Qué piensas sobre el problema del Tesoro Quimbaya?
5. ¿Por qué crees que los europeos le daban más valor al oro que los indígenas?

9–6. El mejor subtítulo. Selecciona el subtítulo que mejor se corresponde con cada uno de los cuatro párrafos.

1. Párrafo No. _____ Conservación de artefactos
2. Párrafo No. _____ Origen del mito de El Dorado
3. Párrafo No. _____ Los conquistadores y el oro
4. Párrafo No. _____ Los indígenas y el oro

9–7. Vocabulario: Después de leer. Completa estas oraciones usando una de las palabras de la lista.

cronistas   según   desmesurado   acaparar   rango   bruto

1. Los indígenas expresaban el _____ social con adornos de oro.
2. _____ la opinión de los historiadores, el mito de El Dorado se basó en una historia indígena.
3. El deseo de tener oro de los conquistadores era _____ .
4. El oro _____ no tenía valor para los indígenas.
5. Los conquistadores estaban interesados en _____ todo el oro.
6. Los _____ son personas que documentan la historia.

 9–8. Hablemos del tema. Ustedes cuatro forman parte de las comisiones encargadas de negociar la devolución del Tesoro Quimbaya. La pareja A representará la comisión de la Academia de Historia de Quindío en Colombia y la B, la comisión del Museo de América en Madrid. Antes de comenzar las negociaciones, cada pareja debe preparar sus argumentos y anticipar posibles desacuerdos. Usen la información de *Por si acaso* y los *Datos importantes* que se incluyen abajo para preparar su presentación.

Datos importantes:

- El Tesoro Quimbaya se compone de 122 piezas de oro.
- Colombia regaló el tesoro a España en 1892 como agradecimiento por servir de mediador en una disputa de fronteras entre Colombia y Venezuela.
- En 1892, las autoridades colombianas no conocían la importancia arqueológica del tesoro.

Por si acaso

Utilicen estas expresiones en sus negociaciones

Les proponemos este plan...	*We propose this plan . . .*
Nosotros les damos... y a cambio ustedes nos dan...	*We give you . . . and in exchange you give us . . .*
Les prometemos que...	*We promise you that . . .*
Su/ Nuestro plan tendrá consecuencias graves/ negativas/ positivas para...	*Your/Our plan will have grave/ negative/positive consequences for . . .*
Esto nos beneficiará a todos porque...	*This will work well/be advantageous to all of us because . . .*
Piensen en lo que pasará si...	*Think about what will happen if . . .*
Admiro su inteligencia/ dinamismo/ cualidades.	*I admire your intelligence/energy/character.*
¡Qué buen trabajo han hecho!	*What a nice job you've done!*

Adverbial Clauses with the Present Tense

Adverbial clauses are dependent clauses introduced by an adverbial expression. The adverbial clause functions in ways similar to those of an adverb. An adverb usually adds information about the place (**aquí, fuera**), time (**mañana, hoy**), or mode (**así, alegremente**) of the action expressed by a verb.

You will use the subjunctive in some adverbial clauses; in others, you will use the indicative.

Expressions that Always Take the Indicative

These adverbial expressions call for the use of the indicative because they introduce information that is factual or known.

puesto que *since*	**porque** *because*	**ya que** *since*

No compro los pasajes para Colombia **porque/ ya que/ puesto que** los precios están muy altos.

*I don't buy tickets for Colombia **because/since** the prices are very high.*

No tendremos examen final en esta clase **porque/ ya que/ puesto que** escribiremos tres ensayos.

*We will not have a final exam in this class **because/since** we will write three essays.*

Expressions that Always Take the Subjunctive

These adverbial expressions call for the use of subjunctive because they introduce an action that will happen in the future or is speculative or non-factual.

en caso de que	*in case that*
sin que	*without*
con tal (de) que	*provided that, as long as*
a menos que	*unless*
para que	*so that*
antes de que	*before*
a fin de que	*so that*

Los precios de los boletos de avión tienen que bajar **para que (a fin de que)** el turismo aumente.

*The airfare prices have to decrease **so that** tourism increases.*

El turismo no aumentará **a menos que** los hoteles sean más baratos.

*Tourism will not increase **unless** hotels are cheaper.*

Los aeropuertos deben modernizarse **antes de que** el país pueda aumentar el turismo.

*Airports have to be modernized **before** the country can increase its tourism.*

Expressions that May or May Not Require the Use of the Subjunctive

These adverbial expressions call for the use of subjunctive only when they introduce an action that will happen in the future or is speculative or non-factual.

Time Expressions

tan pronto como	*as soon as*
hasta que	*until*
en cuanto	*as soon as*
cuando	*when*
después de que	*after*
Other expressions	
aunque	*although, even if*
donde	*where, wherever*

Siempre llueve **cuando** viajo a Colombia. (*fact*)

*It always rains **when** I travel to Colombia.*

Me llevaré un paraguas **cuando** viaje a Colombia en abril. (*event to come*)

*I will carry my umbrella **when** I travel to Colombia in April.*

Siempre me quedo en Colombia **hasta que** el dinero se me acaba. (*fact*)

*I always stay in Colombia **until** I run out of money.*

Me quedaré en Colombia **hasta que** el dinero se me acabe. (*event to come*)

*I'll stay in Colombia **until** I run out of money.*

Aunque tengo dinero, este año no iré a Colombia. (*fact*)

***Although** I have money, I won't go to Colombia this year.*

Aunque ahorre suficiente dinero, este año no iré a Colombia. (*speculation/event to come*)

***Even if** I save enough money, this year I won't go to Colombia.*

Siempre viajo a un lugar **donde** puedo hacer ecoturismo. (*fact*)

*I always travel to a place **where** I can do ecotourism.*

Este año viajaré a un lugar **donde** pueda hacer ecoturismo. (*event to come*)

*This year I will travel to a place **where** I can do ecotourism.*

WileyPLUS Go to *WileyPLUS* to review this grammar point with the help of the **Animated Grammar Tutorial** and **Verb Conjugator**. See also textbook Appendices with Grammar References and verb tables. For more practice, go to the **Activities Manual**.

9–9. Identificación. Primero, identifica las cláusulas adverbiales en estos titulares de noticias de Bogotá. Después, conjuga los verbos entre paréntesis en el modo verbal adecuado.

Bogotá: Noticias de economía

1. El gobierno ha diseñado un sistema de transporte público llamado Transmilenio para que los bogotanos no (tener) que depender tanto de sus carros.

2. Los bogotanos esperan que el transporte público mejore, ya que el gobierno (pensar) terminar la construcción del sistema Transmilenio en poco tiempo.

3. El sistema Transmilenio estará completamente finalizado antes de que (terminar) el año 2016.

4. Los bogotanos estarán felices cuando (anunciar) que la economía está mejorando.

5. Los bogotanos comenzarán a ahorrar después de que (pasar) las Navidades.

9–10. Publicidad turística. A continuación tienes unas oraciones extraídas de un folleto turístico sobre Colombia. Completa estas frases publicitarias con las expresiones apropiadas.

cuando	porque / ya que / puesto que	para que / a fin de que
después de que	en cuanto	antes de que

1. Te esperamos en la bella Bogotá, ven a Colombia _____ quieras.
2. Para venir a Colombia no necesitas amigos _____ todos los colombianos te esperan con los brazos abiertos.
3. Compra la tarjeta Transmilenio _____ ahorres dinero al viajar en Bogotá.
4. _____ termine el semestre, regálate un viaje a Colombia.
5. Compra tu pasaje a Cartagena _____ se acaben.

9–11. Viaje y condiciones. Un amigo/a va a ir a Colombia este verano y te ha invitado a acompañarlo/a. Tú puedes ir a Colombia solamente bajo ciertas condiciones. Elige cinco de estas condiciones y escribe una oración completa usando una cláusula adverbial introducida por "con tal (de) que" con cada condición para explicarle tu situación a tu amigo/a.

> **MODELO**
>
> mis padres / darme permiso
> Iré a Colombia con tal (de) que mis padres me den permiso.

Iré a Colombia con tal (de) que…

1. yo / no tener que trabajar en el verano
2. mi hermano / venir conmigo
3. yo / ahorrar suficiente dinero
4. vuelo / ser barato
5. mis mejores amigos / viajar conmigo
6. yo / aprobar todas las asignaturas
7. nuestro equipo de fútbol / no tener partidos en esa fecha
8. mis hermanos pequeños / ir a un campamento de verano

9–12. Datos informativos. A continuación tienes un párrafo en el que se presenta información sobre Colombia. Complétalo usando las expresiones adecuadas.

antes de que   porque / ya que / puesto que   aunque   a menos que   hasta que

Colombia es un país con un gran potencial económico (1) _____ tiene importantes reservas de petróleo, carbón (*coal*) y minerales. Muchos saben que el café colombiano es un producto popular, (2) _____ hay quienes no saben que Colombia exporta una gran cantidad de esmeraldas y flores. Si el gobierno colombiano implementa los planes correctos, la economía de Colombia será más fuerte (3) _____ termine el año. Pero para lograr sus objetivos económicos, Colombia necesita la ayuda de otros países. La comunidad internacional no apoyará a Colombia (4) _____ el gobierno colombiano consiga (*achieves*) sus objetivos de paz. El país también necesita ayuda internacional en otros campos, porque Colombia no puede proteger el área amazónica por su cuenta (5) _____ la comunidad internacional ayude.

 9–13. ¿Y ustedes? Hagan una entrevista a su compañero/a sobre su rutina diaria. Traten de incluir en las respuestas expresiones adverbiales como **tan pronto como**, **hasta que**, **en cuanto**, etc.

> **MODELO**
>
> **¿Cuándo visitas a tu familia generalmente? /en cuanto / a menos que**
> **Visito a mi familia en cuanto hay tres días de vacaciones.**
> **No visito a mi familia a menos que tengan una emergencia.**

1. ¿Cuándo haces tus tareas de clase? / antes de que / en cuanto
2. ¿Cuándo harás tus tareas de clase hoy? / antes de que
3. ¿Hasta cuándo estudiarás hoy? / hasta que
4. ¿Dónde estudiarás hoy? / donde
5. ¿Te gusta estudiar? /con tal que / a menos que

 9-14. ¿Para qué? En la vida diaria hacemos cosas por muchas razones. Por ejemplo, comemos bien para alimentarnos o hablamos de un problema con un amigo/a para sentirnos mejor. En parejas, piensen en cosas importantes que hacen por alguna razón específica. Hagan una lista de 4 o 5 de estas cosas y después entrevístense para averiguar las razones por las que la otra persona hace cada cosa en su lista.

> **MODELO**
>
> **Hacer una carrera universitaria / mi futuro**
> **Estudiante A: ¿Para qué haces una carrera universitaria?**
> **Estudiante B: Hago una carrera para que mi futuro sea mejor.**

 9-15. Comprar y vender. Es final de mes y te has quedado sin dinero. Tienes que pagar la renta, la electricidad y el teléfono, por lo que decides poner tu computadora a la venta en Craigslist por $500. Un estudiante interesado en comprarla te envía este mensaje. Con la ayuda de un/a compañero/a de clase, escribe algunas respuestas posibles a su mensaje usando el *Vocabulario esencial* y tres expresiones adverbiales (a menos que..., para que..., antes de que..., después de que..., con tal de que...). Compartan sus respuestas con la clase.

```
Quiero comprar tu computadora pero el precio me
parece un poco alto. La puedo comprar por $300.
```

Vocabulario esencial

> **MODELO**
>
> **No puedo venderte la computadora a menos que puedas pagar $500.**

Negociar una compra

alta calidad	*high quality*
baja calidad	*low quality*
bajar (el precio)	*to lower (the price)*
barato/a	*cheap*
caro/a	*expensive*
comprar	*to buy*
intercambiar	*to exchange*
pagar	*to pay*
precio *m*	*price*
subir (el precio)	*to raise (the price)*
vender	*to sell*

Hablar sobre dinero y negocios

¿En cuánto me lo puede dejar?

15,000 pesos para que se lo lleve.

In Latin America it is common to find markets of arts and crafts. You will be approached by friendly people willing to sell you their products. It is a good idea to look around to get an idea of the prices, to get ready to make a fair negotiation. You need to be prepared to bargain.

Lo que puede decir el comprador:

¿Cuánto cuesta esto?	*How much does this cost?*
¿Cuánto le debo?	*How much do I owe you?*
¿En cuánto me deja esto/ esta _____/este_____?	*How much do you want for this?*
¿Me hace un descuento?	*Can you give me a discount?*
¿Me lo deja en (cantidad de dinero)?	*Would you sell it to me for (amount)?*
¿Tiene vuelta/cambio?	*Do you have change?*
Estoy buscando…	*I am looking for . . .*
Voy a seguir mirando y ahora vuelvo.	*I'm going to look around. I will be back.*

Lo que puede decir el vendedor:

¿En qué le puedo ayudar?	*Can I help you?*
¿Qué está buscando?	*What are you looking for?*
¿Tiene un billete más pequeño?	*Do you have a lower denomination bill?*
Cuesta $ (cantidad de dinero).	*It costs (amount).*
Se lo dejo en (precio) para que se lo lleve.	*Just give me (price) and it's yours.*
Son $ (cantidad de dinero).	*It's (amount of money).*

9–16. Palabras en acción. Relaciona las expresiones de la columna izquierda con las correspondientes de la columna derecha.

1. ¿En cuánto me deja estos aretes?
2. ¿Qué está buscando?
3. ¿Cuánto le debo?
4. ¿Tiene un billete más pequeño?
5. ¿Me hace un descuento?

a. No sé exactamente. Estoy mirando.
b. No puedo. El precio que le estoy dando es bueno.
c. Son 15,000 pesos.
d. Se los dejo en 6,000 pesos para que se los lleve.
e. No, solo tengo este billete. de 20,000 pesos.

9–17. El regateo. Ustedes están haciendo compras en Bogotá unos días antes de regresar a los Estados Unidos. Están buscando regalitos para la familia y los amigos pero deben encontrar buenos precios.

Estudiante A: Tú eres un/a vendedor/a de artesanías. Llega un/a cliente que quiere comprar varias cosas pero quiere regatear. Escucha al/a la comprador/a y trata de hacer negocio. ¡No bajes tus precios demasiado!

Estudiante B: Vas a un mercado de artesanías y quieres comprar regalitos para tu familia y tus amigos. Habla con el/la vendedor/a sobre sus productos y regatea hasta encontrar los precios que te convengan. ¡Sé insistente!

CURIOSIDADES

9–18. ¡Así es Colombia! Contesta las siguientes preguntas. Puedes encontrar la información necesaria en el cuadro de *Por si acaso*.

1. ¿Qué porcentaje de esmeraldas abastece Colombia al mercado mundial?
   a. 35%   **b.** 15%   **c.** 55%   **d.** 75%

2. La rana dardo es la más venenosa del mundo, mide un máximo de dos pulgadas (*inches*) y se encuentra en Colombia. El veneno de una puede matar a 20.000 ratones de laboratorio. ¿A cuántas personas mataría el veneno de una rana dardo?
   a. 20   **b.** 50   **c.** 100   **d.** 1.000

3. ¿Cuál es la flor nacional de Colombia?
   a. la orquídea **b.** el clavel (*carnation*) **c.** la rosa **d.** la margarita (*daisy*)

4. ¿Cuál de las siguientes cosas fue inventada por colombianos?
   a. marcapasos   **c.** válvula Hakim
   b. vacuna sintética contra la malaria   **d.** todas las anteriores

5. Colombia es uno de los mayores exportadores de _____ en el mundo.
   a. mariscos   **b.** tabaco   **c.** café   **d.** papel

Por si acaso
- En Colombia se encuentran las esmeraldas más puras del mundo. Colombia abastece el 55% del mercado mundial.
- La rana más venenosa del mundo es la *phyllobates terribilis* que solo se encuentra en Colombia. El veneno de una rana puede matar a un centenar de personas.
- La flor nacional es la orquídea.
- Jorge Reynolds, ingeniero colombiano, fue pionero en el diseño y la construcción del primer marcapasos (*pacemaker*) en 1958.
- Colombia es, después de Brasil y Vietnam, uno de los mayores exportadores de café en el mundo.

Nuestra cultura mestiza

©Sayarikuna/iStockphoto

Por si acaso

Las islas Galápagos, conocidas también como Archipiélago de Colón, están situadas a 956 km/593 millas de la costa ecuatoriana. El archipiélago consta de 13 islas volcánicas grandes, 6 pequeñas y 107 rocas e islotes. Las islas son famosas por su variedad de especies endémicas y por los estudios que Charles Darwin realizó allí, que lo ayudaron a establecer su teoría de la evolución de las especies.

Capital: Quito

Población: 13,927,650 habitantes

Grupos étnicos: mestizo 65%, amerindio 20%, blanco 10%, negro 2.2%, mulato 2.2%

Idiomas: español, quechua y otras diez lenguas amerindias

Moneda: dólar estadounidense

Área: aproximadamente del tamaño de Oregón

WileyPLUS

Go to *WileyPLUS* to explore this country further in the *Perfil de Ecuador section.*

9–19. ¿Qué sabes de Ecuador? Decide si estas oraciones son ciertas o falsas. Si puedes, corrige las falsas. Si no estás seguro/a, repasa tus respuestas después de leer la sección para comprobar si eran correctas.

1. Ecuador tiene costa en el océano Atlántico.
2. El ecuador no pasa por territorio ecuatoriano.
3. Cuzco fue la capital del Imperio Inca.
4. El territorio ecuatoriano es más grande que el colombiano.
5. Las islas Galápagos son territorio ecuatoriano.

Entrando en materia

9–20. Instrumentos musicales. Asocia los siguientes instrumentos musicales con los tipos de música correspondientes.

Instrumentos musicales	Tipo de música
1. flauta	a. *blue grass*
2. guitarra	b. *rock*
3. guitarra eléctrica	c. *jazz*
4. violín	d. clásica
5. trompeta	f. flamenco

 9–21. Tocar un instrumento musical. En parejas, consideren la lista de instrumentos de la actividad previa u otros instrumentos y expliquen al compañero/a qué instrumento les gustaría aprender a tocar y por qué.

9–22. Vocabulario: Antes de escuchar. Usa el contexto de cada oración para deducir el significado de la palabra en negrita. Después, responde a la pregunta.

1. **complejidad**

   La **complejidad** de la música ecuatoriana está relacionada con la diversidad étnica.

   ¿Puedes dar ejemplos que ilustren la complejidad de la música estadounidense?

2. **costumbres**

   Dieciséis grupos étnicos mantienen sus **costumbres** e identidad.

   ¿Qué costumbres mantiene tu familia o comunidad?

3. **pura**

   Hay pocos ejemplos de música indígena **pura**.

   ¿En qué áreas del mundo se pueden encontrar las tradiciones más puras?

4. **de cuerda**

   La música precolombina no usaba instrumentos musicales **de cuerda**.

   La guitarra es un instrumento de cuerda.

   ¿Qué instrumentos de cuerda conoces?

5. **caja**

   La **caja** de la guitarra clásica es de madera.

   ¿Qué instrumentos musicales tienen caja de madera?

6. **difusión**

   La televisión hace posible la **difusión** rápida de noticias.

   ¿Qué otros medios de comunicación contribuyen a la difusión rápida de noticias?

7. **injusticia**

   La **injusticia** social es un problema en los países ricos y en los pobres.

   Da un ejemplo de un caso de injusticia social en tu ciudad o país.

8. **grabar**

   Actualmente los cantantes prefieren **grabar** discos compactos y no casetes.

   Explica las ventajas de grabar en discos compactos.

Estrategia: ¿Qué sabes ya del tema?

La miniconferencia de esta unidad trata sobre la diversidad de la música popular de Ecuador y sobre las influencias que recibe de otras músicas. Piensa en tu música favorita: ¿Sabes cuál es su origen? ¿Qué influencias tiene? ¿Sabes cuáles son los instrumentos que se usan para producir esa música? ¿Cuál es su origen? Presta atención a la miniconferencia para identificar los instrumentos musicales y tipos de ritmos que producen la música popular ecuatoriana. ¿Tiene esta música algo en común con tu música favorita?

Ahora tu instructor/a va a presentar una miniconferencia.

9–23. ¿Comprendes? Responde a las siguientes preguntas sobre la miniconferencia:

1. ¿En qué categorías se puede clasificar la música de Ecuador?
2. ¿En qué contextos se toca la música más tradicional?
3. ¿Qué instrumento musical es típico en la música afroecuatoriana?
4. ¿Cuáles son los temas del estilo llamado "la nueva canción"?
5. ¿Qué significa el título de la canción "El cóndor pasa"?

9–24. Vocabulario: Después de escuchar. Responde a las preguntas usando el vocabulario en negrita.

1. ¿Cómo se explica la **complejidad** de la tradición musical en Ecuador?
2. ¿Cuándo se toca la música indígena en su forma más **pura**?
3. ¿En qué se diferencia el charango de muchos instrumentos **de cuerda**?
4. ¿En qué años ocurre la **difusión** de la música andina ecléctica?
5. ¿Qué duo estadounidense **grabó** la canción "El cóndor pasa"?

 9–25. Hablemos del tema. En un pueblo de los Andes se están haciendo planes para celebrar el Inti Raymi o Fiesta del Sol. El dilema es que los jóvenes quieren que la celebración sea menos tradicional este año, pero los mayores no están de acuerdo. En grupos de tres, representen este pequeño debate:

Estudiante A: Representas los intereses tradicionales. Aquí tienes información sobre los jóvenes de la comunidad:

1. No quieren hablar quechua ni aprender las canciones tradicionales.
2. Solo les gusta el *rock*.
3. No quieren participar en rituales de la comunidad y llevar el traje tradicional.

Estudiante B: Representas los intereses innovadores de los jóvenes. Aquí tienes información sobre las personas mayores de la comunidad.

1. Siempre critican la música que escuchan los jóvenes y su manera de vestir.
2. Quieren que los jóvenes ayuden en el campo y que sus hijos sean religiosos.
3. No entienden el propósito de tener estudios universitarios.

Estudiante C: Eres el/la moderador/a para mediar la discusión.

Gramática

Adverbial Clauses with Past Tenses

In *Tema 1* you studied the concept of adverbial clauses and how adverbial expressions introducing these clauses may or may not call for the use of present indicative or present subjunctive.

When you are referring to the past, use the same rules to decide whether to use the preterit or imperfect indicative versus past subjunctive in adverbial clauses.

Always Indicative		Always Subjunctive		Could Use Indicative or Subjunctive	
puesto que	*since*	**en caso de que**	*in case that*	*Time expressions*	
porque	*because*	**sin que**	*without*	**tan pronto como**	*as soon as*
ya que	*since*	**con tal (de) que**	*provided that, as long as*	**hasta que**	*until*
				en cuanto	*as soon as*
		antes de que	*before*	**cuando**	*when*
		para que	*so that*	**después de que**	*after*
		a menos que	*unless*	*Other*	
		a fin de que	*in order to, so that*	**aunque**	*although, even if*
				donde	*where, wherever*

Indicative

Se celebró un festival de música afroecuatoriana en Esmeralda **porque (ya que, puesto que)** esa región quería celebrar su herencia africana.

*An Afroecuadorian music festival was held in Esmeralda **because** that region wanted to recognize its African heritage.*

Subjunctive

El gobierno regional organizó clases de música andina **para que** las tradiciones no se perdieran.

*The regional government organized andean music classes **so that** traditions were not lost.*

Los indígenas no usaban instrumentos de cuerda **antes de que** llegaran los españoles.

*The indigenous people didn't use string instruments **before** the Spanish arrived.*

Indicative or Subjunctive Depending on the Context

1. Time expressions

Expressions of time trigger the imperfect subjunctive when the verb in the adverbial clause refers to an event or situation that was anticipated at the time expressed in the main clause. If the speaker was looking ahead in anticipation or speculation, use the imperfect subjunctive in the adverbial clause.

El año pasado, yo quería viajar a Ecuador **después de que / cuando pasara** la estación de lluvia.

*Last year, I wanted to travel to Ecuador **after / when** the rainy season **was** over. (The speaker was anticipating travel to Ecuador.)*

En enero, mis amigos planeban viajar a Ecuador **tan pronto como / en cuanto comenzara** la vacación de primavera.

*In January, my friends were planning on traveling to Ecuador **as soon as** spring break **began**. (The speaker was anticipating travel to Ecuador.)*

Ayer, pensé que no viajaría **hasta que** mi jefe me **diera** una bonificación.

*Yesterday, I thought that I would not travel **until** my boss **gave** me a bonus.*

When the adverbial expression simply establishes the temporal relationship between two events that happened once or that used to happen, both verbs take indicative past tenses (preterit or imperfect). The exception is **antes de que**, which always triggers the subjunctive because the event in the adverbial clause is anticipated at the time described in the main clause.

De joven, viajaba a Ecuador **después de que / cuando pasaba** la estación de lluvia.

*In my youth, I used to travel to Ecuador **after** the rainy season **was** over. (Two habitual, sequential events in the past with no anticipation implied.)*

Ayer salí de clase **tan pronto como / cuando terminé** mi examen de español.

*Yesterday I left class **as soon as / when I finished** my Spanish test. (Two events that happened once in the past with no anticipation implied.)*

En el pasado, generalmente no iba de vacaciones **hasta que** mi jefe me **daba** una bonificación.

*In the past, I usually did not go on vacation **until** my boss **gave** me a bonus. (Two habitual, sequential events in the past with no anticipation implied.)*

2. Other

When **aunque** takes the imperfect subjunctive, it communicates a contrary-to-fact condition, much like the **si** clauses you studied in *Capítulo 8*, and the main clause takes the conditional.

Aunque tuviera dinero, no visitaría el área del Amazonas otra vez.

Even if I had *money, I would not visit the Amazon area again. (contrary-to-fact: I do not have money)*

Aunque ahorré suficiente dinero, este año no viajé.

Although I saved *enough money, this year I didn't travel. (It's a fact that I saved money)*

WileyPLUS Go to *WileyPLUS* to review this grammar point with the help of the **Animated Grammar Tutorial** and **Verb Conjugator**. See also textbook Appendices with Grammar References and verb tables. For more practice, go to the **Activities Manual**.

9–26. Identificación. Identifica las expresiones adverbiales en las noticias de abajo y conjuga los verbos entre paréntesis en el pasado: indicativo (pretérito/ imperfecto) o subjuntivo.

Noticias de Ecuador

1. El gobierno reservó un millón de dólares para que (mejorar) la situación de las comunidades indígenas.

2. El gobierno de Ecuador realizó muchos proyectos en las comunidades indígenas, ya que (recibir) un préstamo grande del Banco Mundial.

3. El presidente anunció que visitaría algunas comunidades étnicas en cuanto (tener) una semana libre.

4. El presidente visitó algunas comunidades étnicas cuando (tener) una semana libre.

5. El presidente dijo que aprobaría más ayuda para las comunidades étnicas aunque los conservadores no (estar) de acuerdo.

9–27. Música ecléctica. Selecciona la conjunción apropiada para enunciar algunos hechos sobre la música ecuatoriana.

para que;   antes de que;   porque / ya que / puesto que;   aunque;   hasta que

1. La música ecuatoriana no tenía instrumentos de cuerda / llegaran los españoles.

2. La marimba era un instrumento típico de la música afroecuatoriana / los africanos la trajeron de África.

3. Los indígenas celebraban Inti Raymi / el dios del sol fuera honrado.

4. Me encantaría asistir a un concierto de la nueva canción / no fuera del grupo musical Inti-Illimani.

5. En el festival del año pasado, bailamos / los músicos dejaron de tocar.

9–28. Comunidades indígenas. En el siguiente párrafo se habla sobre la relación del gobierno de Ecuador con los grupos indígenas, pero faltan algunos verbos. Completa el texto con las formas verbales adecuadas.

A unque durante mucho tiempo los conservadores se (1. oponer) a proteger a las comunidades étnicas, finalmente el gobierno empezó a dialogar con estos grupos. Antes de que las comunidades indígenas se (2. organizar), el gobierno no prestaba atención a su situación. Cuando se (3. formar) la Confederación de Nacionalidades Indígenas del Ecuador (CONAIE), los grupos étnicos se hicieron más visibles. El año pasado el Banco Mundial prestó dinero a Ecuador para que el gobierno (4. ayudar) a esas comunidades. El presidente dijo que en cuanto se (5. invertir) ese dinero, la situación de las comunidades indígenas mejoraría notablemente.

Vocabulario esencial

Hablar de espectáculos

asistir a	to attend
concierto m	concert
disfrutar	to enjoy
entradas f	tickets
escenario m	stage
espectáculo m	show, performance
pedir (i) un bis	to ask for an encore
percusión f	percussion
primera fila f	front row
público m	audience
teatro m	theatre
teclado m	keyboard
telón m	curtain
tocar	to play

9–29. El último espectáculo. Lee sobre la experiencia de Nuria, una joven ecuatoriana que asistió a un espectáculo de música durante la celebración de Inti Raymi. Después, describe el último espectáculo al que tú asististe imitando la descripción de Nuria. Consulta el *Vocabulario esencial* si lo necesitas y usa un mínimo de cinco expresiones adverbiales.

En junio, mis amigos y yo decidimos asistir a un concierto de música indígena tradicional *puesto que* se celebraba el festival de Inti Raymi. No queríamos asistir *a menos que* la banda tocara música tradicional andina. Tuvimos suerte *porque* había un concierto de música tradicional un día en que todos podíamos asistir. Compramos las entradas y elegimos asientos en la primera fila *para que* pudiéramos disfrutar de la música desde muy cerca. Queríamos hablar con los miembros de la banda *después de que* terminara el concierto pero no pudimos. *Antes de que* saliéramos, mis amigos compraron una camiseta y un CD.

9–30. Comparar experiencias. En parejas, comparen la influencia que tuvieron sus padres en su educación social. Cada persona debe terminar las oraciones siguientes, usando el subjuntivo o el indicativo. Después, informen a la clase de una semejanza y una diferencia que encontraron.

La influencia de mis padres

Mis padres me mandaron a la escuela a fin de que...

Me enseñaron la cortesía antes de que...

Me compraron lecciones de música para que...

¿otra influencia?

Las restricciones de mis padres

No me permitían jugar con mis amigos a menos que...

Me compraban regalos con tal de que...

No me dejaban solo/a en casa en caso de que...

¿otra restricción?

Vocabulario para conversar

Romper el hielo

¡Qué día tan feo!, ¿no?

Sí, estoy cansada de tanta lluvia.

Ice breakers are commonly used in the Spanish speaking world in different situations. It is not uncommon to start a conversation with people while waiting for a bus, standing in line, in an airplane, at the doctor's office, etc. It's not uncommon to hear complaints. Here you will find some common expressions to start a conversation about nothing in particular.

¡Qué calor/frío tan horrible!	*It's terribly hot/cold!*
¡Qué día tan bonito/feo/lluvioso!	*What a beautiful/ugly/rainy day!*
¡Qué frío/calor hace!	*It's so cold/hot!*
¿Cuándo dejará de llover/nevar?	*I wonder when it will stop raining/snowing.*
¿Qué hora será?	*I wonder what time is it?*
¿Sabe(s) qué hora es?	*Do you have the time?*
¡Qué demora!	*What a delay!*
¡Qué fila tan larga!	*What a line!*
¡Qué cajero/a tan lento/a!	*What a slow cashier!*

9–31. Palabras en acción. Escribe las preguntas o comentarios apropiados para las siguientes respuestas o reacciones.

1. _____ ¡Uy sí! Este calor es insoportable.

2. _____ Deberían abrir otras cajas (*cash registers*).

3. _____ Difícil saber. Aquí el invierno es eterno.

4. _____ Sí, el día está precioso.

5. _____ Sí, el doctor hoy está muy atrasado.

6. _____ No tengo reloj pero deben ser como las nueve.

 9–32. Conversemos. En parejas, preparen una de las siguientes situaciones para presentarla en clase. ¡Sean creativos!

a. En la oficina del doctor: Ustedes están esperando para ver al mismo doctor. Los dos llevan esperando mucho tiempo. Empiecen una conversación.

b. En el banco o en el supermercado: Ustedes están haciendo fila. Hay pocos cajeros trabajando. Hablen sobre la situación.

c. En la estación del bus: Está lloviendo y el bus no llega. Inicien una conversación.

CURIOSIDADES

La influencia del quechua en el español

El español es la lengua oficial de Ecuador pero en el país se hablan otras nueve lenguas. Entre estas lenguas, el quechua, llamado quichua en Ecuador, es la lengua más hablada después del español. La Constitución reconoce el derecho a usar el quechua y las otras lenguas, y a recibir instrucción escolar en ellas. El quechua es la lengua original del imperio inca. El quechua nunca tuvo forma escrita, ni antes del imperio inca ni durante la duración del mismo. Después de la conquista, el quechua se empezó a escribir usando el alfabeto romano. El contacto entre el español y el quechua ha producido préstamos (*borrowings*) lingüísticos.

9–33. Préstamo lingüístico. En la tabla de abajo, clasifica las siguientes palabras de origen quechua en una de las tres categorías semánticas. Después, escribe una breve oración con cada palabra.

1. coca
2. cóndor
3. inca
4. llama
5. papa
6. puma
7. quinoa
8. vicuña

PLANTA	ANIMAL	PERSONA

Costumbres de los incas

©Bartosz Hadyniak/iStockphoto

Capital: Lima

Población: 29,180,899 habitantes

Grupos étnicos: indígena (45%), mestizo (37%), europeo (14%), africano / asiático (4%)

Idiomas: español, quechua, aimara

Moneda: sol

Área: tres veces el tamaño de California

WileyPLUS

Go to *WileyPLUS* to explore this country further in the *Perfil de Perú section*.

9–34. ¿Qué sabes de Perú? Con base en tus conocimientos previos, decide si las siguientes oraciones sobre Perú son ciertas o falsas. Si puedes, corrige las falsas. Si no estás seguro/a, repasa tus respuestas después de leer la sección para comprobar si eran correctas.

1. La cordillera de los Andes cruza todo Perú.
2. Muchos habitantes de este país son de origen indígena.
3. El español es la única lengua que se habla en Perú.
4. La civilización inca floreció exclusivamente en este país.
5. Perú limita (*borders*) con Colombia y Ecuador al norte y con Bolivia y Chile al sur.

Por si acaso

Expresiones útiles para comparar respuestas con otro estudiante

¿Qué tienes/ pusiste en el número 1/ 2/ 3?

Yo tengo/ puse a/ b.

Yo tengo algo diferente.

No sé la respuesta./ No tengo ni idea.

Creo que la respuesta es a/ b, pero no estoy seguro/a.

Creo que es cierto./Creo que es falso.

Entrando en materia

9–35. Anticipación. Lee el título de la lectura. ¿Puedes identificar el tema general del texto? ¿Qué hipótesis puedes hacer antes de leerlo? Responde a las preguntas con *creo que sí* o *creo que no*. Podrás confirmar tus hipótesis después de terminar la lectura.

	Creo que sí	Creo que no
1. Los incas se casaban solo una vez en su vida.	☐	☐
2. La clase alta y la clase baja tenían las mismas costumbres con respecto al matrimonio.	☐	☐
3. El hombre y la mujer inca solo podían vivir juntos después de casarse legalmente.	☐	☐
4. El matrimonio entre personas de la clase alta y la clase baja era imposible en la sociedad inca.	☐	☐
5. Cuando un hombre quería casarse con una mujer se la compraba a sus padres.	☐	☐
6. Si la pareja se separaba, los hijos se quedaban con la madre.	☐	☐

9–36. Vocabulario: Antes de leer. Busca las siguientes palabras en la lectura. Usando el contexto, infiere su significado y selecciona la mejor definición.

1. **compromiso**
   a. El compromiso matrimonial ocurre cuando el hombre y la mujer deciden casarse oficialmente.
   b. *Compromiso* es una palabra asociada con "comprar".

2. **jerarquía**
   a. el nombre que se usaba para referirse al matrimonio en la sociedad inca
   b. estructura de rangos o clases sociales

3. **ganado**
   a. conjunto de animales criados para su explotación
   b. beneficios obtenidos como premio o recompensa

4. **emparejamiento/apareamiento**
   a. la ceremonia oficial del matrimonio
   b. formar una pareja entre un hombre y una mujer

5. **matrimonio de ensayo**
   a. una unión provisional para ver si la pareja es compatible
   b. un texto escrito que habla del matrimonio

6. **se llevaban bien**
   a. "Llevarse bien" significa ser compatible con otra persona.
   b. "Llevarse bien" es lo mismo que vivir bien y con mucho dinero.

El matrimonio inca

La sociedad inca daba una gran importancia al matrimonio, tanto así, que el paso determinante, o sea el **compromiso**, asumía el rango de una función estatal al legalizarlo un representante del emperador inca.

El matrimonio tenía características diferentes según la **jerarquía** social. Por ejemplo, el matrimonio entre un hombre y una mujer de clase baja era estrictamente monógamo, en cambio el de las clases privilegiadas y el del emperador era polígamo.

A las familias campesinas no les estaba permitido cambiar de residencia, ni la forma ni los colores de su atuendo, porque eran maneras de identificar su origen. Siempre se casaban con gente perteneciente al mismo estatus social y mezclar la sangre estaba prohibido.

Un indígena recibía un tupu al casarse y posteriormente un tupu por cada hijo varón y solo medio tupu por cada hija. El **ganado** se dividía de forma similar a la de las tierras: cada nuevo jefe de familia recibía dos llamas, que no podía matar hasta que los animales fueran muy viejos. Ⓜ

Respecto al **emparejamiento** del hombre y la mujer, existen diversas versiones o interpretaciones. Por un lado, M. Hernández Sánchez-Barba afirma que el hombre adquiría una mujer mediante compra, en presencia de un representante de la administración inca. Otra versión relata lo siguiente:

"Todos los años el inspector del Estado o visitador del inca llegaba a las aldeas, donde se reunían por separado hombres y mujeres, formando dos líneas paralelas. El visitador, respetando primero las jerarquías, repartía hombres y mujeres, es decir, daba carácter oficial al **apareamiento**". (Luis Bonilla García, "La mujer a través de los siglos").

Entre las diversas hipótesis existentes respecto a la forma de escoger pareja, quizá la más acertada es la del pueblo común. Si un hombre quería a una mujer, visitaba con frecuencia la casa paterna de esta y ayudaba en las tareas. Esta relación se consolidaba cuando la pareja se sometía a lo que se ha llamado **matrimonio de ensayo**, que tenía como principal función confirmar que el hombre y la mujer **se llevaban bien**. Era una prueba, ya que una vez realizado el matrimonio definitivo, la separación era muy difícil, excepto en casos de adulterio femenino o esterilidad.

"Este ensayo permite al joven darse cuenta de las actitudes de su eventual futura esposa, que debe hacerle la comida, confeccionarle los trajes y ayudarle en los trabajos agrícolas. También permitía a la joven apreciar el carácter de su pretendiente y evitar así atar su existencia a la de un borracho o un bruto". (Louis Baudin, "La vida cotidiana en el tiempo de los últimos incas").

Si el hombre y la mujer no se llevaban bien, la mujer volvía con sus padres, lo cual no tenía efectos negativos a nivel social o moral. Si de esta unión transitoria nacía un hijo, este se quedaba con la madre. Por esta costumbre se puede interpretar que la virginidad a nivel del pueblo no tenía ninguna importancia. Después del tiempo de prueba, si todo había funcionado bien, se celebraba el matrimonio definitivo.

Finalmente queda explicar dónde vivía el nuevo matrimonio. En las clases populares, los parientes construían la casa del nuevo matrimonio. En las casas no había muebles, se comía en el suelo y la cama era un lecho de piel de llama. La mujer inca casada continuaba su vida, haciendo las mismas labores que de niña había aprendido de su madre.

Ⓜomento de reflexión
¿Cuál de estas ideas se menciona en uno de los primeros tres párrafos?
❏ 1. Los incas campesinos podían casarse con los incas aristócratas.
❏ 2. El tupu servía como regalo de boda en la sociedad inca.
❏ 3. Hoy tenemos una idea exacta sobre el proceso de unión matrimonial entre los incas.

9–37. Más detalles. Reflexiona sobre la lectura y responde a estas preguntas.

1. ¿Qué parte de la lectura implica que tener hijas era menos deseable que tener hijos?
2. ¿Cómo sabemos que la virginidad no se consideraba importante?
3. ¿Qué parte de la lectura indica que había desigualdad entre el hombre y la mujer?
4. El hombre cortejaba (*courted*) a la familia de la futura esposa, ¿cómo lo hacía?
5. ¿Qué parte de la lectura indica que los incas no tenían muchas cosas o posesiones?

9–38. Vocabulario: Después de leer. Responde a estas preguntas sobre la lectura.

1. ¿Qué papel desempeñaba el **compromiso** matrimonial en la sociedad inca?
2. ¿Se podían casar los incas con miembros de otra **jerarquía** social? ¿Por qué?
3. ¿Cómo se dividía el **ganado**?
4. Menciona dos explicaciones sobre el proceso de **emparejamiento** en la sociedad inca. ¿Cuál de las versiones crees que es correcta?
5. ¿Qué ocurría si el **matrimonio de ensayo** (o período de prueba) no funcionaba?
6. ¿Cómo reaccionaba la sociedad ante la separación de la pareja si durante el matrimonio de ensayo la pareja no **se llevaba bien**?

 9–39. Diferencias y semejanzas. En parejas, busquen diferencias y semejanzas entre la sociedad inca y la moderna en relación con varios temas.

A. Una persona va a analizar el caso de la sociedad inca; la otra, la sociedad actual. Usen oraciones pasivas con *se* cuando sea posible.

> **MODELO**
>
> **importancia del compromiso y del matrimonio**
> **Estudiante A: En la sociedad inca se daba mucha importancia al compromiso de la pareja.**
> **Estudiante B: En la sociedad moderna se le da más importancia al matrimonio.**

1. características diferentes para el matrimonio de la clase aristocrática
2. identificación de la clase social por medio del atuendo
3. libertad en el emparejamiento
4. libertad para casarse con una persona de otra clase
5. implicaciones sociales y morales del divorcio o la separación de la pareja
6. la custodia de los hijos
7. forma de obtener un hogar (*home*) para una pareja de recién casados
8. la función social de la mujer después del matrimonio

B. Ahora, preparen una tabla que muestre las diferencias y semejanzas entre las dos sociedades.

9–40. Hablemos del tema. La universidad tiene un nuevo programa para ayudar a los estudiantes a identificar al mejor compañero/a de apartamento. El programa consiste en hacer una prueba de convivencia por dos meses. Después de dos meses, los compañeros evalúan su situación para decidir si quieren continuar juntos o prefieren probar con otra persona. Después de dos meses de vivir juntos, ustedes tienen una conversación sobre si quieren permanecer juntos o no. Preparen esta situación y represéntenla ante la clase. ¡Sean creativos!

Estudiante A: Piensas que tu compañero/a de apartamento tiene las siguientes virtudes y defectos.

Virtudes	Defectos
Conoce a mucha gente	Recibe visitas de su novio/a cada semana
Te invita a muchas fiestas	Es ruidoso/a
Tiene carro	Te pide ayuda con sus tareas de español frecuentemente

Estudiante B: Piensas que tu compañero/a de apartamento tiene las siguientes virtudes y defectos.

Virtudes	Defectos
Cocina muy bien y comparte lo que cocina	No le gustan las visitas de tus amigos
Tiene buen sentido del humor	Le gusta estudiar en casa
Sabe reparar carros	No limpia la casa

Por si acaso

Expresiones de acuerdo y desacuerdo

Tenemos que hablar.	We need to talk.
Déjame en paz.	Leave me alone.
(No) tengo ganas de hablar de eso.	I (don't) feel like talking about it.
No sé de lo que me estás hablando.	I don't know what you are talking about.
Te comprendo.	I understand.
Tienes razón.	You are right.
No tienes razón.	You are wrong.
Eso es absurdo/ ridículo.	That is absurd/ridiculous.
La culpa es tuya/ mía.	It is all your/my fault.
Esto tiene/ no tiene solución.	This can/cannot be solved.

Gramática

Passive Voice

Every verb tense you have studied up to this point in *Más allá de las palabras* has been in the active voice. In the active voice, the agent, or doer of the action, is the subject of the sentence and the receiver of the action is the direct object.

subject	active verb	object
Los incas	adoraban	al Sol.
The Incas	*worshipped*	*the Sun.*

In the passive voice, the above structure is reversed: the receiver of the action is the subject and the agent/doer of the action is preceded by the preposition **por** (*by*).

subject	passive verb	agent/doer
El Sol	era adorado	por los incas.
The Sun	*was worshipped*	*by the Incas.*

There are two ways in Spanish to express the passive voice: with **ser** and with **se**.

Passive Voice with *ser*

The passive voice is formed with the verb **ser** in any tense and the past participle of the main verb. The past participle (habl**ado**, com**ido**, roto) agrees in gender and number with the subject of the sentence.

Active: Pizarro capturó a Atahualpa.   *Pizarro captured Atahualpa.*

Passive: Atahualpa fue captur**ado** por Pizarro.   *Atahualpa was captured by Pizarro.*

Active: Los incas dominaron muchas regiones.   *The Incas controlled many regions.*

Passive: Muchas regiones fueron domin**adas** por los incas.   *Many regions were controlled by the Incas.*

Passive Voice with *se*

The passive voice with **ser** is not as frequently used in Spanish as in English. In every day use the passive with **se** is more common (**se** + third-person singular or plural verb + singular or plural noun). You studied the passive **se** in Chapter 2, *Tema* 1. When a passive **se** construction is used, we no longer need to mention the agent or doer of the action since this element becomes irrelevant. The verb in the passive **se** constructions is always in the third person singular or plural and it's followed by a singular or plural noun.

Note how the sample sentences presented above change when expressed with the passive **se**.

Passive with *ser*: Atahualpa **fue capturado** por Pizarro.   *Atahualpa **was** captured by Pizarro.*

Passive with *se*: **Se** capturó a Atahualpa.   *Atahualpa **was** captured.*

Passive with *ser*: Muchas regiones **fueron dominadas** por los incas.   *Many regions **were** controlled by the Incas.*

Passive with *se*: **Se** dominaron muchas regiones.   *Many regions **were** controlled.*

WileyPLUS Go to *WileyPLUS* to review this grammar point with the help of the **Animated Grammar Tutorial** and **Verb Conjugator**. See also textbook Appendices with Grammar References and verb tables. For more practice, go to the **Activities Manual**.

9–41. Identificación. Identifica el uso de la voz pasiva con **ser** y la voz pasiva con **se** en las siguientes oraciones. Después transforma las oraciones pasivas con **ser** a pasivas con **se** y viceversa. Recuerda que en las oraciones pasivas con **se** no es necesario mencionar al agente.

1. El término *inca* se usaba en la época precolombina para designar a la clase aristocrática.
2. En la civilización inca no se conocía la escritura.
3. El dios Sol era adorado fervientemente por toda la población inca.
4. Atahualpa fue capturado por Pizarro en el año 1532.
5. Se construyeron impresionantes estructuras arquitectónicas en la época de los incas.

9–42. Datos históricos. Usando la voz pasiva con **ser**, escribe oraciones para informar sobre los siguientes hechos históricos.

> **MODELO**
>
> **Las casas de los nuevos matrimonios incas / construir / sus parientes**
> **Las casas de los nuevos matrimonios incas eran construidas por sus parientes.**

1. Perú / conquistar / españoles en 1532
2. Muchos indígenas / matar / conquistadores
3. Una extraordinaria red de comunicaciones / construir / el pueblo inca
4. Varios elementos de la sociedad precolombina / transformar / los europeos
5. Las tropas de Pizarro / recibir / el desprevenido Atahualpa

9–43. Arqueología. Julio César Tello es el padre de la arqueología moderna en Perú. Lee la información de abajo y reescríbela usando la voz pasiva con **ser**.

1. En 1918, Tello identificó muchos materiales arqueológicos de la cultura chavín.
2. Tello consideraba la cultura chavín como la cultura central de Perú.
3. Descubrió cientos de tumbas.
4. Fundó el Museo Nacional de Antropología y Arqueología.
5. Escribió muchos artículos sobre arqueología.

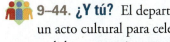 **9–44. ¿Y tú?** El departamento de español quiere organizar un acto cultural para celebrar el Día del Idioma y les ha pedido sugerencias para preparar el acto.

En grupos de cuatro, preparen un documento escrito con las actividades listadas a continuación para presentárselo al departamento. Usen oraciones con *se* para hacer sus

Vocabulario esencial

Hablar de la organización de eventos

a tiempo	*on time*
calcular	*to estimate*
distribuir (el trabajo)	*to distribute (the work)*
hacer publicidad de	*to publicize*
invitar	*to invite*
reclutar (voluntarios)	*to recruit (volunteers)*
reservar	*to reserve*
voluntario/a	*volunteer*

sugerencias. ¡Ojo! Como se trata de sugerencias, los verbos de la cláusula dependiente deben estar en subjuntivo.

> Invitar al presidente del club de español para presidir el acto.
> Nuestro grupo sugiere/recomienda/aconseja que se invite al presidente del club de español.

- Dar una recepción a los asistentes
- Servir platos típicos de diferentes países hispanos
- Ofrecer la actuación de un grupo de música andina
- Hacer una fiesta después de la cena
- Terminar el acto a la medianoche
- Otras sugerencias de tu elección (ver *Vocabulario esencial*)

 9–45. ¿Cómo se organiza un evento? En parejas, hagan una lista de cinco cosas que normalmente se hacen cuando se organiza un evento. Usen la estructura pasiva con **se**.

> Se anucia el evento en carteles y en Facebook.

Vocabulario para conversar

Comunicarse formal e informalmente

¿Sería tan amable de comunicarme con la gerencia?

Con muchísimo gusto. Ya la comunico.

To effectively communicate with others, it is very important to use a register that is adequate to each situation. In this section we will concentrate on formal and informal expressions needed to communicate with others when making requests, complaining, asking for help, etc.

Formal:

¿Le gustaría dejar un mensaje?	*Would you like to leave a message?*
¿Me puede ayudar por favor?	*Can you help me, please?*
¿Sería tan amable de pasar por mi oficina?	*Would you please stop by my office?*
Disculpe que lo/la moleste.	*Sorry to bother you.*
Le agradecería que me trajera el informe.	*I would be grateful if you brought the report.*
Siento molestarlo/a. ¿Me podría ayudar?	*I am sorry to bother you but I was wondering if you could help me.*

Informal:

¿Podrías comunicarme con la gerencia por favor?	*May I speak with the manager?*
¿Quieres dejar un mensaje?	*Would you like to leave a message?*
Siento molestarte. ¿Me puedes ayudar?	*I am sorry to bother you but I was wondering if you could help me.*
Te agradecería que pasaras por mi oficina.	*I would appreciate it if you would stop by my office.*

9–46. Palabras en acción. Lee el diálogo y corrige los dos errores de registro.

—Buenos días, señorita. Llamo para pedir una cita con el doctor Suárez.
—¿Para cuándo la quieres?
—Para el martes si es posible. ¿Crees que el doctor pueda atenderme por la tarde?
—Sí, ¿podría venir a las 3:00?

 9–47. ¿Formal o informal? En parejas escojan dos temas de conversación, uno formal y otro informal. Represéntenlos para la clase. No se olviden de usar las expresiones listadas anteriormente u otras similares.

1. Preséntale una queja a tu profesor por la nota que recibiste en un examen.
2. Haz una cita con un dentista.
3. Llama a un/a amigo/a por teléfono para invitarlo/a a salir a cenar en la noche.
4. Entra a la oficina de tu jefe para pedirle un aumento de sueldo.
5. Interrumpe a un/a compañero/a de trabajo para pedirle ayuda con algo.

Las misteriosas líneas de Nazca

El pueblo nazca, perteneciente a una cultura anterior a la civilización inca, nos ha dejado este impresionante regalo artístico en la costa sur del país, al sur de Lima, la capital de Perú. Las líneas son una serie de enormes dibujos trazados en la arena del desierto. Se han logrado identificar 167 dibujos de diversos tamaños, distribuidos en un área de 350 kilómetros cuadrados.

Lo misterioso de estos dibujos es que solo se pueden observar y apreciar bien desde el aire. En otras palabras, los indígenas que los hicieron, crearon obras de arte que no podían ver en toda su gloriosa perspectiva.

Existen varias teorías sobre el propósito de estas líneas. Algunos expertos dicen que fueron calendarios astronómicos gigantes; otros dicen que representan diferentes constelaciones y estrellas; otros opinan que las líneas indicaban las épocas de siembra (*sowing*) y de cosecha (*harvest*). También se ha llegado a sugerir que eran pistas de aterrizaje (*runways*) de naves extraterrestres.

©jarnogz jarnogz/iStockphoto

9–48. Mirándolo con lupa. Como sabes, se ha encontrado y clasificado un total de 167 dibujos en la región de Nazca. El mapa de arriba representa 10 de estos dibujos.

A. Escribe el número de la imagen que corresponde a cada descripción.

———— pájaro	———— espiral	———— manos
———— perro	———— mono	———— figuras geométricas
———— ballena	———— árbol	
———— lagartija	———— figura humana	

B. Ahora contesta las siguientes preguntas:

1. ¿Qué tipo de imágenes abunda más? ¿Qué crees que significa esta abundancia?
2. ¿Con qué teoría sobre el propósito de las líneas estás de acuerdo?
3. Si pudieras viajar al pasado, ¿qué le preguntarías al pueblo nazca?
4. Elabora una teoría personal sobre el propósito de las líneas. ¡Sé creativo/a!

9–49. Un ensayo informativo. En esta sección vas a profundizar sobre uno de los temas presentados en este capítulo. Vas a escribir un ensayo en el que analizarás con más detalle el tema de tu elección. Tu objetivo es informar a los lectores sobre el tema. Para escribir este ensayo, debes consultar como mínimo dos fuentes. Busca la información relevante en Internet o en la biblioteca. Al final, incluye una sección de "Referencias".

Preparación

1. Selecciona el tema general que más te interese de la lista a continuación. Puedes seleccionar otros temas relacionados con el capítulo con la aprobación de tu instructor/a.
   - El mito de El Dorado
   - La música andina
   - La cultura andina indígena en la sociedad moderna
   - La civilización inca
   - Las líneas de Nazca
   - ¿Otro?
2. Limita el aspecto del tema general que vas a explorar. Por ejemplo, si el tema de tu elección es "Las líneas de Nazca", ¿cuál será la idea central de tu ensayo?
3. Cuando hayas limitado el tema, escribe las preguntas de enfoque sobre ese tema. Las respuestas a estas preguntas te servirán para desarrollar el contenido de tu ensayo.
4. Mira el modelo de tema y preguntas de enfoque a continuación. Usa este modelo para preparar el tema general de tu elección.

Tema general:　　**Tema limitado:**

Las líneas de Nazca　Diferentes interpretaciones sobre el objetivo de las líneas

Preguntas de enfoque sobre el tema:

a. ¿Qué son las líneas de Nazca? ¿Dónde se encuentran? ¿Quiénes las dibujaron?
b. ¿Por qué han sido estas líneas objeto del interés y estudio de muchos?
c. ¿Cuáles son las distintas teorías que se han dado para explicar su propósito?
d. Según las fuentes consultadas, ¿qué teoría parece objetivamente más convincente?

A escribir

1. Usa tus preguntas de enfoque para organizar el ensayo en varios párrafos. Por ejemplo, las preguntas de enfoque sobre "Las líneas de Nazca" pueden dar lugar a la siguiente organización:

    Pregunta 1   ➜   Párrafo 1
    Introducción del ensayo

    Pregunta 2   ➜   Párrafo 2
    Propósito del ensayo y declaración de la tesis

    Preguntas 3 y 4   ➜   Párrafo 3
    Presentación de las varias teorías

    Conclusión   ➜   Párrafo 4
    Resumen breve de la información presentada

2. Recuerda la gramática estudiada en este capítulo: las oraciones pasivas con *ser* y con *se* y los conectores adverbiales. Las construcciones pasivas de ambos tipos son muy frecuentes en los ensayos informativos. Presta mucha atención a las partes donde debas usar esta construcción.

Conectores adverbiales útiles

porque	*because*
para que	*in order to*
en caso de que	*in case*
antes de que	*before*
después de que	*after*
donde	*where*
cuando	*when*
tan pronto como	*as soon as*
aunque	*although; even though*

Revisión

3. Escribe el número de borradores que te indique tu instructor/a y revisa tu texto usando la guía de revisión del Apéndice C. Escribe la versión final y entrégasela a tu instructor/a.

9–50. Anticipación. Lee los subtítulos de la lectura en la página siguiente y decide cuáles de los siguientes temas pueden aparecer en el texto.

1. Excursión planeada día por día
2. Dimensiones del lago
3. Turismo urbano
4. Cómo se formó el lago
5. Lugares para visitar en el lago

El lago Titicaca

©Roman Soumar/Corbis

Este lago está situado a 65 km (35 millas) de La Paz y es el lago más alto del mundo (3.808 m—12.500 pies—sobre el nivel del mar). Tiene 196 km (106 millas) de largo, 56 km (30 millas) de ancho y el área más profunda tiene 350 m (1.148 pies). La mitad oeste del lago pertenece a Perú y la mitad este a Bolivia. La palabra aimara *titicaca* significa "puma de piedra".

ORIGEN DEL LAGO

Todavía no existe una explicación científica definitiva sobre cómo se formó este lago. Una de las hipótesis es que el lago es el cráter de un volcán inactivo. Sin embargo, hay muchas leyendas acerca del lago Titicaca y su origen. Una de ellas dice que el lago nació de las lágrimas del dios Sol, que lloró cuando unos pumas devoraron a los hombres que habitaban la región. Otra leyenda dice que en el fondo del lago hay tesoros que los incas lanzaron allí para que los españoles no pudieran robarlos.

COPACABANA Y LAS ISLAS

En el lago hay unas cuarenta islas que se pueden explorar a pie o en bicicleta. Entre ellas está la Isla del Sol. Aquí el visitante encontrará varios lugares de interés arqueológico y una roca sagrada en forma de puma. Para llegar a la isla, muchos viajeros toman un barco desde Copacabana, un pueblo situado a orillas del Titicaca. Una de las mejores fechas para estar en Copacabana es el 5 de agosto, cuando se celebra la fiesta de la Virgen de la Candelaria, también llamada Virgen de Copacabana, que es la patrona de Bolivia.

Cerca de la Isla del Sol, está la Isla de la Luna, donde se pueden ver las ruinas del templo tihuanaco de las Vírgenes del Sol.

Otra de las atracciones del lago Titicaca es la Isla Suriqui, donde el visitante puede observar cómo se hace una balsa de totora. La totora es una planta que crece en el lago y también se usa para hacer pequeñas islas flotantes donde pueden vivir pequeños grupos de personas. Los uros viven en estas islas.

©Roman Soumar/Corbis

LUGAR SAGRADO

El lago Titicaca era un lugar sagrado para las civilizaciones que vivieron a su alrededor y todavía lo es para mucha gente. La presencia de los chamanes (*healers*) kallahuayas enfatiza el aura sagrada que muchas personas perciben cuando visitan el lago. Los chamanes kallahuayas piensan que las enfermedades son el resultado de un desequilibrio de energías en el cuerpo y usan hierbas, piedras, amuletos y rituales para restablecer el equilibrio.

9–51. ¿Qué opinas? Escribe un párrafo breve sobre tu impresión de la lectura acerca del lago. Ten en cuenta los puntos que se indican abajo. Después intercambia tu párrafo con un/a compañero/a para ver si han coincidido en algún punto.

1. El aspecto geográfico del lago que te parece más impresionante.
2. Los aspectos del lago que te parecen más intrigantes.
3. Las razones que pueden tener muchas personas para querer visitar el lago.
4. Cómo crees que el lago puede ofrecer una experiencia espiritual a los visitantes.
5. El tipo de actividades que se podrían recomendar a una persona que quiere tener una experiencia espiritual en el lago Titicaca.

Viaje virtual

Escoge uno de estos lugares e investígalo en la red.

- Parque Nacional Madidi
- Parque Nacional Noel Kempff Mercado
- Chacaltaya, la pista de esquí más alta del mundo
- Tihuanaco, recinto arqueológico
- La Isla del Sol y la Isla de la Luna

Prepara una presentación con la siguiente información: ubicación, fotos, importancia turística, por qué vale la pena visitar el lugar y qué harías si pudieras visitar ese sitio.

El escritor tiene la palabra

Comentarios reales, del Inca Garcilaso de la Vega

El Inca Garcilaso de la Vega nació en Cuzco, Perú, en 1539. Su madre era una princesa inca y su padre un conquistador español. Se supone que su lengua materna fue el quechua, ya que su madre no hablaba español. También se cree que empezó a hablar español hacia 1551. Su condición de mestizo le dio al autor una perspectiva bicultural de su época. Su obra es un testimonio valioso de la vida colonial, ya que ofrece el punto de vista del indígena y del conquistador. En 1558 fue a estudiar a España, de acuerdo con los deseos de su padre. Murió en 1616 en Córdoba, España. Sus restos se encuentran en la catedral de esta ciudad.

UniversalImagesGroup/Getty Images

9–52. Entrando en materia. Contesta las siguientes preguntas antes de leer el texto literario.

1. Lee el título del texto literario. ¿En qué período crees que ocurre la acción de la historia?
   a. antes de la llegada de los conquistadores
   b. después de la llegada de los conquistadores
   c. muchos años antes de la muerte de Atahualpa

2. ¿Qué temas esperas encontrar en esta historia?

    a. amor romántico entre un hombre y una mujer

    b. un dios quiere dar una mejor vida a los hombres

    c. la destrucción de la Tierra

3. ¿Qué personajes esperas encontrar en esta historia?

    a. un monstruo

    b. un hombre o mujer enviado/a por un dios

    c. un animal

9–53. Hace años. Haz una lectura rápida del texto en busca de detalles que muestren que fue escrito hace años. Indica un ejemplo de cada uno de los siguientes elementos característicos del español de la época.

    1. Alguna palabra que tenga un significado distinto en el texto al significado que conoces en el español actual

    2. Uso de algún tiempo verbal diferente al uso actual

    3. Uso de alguna persona verbal diferente al uso actual

    4. Una preposición o conjunción que no se use en el español actual

Comentarios reales

ORIGEN DE LOS INCAS, REYES DEL PERÚ

NOTA: Este es un fragmento del capítulo 15 que se encuentra en el libro titulado Comentarios reales, *que publicó el Inca Garcilaso de la Vega hacia 1609. En este fragmento, el tío de Garcilaso le cuenta el origen de los reyes incas.*

Sabrás que en los siglos antiguos toda esta región de tierra que ves eran unos grandes montes y **breñales**[1], y las gentes en aquellos tiempos vivían como fieras y animales **brutos**[2], sin religión ni **policía**[3], sin pueblo ni casa, sin cultivar ni **sembrar**[4] la tierra, sin vestir ni cubrir sus **carnes**[5], porque no sabían **labrar**[6] algodón ni lana para hacer de vestir; vivían de dos en dos y de tres en tres, como acertaban a juntarse en las cuevas y resquicios de peñas y cavernas de la tierra. Comían, como bestias, yerbas del campo y raíces de árboles y la fruta **inculta**[7] que ellos daban de suyo y carne humana. Cubrían sus carnes con hojas y cortezas de árboles y **pieles**[8] de animales; otros andaban **en cueros**[9]. En suma, vivían como **venados y salvajinas**[10], y aun en las mujeres **se habían**[11] como los brutos, porque no supieron tenerlas propias ni conocidas.

[…]

Nuestro Padre el Sol, viendo los hombres tales como te he dicho, se apiadó y **hubo lástima**[12] de ellos y envió del cielo a la tierra un hijo y una hija de los suyos para que los adoctrinasen en el conocimiento de Nuestro Padre el Sol, para que lo adorasen y lo tuviesen por su Dios, y para que les diesen preceptos y leyes en que viviesen como hombres en razón y urbanidad, para que habitasen en casas y pueblos poblados, supiesen labrar las tierras, cultivar las plantas y mieses, **criar los ganados**[13] y **gozar**[14] de ellos y de los frutos de la tierra como hombres racionales y no como bestias. Con esta orden y mandato puso Nuestro Padre el Sol estos dos hijos suyos en la laguna Titicaca, que está a ochenta **leguas**[15] de aquí, y les dijo que fuesen **por do quisiesen**[16] y, **doquiera**[17] que parasen a comer o a dormir, **procurasen hincar**[18] en el suelo una **barrilla**[19] de oro de media **vara**[20]

---

1. *scrubs*   2. *fierce*   3. *manners*   4. *sow*   5. *flesh*   6. *weave*   7. *uncultivated*   8. *hides*   9. *naked*   10. *deers and savages*   11. *behaved*
12. *had pity*   13. *to breed livestock*   14. *to enjoy*   15. *leagues*   16. *anywhere*   17. *wherever*   18. *try to stick into*   19. *little bar*   20. *yard*

en largo y dos dedos en grueso que les dio para señal y muestras que, donde aquella barra se les **hundiese**[21] con solo un golpe que con ella diesen en tierra, allí quería el Sol Nuestro Padre que parasen e hiciesen su asiento y corte.

A lo último les dijo: "Cuando hayáis reducido esas gentes a nuestro servicio, los mantendréis en razón y justicia, con piedad, clemencia y **mansedumbre**[22], haciendo, en todo, oficio de padre piadoso para con sus hijos tiernos y amados, a imitación y semejanza mía, que a todo el mundo hago bien, que les doy mi luz y claridad para que vean y hagan sus haciendas, y les caliento cuando

han[23] frío y crío sus **pastos y sementeras**[24], hago fructificar sus árboles y multiplico sus ganados, lluevo y sereno a sus tiempos y tengo cuidado de **dar una vuelta**[25] cada día al mundo por ver las necesidades que en la tierra se ofrecen, para las proveer y **socorrer**[26] como sustentador y bienhechor de las gentes. Quiero que vosotros imitéis este ejemplo como hijos míos, enviados a la tierra solo para la doctrina y beneficio de esos hombres, que viven como bestias. Y desde luego os constituyo y nombro por Reyes y señores de todas las gentes que así doctrináredes con vuestras buenas razones, **obras**[27] y gobierno".

Comentarios reales, Origen de los incas, reyes del Perú, del Inca Garcilaso de la Vega. Reprinted with Permission of D. R. ©1995 Fondo de Cultura Económica, Carretera Picacho-Ajusco 227, C.P. 14738, México, D.F.

9–54. ¿Comprendes? Contesta las siguientes preguntas con base en la lectura anterior.

1. ¿Cómo se describe la vida de la gente en el primer párrafo?
   a. Tenían una civilización avanzada.
   b. Vivían una vida de barbarie.
2. ¿Dónde vivía la gente? ¿Qué comían? ¿Qué ropa llevaban?
3. ¿Qué evento cambió la vida de la gente? Menciona tres cambios específicos.
4. ¿Qué hicieron los hijos del Sol para indicar la fundación de la capital y corte incaica?

---

21. *go deep into*   22. *gentleness*   23. *are*   24. *pasture and sown land*   25. *go around*   26. *assist*   27. *deeds*

5. En el último párrafo, el dios Sol aconseja a sus hijos (los reyes) que deben imitar su estilo de gobernar. ¿Qué tipo de relación recomienda el dios Sol entre los reyes y la gente?

    a. Los hijos del Sol deben ser dictadores crueles y mantener al pueblo en la miseria.

    b. Los hijos del Sol deben ser gobernantes benévolos que ayudan al pueblo a avanzar.

6. ¿Cuáles son tres prácticas del dios Sol que deben imitar sus hijos?

 9–55. ¿Cómo lo dirían hoy? En parejas, vuelvan a escribir las siguientes oraciones con sus propias palabras para que tengan un lenguaje y estilo contemporáneo.

1. Las gentes vivían como fieras y animales brutos, sin religión ni policía. Comían como bestias yerbas del campo y la fruta inculta.
2. Nuestro Padre el Sol, se apiadó y hubo lástima de ellos y envió a la tierra un hijo y una hija de los suyos.
3. Cuando hayáis reducido a esas gentes a nuestro servicio, los mantendréis en razón y justicia, haciendo, en todo, el oficio de padre piadoso para con sus hijos tiernos y amados.
4. Yo les doy mi luz y claridad, les caliento cuando han frío y tengo cuidado de dar una vuelta cada día al mundo por ver las necesidades que en la tierra se ofrecen, para las proveer y socorrer.
5. Os nombro por Reyes y señores de todas las gentes que así adoctrináredes con vuestras buenas razones, obras y gobierno.

 9–56. Ustedes tienen la palabra. En grupos de tres, imaginen la situación del pueblo inca antes de que el dios Sol aconsejara a los primeros reyes. Basándose en la lectura, escriban un diálogo según las siguientes etapas. Al terminarlo, ensáyenlo y represéntenlo ante la clase.

1. El dios Sol está disgustado por la situación en la que viven los humanos y decide enviar a la Tierra a un hijo y una hija suyos.
2. El dios Sol llama a sus hijos y les explica los planes que tiene para ellos.
3. Los hijos están asustados porque son jóvenes y tienen poca experiencia. No saben por dónde empezar su misión en la Tierra.
4. Poco a poco, el dios Sol les explica lo que deben hacer.
5. Los hijos interrumpen varias veces sus explicaciones para pedir más aclaraciones, para protestar o para mostrar su entusiasmo con la misión que el padre les encomienda.
6. Los hijos preguntan qué recompensa tendrán por llevar a cabo una labor tan difícil.
7. Por último, todo está claro y los hijos se despiden del dios Sol antes de partir.

WileyPLUS

Go to *WileyPLUS* to see these **videos,** and to find the **video activities** related to them.

Videoteca

Ollantaytambo: parque nacional en peligro

En este capítulo has estudiado varios aspectos de la cultura inca. Ahora vas a conocer Ollantaytambo, un pueblo ubicado en el Valle Sagrado de los incas, en Perú. Este pueblo, cuya población todavía vive de una manera muy parecida a la que encontraron los españoles, hace más de 500 años, sufre los efectos de la contaminación y el calentamiento global.

El chocolate de Ecuador

En este video vas a aprender sobre la producción de cacao y de chocolate en Ecuador. Conocerás a dos empresarios que están aprovechando el reciente interés mundial en el chocolate fino y aromatizado.

Vocabulario

Ampliar vocabulario

acaparar	*to hoard*
bruto/a	*raw, unrefined*
caja *f*	*soundbox*
complejidad *f*	*complexity*
compromiso *m*	*engagement*
costumbre *f*	*custom*
cronista *m/f*	*chronicler*
cuerda, de *f*	*string*
desmesurado/a	*uncontrolled, boundless*
difusión *f*	*dissemination*
emparejamiento aparcamiento *m*	*matching*
ganado *m*	*cattle*
grabar	*to record*
injusticia *f*	*injustice*
jerarquía *f*	*hierarchy*
llevarse bien	*to get along*
matrimonio de ensayo *m*	*trial marriage*
puro/a	*pure*
rango *m*	*rank, status*
según	*according to*

Vocabulario esencial
Negociar una compra

alta calidad	*high quality*
baja calidad	*low quality*
bajar (el precio)	*to lower (the price)*
barato/a	*cheap*
caro/a	*expensive*
comprar	*to buy*

intercambiar	*to exchange*
pagar	*to pay*
precio *m*	*price*
subir (el precio)	*to raise (the price)*
vender	*to sell*

Hablar de espectáculos

asistir a	*to attend*
concierto *m*	*concert*
disfrutar	*to enjoy*
entradas *f*	*tickets*
escenario *m*	*stage*
espectáculo *m*	*show, performance*
pedir (i) un bis	*to ask for an encore*
percusión *f*	*percussion*
primera fila *f*	*front row*
público *m*	*audience*
teatro *m*	*theatre*
teclado *m*	*keyboard*
telón *m*	*curtain*
tocar	*to play*

Hablar de la organización de eventos

a tiempo	*on time*
calcular	*to estimate*
distribuir (el trabajo)	*to distribute (the work)*
hacer publicidad de	*to publicize*
invitar	*to invite*
reclutar (voluntarios)	*to recruit (volunteers)*
reservar	*to reserve*
voluntario/a	*volunteer*

CAPÍTULO

10

NUESTRA PRESENCIA EN EL MUNDO (PAÍSES DEL CONO SUR)

Objetivos del capítulo

En este capítulo vas a...
- explorar los motivos y las consecuencias del exilio y la emigración.
- expresar acciones en el pasado que afectan el presente.
- hablar de acciones que ocurrieron antes de otra acción del pasado.
- hablar sobre acciones en progreso.
- expresar los pros y los contras de una situación, interrumpir para pedir aclaración, corregir a otras personas.
- responder a un cuestionario.

TEMA

©Gavin Hellier/Robert Harding Picture Library/ Age Fotostock America

Muchas personas de los países del Cono Sur han vivido en el exilio. ¿Qué es el exilio? ¿Qué conexión existe entre los conceptos de exilio y emigración?

La realidad del exilio

Por si acaso

Expresiones útiles para comparar respuestas con otro estudiante

¿Qué tienes/ pusiste en el número 1/ 2/ 3?
Yo tengo/ puse a/ b.
Yo tengo algo diferente.
No sé la respuesta./ No tengo ni idea.
Creo que la respuesta es a/ b, pero no estoy seguro/a.
Creo que es cierto./Creo que es falso.

Capital:	Santiago de Chile
Población:	17,000,000 habitantes
Grupos étnicos:	mestizo 90%, amerindio 6%, blanco 2%, otros 2%
Idiomas:	español
Moneda:	peso
Área:	aproximadamente del tamaño de Virginia Occidental

WileyPLUS

Go to *WileyPLUS* to explore this country further in the *Perfil de Chile* section.

10–1. ¿Qué sabes de Chile? Decide si las siguientes oraciones son ciertas o falsas. Si puedes, corrige las falsas.

1. La cordillera de los Andes atraviesa Chile de norte a sur.
2. El país se llama Chile porque produce muchos pimientos chiles.
3. El gobierno de Chile es una dictadura.
4. Es el país de Sudamérica con menos kilómetros de ancho.
5. Su industria pesquera no es importante.
6. EE. UU. importa vinos de Chile.

Entrando en materia

 10–2. Alternativas. En parejas, hablen sobre qué circunstancias pueden obligar a una persona a dejar a su familia, su trabajo, su universidad, su ciudad o su país. Anoten sus ideas en la siguiente tabla:

> **MODELO**
>
> **Estudiante A: Un joven puede dejar a su familia porque sus padres son muy estrictos.**
> **Estudiante B: Una persona puede mudarse a otro lugar para trabajar.**

1. Razones por las que una persona puede dejar:

	a su familia	su trabajo	sus estudios	su ciudad	su país
Estudiante A					
Estudiante B					

2. Comparen sus anotaciones. ¿Qué tienen en común? ¿Pueden sacar algunas conclusiones generales (razón más frecuente, menos frecuente, etc.)?

10–3. Vocabulario: Antes de leer. Busca estas palabras en la lectura e intenta deducir su significado.

A. Selecciona la palabra sinónima.

1. regresé   **a.** caminar   **b.** repasar   **c.** volver
2. cariño   **a.** cara   **b.** amor   **c.** indiferencia
3. dueño   **a.** vendedor   **b.** propietario   **c.** cliente
4. me equivoqué **a.** cometer un error **b.** equiparse   **c.** tener razón

B. Selecciona la definición correcta.

1. más bien
   a. sinónimo de *mejor*
   b. expresión que introduce una idea más exacta que la idea anterior, *rather* en inglés
2. recuerdos
   a. personas, lugares y momentos del pasado que están en la memoria
   b. grabaciones musicales
3. en este sentido
   a. expresión sinónima de *en este aspecto*
   b. hace referencia a los sentimientos de una persona
4. incluso
   a. expresión que da énfasis a la idea siguiente, sinónima de *también*
   b. primera persona del singular del verbo *incluir*

Testimonio de Francisco Ruiz, un exiliado chileno (1973–1995)

Regresé a Chile en 1995 con una situación económica bastante buena. Sin embargo, en general, muchos chilenos no han tenido la misma suerte. Independientemente de la situación económica, la mayoría de los que hemos regresado sentimos que el país no nos ha recibido con **cariño, más bien** con indiferencia. Nadie nos pregunta: "¿Cómo te fue?", "¿qué necesitas?". No tienen interés en saber nada de los exiliados. Todavía tengo amigos chilenos en Canadá, donde viví mi exilio, y cuando me hablan de regresar a Chile, yo siempre les recuerdo que el Chile de hace veinte años ya no existe, que el Chile de nuestras conversaciones no es el Chile actual.

Antes de regresar, yo pensaba que tenía muchos amigos en Chile. Yo siempre decía que tenía un millón de amigos en Chile, pero cuando regresas te das cuenta de que son muchísimos menos. Afortunadamente, he podido hacer nuevos amigos por medio del café del que soy **dueño.** Muchos de los que regresan vienen al café y siempre tenemos algo de qué hablar.

A veces me siento extrañamente adaptado y casi parece que nunca estuve en el exilio y que nunca hubo dictadura. Pero el otro día fui a ver la película *La casa de los espíritus.* Todo me vino a la memoria otra vez. Lloré durante la mitad de la película pensando en amigos que habían sido víctimas de la dictadura. Ⓜ¹

He tenido la suerte de que mi hijo de trece años y mi hija de catorce se han adaptado al regreso admirablemente. Al segundo día de llegar ya tenían amigos. Otras familias no han tenido tanta suerte. Los hijos de una familia amiga nuestra les decían a sus padres: "en Canadá esto era mejor o aquello era mejor". Pusieron tanta presión en los padres que finalmente tuvieron que regresar a Canadá. El problema de algunas familias es que los padres siempre hablaban de un Chile maravilloso. Los exiliados imaginábamos un Chile perfecto. Siempre recordábamos las cosas buenas de Chile y posiblemente con los años la fantasía adornó muchos de esos **recuerdos.**

Otra cuestión que no estaba clara era la adaptación de mi esposa, que es canadiense. **En este sentido** también tuve suerte. Ella encontró una manera artística de adaptarse a la nueva situación. En colaboración con un comediante muy conocido en Chile, escribió y representó un monólogo cómico sobre cómo era vivir con un exiliado chileno que había vivido en Canadá y regresado a Chile. Mi esposa recorrió todo Chile con el espectáculo e **incluso** lo llevó a Canadá, Nueva York y Washington.

Ahora, la gran pregunta: ¿Por qué volví a Chile? No fue porque no me gustaba la vida en Canadá. Por una razón que no puedo explicar lógicamente, yo tenía la necesidad de traer a mis hijos para que vivieran en Chile y experimentaran la vida aquí. Creo que no **me equivoqué,** creo que tomé una buena decisión. Ⓜ²

Por si acaso

En el Capítulo 1 aprendiste que *La casa de los espíritus* fue escrita por Isabel Allende, cuyo padre era primo de Salvador Allende. La novela cuenta la historia de una poderosa familia chilena de terratenientes desde el siglo XIX hasta el 1973, año en que el gobierno de Salvador Allende fue derrocado por Augusto Pinochet.

¹Ⓜomento de reflexión

Selecciona la opción que resume la idea de los primeros tres párrafos:
- ❏ 1. La situación económica difícil de Francisco.
- ❏ 2. Los muchos amigos que apoyan a Francisco.
- ❏ 3. Su adaptación a Chile después del regreso fue más difícil de lo que esperaba.

²Ⓜomento de reflexión

Selecciona la opción que resume la idea de los últimos tres párrafos:
- ❏ 1. Los malos recuerdos de Canadá.
- ❏ 2. La adaptación de sus hijos y su esposa al regreso.
- ❏ 3. Los buenos recuerdos de Chile en 1973.

Francisco Ruiz, "Testimonio de Francisco Ruiz, un exiliado chileno" (pp. 204–206) from *Flight from Chile: Voices of Exile* by Thomas C. [Clayton] Wright and Rody Oñate, published in 1998 by the University of New Mexico Press. Translated and adapted by permission of the authors.

10–4. ¿Es verdad? Indica si las siguientes oraciones son ciertas o falsas según la información de la lectura.

1. Francisco regresó a Chile porque no se adaptó a la vida en Canadá.
2. Francisco ya no tiene amigos chilenos en Canadá.
3. Los hijos de Francisco no se adaptaron a la vida en Chile.
4. Francisco piensa que los exiliados idealizan Chile.
5. Francisco ya no quiere vivir en Chile.

10–5. Vocabulario: Después de leer. Completa estas oraciones con una de las palabras de la lista.

regresar	cariño	dueño	más bien
recuerdos	en este sentido	incluso	equivocarse

1. Los hijos de Francisco se adaptaron bien a la vida en Chile.
   _____ su esposa canadiense supo adaptarse.
   _____, él está contento.
2. Francisco es el _____ de un café.
3. Francisco _____ a Chile con una buena situación económica.
4. Francisco piensa que los exiliados no fueron recibidos con
   _____ en Chile, _____ fueron recibidos
   con indiferencia.
5. Algunas situaciones le traen a Francisco _____ del pasado.
6. Francisco piensa que tomó la decisión correcta y que no
   _____ cuando decidió regresar a Chile.

10–6. ¿Comprendieron? Respondan a las siguientes preguntas y comparen sus respuestas.

1. ¿Qué critica Francisco del Chile actual?
2. Francisco tuvo una experiencia recientemente que le recordó el exilio. ¿Cuál fue esa experiencia?
3. ¿Cómo ha reaccionado su familia al regresar a Chile?
4. ¿Cómo han reaccionado otras familias?
5. ¿Por qué regresó Francisco a Chile?
6. ¿Cómo se siente Francisco sobre su decisión de volver?

10–7. En su opinión. En parejas, compartan sus opiniones sobre los siguientes puntos.

1. Muchos exiliados idealizan el país que dejaron. ¿Han idealizado ustedes a alguna persona o lugar en alguna ocasión? Explíquenle la situación a su compañero/a.
2. ¿Qué opinan de la decisión de Francisco de regresar a Chile? ¿Qué creen que habrían hecho ustedes de encontrarse en su situación? ¿Por qué?
3. ¿Creen que es buena idea regresar a su país de origen después de más de diez años de exilio?
4. ¿Han sentido alguna vez que "no pertenecían" a un lugar, a un grupo o a un país? Expliquen sus respuestas.

The Present Perfect

In *Capítulo 6, Tema 2,* you studied the present perfect. Remember that this tense is used when the speaker perceives a past action as having some bearing on the present time. Certain temporal references such as **hoy, esta mañana, hace una hora, este mes, este año** or **este siglo** usually accompany the present perfect. The present perfect consists of two parts: **haber** in the present tense + past participle of another verb.

> **Este año**, la presidenta de Chile **ha viajado** mucho por todo el país.
> *This year, Chile's president **has traveled** a lot all over the country.*

The Past Perfect (or Pluperfect)

The formation of the past perfect requires the use of the auxiliary verb (**haber**) in the imperfect tense plus the past participle of a verb.

Imperfect tense (**haber**) + past participle

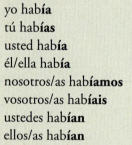

yo hab**ía**
tú hab**ías**
usted hab**ía**
él/ella hab**ía**
nosotros/as hab**íamos**
vosotros/as hab**íais**
ustedes hab**ían**
ellos/as hab**ían**

-ar → habl**ado**   -er → com**ido**   -ir → beb**ido**

As is in the present perfect, no word can come between the auxiliary verb and the past participle, therefore in negative sentences **no** is always placed before the auxiliary verb.

> Mi compañera me dijo que **no** había estudiado mucho para el examen de español.
> *My classmate told me that she had **not** studied much for the Spanish exam.*

> El profesor nos aseguró que **no** nos había dado un examen muy difícil.
> *The professor assured us that he had **not** given us a hard test.*

The past perfect is used in Spanish as much as it is used in English. Also, in both languages, the preterit may be used sometimes instead of the past perfect. The past perfect conveys a past action that occurred before another past action.

> Ya **habíamos estudiado** para el examen de español cuando empezó nuestro programa de televisión favorito.
> *We **had already studied** for the Spanish test when our favorite TV show began.*

> Francisco Ruíz **había vivido** en los Estados Unidos antes de su regreso a Chile.
> *Francisco Ruíz **had lived** in the United States before his return to Chile.*

A very common use of the past perfect can be found in indirect speech, that is, when the sentence reports on what someone else said or thought. The following sentence, "No estoy contento porque ustedes no **han estudiado** mucho para el examen." (*I'm not happy because you **have not studied** much for the test.*). When reported by someone becomes:

> El profesor dijo que no estaba contento porque **no habíamos estudiado** mucho para el examen.
> (*The professor said that he was not happy because we **had not studied** much for the test.*)

Notice how the verb in the second part of this sentence uses the past perfect.

WileyPLUS Go to *WileyPLUS* to review this grammar point with the help of the **Animated Grammar Tutorial** and **Verb Conjugator**. See also textbook Appendices with Grammar References and verb tables. For more practice, go to the **Activities Manual**.

10–8. Identificación. Identifica los verbos en presente perfecto y en pasado perfecto.

Noticias de Chile

> DESDE EL AÑO 2000, CHILE HA APOYADO DIVERSAS INICIATIVAS LOCALES DE ECOTURISMO.

> Se ha creado un programa intercultural de salud en el que se combinará la medicina convencional con conceptos mapuches sobre la salud.

> El gobierno anunció que los acuerdos económicos con Chile habían estimulado la economía.

> Antes del restablecimiento de la democracia, los derechos humanos no habían recibido mucha atención del gobierno. Hoy en día Chile trabaja diligentemente en la protección de los derechos humanos.

> Chile ha optado por una política exterior de inserción en el mundo con la exportación, como clave de desarrollo.

10–9. ¿Qué dijo la presidenta? Tú eres periodista y estás preparando un informe sobre lo que dijo la presidenta durante la rueda de prensa. Usa tus notas para preparar el informe en el tiempo verbal adecuado. Compara tu informe con un/a compañero/a.

MODELO

Hoy los chilenos han confirmado su apoyo a la democracia. La presidenta dijo que los chilenos habían confirmado su apoyo a la democracia.

1. *Juntos hemos construido un Chile mejor.*
2. *El gobierno ha formado un comité para integrar más efectivamente las diversas culturas del país.*
3. *Se han construido más escuelas en las áreas rurales.*
4. *Se ha mejorado el acceso de las escuelas a la tecnología.*
5. *El sector del turismo ha crecido.*

10–10. El profesor pide explicaciones. Tú has hecho un trabajo en equipo y les estás escribiendo a tus compañeros para comunicarles que el profesor te ha contactado para saber cómo han hecho el trabajo. Completa el mensaje usando el pasado perfecto.

Hola a todos:

Ayer recibí un *e-mail* del profesor García en el que me pedía explicaciones sobre nuestro proyecto para su clase. El profesor quería saber si todos nosotros (1. trabajar) el mismo número de horas y yo le dije que sí. También me pidió detalles (*details*) sobre quién (2. redactar) la introducción del proyecto, y le respondí que todos la (3. escribir). Me pidió las notas que yo (4. tomar) durante nuestras reuniones. Le dije que otro compañero (5. escribir) las notas. También le comenté que dos de los compañeros (6. organizar) la bibliografía.

Creo que la información que le di es correcta, ¿verdad?

Saludos, Pablo

10–11. Chile, 1973. Un exiliado chileno está recordando el momento en que, siendo él niño, ocurrieron hechos que obligaron a su familia a abandonar el país. En parejas, completen cada oración con el verbo en el pasado perfecto según se indica. Comparen sus oraciones con las de un/a compañero/a.

> **MODELO**
> Cuando los golpistas asaltaron el Palacio de la Moneda, yo no/cumplir aún ocho años.
> Cuando los golpistas asaltaron el Palacio de la Moneda, yo no había cumplido aún ocho años.

1. Mi hermano Luis / casarse el mes anterior al golpe de Estado.
2. Unos días antes del golpe, papá / recibir la confirmación de su nuevo cargo.
3. Mis tíos / venir a felicitar a papá y hubo una gran fiesta en la casa.
4. Cuando supimos que Allende había muerto, todos nos dimos cuenta de que / comenzar momentos difíciles para nuestra familia.
5. Cuando papá llamó a Luis para darle la noticia, él ya / salir para Santiago.

Vocabulario esencial

Hablar de situaciones pasadas

aprender a	to learn how to
casarse	to get married
comprar	to buy
conocer	to meet
ganar (una competición)	to win (a competition)
jubilarse	to retire
nacer	to be born
terminar	to finish
todavía	yet
ya	already

 10–12. ¿Y ustedes? Aquí tienen varias fechas clave en la historia. ¿Qué habían hecho ustedes ya para esas fechas? ¿Qué no habían hecho? En parejas, relacionen cada fecha con momentos de su vida o la vida de su familia. ¿Son parecidas o diferentes sus respuestas?

> **MODELO**
> 1982: salió a la venta *Thriller* de Michael Jackson
> Cuando salió a la venta *Thriller* de Michael Jackson, yo no había escuchado ninguno de sus discos anteriores.

Momentos históricos

1. 1969: El Apollo 11 llegó a la luna.
2. 1989: Cayó (*fell*) el Muro de Berlín.
3. 2004: Se fundó Facebook.
4. 2007: Salió a la venta el iPhone.
5. 2009: Se estrenó la película *Avatar*.

Vocabulario para conversar

Hablar de los pros y los contras de una situación

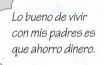

Lo bueno de vivir con mis padres es que ahorro dinero.

Lo malo es que no tengo mucha privacidad.

There are many instances when we are faced with decisions that might have positive and negative repercussions. Here are some expressions that you might find helpful.

Esta opción es/no es buena porque...	*This option is/is not good because . . .*
Esta opción es/no es válida porque...	*This option is/is not valid because . . .*
Esta opción tiene sentido/no tiene sentido porque...	*This option makes/doesn't make sense because . . .*
Lo bueno (de + inf) es/será/sería que...	*The good thing (about + gerund) is/will be/would be that . . .*
Lo malo (de + inf) es/será/sería que...	*The bad thing (about + gerund) is/will be/would be that . . .*
Lo negativo (de + inf) es/será/sería que...	*The negative thing (about + gerund) is/will be/would be that . . .*
Lo positivo (de + inf) es/será/sería que...	*The positive thing (about + gerund) is/will be/would be that . . .*
Por un lado... pero por el otro...	*On the one hand . . . but on the other . . .*

10–13. Palabras en acción. Escojan una de las situaciones que aparecen en la lista y piensen en tres pros y tres contras. Luego, utilizando el modelo y las expresiones, creen sus propias oraciones.

>
> **Trabajar o estudiar**
> **Lo bueno de trabajar es que ganaría dinero pero lo malo (de trabajar) es que tendría un horario fijo.**
> **Por un lado estudiar es positivo para mi futuro pero por el otro es negativo para mis finanzas.**

- Vivir en un apartamento o en una residencia universitaria
- Cocinar todos los días o comer afuera
- Casarse antes de los 25 años o casarse después de los 35
- Usar el transporte público o manejar un carro

 10–14. Hablemos del tema. Ustedes son dos exiliados chilenos que viven en Estados Unidos. Un amigo suyo, Sebastián, está planeando regresar a Chile. Hablen de los pros y los contras de la decisión de Sebastián. Ustedes tienen esta información sobre la situación de Sebastián:

Sebastián es profesor de español.

Su esposa es estadounidense y no habla español.

Su esposa trabaja en un banco y gana más que Sebastián.

Ninguno de sus tres hijos habla español. Los hijos tienen seis, quince y diecisiete años.

La familia tiene 150,000 dólares en ahorros.

Estudiante A: Tú estás a favor del regreso. Tú inicias la conversación.

Estudiante B: Tú estás en contra del regreso.

Por si acaso

Iniciar y mantener una discusión

Usa estas expresiones para iniciar y mantener una discusión sobre cualquier tema.

¿(No) Crees que...?	Do (Don't) you believe that . . . ?
¿Cuál es tu reacción ante...?	What is your reaction to . . . ?
Mira/e...	Look . . .
¿Está bien?	OK?
¿Verdad?	Really?

Expresar acuerdo enfáticamente

Eso es absolutamente / totalmente cierto.	That is totally true.
Tiene(s) / Le / Te doy / toda la razón.	You are absolutely right.
Creo / Me parece que es una idea buenísima.	I think that it is a great idea.
Por supuesto que sí.	Absolutely.

Expresar desacuerdo enfáticamente

No tiene(s) ninguna razón.	You are absolutely wrong.
Creo / Me parece que es una malísima idea.	I think it is a terrible idea.
Lo que dice(s) no tiene ningún sentido.	You are not making any sense.

CURIOSIDADES

Trabalenguas

Los trabalenguas son juegos lingüísticos en los que un sonido aparece repetidamente en la frase. Otra característica de los trabalenguas es que las frases no siempre tienen sentido. La palabra **trabalenguas** está compuesta de **trabar,** "obstaculizar", y **lengua,** "órgano que está en el interior de la boca".

 10–15. Trabalenguas. Practiquen estos trabalenguas en parejas. ¡A ver quién consigue decirlos rápidamente y sin equivocarse!

1. Compré pocas copas, pocas copas compré y como compré pocas copas, pocas copas pagué.

2. R con r cigarro
   r con r barril.
   Rápido ruedan los carros
   cargados de azúcar
   al ferrocarril.

3. Tres tristes tigres trigaban trigo en un trigal.

4. Me han dicho
   que has dicho un dicho,
   un dicho que he dicho yo,
   ese dicho que te han dicho
   que yo he dicho, no lo he dicho;
   y si yo lo hubiera dicho,
   estaría muy bien dicho
   por haberlo dicho yo.

La inmigración forja una cultura

Capital:	Buenos Aires
Población:	42,000,000 habitantes
Grupos étnicos:	blanco 97%; mestizo, amerindio y otros 3%
Idiomas:	español
Moneda:	peso
Área:	aproximadamente una tercera parte del tamaño de EE. UU.

Buena Vista Images/Stone/Getty Images

WileyPLUS
Go to *WileyPLUS* to explore this country further in the *Perfil de Argentina* section.

Por si acaso

Expresiones útiles para comparar respuestas con otro estudiante

¿Qué tienes/ pusiste en el número 1/ 2/ 3?
Yo tengo/ puse a/ b.
Yo tengo algo diferente.
No sé la respuesta./ No tengo ni idea.
Creo que la respuesta es a/ b, pero no estoy seguro/a.
Creo que es cierto./Creo que es falso.

10–16. ¿Qué sabes de Argentina? Indica si estas oraciones son ciertas o falsas. Si puedes, corrige las falsas.

1. La carne argentina es famosa mundialmente.
2. El territorio argentino tiene el área habitada más cercana al Polo Sur.
3. El *gaucho* es el vaquero (*cowboy*) argentino.
4. Eva Perón fue una líder en la vida política argentina.
5. El origen del tango es uruguayo.

A escuchar

Entrando en materia

10–17. Baile y música. Mira la lista de los distintos tipos de música e indica con qué grupo de personas asocias cada uno. Después, responde a estas preguntas: ¿Cuál prefieres bailar? ¿Cuál prefieres escuchar? ¿Cuál quieres aprender a bailar? ¿Cuál te parece más difícil bailar?

> **MODELO**
>
> **flamenco: lo asocio con la gente del sur de España**

1. *rock*
2. tango
3. vals (*waltz*)
4. salsa
5. *hip-hop*

10–18. Vocabulario: Antes de escuchar. Por el contexto de las oraciones, deduce el significado de las palabras en negrita. Luego, en las listas que les siguen, indica qué idea de la columna de la derecha le corresponde a cada palabra de la izquierda.

1. En 1810, Argentina estaba **escasamente** habitada.
2. El bajo número de personas era un obstáculo para el progreso de Argentina, **es decir** que el progreso de Argentina dependía de aumentar la población.
3. En algunos territorios no vivía nadie; estos territorios estaban **deshabitados**.
4. Argentina debía **poblar** los territorios deshabitados.
5. Los inmigrantes preferían vivir en la ciudad **en lugar de** vivir en el campo.
6. La palabra **híbrida** es antónima de *pura*.
7. En español es incorrecto decir "eres no bajo"; el verbo y la negación deben estar en orden **inverso**, "no eres bajo".

1. escasamente
2. es decir
3. deshabitados
4. poblar
5. en lugar de
6. híbrida
7. inverso

a. implica la idea de "sustituir"
b. sin gente
c. opuesto de abundantemente
d. combinación de elementos
e. opuesto
f. en otras palabras
g. habitar

MINICONFERENCIA | ### Lunfardo y tango: Dos creaciones de los inmigrantes

Ahora su instructor/a va a presentar una miniconferencia.

 10–19. ¿Comprendieron? Contesten las siguientes preguntas según la información que escucharon. Después comparen las respuestas con sus compañeros.

1. ¿Qué problema quería resolver el gobierno con la inmigración? ¿Crees que resolvió ese problema?
2. ¿De qué nacionalidad era la mayoría de los inmigrantes?
3. ¿A qué área geográfica se refiere la cultura porteña? ¿Recuerdas por qué?
4. ¿Qué es el lunfardo?
5. ¿Qué conexión ves entre la inmigración, el lunfardo y el tango?
6. El tango fue rechazado en su país de origen y popularizado en el extranjero. En tu cultura, ¿existe o ha existido una situación semejante? Explica.

10–20. Vocabulario: Después de escuchar. Completen las siguientes oraciones con una de las siguientes palabras.

es decir   escasamente   deshabitados   poblar   inverso   en lugar (de)   híbrida

1. Había muchas nacionalidades entre los inmigrantes; la población de Buenos Aires era una población _____.
2. Los territorios _____ no eran atractivos para muchos inmigrantes.
3. Los argentinos del siglo XIX preferían bailar el vals _____ tango.
4. El gobierno necesitaba _____ las áreas rurales.
5. El lunfardo y el tango no tenían prestigio en siglo XIX, _____, que la clase social alta los consideraba de mal gusto.
6. Las áreas rurales de Argentina estaban _____ pobladas.
7. La palabra "cabeza" en lunfardo presenta las sílabas en orden _____.

10–21. Resumir. Escribe un párrafo de 75-100 palabras con un resumen de las ideas presentadas en la miniconferencia.

10–22. Hablemos del tema. Ustedes están planeando una fiesta latina pero no pueden llegar a un acuerdo sobre qué tipo de música poner. En parejas representen esta situación.

Estudiante A: Tú eres un entusiasta del tango y solo quieres poner este tipo de música en la fiesta. Este semestre has tomado clases de tango y has aprendido a bailarlo bastante bien. Para convencer a tu compañero/a, justifica por qué se debe tocar solo tango en la fiesta. Intenta llegar a un acuerdo.

Estudiante B: Tu compañero/a insiste que solo deben poner tangos en la fiesta. A ti no te gusta el tango porque te parece aburrido y además no lo sabes bailar. A ti y a tus amigos les gusta más escuchar y bailar salsa, merengue y *reggaeton*. Para convencer a tu compañero/a, justifica por qué crees que debe haber una variedad musical en la fiesta. Intenta llegar a un acuerdo.

Por si acaso

Persuadir y convencer

Te/Le propongo este plan...
I propose this plan . . .
Yo te/le doy... y a cambio
    tú/usted me da/s...
*I give you . . . and in exchange
    you give me . . .*
Te/Le prometo que...
I promise you that . . .

Gramática

Prepositional Pronouns

In *Capítulo 6, Tema 3* you studied the prepositions and the uses of **por, para, de, a** and **en**. When these or any other preposition (**ante, bajo, con, contra, sin, sobre** and others) are followed by a pronoun, you need to use the following set of pronouns:

mí	**nosotros/as**
ti	**vosotros/as**
él, ella, usted	**ellos, ellas, ustedes**

These are called prepositional pronouns because they follow a preposition.

Note that only the first-person singular and the informal second-person singular have special forms.

Para mí, la mejor música del mundo es el tango.
In my opinion, the best music in the world is the tango.

Cuando pienso **en ti**, me acuerdo de aquellos tiempos felices.
When I think about you, I remember those happy times.

The rest of the prepositional pronouns are the same as the subject pronouns you are already familiar with (**usted, él/ella, nosotros/as, vosotros/as, ustedes, ellos/as**).

Si quieren ver una ciudad cosmopolita, Buenos Aires es **para ustedes**.
If you want to see a cosmopolitan city, Buenas Aires is for you.

Es difícil despedirnos **de ellos**; son nuestros mejores amigos.
It's hard to say goodbye to them; they're our best friends.

The preposition **con** (*with*) followed by **mí** or **ti** becomes **conmigo** and **contigo** respectively.

¿Quieres viajar **conmigo** a Buenos Aires?   *Do you want to travel to Buenos Aires with me?*
Quiero viajar **contigo** a Buenos Aires.   *I want to travel to Buenos Aires with you.*

After the prepositions **entre** (*between*) and **según** (*according to*), all pronouns are the same as the subject pronouns, including first- and second-person singular.

No quiero problemas **entre tú** y **yo**.   *I don't want any problems between you and me.*
Según tú, es fácil aprender a bailar tango.   *According to you, it's easy to learn to dance the tango.*

Prepositional Verbs

1. Some verbs are followed by a different preposition in Spanish and in English:

consistir en	*to consist of*	**despedirse de**	*to say goodbye to*
pensar en	*to think about*	**enamorarse de**	*to fall in love with*
pensar de	*to have an opinion about*	**felicitar por**	*to congratulate on*
depender de	*to depend on*	**llegar a**	*to arrive in/at*

2. Some verbs are followed by a preposition in Spanish but not in English:

acordarse de	*to remember*	**empezar a**	*to begin (to do something)*
aprender a	*to learn how (to do something)*	**casarse con**	*to marry (someone)*
asistir a	*to attend (a place)*	**salir de**	*to leave (a place)*

3. Some verbs are followed by a preposition in English but not in Spanish:

buscar	*to look for*	**esperar**	*to wait for, to hope for*	**pedir**	*to ask for*

WileyPLUS Go to *WileyPLUS* to review this grammar point with the help of the **Animated Grammar Tutorial** and **Verb Conjugator**. See also textbook Appendices with Grammar References and verb tables. For more practice, go to the **Activities Manual**.

10–23. Identificación. Lee el párrafo e identifica a) los pronombres preposicionales y b) los verbos preposicionales.

Cuando pienso en mi juventud en Buenos Aires, me acuerdo de la música del tango. Para mí, el tango representa la esencia de Argentina. Los historiadores buscan los orígenes del tango entre los inmigrantes que llegaron a Buenos Aires de Europa en el siglo XIX. Según ellos, los inmigrantes empezaron a componer tangos para expresar la nostalgia que sentían por su país de origen. ¿Quieres aprender a bailar tango conmigo?

10–24. Compañeros de viaje. A este diálogo le faltan algunos pronombres. ¿Sabes cuáles son?

PEDRO: ¿Tienes planes para las vacaciones de verano?

MARTA: Sí, voy a ir a Buenos Aires, pero no me gusta viajar sola. Quiero que alguien viaje _____.

PEDRO: Pues a _____ me gustaría viajar _____. Si quieres viajamos juntos.

MARTA: Me parece buena idea.

PEDRO: Pero tengo una proposición para _____. Juan y Cecilia también quieren viajar a Buenos Aires y es posible que quieran venir con _____, ¿qué piensas?

MARTA: Prefiero viajar sin _____ porque creo que combinar las preferencias de cuatro personas será difícil.

10–25. La vida de un tenista profesional. El tenista argentino, Juan Martín del Potro, le habla a un reportero de su vida como tenista profesional. Escribe las preposiciones apropiadas en los espacios en blanco.

Mi vida como profesional del tenis consiste _____ (1.) mucho trabajo y sacrificios contínuos. No hay un día de la semana que no me levante después de las 7:00 a. m. Todos los días del año, para las 8:00 a. m. ya he salido _____ (2.) mi casa para entrenar. Llego _____ (3.) las canchas de tenis a eso de las 8:30 a. m. y empiezo _____ (4.) entrenar a las 9:00 a. m. Descanso un par de horas al mediodía y luego, por la tarde, tengo que continuar entrenando en el gimnasio por dos horas o más. Mi vida es dura pero me he acostumbrado _____ (5.) trabajar así para poder triunfar como tenista. Debo reconocer que a veces paso por momentos de flaqueza, pero cuando esto ocurre, solo tengo que pensar _____ (6.) los aficionados que se acuerdan _____ (7.) mí, que asisten fielmente _____ (8.) todos mis torneos y que me felicitan _____ (9.) mis éxitos.

 10–26. ¿Y ustedes? En parejas, elijan uno de los siguientes temas para entrevistar a su compañero/a. Después, la otra persona debe elegir un tema diferente. Consulten los verbos preposicionales de la sección *Gramática* para usar vocabulario apropiado.

1. Las características de su pareja ideal.
2. La persona más inolvidable que han conocido.
3. Las cosas que les gustaría aprender si tuvieran todo el tiempo necesario.
4. En qué consiste el secreto de la felicidad.
5. De qué depende el éxito de un estudiante.

 10–27. La experiencia de los inmigrantes. Piensen en un grupo de inmigrantes en EE. UU. Usen el *Vocabulario esencial* para responder a estas preguntas:

1. ¿Qué grupo de inmigrantes han elegido? ¿Qué características tiene este grupo?
2. ¿Qué retos ha tenido o tiene este grupo para adaptarse a la cultura estadounidense?
3. ¿Cómo ha superado (o no ha superado) este grupo los retos que ha tenido?

Vocabulario esencial

Hablar de la inmigración

acordarse (ue) de	*to remember*
acostumbrarse a	*to get used to*
alegrarse de	*to be happy about*
aprender a	*to learn to do something*
aspirar a	*to aspire to*
buscar	*to look for*
decidirse a	*to make up one's mind to*
dedicarse a	*to devote one's self to*
despedirse (i) de	*to say goodbye to*
esperar	*to hope for*
llegar a	*to arrive at/in*
olvidarse de	*to forget*
pensar (ie) en	*to think about*

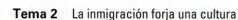

Interrumpir para pedir una aclaración

Perdón, ¿podría repetir lo que acaba de decir?

Por supuesto. Dije que Argentina es el segundo país más grande de Suramérica.

In *Capítulo 1, Tema 2* you learned some expressions used to ask for clarifications while interacting with other speakers. In this section, you will find some additional expressions to stop a conversation if clarification is needed.

The following phrases are useful in asking for further clarification:

¿Puede(s)/Podría(s) repetir (eso)?	*Could you repeat (that), please?*
¿Puede(s)/Podría(s) repetir la pregunta?	*Could you repeat the question?*
¿Puede(s)/Podría(s) repetir lo que dijo/lo que dijiste?	*Could you repeat what you said, please?*
¿Puede(s)/Podría(s) ser más claro/a?	*Could you please make it a bit more clear?*
¿Cómo?	*How come? / What?*
¿De qué está(s) hablando?	*What are you talking about?*
¿Me puede(s)/podría(s) dar un ejemplo?	*Could you please give me an example?*
¿Qué dijo/dijiste?	*What did you say?*
Disculpe/a pero no entiendo.	*I am sorry but I don't understand.*
No le/te entendí.	*I didn't understand you.*
No me quedó claro lo que dijiste/dijo.	*What you said is not clear to me.*
Perdón, ¿puede(s)/podría(s) repetir lo que acaba de decir?	*Excuse me, could you repeat what you just said?*

10–28. Palabras en acción. Relaciona las expresiones de la columna izquierda con las de la columna derecha.

1. El verbo *to be* significa "ser" o "estar".
2. La cooperación internacional es un mecanismo mediante el cual los países se benefician mutuamente.
3. Lamento informarle que está despedido.
4. Las palabras agudas que terminan en *n*, *s* o *vocal* llevan tilde. Ej: canción.
5. ¿Es verdad que los miembros de Mercosur son Argentina, Brasil, Uruguay y Paraguay?

a. Disculpe pero no tengo claro ese concepto gramatical.
b. Perdón, ¿podría repetir la pregunta?
c. Podría darme otro ejemplo, por favor.
d. ¿Cómo? ¿De qué habla?
e. Perdón, ¿qué dijo sobre la cooperación internacional?

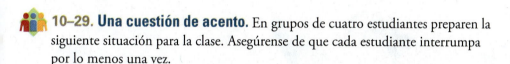

10–29. Una cuestión de acento. En grupos de cuatro estudiantes preparen la siguiente situación para la clase. Asegúrense de que cada estudiante interrumpa por lo menos una vez.

Estudiante A: Tú eres un/a instructor/a de español que acaba de llegar de Madrid. Tus estudiantes nunca habían tenido un profesor de España y a ellos les resulta difícil comprender tu acento. Por eso te interrumpen para pedir aclaraciones. Haz lo siguiente:

- Infórmales de la fecha, el lugar y la hora del examen final.
- Menciona los temas y/o capítulos que deben estudiar.
- Explícales una regla gramatical.

Estudiantes B, C, D: Ustedes están en su clase de español pero no entienden muy bien el acento de su instructor/a. Interrúmpanlo/a para pedirle aclaraciones.

10–30. Escuchemos un tango. Tu instructor/a te dará instrucciones sobre dónde encontrar la letra de la canción "Volver". Lee la letra, escucha la canción y responde a las siguientes preguntas.

1. Explica el título "Volver".
2. Selecciona cinco palabras o expresiones de la canción que asocies con los sentimientos.
3. ¿Cómo crees que se sentía la persona que escribió esta canción? ¿Por qué?

Por si acaso

Carlos Gardel

Carlos Gardel fue un popular cantante de tango cuya música todavía tiene popularidad en el presente. Se le considera el padre del tango y sus melodías se identifican con la época dorada del tango. Uruguayos y argentinos han mantenido cierta controversia sobre el lugar de nacimiento de esta figura mítica del tango. Datos fidedignos obtenidos de su partida de nacimiento han revelado que Gardel no nació ni en Uruguay ni en Argentina, sino en la ciudad de Toulouse, Francia, en diciembre de 1890.

La emigración de las nuevas generaciones

TEMA 3

©Michele Molinari/DanitaDelimont.com

Capital:	Montevideo
Población:	3,477,778 habitantes
Grupos étnicos:	blanco 88%, mestizo 8%, africano 4%
Idiomas:	español
Moneda:	peso
Área:	un poco más pequeño que el estado de Washington

WileyPLUS

Go to *WileyPLus* to explore this country further in the *Perfil de Uruguay* section.

10–31. ¿Qué sabes de Uruguay? Mira el mapa y la información sobre Uruguay y decide si estas oraciones son ciertas o falsas. Si puedes, corrige las falsas.

1. El nombre de la moneda uruguaya es diferente del nombre de la moneda mexicana.
2. La mayoría de los habitantes de este país son de descendencia europea.
3. En Uruguay se hablan muchas lenguas indígenas.
4. Montevideo, la capital, está en la costa del océano Atlántico.
5. Este país tiene un régimen de gobierno democrático.

Por si acaso

Expresiones útiles para comparar respuestas con otro estudiante

¿Qué tienes/ pusiste en el número 1/ 2/ 3?
Yo tengo/ puse a/ b.
Yo tengo algo diferente.
No sé la respuesta./ No tengo ni idea.
Creo que la respuesta es a/ b, pero no estoy seguro/a.
Creo que es cierto./Creo que es falso.

Entrando en materia

10–32. Anticipación. Dale una mirada rápida al texto a continuación. Lee el título, el subtítulo y mira la foto que lo acompaña.

1. ¿Qué tipo de texto es?
   a. Un anuncio publicitario
   b. Una narración de un viaje
   c. Un artículo informativo
2. ¿Qué tema trata el texto?
   a. La emigración de la gente joven de Uruguay a otros países
   b. La inmigración a Uruguay de jóvenes de otros países
   c. Los tipos de trabajos y estudios más populares entre los jóvenes uruguayos

10–33. Atención a los cognados. Identificar los cognados de esta lectura te ayudará a comprenderla mejor. Escribe la palabra equivalente en inglés para cada cognado de la lista y después lee en voz alta las palabras en español prestando atención a su pronunciación.

afectados	adolescencia	abandonar	revelaron
crisis	social	laborales	prevalente
económica	interés	académicos	estrato

10–34. Vocabulario: Antes de leer. Busca las siguientes palabras en la lectura. Intenta deducir su significado basándote en el contexto y selecciona la opción **a** o **b**.

1. **me marcho**
   "Papá, me marcho al extranjero".
   a. sinónimo de "me voy"   b. el mes de marzo
2. **dejando atrás**
   Los jóvenes uruguayos están dejando atrás a su familia y amigos.
   a. sinónimo de "abandonando"   b. sinónimo de "viajando"
3. **atraviesa**
   La economía mundial atraviesa una crisis.
   a. no tiene   b. pasa por
4. **encuesta**
   El Ministerio de Desarrollo Social hizo una encuesta sobre la emigración de jóvenes uruguayos.
   a. investigación   b. elección
5. **ingresos**
   Las familias de los jóvenes que deciden emigrar tienen ingresos más altos.
   a. trabajo   b. salarios
6. **varones**
   Los varones tienen más tendencia a emigrar que las mujeres.
   a. hombres   b. jóvenes

Los jóvenes uruguayos se van del país

Trabajo, estudio y un mejor futuro son los motivos del éxodo.

"Papá, **me marcho** al extranjero", es una frase que están oyendo muchos padres uruguayos de la clase media en los últimos años. Y es que la gente joven se está marchando del país, **dejando atrás** su hogar, su familia y amigos, como lo están haciendo tantos otros jóvenes de países hispánicos afectados por la crisis económica por la que **atraviesa** el mundo.

Según la **Encuesta** Nacional de Adolescencia y Juventud del Ministerio de Desarrollo Social llevada a cabo en 2008, un 25% de los jóvenes uruguayos de entre 20 a 24 años de edad tiene intenciones de emigrar a otro país. Estos resultados contrastan con una encuesta que se hizo en 1990, en la cual un 12% menos de los jóvenes encuestados indicaron la intención de emigrar.

En los últimos diez años, el destino del 70% de los uruguayos emigrantes ha sido Estados Unidos y España. Otros países a los que también han emigrado, aunque en menor medida, han sido Argentina y Brasil. Ⓜ¹

©ranplett/iStockphoto

¹Ⓜomento de reflexión
¿Cierto o falso?
_____ En 2008, el número de jóvenes uruguayos que planeaban emigrar a otro país era mayor que en 1990.

El acentuado interés en abandonar el país, la familia y los amigos está condicionado por varios factores. Entre ellos están el género (sexo), el nivel de educación, el lugar de origen y el nivel de **ingresos** de las familias de estos jóvenes.

La intención de emigrar a otro país es más prevalente entre los jóvenes **varones** que entre las mujeres. Además, los jóvenes que han hecho estudios universitarios están más dispuestos a emigrar que los que no han terminado los estudios. La tendencia a la emigración es mayor entre los jóvenes que residen en Montevideo, la capital, que en el interior del país. Un factor adicional es socioeconómico: los que pertenecen al estrato socioeconómico más alto tienen más inclinación a emigrar. De hecho, cuanto mejor es la situación económica de los jóvenes, mayor es la tendencia migratoria.

La encuesta también preguntó cuáles son las razones que llevan a una persona a tomar la decisión de emigrar. Los resultados revelaron que la motivación principal es la laboral o económica (40% de los encuestados), mientras que solo un 16% respondió que su deseo era salir del país para continuar estudios en el extranjero. Ⓜ²

²Ⓜomento de reflexión
¿Cuál de estas personas estaría más inclinada a emigrar?
❑ 1. un chico de Montevideo
❑ 2. una chica de una ciudad en el interior

En el Uruguay de hoy, la búsqueda de un mejor futuro se asocia con la emigración a otro país. Los jóvenes uruguayos consideran que el exterior les va a facilitar la realización de oportunidades.

10–35. ¿Comprendes? Responde a estas preguntas según la información de la lectura.

1. ¿Qué fenómeno mundial ha estimulado la emigración de los jóvenes hispanos a otros países?
2. ¿Qué factores han condicionado el aumento de la emigración juvenil en Uruguay?
3. ¿Qué diferencia hay entre los resultados de la encuesta de 1990 y la encuesta más reciente?
4. ¿Qué porcentaje de jóvenes emigra para trabajar y para estudiar respectivamente?
5. ¿Cuáles son los destinos más frecuentes de los emigrantes uruguayos?

10–36. Vocabulario: Después de leer. Completa estas oraciones con información personal usando el vocabulario de la lista.

marcharse   dejar atrás   atravesar   ingresos   varones

1. Cuando me gradúe tendré que mantener a mi familia y encontrar un trabajo con altos _____.
2. Mis padres se pusieron muy tristes el primer año que yo _____ a la universidad.
3. Cuando me marché de casa de mis padres, _____ a todos los amigos de la escuela secundaria.
4. Durante los primeros meses en la universidad, es natural _____ un período de adaptación.
5. En mi clase de español hay muchas chicas y pocos _____.

 10–37. Hablemos del tema. En los Estados Unidos, la emigración al extranjero es menos frecuente que en otros países, sin embargo la migración interna, de un estado a otro, es significativamente mayor. La tabla siguiente contiene datos estadísticos sobre los motivos por los que los estadounidenses deciden mudarse. Interpreten la información de la tabla usando oraciones completas y presenten su interpretación a la clase.

Estados Unidos-Migración entre Estados

Motivos del traslado	Años 2003–2006	Años 2007–2011
Para trabajar	34.3%	35.6%
Para estudiar	6.1%	4.4%
Para jubilarse	1.2%	1.3%
Para encontrar vivienda más barata	2.1%	2.7%
Para vivir en un lugar con mejor clima	2.4%	2.7%

Source: From Internal Migration in the United States Raven Molloy, Christopher L. Smith, and Abigail Wozniak, 2011.

Gramática

Progressive Tenses

Formation

The progressive tense is formed with the verb **estar** plus the gerund of a verb. In English, the gerund ends in *-ing* (*talking, walking*). In Spanish, the gerund ends in **-ando** for **-ar** verbs and **-iendo** for **-er** and **-ir** verbs.

aceptar ➜ acept**ando**   mantener ➜ maten**iendo**   residir ➜ resid**iendo**

Some verbs undergo additional changes.

1. **-Ir** stem-changing verbs follow the same pattern as for third-person preterit forms.

s**e**ntir ➜ s**i**ntiendo   d**o**rmir ➜ d**u**rmiendo   p**e**dir ➜ p**i**diendo

2. Three irregular verbs have a stem change in the gerund.

d**e**cir ➜ d**i**ciendo   v**e**nir ➜ v**i**niendo   p**o**der ➜ p**u**diendo

3. When the stem of an **-er** or **-ir** verb ends in a vowel, the **i** of the **-iendo** ending changes to **y**.

le-er ➜ le**y**endo (creer)
tra-er ➜ tra**y**endo (caer)
inclu-ir ➜ inclu**y**endo (destruir)
o-ír ➜ o**y**endo

The **y** also appears in ir ➜ **y**endo

In the progressive tenses only the verb **estar** is conjugated; the **-ando/-iendo** ending never changes.

Forms of the Indicative

Present	**estoy** habl**ando** *I am speaking*	Future	**estaré** durm**iendo** *I will be sleeping*
Imperfect	**estaba** le**yendo** *I was reading*	Conditional	**estaría** estud**iando** *I would be studying*

Note that the meaning of the imperfect progressive is similar to the imperfect (was _____ing) because both describe ongoing actions. The preterit is used less commonly to communicate a past progressive action, but can be used when an ongoing action took place over a limited amount of time.

Estuve caminando por una hora.   *I was walking for an hour.*

Forms of the Subjunctive

Present	**esté** escrib**iendo**	Imperfect	**estuviera** pid**iendo**

Direct object, indirect object, and reflexive pronouns are placed either before the conjugated form of **estar** or attached to the gerund, in which case the stem acquires an accent.

Me **estoy acostumbrando** a vivir en un nuevo país.
Estoy acostumbrándome a vivir en un nuevo país.
I am getting used to living in a new country.

¿El nuevo diseño? Yo te lo **estaba trayendo** (**estaba trayéndotelo**) cuando tuve un accidente.
*The new design? **I was bringing** it to you when I had an accident.*

Uses

Use the progressive tenses to emphasize the ongoing or progressive nature of an action.

Estoy leyendo la explicación de los tiempos progresivos en español.
I am reading the explanation of the progressive tenses in Spanish.

In English, we often use the present progressive to indicate a future or anticipated action. Spanish uses the simple present or future.

Vamos a (iremos a) Montevideo esta tarde.
We are leaving for Montevideo this afternoon.

Gerund (-*ndo* form) versus Infinitive

In English, the gerund can function as a noun. This means that it can be the subject of a sentence. The gerund in Spanish can never function as a noun; use the infinitive instead.

Viajar por Uruguay es muy interesante.   **Jugar** al fútbol era mi pasatiempo favorito.
Travelling in Uruguay is very interesting.   *Playing soccer used to be my favorite passtime.*

WileyPLUS Go to *WileyPLUS* to review this grammar point with the help of the **Animated Grammar Tutorial** and **Verb Conjugator**. See also textbook Appendices with Grammar References and verb tables. For more practice, go to the **Activities Manual.**

10–38. Identificación. Estudia el primer párrafo de la lectura "Los jóvenes uruguayos" en la página 385 e identifica los ejemplos del presente progresivo. ¿Qué verbos tienen pronombres reflexivos o de objeto directo/indirecto?

10–39. ¿Qué estabas haciendo? Escribe la forma correcta del imperfecto progresivo para completar estos pequeños diálogos.

1. ¿Por qué no fuiste a tu primera clase?

   (Yo) _____ (dormir).
2. No estabas en la biblioteca por la tarde.

   Mis amigos y yo _____ (divertirnos) en el parque.
3. Te escribí un mensaje esta mañana. ¿Por qué no me mandaste la respuesta?

   (Yo) _____ (mandártela) en este momento.
4. Te llamé a las 3:00 de la tarde y no respondiste.

   (Yo) _____ (ducharme).
5. Te vi con tus padres en el aparcamiento de la residencia.

   Sí, después de su visita, nosotros _____ (despedirnos).
6. ¿Por qué no estabas en el gimnasio a las 7:00 de la tarde?

   Mi novia/o _____ (servirme) una cena elegante.

10–40. Mi futuro. Durante la etapa universitaria, los estudiantes hacen actividades diversas para formarse y prepararse para el futuro. ¿Qué están haciendo ustedes concretamente? Descríbanle a su compañero/a por lo menos tres actividades.

> **MODELO**
>
> **Estoy sirviendo como voluntaria en una clínica veterinaria para adquirir experiencia en mi especialidad.**

10–41. ¿Qué estarán haciendo? En parejas, imaginen que son dos jóvenes inmigrantes uruguayos en Estados Unidos. Un día, durante el almuerzo, hablan de su nostalgia por su familia, amigos y compañeros de clase. Usen el futuro de probabilidad para especular sobre qué estarán haciendo en este momento las personas indicadas.

PERSONAS: mis padres, mi hermana, mis amigos, los estudiantes de mi antigua escuela, mi profesor/a favorito/a, mis compañeros de trabajo, ¿otra persona?

LA RUTINA: despertarse, bañarse, vestirse (ponerse la ropa), divertirse, aburrirse, acostarse, pensar en, asistir a, salir de, ir a..., ¿otra actividad?

MODELO

Mis hermanos estarán saliendo de la escuela ahora.

10–42. ¿Pueden funcionar sin mí? En parejas, usen el *Vocabulario esencial* para representar la siguiente situación. Recuerden usar el subjuntivo y el indicativo cuando sea necesario.

Estudiante A: Tú eres el/la jefe/a de una compañía de 20 empleados, a los que consideras irresponsables. Has tenido una emergencia personal y no estás en la oficina. Llamas a tu encargado/a (*manager*), para expresar tu preocupación. Comienza la conversación con estas expresiones: me preocupa que..., creo que..., no creo que..., estoy seguro/a que..., no estoy seguro/a que...

Estudiante B: Tú eres el encargado/a (*manager*) de una pequeña compañía y tu jefe/a está fuera por unos días por razones personales. Tú estás a cargo de todo en su ausencia. Él/Ella te llama para saber cómo va todo porque le preocupa que las cosas no marchen bien en su ausencia. Tienes que calmarlo/la y asegurarle que todo va bien.

MODELO

Estudiante A: Me preocupa que la recepcionista no esté cumpliendo con sus responsabilidades.
Estudiante B: No te preocupes. No hay duda de que ella está cumpliendo con todo.

Vocabulario esencial

Hablar del trabajo

asistente *f/m*	*assistant*
atender a los	*to attend to/help*
clientes	*clients*
colegas *m*	*colleagues*
compañeros de	*co-workers*
trabajo	
contador/	*accountant*
contable *m*	
cumplir con las	*to fulfill*
responsabilidades	*responsibilities*
empleado/a	*employee*
encargarse de la	*to take charge of*
supervisión	*supervision*
gerente *f/m*	*manager*
jefe/a	*boss*
llegar puntualmente	*to arrive on time*
pagar las facturas	*to pay the bills*
planear el próximo	*to plan the next*
proyecto	*project*
recepcionista *f/m*	*receptionist*
secretario/a	*secretary*
trabajar horas extra	*to work overtime*

Vocabulario para conversar

Corregir a otras personas

In *Capítulo 4, Tema 2*, you studied some phrases to express agreement and disagreement. In this section you will learn expressions that will allow you to politely correct other people while expressing agreement or disagreement.

No, al contrario. Creo que...	*No, just the opposite. I think/believe that . . .*
¿Estás seguro/a?	*Are you sure?*
Creo que estás equivocado/a.	*I believe you are mistaken.*
Estoy seguro/a (de) que...	*I am sure that . . .*
No, (a mí) me parece que...	*No, I believe/I think that . . .*
No, yo creo que...	*I don't think that . . .*
Si la memoria no me falla creo que...	*If my memory doesn't fail me, I think that . . .*
Si mal no recuerdo creo que...	*If I remember correctly, I think that . . .*
Si me acuerdo bien creo que...	*If I remember correctly, I think that . . .*
Si no me equivoco...	*If I am not mistaken . . .*

 10–43. Palabras en acción. Lean los enunciados que aparecen en la siguiente página. Reaccionen usando las expresiones que aparecen en la lista anterior.

> **MODELO**
>
> **Perón dio un golpe de estado en Chile en 1973.**
> **Si no me equivoco fue Pinochet.**

1. La capital de Uruguay es Asunción, ¿no?

   _____

2. A mí me parece que el tango es horrible.

   _____

3. Shakira canta tangos, ¿cierto?

   _____

4. El lunfardo comenzó a hablarse por la gente de la alta sociedad.

   _____

5. Creo que la economía de Uruguay es más fuerte que la de los Estados
   Unidos. ¿No te parece?

   _____

 10–44. ¿Quién tiene razón? Cada uno de los estudiantes va a escribir una
lista de cinco oraciones relacionadas con el contenido del capítulo. Por lo
menos tres de las oraciones deben tener información que no es correcta y que se
debe corregir. En grupos de cuatro, cada estudiante va a turnarse para leer una
oración. El estudiante sentado a la derecha del que lee su lista va a corregir lo
que diga el otro estudiante expresando acuerdo o desacuerdo con lo dicho.

COLOR Y FORMA

Being with (Être Avec) de Roberto Matta-Echaurren

©The Metropolitan Museum of Art.
Image source: Art Resource, NY

Being with (Être Avec) de Roberto Matta-Echaurren, 1946. Óleo en lienzo.

Roberto Matta-Echaurren (1911-2002) nació en Santiago de Chile. A pesar de
que en sus primeros años fue una figura importante en el movimiento surrealista
junto a artistas como Salvador Dalí, más tarde se distanció de ellos. Influido
por los horrores de la segunda guerra mundial, en los años 40, Matta empezó a
pintar y dibujar obras que llamaba "morfologías sociales", que trataban la crisis
social de la época. La obra de Matta se caracteriza por un interés en la psique
humana, una preocupación política y social y la exaltación de la libertad del
hombre y su unión con el Universo.

10–45. Mirándolo con lupa. Trabajen en parejas para analizar el cuadro.

1. Describan los colores y los objetos que ven en la obra.
2. ¿Qué sentimiento les comunican las imágenes de este cuadro?, ¿tristeza?, ¿confusión?, ¿tensión?, ¿alegría? Expliquen.
3. ¿Por qué creen que la obra se llama *Being With (Être Avec)?*
4. Denle un título diferente a la obra y expliquen su selección.
5. Si pudieran entrevistar al artista, ¿qué le preguntarían sobre el cuadro?

Redacción

10–46. Responder a un cuestionario. Estás participando en un taller de orientación profesional en tu universidad (*Career Day*). Una de las actividades del taller es responder a un cuestionario para reflexionar sobre la preparación académica que estás recibiendo en la universidad y cómo esta preparación te va a servir en el futuro.

Preparación

Lee las preguntas del cuestionario, piensa en las respuestas y haz un esquema o una lista de lo que vas a responder. Para responder, tendrás que hablar del presente, el futuro y el pasado (pretérito e imperfecto); expresar dudas, emociones y recomendaciones (subjuntivo); hablar de acontecimientos posibles y situaciones hipotéticas (cláusulas con "si"); expresar probabilidad en el futuro (futuro de probabilidad); y hablar de acciones en progreso. ¿Vas a incorporar otra función lingüística que hayas aprendido?

1. ¿Cuál es tu especialidad? Si no has elegido una todavía, ¿qué área o áreas de estudio te interesan?
2. ¿Por qué te interesa esa especialidad? Describe dónde, cómo y cuándo comenzó tu interés.
3. ¿Qué profesión o profesiones estás considerando ejercer cuando te gradúes? ¿Por qué te interesan esas profesiones?
4. Explica en detalle cómo los conocimientos que has adquirido o que estás adquiriendo en los cursos de la universidad te van a ayudar en el futuro. Menciona actividades académicas específicas.
5. ¿Piensas que tu conocimiento del idioma español va a tener un papel en tu futuro profesional? ¿Cómo?
6. ¿Crees que te mudarás a otro estado para ejercer tu profesión? ¿A cuál? ¿Por qué?

A escribir

1. Puedes combinar tus respuestas en varios párrafos como sueles hacer en otras redacciones, o contestar con un párrafo cada una de las preguntas.
2. Usa las expresiones de la lista para hacer transiciones entre diferentes ideas.

a diferencia de, en contraste con	*in contrast to*
de la misma manera	*in the same way*

en cambio	*on the other hand; instead*
en cuanto a _____	*as far as _____ goes*
igual que	*the same as, equal to*
mientras	*while*
al fin y al cabo	*in the end*
en resumen	*in summary*
después de todo	*after all*
sin embargo	*nevertheless; however*

Revisión

Para revisar tus respuestas, usa la guía de revisión del Apéndice C. Después de hacer el número de revisiones que te indique tu instructor/a, escribe la versión final.

Ven a conocer

En esta sección van a leer sobre varios aspectos interesantes de Paraguay, como son la artesanía local, una comunidad de menonitas, los vestigios de la cultura colonial, la pesca deportiva y las cataratas de Iguazú.

 10–47. Vacaciones y actividades. Descubran qué actividades de la lista prefieren hacer sus compañeros durante unas vacaciones al extranjero. Si los miembros del grupo no han viajado al extranjero, pueden imaginar lo que les gustaría hacer si tuvieran la oportunidad. Al final, combinen sus resultados para ver qué actividades son las más populares entre ustedes.

1. pescar
2. tomar el sol
3. caminar
4. estudiar las costumbres de la gente del lugar
5. ver y comprar artesanía
6. tomar fotos
7. comer la comida típica del lugar
8. hacer amigos/as en el lugar

Bienvenido
Eguahé porá

Eguahé porá, bienvenido a Paraguay. Aquí hay algo de interés para todo el mundo. Los admiradores de la artesanía local pueden visitar Itaguá, a solo veinticinco minutos en carro desde Asunción. Este pueblo es conocido por su **ñandutí**[1], donde el visitante podrá observar el proceso artesanal de la producción del ñandutí.

Para aquellos que quieran familiarizarse con un tipo de cultura colonial diferente de la española, la visita a Filadelfia puede ser de interés. Es una comunidad de menonitas en medio de la región del Chaco. Esta comunidad continúa las tradiciones de los primeros menonitas que llegaron a Paraguay en 1927. Un aspecto interesante de esta visita es ver cómo la comunidad menonita ha logrado prosperar en medio de una de las áreas más desoladas y deshabitadas del país. Esta comunidad ha demostrado que la explotación agrícola del territorio es posible.

La cultura colonial española se puede observar en Trinidad, una de las reducciones jesuíticas mejor conservadas. Las paredes originales de la reducción aún se conservan y también el **tallado**[2] de algunas de ellas. El viajero puede usar la ciudad de Encarnación como base y hacer excursiones cortas a diferentes ruinas coloniales, incluyendo las de Trinidad.

La pesca deportiva del dorado, un pez parecido al salmón, es muy popular en el área del río Paraná. Ayolas es un pueblo que atrae a las personas interesadas en la pesca del dorado.

Si te interesan las obras de ingeniería, debes visitar la **represa**[3] de Itaipú, el proyecto hidroeléctrico más grande del mundo. En la misma región se encuentran las cataratas del Iguazú. Estas cataratas no están propiamente en territorio paraguayo, pero Ciudad del Este ofrece un acceso fácil desde el lado brasileño de las cataratas. El otro lado está en Argentina. La Ciudad del Este le ofrece al turista la oportunidad de comprar sin pagar impuestos.

©Agenturfotograf/iStockphoto

 10–48. Planear un viaje. Tienen quince días de vacaciones para visitar Paraguay. En parejas, planeen un itinerario de viaje basado en la información de la sección *Ven a conocer*. Busquen información sobre vuelos y hoteles disponibles en la región de su preferencia durante esos días y preparen un informe completo para presentarlo en clase.

Viaje virtual

Eres el/la guía de un grupo de turistas de visita en Paraguay. Existe la oportunidad de hacer una última excursión antes de terminar un viaje de dos semanas. Ve a la red y busca información sobre estos tres lugares. Según la información que encuentres, decide adónde vas a llevar a tu grupo. Anota datos sobre cada lugar para justificar tu decisión en clase.

1. La Santísima Trinidad de Paraná, ruina jesuítica declarada Patrimonio Histórico de la Humanidad por la UNESCO
2. Casa de la Independencia, sede de reuniones de aquellos revolucionarios que buscaban la libertad de España
3. La planta hidroléctrica de Itaipú, la más grande del mundo

1. *lace*   2. *carving*   3. *dam*

El escritor tiene la palabra

Enrique Anderson Imbert

Nació en Córdoba, Argentina, en 1910 y murió en Buenos Aires en 2000. Fue un destacado novelista, ensayista, crítico literario y cuentista. Anderson Imbert fue profesor universitario en Argentina y en los Estados Unidos. Es conocido por sus "microcuentos" en los que mezcla la fantasía y el realismo mágico. El cuento que se incluye aquí es una buena muestra de este género.

 10–49. Entrando en materia. Contesten las siguientes preguntas:

- La muerte es parte de la vida. ¿Tienes miedo de la muerte? Explícale los motivos a tu compañero/a.
- ¿Qué colores o palabras asocias con la muerte?
- En este cuento hay dos personajes en un automóvil. Mira la ilustración y adivina quiénes son.
- Mira la ilustración otra vez y piensa en el título del cuento. ¿Puedes predecir lo que va a pasar?

LA MUERTE

La **automovilista**[1] (negro el vestido, negro el pelo, negros los ojos pero con la cara tan pálida que a pesar del mediodía parecía que en su **tez**[2] **se hubiese detenido**[3] un **relámpago**[4]) vio en el camino a una muchacha que hacía señas para que parara. Paró.

—¿Me llevas? Hasta el pueblo no más —dijo la muchacha.

—**Sube**[5] —dijo la automovilista. Y el auto **arrancó**[6] a toda velocidad por el camino que bordeaba la montaña.

—Muchas gracias —dijo la muchacha con un gracioso **mohín**[7] — pero ¿no tienes miedo de **levantar**[8] por el camino a personas desconocidas? Podrían hacerte daño. ¡Esto está tan desierto!

—No, no tengo miedo.

—¿Y si levantaras a alguien que **te atraca**[9]?

—No tengo miedo.

—¿Y si te matan?

—No tengo miedo.

—¿No? Permíteme presentarme —dijo entonces la muchacha, que tenía los ojos grandes, **límpidos**[10], imaginativos y enseguida, conteniendo la risa, **fingió**[11] una voz **cavernosa**[12]. Soy la Muerte, la M-u-e-r-t-e.

La automovilista sonrió misteriosamente.

En la próxima curva el auto **se desbarrancó**[13]. La muchacha quedó muerta entre las piedras. La automovilista siguió a pie y al llegar a un cactus desapareció.

©Anderson Imbert, Enrique, *Cuentos I. Obras Completas. Tomo 5,* Buenos Aires, Corregidor, 1999, pp. 307–308.

---

1. *driver* 2. *complexion* 3. *would have stopped* 4. *flash of lightning* 5. *Get in* 6. *started* 7. *grimace* 8. *pick someone up*
9. *mugs you* 10. *pure, smooth* 11. *faked* 12. *spooky* 13. *went off a cliff*

10–50. Nuestra interpretación del cuento. En parejas, contesten estas preguntas:

1. ¿Cómo termina el cuento? ¿Te sorprendió el final? ¿Por qué?
2. ¿Cuál es la ironía de la historia?
3. Haz una predicción sobre lo que podría haber ocurrido si la mujer que se subió al carro no hubiera hecho chistes sobre la muerte.
4. ¿Qué otro título sería apropiado para este cuento?

 10–51. Ustedes tienen la palabra. En grupos de tres, escriban un final diferente para el cuento. Usen su imaginación y sentido del humor y compartan su cuento con la clase.

WileyPLUS

Go to *WileyPLUS* to see these **videos,** and to find the **video activities** related to them.

Videoteca

Las muchas caras del inmigrante

En este video vas a continuar explorando la inmigración y a escuchar las historias que cuentan varias familias que, por distintos motivos, han tenido que emigrar a otro país.

Barrio Mataderos: Centro de tradiciones y artesanías del campo argentino

En este video vas a conocer un barrio en la ciudad de Buenos Aires donde todos los domingos se celebran las tradiciones gauchescas en la Feria Mataderos. Con más de 300 puestos de artesanías y comida, con restaurantes, espectáculos de tango y el folclore de la región, el Barrio Mataderos es un sitio ideal para apreciar una gran parte de la historia de Argentina.

Vocabulario

Ampliar vocabulario

atravesar (ie)	*to experience*
cariño *m*	*affection*
dejar atrás	*to leave behind*
deshabitado/a	*uninhabited*
dueño/a	*owner*
encuesta *f*	*survey or inquiry*
en este sentido	*in this respect*
en lugar de	*instead of*
equivocarse	*to be mistaken; to make a mistake*
escasamente	*scarcely*
es decir	*that is*
híbrido/a	*hybrid*
incluso	*even*
ingresos *m*	*income*
inverso/a	*reverse*
marcharse	*to go away, leave*
más bien	*rather*
poblar (ue)	*to populate*
recuerdos *m*	*memories*
regresar	*to return (to a place)*
varón *m*	*male*

Vocabulario esencial
Hablar de situaciones pasadas

aprender a	*to learn how to*
casarse	*to get married*
comprar	*to buy*
conocer	*to meet*
ganar (una competición)	*to win (a competition)*
jubilarse	*to retire*
nacer	*to be born*
terminar	*to finish*
todavía	*yet*
ya	*already*

Hablar de la inmigración

acordarse (ue) de	*to remember*
acostumbrarse a	*to get used to*
alegrarse de	*to be happy about*
aprender a	*to learn to do something*
aspirar a	*to aspire to*
buscar	*to look for*
decidirse a	*to make up one's mind to*
dedicarse a	*to devote one's self to*
despedirse (i) de	*to say goodbye to*
esperar	*to hope for*
llegar a	*to arrive at/in*
olvidarse de	*to forget*
pensar (ie) en	*to think about*

Hablar del trabajo

asistente *f/m*	*assistant*
atender a los clientes	*to attend to/help clients*
colegas *m*	*colleagues*
compañeros de trabajo	*co-workers*
contador/contable *m*	*accountant*
cumplir con las responsabilidades	*to fulfill responsibilities*
empleado/a	*employee*
encargarse de la supervisión	*to take charge of supervision*
gerente *f/m*	*manager*
jefe/a	*boss*
llegar puntualmente	*to arrive on time*
pagar las facturas	*to pay the bills*
planear el próximo proyecto	*to plan the next project*
recepcionista *f/m*	*receptionist*
secretario/a	*secretary*
trabajar horas extra	*to work overtime*

Grammar Reference Chapter 1

Demonstrative Adjectives and Pronouns

Demonstrative Adjectives					
Close to the Speaker		Farther from the Speaker		Far from the Speaker	
masculine	feminine	masculine	feminine	masculine	feminine
este *(this)*	esta *(this)*	ese *(that)*	esa *(that)*	aquel *(that)*	aquella *(that)*
estos *(these)*	estas *(these)*	esos *(those)*	esas *(those)*	aquellos *(those)*	aquellas *(those)*

Demonstrative adjectives always precede a noun and agree in gender and number with that noun.

Estas casas son bonitas.   *These houses are nice.*

Este profesor enseña bien.   *This professor teaches well.*

Esos estudiantes de allá son aplicados.   *Those students over there are very diligent.*

Demonstrative Pronouns*								
Close to the Speaker			Farther from the Speaker			Far from the Speaker		
masculine	feminine	neuter	masculine	feminine	neuter	masculine	feminine	neuter
éste *(this one)*	ésta *(this one)*	esto *(this)*	ése *(that one)*	ésa *(that one)*	eso *(that)*	aquél *(that one)*	aquélla *(that one)*	aquello *(that)*
éstos *(these ones)*	éstas *(these ones)*	—	ésos *(those ones)*	ésas *(those ones)*	—	aquéllos *(those ones)*	aquéllas *(those ones)*	—

*NOTE: According to the latest spelling rules published by the Real Academia Española, demonstrative pronouns should not carry an accent mark unless the sentence is ambiguous, such as **¿Por qué compraron aquéllos libros usados?**, where **aquéllos** (those students/people) is the subject but could be interpreted as a demonstrative adjective accompanying **libros** without an accent mark. Otherwise, by default, demonstrative pronouns do not carry an accent mark.

Demonstrative pronouns replace the noun they refer to and agree in gender and number with that noun.

Esa casa es más bonita que **aquéllas**.   *This house is nicer than **those**.*

The neuter forms do not refer to anything specific whose gender or noun can be identified; they refer to a situation, an idea, a concept, or a statement. Neuter forms are always singular.

Yo nunca dije **eso**.   *I never said **that**.*

Possessive Adjectives and Pronouns

Short Form Adjectives		Long Form Adjectives and Pronouns	
mi/s	*my*	mío/a/os/as	*my/mine*
tu/s	*your* (informal)	tuyo/a/os/as	*your* (informal)/ *yours* (informal)
su/s	*your* (formal)	suyo/a/os/as	*your* (formal)/ *yours* (formal)
su/s	*his, her, its*	suyo/a/os/as	*his, her, its/ his, hers, its*
nuestro/a/os/as	*our*	nuestro/a/os/as	*our/ours*
vuestro/a/os/as	*your* (informal)	vuestro/a/os/as	*your* (informal)/ *yours* (informal)
su/s	*your* (formal)	suyo/a/os/as	*your* (formal)/ *yours* (formal)
su/s	*their*	suyo/a/os/as	*their/theirs*

Possessive Adjectives

Possessive adjectives always accompany a noun. All of them have a singular and plural form, which agrees with the thing that is possessed. Some forms also show gender, which agrees with the thing that is possessed. The short-form possessive adjectives are the most frequently used.

Mi casa es grande.   *My house is big.*

The long forms are used after the verb **ser** and after a noun to convey emphasis.

Esta casa es **mía**.   *This house is mine.*
Un proyecto **mío** es pasar un año   *A project of mine is to spend a year in*
en Puerto Rico.   *Puerto Rico.*

Possessive Pronouns

The possessive pronouns replace nouns. Their forms are the same as the long-form possessive adjectives. A definite article usually precedes the possessive pronoun.

Éste es tu cuarto y aquél es **el mío**.   *This is your room and that one is mine.*

Gustar and Similar Verbs

Sentences with **gustar** do not follow the same pattern as English sentences expressing *to like*. Notice that the Spanish construction has an indirect object and that the verb agrees in number with the subject.

Indirect Object	Verb	Subject
Me	gusta	mi vecino.
Subject *I*	Verb *like*	Direct Object *my neighbor.*

Me gusta mi vecino.　　　　　*I like my neighbor.*

Me gustan mis vecinos.　　　*I like my neighbors.*

If the indirect object is a noun or proper name, the preposition **a** precedes the noun or name and the indirect-object pronoun follows.

　A mi esposo **le** gusta nuestro vecino.　*My husband likes our neighbor.*

The preposition **a** + *prepositional pronoun* (**mí, ti, él/ella, usted, nosotros/as, vosotros/as, ustedes**) + *indirect object pronoun* (**me, te, le, nos, os, les**) is used for emphasis or clarification.

　A él le gusta nuestro vecino.　　*He likes our neighbor.*

The verbs below follow the **gustar** pattern.

convenir	*to suit*	molestar	*to bother*
doler	*to hurt*	parecer	*to seem*
fascinar	*to fascinate*	preocupar	*to worry*
interesar	*to interest*	sorprender	*to surprise*

Indefinite and Negative Words

Adjective	Negative Adjective
algún/a/os/as	ningún/a
some, any	*any, none*
Pronouns	**Negative Pronouns**
algo	nada
something, anything	*nothing, anything*
alguien	nadie
someone, somebody, anybody	*nobody, anybody, no one*
alguno/a/os/as	ninguno/a
some, any	*any, none*
Adverbs	**Negative Adverbs**
siempre	nunca
always	*never*
también	tampoco
also, too, as well	*neither, either*

Negative words can precede or follow the verb.

- In general, when the negative word follows the verb, use **no** in front of the verb.
  No tengo tiempo **nunca** para estudiar.   *I never have time to study.*

- If the negative word appears before the verb, do not include the word **no.**
  Nunca tengo tiempo para estudiar.   *I never have time to study.*

- The personal **a** is placed in front of indefinite and negative words that refer to people.
  Conozco **a alguien** que habla   *I know someone who speaks German.*
  alemán.

Alguno and *Ninguno*

They agree in gender and number with the noun they accompany or refer to.
Ninguno is always used in singular.

Este semestre no tengo **ninguna**   *This semester I don't have any*
  clase de filosofía, ¿tienes **alguna**?   *philosophy classes, do you have any?*

Alguno and **ninguno** drop the **-o** when they function as adjectives, that is, when they accompany a masculine noun.

No tengo **ningún** interés en la clase *I have no interest in the*
  de geografía.   *geography class.*
Algún día hablaré español muy bien. *Some day I'll speak Spanish very well.*

Ser and Estar

Some adjectives can never be used with **estar**. Below is a partial list.

crónico	*chronic*
efímero	*ephemeral*
eterno	*eternal*
inteligente	*intelligent*

Some adjectives can never be used with **ser**. Below is a partial list.

ausente	*absent*
contento	*happy*
enfermo	*sick*
muerto	*dead*
presente	*present*
satisfecho	*satisfied*

Some adjectives have different meanings when used with **ser** or **estar**.

	ser	estar
aburrido	*boring*	*bored*
bueno	*good (personality)*	*in good health*
interesado	*selfish*	*interested*
listo	*clever*	*ready*
malo	*bad (personality)*	*in poor health*
molesto	*bothersome*	*bothered*
nuevo	*just made*	*unused*
seguro	*safe*	*sure*
vivo	*lively*	*alive*

Noun-Adjective Agreement

Adjectives agree in gender and number with the nouns they modify.

Tengo un carr**o** roj**o**.

Tengo dos carr**os** roj**os**.

Tengo una cas**a** roj**a**.

Tengo dos cas**as** roj**as**.

Noun-Adjective Gender Agreement

Many adjectives end in **-o** when they are in the masculine form and in **-a** when they are in the feminine form. However, the endings of some adjectives are the same for each.

Mi profesor es **cortés**.	*My (male) professor is courteous.*
Mi profesora es **cortés**.	*My (female) professor is courteous.*

Examples:

audaz	*audacious*
canadiense	*Canadian*
cortés	*courteous (but inglés/ inglesa)*
cursi	*corny*
interesante	*interesting*
mejor	*better*
útil	*useful*

Adjectives of nationality that end in a consonant are made feminine by adding **-a**.

Mi profesor no es inglés.	*My (male) professor is not English.*
Mi profesora no es inglesa.	*My (female) professor is not English.*

Examples:

alemán/alemana	*German*
español/española	*Spanish*

The adjectives whose masculine form ends in **-n** and **-dor** take an **-a** to form the feminine.

Mi hermano es habla**dor**.	*My brother is talkative.*
Mi hermana es habla**dora**.	*My sister is talkative.*

Examples:

holgazán/holgazana	*lazy*
juguetón/juguetona	*playful*
pequeñín/pequeñina	*tiny*
soñador/soñadora	*dreamer*
trabajador/trabajadora	*hard-working*

Some adjectives have an invariable **-a** ending whether they accompany a feminine or a masculine noun.

Mi profesor es **israelita**.	*My (male) professor is an Israeli.*
Mi profesora es **israelita**.	*My (female) professor is an Israeli.*

Examples:

belga	*Belgian*	pesimista	*pessimistic*
hipócrita	*hypocritical*	realista	*realistic*
optimista	*optimistic*	socialista	*socialist*

Some adjectives drop the **-o** when they precede the noun.

Éste es mi **primer** año de español.   *This is my first year of Spanish.*

Examples:

bueno	→	buen
malo	→	mal
primero	→	primer
tercero	→	tercer

Noun-Adjective Number Agreement

Adjectives ending in a vowel usually form the plural by adding an -s.

Mi hermano es inteligente, pesimist**a** y alt**o**.	*My brother is intelligent, pessimistic, and tall.*
Mis hermanos son inteligente**s**, pesimista**s** y alto**s**.	*My brothers are intelligent, pessimistic, and tall.*

Adjectives ending in **-í** and **-ú** are an exception to the previous rule as they add **-es** to form the plural.

Tengo una amiga marroqu**í**.	*I have a Moroccan (female) friend.*
Tengo dos amigas marroqu**íes**.	*I have two Moroccan (female) friends.*
Tengo una amiga hind**ú**.	*I have an Indian (female) friend.*
Tengo dos amigas hindú**es**.	*I have two Indian (female) friends.*

Adjectives ending in a consonant form the plural by adding **-es**.

Esta clase es úti**l**.	*This class is useful.*
Estas clases son útil**es**.	*These classes are useful.*
Mi hermana es auda**z**.	*My sister is audacious.*
Mis hermanas son auda**ces**.	*My sisters are audacious.*

(Note the spelling change **z c**.)

Personal Direct Object + A + Prepositional Pronoun

For clarification or emphasis, if the direct object is a person, it is sometimes re-inforced with the presence of **a mí, a ti, a usted, a él/ella, a nosotros, a ustedes**.

¿Viste a María y a Juan ayer?	*Did you see María and Juan yesterday?*
Sí, **la** vi **a ella** solamente; él no estaba en casa.	*Yes, I only saw her; he was not home.*

Note that **Vi a ella** would not be a grammatical sentence. If **a ella** functions as a direct object, **la** needs to be added, as in: **La vi a ella**. However, if instead of **a ella**, we say **a María**, **la** is not needed, as in: **Vi a María**.

Grammar Reference Chapter 2

Passive Voice

Passive-voice sentences look like the sentences below.

Grammatical Subject and Received of the Action	Passive-Voice Verb ser (conjugated) + Past Participle	Doer
Esta novela *This novel*	fue escrita *was written*	por Hemingway. *by Hemingway.*

The active-voice counterparts look like the sentences below.

Grammatical Subject and Doer	Active-Voice Verb	Direct Object
Hemingway *Hemingway*	escribió *wrote*	esta novela. *this novel.*

In passive-voice sentences, the receiver of the action is the actual grammatical subject. If the doer of the action is explicitly stated, it is preceded by the preposition **por** (by). In active-voice sentences, the roles of grammatical subject and the doer are played by the same part of the sentence.

The passive-voice construction requires a conjugated form of **ser** plus the past participle of a verb. The past participle agrees in gender and number with the grammatical subject. The passive voice is common in Spanish in historical topics, academic writing, and journalistic writing.

Resultant State

In order to express the result of an action, in Spanish you use **estar** plus the past participle of a verb. In this structure (**estar** + *past participle*), the past participle behaves just like an adjective when **estar** + adjective describes a characteristic that is not permanent.

> La ventana **está rota** porque ayer hubo una explosión. (**estar** + *part participle*)
> *The window is broken because yesterday there was an explosion.*

Notice that **estar** + *past participle* is used only when there is no adjective to describe the condition. For instance, although there is a past participle form, **ensuciado** (soiled) from the verb **ensuciar**, the example below uses **sucia**, which is the adjective that describes the condition of being dirty or soiled.

La ventana **está sucia** porque ayer hubo una tormenta de polvo.
(**estar** + *adjective*)
The window is dirty because there was a dust storm yesterday.

No-Fault *se*

With a number of verbs, you can use a **se** structure to convey unplanned or unexpected events.

Se	Verb in Third-Person Singular or Plural	Subject
Se *The document got lost.*	perd**ió**	el documento.
Se *The documents got lost.*	perd**i**eron	los documentos.

In order to indicate who is affected by the event, you may use an indirect-object pronoun (**me, te, le, nos, os, les**) right after **se**.

Se	Indirect-Object Pronoun	Verb in Third-Person Singular or Plural	Subject
Se *I lost the document.*	**me**	perdió	el documento.
Se *I lost the documents.*	**me**	perdieron	los documentos.

The verbs below are usually associated with this structure.

acabar	*to run out*
caer	*to fall*
escapar	*to escape*
estropear	*to go bad; to break*
olvidar	*to forget*
perder	*to lose*
quedar	*to be left*
romper	*to break*

Hacer in Time Expressions

To express an action whose effect is still going on, use the structure below.

Hace + *time expression* + **que** + *verb in present tense*

> **Hace** dos días **que** estudio para mi examen de español.
> *I've been studying for my Spanish exam for two days.*

To express the time elapsed since an action was completed, use the structure below.

Hace + *time expression* + **que** + *verb in preterit tense*

> **Hace** dos días **que** vi a Juan.
> *I saw Juan two days ago.*

Preterit and Imperfect

Some verbs convey different meanings when used in the preterit or the imperfect.

conocer

- It means *to meet for the first time* when used in the preterit.

Ayer **conocí** a mi instructora de francés.	*I met my French instructor yesterday.*

- It means *to be acquainted with* (know) when used in the imperfect.

El año pasado no **conocía** a mis compañeros de clase bien, pero este año sí.	*Last year I didn't know my classmates well, but I do this year.*

haber

- It means to *occur* when used in the preterit.

Hubo tres muertos en el accidente.	*Three fatalities occurred in the accident.*

- When used in the imperfect, it means *there was/were* in the sense of what a witness can see on the scene.

Había dos médicos y una ambulancia en el lugar del accidente.	*There were two doctors and an ambulance on the scene of the accident.*

poder

- It means to succeed in when used in the preterit.

No **pude** visitar a mis padres este semestre.	*I couldn't visit my parents this semester.*

- It means *to be able to* when used in the imperfect.

Ella no **podía** lavar los platos por causa de su alergia al detergente.	*She couldn't wash the dishes because of her allergy to the detergent.*

querer

- In the preterit, it means to try if the verb is affirmative, and to refuse if the verb is negative.

  Ayer **quise** estudiar con María,   *Yesterday, I tried to study with*
  pero ella **no quiso**.   *María, but she refused.*

- In the imperfect, it means to want or to wish.

  Ayer yo **quería** estudiar con María,   *Yesterday, I wanted to study with*
  pero ella **quería** ir de compras.   *María, but she wanted to go shopping.*

saber

- In the preterit, it means to find out.

  Ayer **supe** la nota del examen   *Yesterday, I found out the grade*
  de historia del arte.   *for the Art History exam.*

- In the imperfect, it means to have knowledge, to know, to be aware.

  Antes de tomar la clase de español,   *Before taking the Spanish class,*
  no **sabía** mucho vocabulario.   *I didn't know much vocabulary.*

Direct- and Indirect-Object Pronoun Placement

When the direct- and the indirect-object pronouns occur together, the direct-object pronoun follows the indirect-object pronoun, regardless of the form of the verb. However, the form of the verb determines whether the pronouns appear before or after the verb. You have studied the position of both pronouns when accompanied by a conjugated verb.

Yo quería flores y mi padre **me las**   *I wanted flowers and my father bought*
compró.   *them for me.*

Attach both pronouns to the verb after an affirmative command form.
Pása**me** la sal. *Pass me the salt.*   Pása**mela**. *Pass it to me.*

Place both pronouns before the verb that expresses a negative command.
No **me la** pases.   *Don't pass it to me.*

With a conjugated verb plus infinitive or present participle, you have a choice of placement. Place both pronouns before the conjugated verb or attach them to the infinitive or present participle.

María quiere pasarme la sal.	*María wants to pass the salt to me.*
María **me la** quiere pasar.	*María wants to pass it to me.*
María quiere pasár**mela**.	*María wants to pass it to me.*
María está pasándome la sal.	*María is passing me the salt.*
María **me la** está pasando.	*María is passing it to me.*
María está pasándo**mela**.	*María is passing it to me.*

Grammar Reference Chapter 3

Infinitive vs. Subjunctive

Using the infinitive or the subjunctive depends on whether or not there is a new subject in the dependent clause. With impersonal expressions that convey doubt, emotion, and recommendation the verb in the dependent clause is in the subjunctive.

Es necesario que estudies más.   *It is necessary for you to study more.*

However, if there is no subject in the dependent clause, the verb is used in the infinitive form.

Es necesario estudiar más.   *It is necessary to study more.*

After an independent clause bearing a verb of doubt, emotion, or recommendation, use the subjunctive if the subject noun or pronoun changes in the dependent clause. Use the infinitive if the subject stays the same. Compare these two sentences.

Yo quiero que **mi hermana** estudie más.   *I want my sister to study more.*

Yo quiero estudiar más.   *I want to study more.*

Indicative vs. Subjunctive Following *Decir*

Decir causes the use of the indicative in the dependent clause when it means to state, but **decir** causes the use of subjunctive in the dependent clause when it means *to suggest* or *to request*. Compare the two sentences below.

Ella dice que su hermano viene mañana.   *She says that her brother is coming tomorrow.*

Ella dice que comencemos la fiesta a las nueve de la noche.   *She says (suggests) that we start the party at nine in the evening.*

Grammar Reference Chapter 4

Relative Pronouns

Que

Que can be used in both restrictive (no commas) and nonrestrictive (with commas) clauses.

Éste es el carro **que** me compré ayer.   *This is the car that I bought myself yesterday.*

Mi carro, **que** ahora está en reparación, costó poco dinero.	*My car, which is now at the mechanic's, cost little money.*

El que, la que, los que, las que are used when a preposition (e.g., **a, de, con, entre**) precedes them.

Éstos son los estudiantes **de los que** te hablé.
These are the students about whom I talked to you.
These are the students that I talked to you about. (Note: Placing the preposition at the end of the clause is not grammatical in Spanish.)
These are the students I talked to you about. (Note: In English the relative pronoun can be omitted, but in Spanish the relative pronoun always has to be present.)

El que, la que, los que, las que are also used to mean he who, she who, those who, and the one(s) who.

El que quiere, puede.	*He who wants, can.*

Cual

El cual, la cual, los cuales, las cuales are used when preceded by a preposition (e.g., **a, de, con, entre**), whether the clause is restrictive or not. If they are not preceded by a preposition, they can only be used in nonrestrictive clauses. These pronouns convey a more formal tone.

Éstos son los estudiantes **de los cuales** te hablé.
These are the students about whom I talked to you.
Estos estudiantes, **de los cuales** te hablé ayer, son muy diligentes.
These students, about whom I talked to you yesterday, are very diligent.
Mi carro, **el cual** ahora está en reparación, costó poco dinero.
My car, which is now at the mechanic's, cost little money.

Quien, Quienes

Quien, quienes are used to refer back to people exclusively and apply to both genders. They are used when preceded by a preposition (e.g., **a, de, con, entre**), whether the clause is restrictive or not. If they are not preceded by a preposition, they can only be used in nonrestrictive clauses.

These pronouns convey a more formal tone.
Ésta es la estudiante **con quien** estudio siempre.
This is the student with whom I always study.
María, **con quien** estudio siempre, está enferma hoy.
María, with whom I always study, is sick today.
María, **quien** está en nuestro grupo de estudio, está enferma hoy.
María, who is in our study group, is sick today.

Grammar Reference Chapter 5

Future to Indicate Probability in the Present

The future tense can be used to express conjecture about an event that may be happening in the present. With non-action verbs such as **ser, estar, parecer** and **tener** the simple future is used.

¿Dónde está tu hermana?	*Where is your sister?*
No sé, **estará** en casa de su mejor amiga.	*I don't know, she may be at her best friend's house.*

With action verbs such as **correr, escribir, caminar, viajar, llegar,** and the like the progressive future is used. The progressive form of any tense is formed by conjugating the verb **estar** in the desired tense and using the target verb in the present participle form (stem + -**ando** or -**iendo**).

Me pregunto si mi amigo Miguel **estará llegando** a Puerto Rico ahora.
I wonder whether my friend Miguel may be arriving in Puerto Rico right now.

Conditional to Indicate Probability in the Past

To express probability or conjecture in the past the conditional tense is used. With non-action verbs such as **ser, estar, parecer** and **tener** the simple conditional is used; with action-verbs such as **correr, escribir, caminar, viajar, llegar,** and the like the progressive conditional is used.

¿Qué hora **sería** cuando Juan regresó anoche?
What time could it have been when Juan returned last night?
¿Qué **estaría haciendo** Juan ayer a las doce de la noche?
What could Juan have been doing yesterday at midnight?

Grammar Reference Chapter 6

Predictable Spelling Changes in the Preterit

Some verbs experience predictable spelling changes in the preterit as well as in other tenses. These changes can be predicted by applying the spelling/pronunciation rules that are used for any word in Spanish.

- Infinitive ending in -**car c** changes to **qu** before **e**

dedi**qué**	dedicamos
dedicaste	dedicasteis
dedicó	dedicaron

acercar, calificar, colocar, criticar, destacar, educar, embarcar, erradicar, indicar, masticar, modificar, pescar, practicar, sacrificar, tocar, unificar

- Infinitive ending in **-gar g** changes to **gu** before **e**

pa**gu**é	pagamos
pagaste	pagasteis
pagó	pagaron

apagar, castigar, colgar, delegar, desligar, divulgar, entregar, fregar, investigar, jugar, juzgar, llegar, madrugar, negar, obligar, plagar, prolongar, rasgar, rogar, tragar

- Infinitive ending in **-guar gu** changes to **gü** before **e**

averi**gü**é	averiguamos
averiguaste	averiguasteis
averiguó	averiguaron

aguar, fraguar

- Infinitive ending in **-zar z** changes to **c** before **e**

memori**c**é	memorizamos
memorizaste	memorizasteis
memorizó	memorizaron

alcanzar, amenazar, analizar, avanzar, cazar, comenzar, destrozar, empezar, gozar, localizar, memorizar, mobilizar, paralizar, rezar, rechazar, rizar

- Infinitive ending in **-aer, -eer, -uir** Unstressed **-i-** becomes **-y-** between two vowels.

leí	leímos	creí	creímos	construí	contruimos
leíste	leísteis	creíste	creísteis	construiste	construisteis
le**y**ó	le**y**eron	cre**y**ó	cre**y**eron	constru**y**ó	constru**y**eron

caer, distribuir, huir, proveer

Stem Changes in the Preterit

There are a number of **-ir** verbs that undergo a vowel change in the stem of the third-person singular and the third-person plural of the preterit. The change may cause **o** to become **u**, or **e** to become **i**. There is no rule to predict what verbs feature this change. You need to learn them. The vocabulary at the end of your textbook flags this type of verb as follows: **dormir (ue, u), sentir (ie, i), repetir (i, i)**.

dormí	dormimos	sentí	sentimos
dormiste	dormisteis	sentiste	sentisteis
d**u**rmió	d**u**rmieron	s**i**ntió	s**i**ntieron

The Preterit of *andar*

The verb **andar**, while regular in most of the tenses, is irregular in the preterit. It is a common error, even among native speakers of Spanish, to conjugate the preterit of **andar** as if it were regular. Below are the preterit forms.

anduve	anduvimos
anduviste	anduvisteis
anduvo	anduvieron

Personal *a*

You need to use the personal **a** when the direct object refers to nouns that refer to specific people.

Los estudiantes conocen **a** una profesora mexicana.
The students know a Mexican professor.

However, when **tener** has a direct object that refers to a nonspecific person, the personal **a** is not used.

Tengo una profesora mexicana.
I have a Mexican professor.

When pronouns that refer to people are direct objects, they take a personal **a**.

¿**A** quién conoces en México?
Who do you know in Mexico?
No conozco **a** nadie en México.
I don't know anybody in Mexico.

Personal-Direct Object Pronoun + a + Prepositional Pronoun

When the direct-object pronoun refers to a person, it can be emphasized or clarified by adding **a** + prepositional pronoun (**mí, ti, usted, él/ella, nosotros/as, vosotros/as, ustedes**).

¿Visitaste a tu abuelo y a tu tía el fin de semana pasado?
Did you visit your grandfather and your aunt last weekend?

Sí, **lo** visité **a él** y **la** llamé **a ella** por teléfono.
Yes, I visited him and called her on the telephone.

Note that **visité a él** and **llamé a ella** are incorrect, you need to add **lo** before the first verb and **la** before the second verb.

Ser and *Estar*

Ser is used to:

* establish the essence or identity of a person or thing
    Yo **soy** estudiante de español.
    I am a student of Spanish.

* express origin
    Yo **soy** de EE. UU.
    I am from the U.S.

- express time
  Son las 3:00 de la tarde.
  It's three o'clock in the afternoon.

- express possession
  Este libro **es** de mi compañera de clase.
  This book belongs to my classmate.

- express when and where an event takes place
  La fiesta del departamento de español **es** en diciembre.
  The Spanish department's party is in December.
  ¿Dónde **es** la fiesta? —En el laboratorio de lenguas.
  Where is the party? "In the language lab."

Estar is used to:

- express the location of a person or object
  Mi casa **está** cerca de la biblioteca.
  My house is near the library.

- form the progressive tenses
  Este semestre **estoy** tomando muchas clases.
  This semester I am taking many classes.

Ser and *Estar* with Adjectives

Ser is used with adjectives:

- to express an essential characteristic of a person or object
  Yo **soy** simpática.
  I am friendly.
  Este libro **es** fácil.
  This book is easy.

Estar with adjectives is used to:

- express the state or condition of a person or object
  Estoy contenta porque recibí una beca.
  I am happy because I received a scholarship.

- note a change in the person or object
  Violeta es guapa y hoy **está** más guapa todavía con su nuevo corte de pelo.
  Violeta is pretty and today she is even prettier with her new haircut.

Some adjectives can never be used with **estar**. Below is a partial list.

crónico	chronic
efímero	ephemeral
eterno	eternal
inteligente	intelligent

Some adjectives can never be used with **ser**. Below is a partial list.

ausente	*absent*
contento	*happy*
enfermo	*sick*
muerto	*dead*
presente	*present*
satisfecho	*satisfied*

Some adjectives have different meanings when combined with **ser** or **estar**.

	ser	**estar**
aburrido	*boring*	*bored*
bueno	*good (personality)*	*in good health*
interesado	*selfish*	*interested*
listo	*clever*	*ready*
malo	*bad (personality)*	*in poor health*
molesto	*bothersome*	*bothered*
nuevo	*brand new*	*unused*
seguro	*safe*	*sure*
vivo	*lively*	*alive*

Grammar Reference Chapter 7

Predictable Spelling Changes in the Present Subjunctive

Some verbs experience predictable spelling changes in the present subjunctive as well as in other tenses. These changes can be predicted by applying the spelling/pronunciation rules that are used for any word in Spanish.

- Infinitive ending in **-car c** changes to **qu** before **e**

dedi**qu**e	dedi**qu**emos
dedi**qu**es	dedi**qu**éis
dedi**qu**e	dedi**qu**en

acercar, calificar, colocar, criticar, destacar, educar, embarcar, erradicar, indicar, masticar, modificar, pescar, practicar, sacrificar, tocar, unificar

- Infinitive ending in **-gar g** changes to **gu** before **e**

pa**gu**e	pa**gu**emos
pa**gu**es	pa**gu**éis
pa**gu**e	pa**gu**en

apagar, colgar, castigar, delegar, desligar, divulgar, entregar, fregar, investigar, jugar, juzgar, llegar, madrugar, negar, obligar, plagar, prolongar, rasgar, rogar, tragar

- Infinitive ending in **-guar gu** changes to **gü** before **e**

averi**gü**e	averi**gü**emos
averi**gü**es	averi**gü**éis
averi**gü**e	averi**gü**en

aguar, fraguar

- Infinitive ending in **-zar z** changes to **c** before **e**

memori**c**e	memori**c**emos
memori**c**es	memori**c**éis
memori**c**e	memori**c**en

alcanzar, amenazar, analizar, avanzar, cazar, comenzar, destrozar, empezar, gozar, localizar, memorizar, mobilizar, paralizar, rezar, rechazar, rizar

Other Spelling Changes in the Present Subjunctive

Infinitive ending in **-uir**

Unstressed **-i-** becomes **-y-** between two vowels.

contribu**y**a	contribu**y**amos
contribu**y**as	contribu**y**áis
contribu**y**a	contribu**y**an

construir, distribuir, huir, restituir

Spelling Changes in the Imperfect Subjunctive

Infinitive ending in **-aer, -eer, -uir**

Unstressed **-i-** becomes **-y-** between two vowels. Since this change occurs in the preterit (*leyeron*), which is the base for the imperfect subjunctive, it is carried over to the imperfect subjunctive.

le**y**era/le**y**ese	le**y**éramos/le**y**ésemos
le**y**eras/le**y**eses	le**y**erais/le**y**eseis
le**y**era/le**y**ese	le**y**eran/le**y**esen

caer, construir, creer, distribuir, huir, proveer

Stem Changes in the Present Subjunctive

Stem-changing **-ar** and **-er** verbs undergo the change **e → ie** or **o → ue** in the **yo, tú, él/ella** and **ellos/as** forms.

c**ie**rre c**ie**rres c**ie**rre	c**ue**nte c**ue**ntes c**ue**nte
cerremos cerréis c**ie**rren	contemos contéis c**ue**nten

Stem-changing -**ir** verbs undergo the change **e → ie** or **i** and **o → ue** or **u** in all persons.

convertir (ie, i):

conv**ie**rta	conv**i**rtamos
conv**ie**rtas	conv**i**rtáis
conv**ie**rta	conv**ie**rtan

servir (i, i):

s**i**rva	s**i**rvamos
s**i**rvas	s**i**rváis
s**i**rva	s**i**rvan

dormir (ue, u):

d**ue**rma	d**u**rmamos
d**ue**rmas	d**u**rmáis
d**ue**rma	d**ue**rman

The Imperfect Subjunctive of *andar*

The verb **andar**, while regular in most of the tenses, is irregular in the preterit. That irregularity is carried over to the imperfect subjunctive (as the third-person plural of the preterit is used as the base to conjugate the imperfect subjunctive). It is a common error, even among native speakers of Spanish, to conjugate the imperfect subjunctive of **andar** as if it were regular.

anduviera/anduviese	anduviéramos/anduviésemos
anduvieras/anduvieses	anduvierais/anduvieseis
anduviera/anduviese	anduvieran/anduviesen

Grammar Reference Chapter 8

Irregular Verbs in the Future and Conditional

The irregular verbs shown below take the same endings as the regular verbs.

Future endings	Conditional endings
-é	-ía
-ás	-ías
-á	-ía
-emos	-íamos
-éis	-íais
-án	-ían

Irregular verbs

Note that these verb stems are used in the formation of both the future and the conditional.

Drop last vowel in the infinitive	Replace last vowel in the infinitive with d	Other
haber → **habr-**	poner → **pondr-**	decir → **dir-**
poder → **podr-**	salir → **saldr-**	hacer → **har-**
querer → **querr-**	tener → **tendr-**	
saber → **sabr-**	valer → **valdr-**	
	venir → **vendr-**	

Limitations to the Use of the Conditional

Although in many instances the English would and should correspond to the conditional tense in Spanish, there are a few contexts where other tenses need to be used.

1. Would, conveying habitual actions in relation to the past, is rendered in Spanish with the imperfect tense.

    Cada verano **visitábamos** a nuestros abuelos.

    Every summer we would visit our grandparents.

2. Would is rendered by the present or the imperfect subjunctive, depending on the context, when preceded by wish. Wish can be expressed by **ojalá** or a verb indicating wish or desire.

    Ojalá que **venga/viniera** a Nicaragua.

    Espero que **venga** a Nicaragua.

    I wish she would come to Nicaragua.

3. Should, conveying obligation, is rendered in Spanish with **deber** in the conditional.

    Deberíamos hacer ecoturismo en Honduras.

    We should do ecotourism in Honduras.

Contrary-to-Fact si Clauses Describing the Past

1. When a **si** clause introduces a contrary-to-fact situation or condition, that is, a situation unlikely to take place in the present or future time, the imperfect subjunctive is used. When the situation or condition refers to a past time, Spanish, like English, uses the past perfect subjunctive in the *si* clause and conditional perfect for the result clause. (See verb charts for past perfect subjunctive and conditional perfect in Appendix B.)

    Si los españoles **no hubieran colonizado** Costa Rica, la población indígena **no habría desaparecido**.

    If the Spaniards hadn't colonized Costa Rica, the indigenous population wouldn't have disappeared.

2. The phrase *como si* (*as if*) always presents a contrary-to-fact situation and it takes either the imperfect or the past perfect subjunctive. The imperfect is used when the action of the *si* clause takes place at the same time as the main verb. The past perfect subjunctive is used to refer to an action that happened in the past.

> Isabel me vio ayer y actuó **como si no me conociera**.
> *Isabel saw me yesterday and she acted as if she didn't know me.*
> En la ceremonia del Premio Nobel, el presidente Arias actuó con humildad, como si no **hubiera hecho** algo importante.
> *At the Nobel Prize Award ceremony, President Arias showed humility, as if he had not done anything important.*

Grammar Reference Chapter 9

Como (since) as a Close Synonym of *puesto que/ya que (since)*

In a broad sense, **como** is a synonym of **puesto que/ya que**, but there are two differences.

1. While **como** can be used when the topic and context are either formal or informal, the use of **ya que** is restricted to formal topics and contexts.

> **Como** no estudias, no sacas buenas notas. (*informal topic/context*)
> *Since you don't study, you don't get good grades.*
> **Puesto que (ya que)** Cartagena lucha heroicamente durante la guerra de la independencia, Simón Bolívar la llama "La Ciudad Heroica". *(formal topic/context)*
> *Since Cartagena fights heroically during the independence war, Simón Bolívar calls her "The Heroic City."*

2. While the clause (dependent clause) introduced **by puesto que/ya que** can appear before or after the independent clause, **como** requires that the dependent clause be used only before the independent clause.

> **Como** no estudias, no sacas buenas notas.
> *Since you don't study, you don't get good grades.*
> **Puesto que (ya que)** Cartagena lucha heroicamente durante la guerra de la independencia, Simón Bolívar la llama "La Ciudad Heroica". *(formal topic/context)*
> Simón Bolívar la llama "La Ciudad Heroica" **puesto que (ya que)** Cartagena lucha heroicamente durante la guerra de la independencia.
> *Simón Bolívar calls her "The Heroic City" since Cartagena fights heroically during the Independence war.*

Como also means *if*

When **como** means *if*, it always requires the use of subjunctive. The clause with **como** must be placed before the independent clause.

> **Como** no estudies, no sacarás buenas notas.
> *If you don't study, you won't get good grades.*
> Compare the previous example to the next one, where **como** means *since*.
> **Como** no estudias, no sacas buenas notas.
> *Since you don't study, you don't get good grades.*

Use of Infinitive Instead of Subjunctive in Adverbial Clauses

The following adverbial expressions always require the use of subjunctive in the dependent clause.

> **a fin (de) que**
> **antes (de) que**
> **después (de) que**
> **hasta que**
> **para que**

However, when the subject of the action in the independent clause is the same for the verb in the adverbial clause, an infinitive is used instead of the subjunctive. When this structure occurs, the adverbial expressions become plain prepositions (**a fin de, antes de, después de, hasta, para**) by dropping **que**.

> El gobierno colombiano tiene que negociar la paz **para aumentar** el turismo.
> *The Colombian government has to negotiate the peace in order to increase tourism.*

Grammar Reference Chapter 10

Ya and *Todavía*

Ya means *already* when the sentence is affirmative, whether the sentence is a statement or a question.

> **Ya** habíamos estudiado para el examen de español cuando empezó nuestro programa de televisión favorito.
> *We had already studied for the Spanish test when our favorite TV show began.*
> ¿**Ya** habías estudiado para el examen de español cuando empezó tu programa de televisión favorito?
> *Had you already studied for the Spanish test when your favorite TV show began?*

Todavía is used instead of **ya** if the sentence is negative, whether the sentence is a statement or a question.

> **Todavía** no habíamos estudiado para el examen de español cuando empezó nuestro programa de televisión favorito.
> *We had not yet studied for the Spanish test when our favorite TV show began.*
>
> ¿**Todavía** no habías estudiado para el examen de español cuando empezó tu programa de televisión favorito?
> *Hadn't you studied yet for the Spanish test when your favorite TV show began?*

Present Perfect Subjunctive

The present perfect subjunctive is the counterpart of the present perfect indicative. To conjugate this tense, you need the verb **haber** in the present subjunctive plus the past participle of another verb.

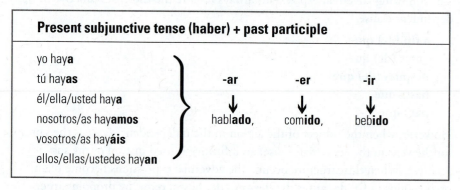

Present subjunctive tense (haber) + past participle
yo hay**a**
tú hay**as**
él/ella/usted hay**a**
nosotros/as hay**amos**
vosotros/as hay**áis**
ellos/ellas/ustedes hay**an**

-ar → habl**ado**, -er → com**ido**, -ir → beb**ido**

You need to use the present perfect subjunctive to describe a completed event in the past or in the future when the speaker's point of reference is the present. As any other subjunctive tense, this tense appears in the dependent clause as a result of the independent clause bearing an element that calls for subjunctive in the dependent clause, e. g., expression of desire or persuasion, doubt, feelings, or reference to an unknown thing, person, or event.

> Espero que los estudiantes **hayan estudiado** mucho para el examen de hoy sobre Chile.
> *I hope the students have studied a lot for today's test on Chile.*
>
> No creo que los estudiantes **hayan llegado** a Chile todavía.
> *I don't think the students have yet arrived in Chile.*

Past Perfect Subjunctive

The past perfect subjunctive is the counterpart of the past perfect indicative.

	-ar	-er	-ir
yo hubiera o hubiese			
tú hubieras o hubieses			
él/ella/usted hubiera o hubiese	↓	↓	↓
nosotros/as hubiéramos o hubiésemos	hablado,	comido,	bebido
vosotros/as hubierais o hubieseis			
ellos/ellas/ustedes hubieran o hubiesen			

You need to use the past perfect subjunctive to describe a completed event in the past that took place prior to another past action or event. As any other subjunctive tense, this tense appears in the dependent clause as a result of the independent clause bearing an element that calls for subjunctive in the dependent clause, e. g., expression of desire or persuasion, doubt, feelings; reference to an unknown thing, person, or event; and contrary-to-fact conditional sentences.

> Era dudoso que los estudiantes **hubieran hablado** con muchos chilenos en
>   sólo dos semanas de visita al país.
> *It was doubtful that the students had talked to many Chileans in just a two-week
>   visit to the country.*
> Yo habría ido a Chile el verano pasado si no **hubiera trabajado**.
> *I would have gone to Chile last summer if I had not worked.*

Pronouns, Possessives, and Demonstratives

Pronouns

Subject	Direct Object		Indirect Object*		Reflexive	
yo	me	*me*	me	*me*	me	*myself*
tú	te	*you*	te	*you*	te	*yourself*
él/Ud.	lo	*him*	le	*him*	se	*himself*
ella/Ud.	la	*her*	le	*her*	se	*herself*
nosotros/as	nos	*us*	nos	*us*	nos	*ourselves*
vosotros/as	os	*you*	os	*you*	os	*yourselves*
ellos/Uds.	los	*them*	les	*them*	se	*themselves*
ellas/Uds.	las	*them*	les	*them*	se	*themselves*

*NOTE: **Le/Les** become **se** when they occur along with the direct objects **lo/s, la/s**:
—¿**Le** diste el libro a tu compañera? —Sí, **se** lo di.

Possessive Adjectives and Pronouns

Short Form Adjectives		Long Form Adjectives and Pronouns	
mi(s)	my	mío(s), mía(s)	mine
tu(s)	your	tuyo(s), tuya(s)	yours
su(s)	his/her	suyo(s), suya(s)	his/hers
nuestro(s), nuestra(s)	our	nuestro(s), nuestra(s)	ours
vuestro(s), vuestra(s)	your	vuestro(s), vuestra(s)	yours
su(s)	their	suyo(s), suya(s)	theirs

Demonstrative Adjectives

	singular	plural	singular	plural	singular	plural
masculine	este	estos	ese	esos	aquel	aquellos
	this	these	that	those	that	those
feminine	esta	estas	esa	esas	aquella	aquellas
	this	these	that	those	that	those

Demonstrative Pronouns*

	singular	plural	singular	plural	singular	plural
masculine	éste	éstos	ése	ésos	aquél	aquéllos
	this (one)	these (ones)	that (one)	those (ones)	that (one)	those (ones)
feminine	ésta	éstas	ésa	ésas	aquélla	aquéllas
	this (one)	these (ones)	that (one)	those (ones)	that (one)	those (ones)
neuter	esto	——	eso	——	aquello	——
	this (one)		that (one)		that (one)	

*NOTE: According to the latest spelling rules published by the Real Academia Española, demonstrative pronouns should not carry an accent mark unless the sentence is ambiguous, such as: **¿Por qué compraron aquéllos libros usados?,** where **aquéllos** (those students/people) is the subject but could be interpreted as demonstrative adjective accompanying **libros** if it did not have an accent mark. Otherwise, by default, demonstrative pronouns do not carry an accent mark. As time goes on the acceptance of this new rule will become more widespread.

Regular Verbs

Infinitive: Simple Forms		
habl **ar** *(to speak)*	com **er** *(to eat)*	viv **ir** *(to live)*
Present Participle: Simple Forms		
habl **ando** *(speaking)*	com **iendo** *(eating)*	viv **iendo** *(living)*
Past Participle		
habl **ado** *(spoken)*	com **ido** *(eaten)*	viv **ido** *(lived)*
Infinitive: Perfect Forms		
hab **er** habl **ado** *(to have spoken)*	hab **er** com **ido** *(to have eaten)*	hab **er** viv **ido** *(to have lived)*
Present Participle: Perfect Forms		
hab **iendo** habl **ado** *(having spoken)*		
hab **iendo** com **ido** *(having spoken)*		
hab **iendo** viv **ido** *(having lived)*		

Indicative: Simple Tenses

Present		
(I speak, am speaking, do speak, will speak)	*(I eat, am eating, do eat, will eat)*	*(I live, am living, do live, will live)*
habl **o**	com **o**	viv **o**
habl **as**	com **es**	viv **es**
habl **a**	com **e**	viv **e**
habl **amos**	com **emos**	viv **imos**
habl **áis**	com **éis**	viv **ís**
habl **an**	com **en**	viv **en**

Imperfect		
(*I was speaking, used to speak, spoke*)	(*I was eating, used to eat, ate*)	(*I was living, used to live, lived*)
habl **aba**	com **ía**	viv **ía**
habl **abas**	com **ías**	viv **ías**
habl **aba**	com **ía**	viv **ía**
habl **ábamos**	com **íamos**	viv **íamos**
habl **abais**	com **íais**	viv **íais**
habl **aban**	com **ían**	viv **ían**

Preterit		
(*I spoke, did speak*)	(*I ate, did eat*)	(*I lived, did live*)
habl **é**	com **í**	viv **í**
habl **aste**	com **iste**	viv **iste**
habl **ó**	com **ió**	viv **ió**
habl **amos**	com **imos**	viv **imos**
habl **asteis**	com **isteis**	viv **isteis**
habl **aron**	com **ieron**	viv **ieron**

Future		
(*I shall/will speak*)	(*I shall/will eat*)	(*I shall/will live*)
hablar **é**	comer **é**	vivir **é**
hablar **ás**	comer **ás**	vivir **ás**
hablar **á**	comer **á**	vivir **á**
hablar **emos**	comer **emos**	vivir **emos**
hablar **éis**	comer **éis**	vivir **éis**
hablar **án**	comer **án**	vivir **án**

Verb Tables

Indicative: Simple Tenses (continued)

Conditional		
(*I would speak*)	(*I would eat*)	(*I would live*)
hablar **ía**	comer **ía**	vivir **ía**
hablar **ías**	comer **ías**	vivir **ías**
hablar **ía**	comer **ía**	vivir **ía**
hablar **íamos**	comer **íamos**	vivir **íamos**
hablar **íais**	comer **íais**	vivir **íais**
hablar **ían**	comer **ían**	vivir **ían**

Subjunctive: Simple Tenses

Present		
(*that I [may] speak*)	(*that I [may] eat*)	(*that I [may] live*)
habl **e**	com **a**	viv **a**
habl **es**	com **as**	viv **as**
habl **e**	com **a**	viv **a**
habl **emos**	com **amos**	viv **amos**
habl **éis**	com **áis**	viv **áis**
habl **en**	com **an**	viv **an**

Imperfect					
(*that I [might] speak*)		(*that I [might] eat*)		(*that I [might] live*)	
habl **ar a**	habl **as e**	com **ier a**	com **ies e**	viv **ier a**	viv **ies e**
habl **ar as**	habl **as es**	com **ier as**	com **ies es**	viv **ier as**	viv **ies es**
habl **ar a**	habl **as e**	com **ier a**	com **ies e**	viv **ier a**	viv **ies e**
habl **ár amos**	habl **ás emos**	com **iér amos**	com **iés emos**	viv **iér amos**	viv **iés emos**
habl **ar ais**	habl **as eis**	com **ier ais**	com **ies eis**	viv **ier ais**	viv **ies eis**
habl **ar an**	habl **as en**	com **ier an**	com **ies en**	viv **ier an**	viv **ies en**

Affirmative Commands

(speak)	(eat)	(live)
habl **a** (tú)	com **e** (tú)	viv **e** (tú)
habl **ad** (vosotros)	com **ed** (vosotros)	viv **id** (vosotros)
habl **e** (Ud.)	com **a** (Ud.)	viv **a** (Ud.)
habl **en** (Uds.)	com **an** (Uds.)	viv **an** (Uds.)

Negative Commands

(don't speak)	(don't eat)	(don't live)
No habl **es** (tú)	No com **as** (tú)	No viv **as** (tú)
No habl **eis** (vosotros)	No com **ais** (vosotros)	No viv **áis** (vosotros)
No habl **e** (Ud.)	No com **a** (Ud.)	No viv **a** (Ud.)
No habl **en** (Uds.)	No com **an** (Uds.)	No viv **an** (Uds.)

Indicative: Perfect Tenses

Present Perfect

(I have spoken)	(I have eaten)	(I have lived)
h **e**	h **e**	h **e**
h **as**	h **as**	h **as**
h **a**	h **a**	h **a**
h **emos**	h **emos**	h **emos**
h **abéis**	h **abéis**	h **abéis**
h **an**	h **an**	h **an**

habl **ado**   com **ido**   viv **ido**

Indicative: Perfect Tenses (continued)

Past Perfect		
(*I had spoken*)	(*I had eaten*)	(*I had lived*)
hab **ía**	hab **ía**	hab **ía**
hab **ías**	hab **ías**	hab **ías**
hab **ía**	hab **ía**	hab **ía**
hab **íamos** } habl **ado**	hab **íamos** } com **ido**	hab **íamos** } viv **ido**
hab **íais**	hab **íais**	hab **íais**
hab **ían**	hab **ían**	hab **ían**

Future Perfect		
(*I will have spoken*)	(*I will have eaten*)	(*I will have lived*)
habr **é**	habr **é**	habr **é**
habr **ás**	habr **ás**	habr **ás**
habr **á**	habr **á**	habr **á**
habr **emos** } habl **ado**	habr **emos** } com **ido**	habr **emos** } viv **ido**
habr **éis**	habr **éis**	habr **éis**
habr **án**	habr **án**	habr **án**

Conditional Perfect		
(*I would have spoken*)	(*I would have eaten*)	(*I would have lived*)
habr **ía**	habr **ía**	habr **ía**
habr **ías**	habr **ías**	habr **ías**
habr **ía**	habr **ía**	habr **ía**
habr **íamos** } habl **ado**	habr **íamos** } com **ido**	habr **íamos** } viv **ido**
habr **íais**	habr **íais**	habr **íais**
habr **ían**	habr **ían**	habr **ían**

Subjunctive: Perfect Tenses

Present Perfect		
(*that I [may] have spoken*)	(*that I [may] have eaten*)	(*that I [may] have lived*)
hay **a**	hay **a**	hay **a**
hay **as**	hay **as**	hay **as**
hay **a**	hay **a**	hay **a**
hay **amos** } habl **ado**	hay **amos** } com **ido**	hay **amos** } viv **ido**
hay **áis**	hay **áis**	hay **áis**
hay **an**	hay **an**	hay **an**

Past Perfect		
(*that I had [might] have spoken*)	(*that I had [might] have eaten*)	(*that I had [might] have lived*)
hub **ier a**	hub **ier a**	hub **ier a**
hub **ier as**	hub **ier as**	hub **ier as**
hub **ier a**	hub **ier a**	hub **ier a**
hub **iér amos** } habl **ado**	hub **iér amos** } com **ido**	hub **iér amos** } viv **ido**
hub **ier ais**	hub **ier ais**	hub **ier ais**
hub **ier an**	hub **ier an**	hub **ier an**
OR	OR	OR
hub **ies e**	hub **ies e**	hub **ies e**
hub **ies es**	hub **ies es**	hub **ies es**
hub **ies e**	hub **ies e**	hub **ies e**
hub **iés emos** } habl **ado**	hub **iés emos** } com **ido**	hub **iés emos** } viv **ido**
hub **ies eis**	hub **ies eis**	hub **ies eis**
hub **ies en**	hub **ies en**	hub **ies en**

Verb Tables

Irregular Verbs

(Only the irregular tenses are included.)

andar (*to walk, to go*)

PRETERIT: anduve, anduviste, anduvo, anduvimos, anduvisteis, anduvieron

caber (*to fit*)

PRESENT INDICATIVE: quepo, cabes, cabe, cabemos, cabéis, caben

PRETERIT: cupe, cupiste, cupo, cupimos, cupisteis, cupieron

FUTURE: cabré, cabrás, cabrá, cabremos, cabréis, cabrán

IMPERFECT SUBJUNCTIVE: cupiera (cupiese), cupieras, cupiera, cupiéramos, cupierais, cupieran

caer (*to fall, to drop*)

PRESENT INDICATIVE: caigo, caes, cae, caemos, caéis, caen

PRETERIT: caí, caíste, cayó, caímos, caísteis, cayeron

conducir (*to drive, to conduct*)

PRESENT INDICATIVE: conduzco, conduces, conduce, conducimos, conducís, conducen

PRETERIT: conduje, condujiste, condujo, condujimos, condujisteis, condujeron

IMPERATIVE: conduce (tú), no conduzcas (tú), conducid (vosotros), no conduzcáis (vosotros), conduzca (Ud.), conduzcan (Uds.)

conocer (*to know, to be acquainted with*)

PRESENT INDICATIVE: conozco, conoces, conoce, conocemos, conocéis, conocen

construir (*to build, to construct*)

PRESENT INDICATIVE: construyo, construyes, construye, construimos, construís, construyen

PRETERIT: construí, construiste, construyó, construimos, construisteis, construyeron

IMPERATIVE: construye (tú), no construyas (tú), construid (vosotros), no construyáis (vosotros), construya (Ud.), construyan (Uds.)

dar (*to give*)

PRESENT INDICATIVE: doy, das, da, damos, dais, dan

PRETERIT: di, diste, dio, dimos, disteis, dieron

decir (*to say, to tell*)

PRESENT INDICATIVE: digo, dices, dice, decimos, decís, dicen

PRETERIT: dije, dijiste, dijo, dijimos, dijisteis, dijeron

FUTURE: diré, dirás, dirá, diremos, diréis, dirán

IMPERATIVE: di (tú), no digas (tú), decid (vosotros), no digáis (vosotros), diga (Ud.), digan (Uds.)

PRESENT PARTICIPLE: diciendo

PAST PARTICIPLE: dicho

estar (*to be*)

PRESENT INDICATIVE: estoy, estás, está, estamos, estáis, están

PRETERIT: estuve, estuviste, estuvo, estuvimos, estuvisteis, estuvieron

PRESENT SUBJUNCTIVE: esté, estés, esté, estemos, estéis, estén

haber (*to have [auxiliary]*)

PRESENT INDICATIVE: he, has, ha, hemos, habéis, han

PRETERIT: hube, hubiste, hubo, hubimos, hubisteis, hubieron

FUTURE: habré, habrás, habrá, habremos, habréis, habrán

PRESENT SUBJUNCTIVE: haya, hayas, haya, hayamos, hayáis, hayan

hacer (*to do, to make*)

PRESENT INDICATIVE: hago, haces, hace, hacemos, hacéis, hacen

PRETERIT: hice, hiciste, hizo, hicimos, hicisteis, hicieron

FUTURE: haré, harás, hará, haremos, haréis, harán

IMPERATIVE: haz (tú), no hagas (tú), haced (vosotros), no hagáis (vosotros), haga (Ud.), hagan (Uds.)

PAST PARTICIPLE: hecho

ir (*to go*)

PRESENT INDICATIVE: voy, vas, va, vamos, vais, van

IMPERFECT INDICATIVE: iba, ibas, iba, íbamos, ibais, iban

PRETERIT: fui, fuiste, fue, fuimos, fuisteis, fueron

PRESENT SUBJUNCTIVE: vaya, vayas, vaya, vayamos, vayáis, vayan

IMPERATIVE: ve (tú), no vayas (tú), id (vosotros), no vayáis (vosotros), vaya (Ud.), vayan (Uds.)

PRESENT PARTICIPLE: yendo

oír (*to hear, to listen*)

PRESENT INDICATIVE: oigo, oyes, oye, oímos, oís, oyen

PRETERIT: oí, oíste, oyó, oímos, oísteis, oyeron

IMPERATIVE: oye (tú), no oigas (tú), oíd (vosotros), no oigáis (vosotros), oiga (Ud.), oigan (Uds.)

PRESENT PARTICIPLE: oyendo

poder (*to be able to, can*)

PRESENT INDICATIVE: puedo, puedes, puede, podemos, podéis, pueden

PRETERIT: pude, pudiste, pudo, pudimos, pudisteis, pudieron

FUTURE: podré, podrás, podrá, podremos, podréis, podrán

PRESENT PARTICIPLE: pudiendo

poner (*to put, to place, to set*)

PRESENT INDICATIVE: pongo, pones, pone, ponemos, ponéis, ponen

PRETERIT: puse, pusiste, puso, pusimos, pusisteis, pusieron

FUTURE: pondré, pondrás, pondrá, pondremos, pondréis, pondrán

IMPERATIVE: pon (tú), no pongas (tú), poned (vosotros), no pongáis (vosotros), ponga (Ud.), pongan (Uds.)

PAST PARTICIPLE: puesto

querer (*to wish, to want, to love*)

PRESENT INDICATIVE: quiero, quieres, quiere, queremos, queréis, quieren

PRETERIT: quise, quisiste, quiso, quisimos, quisisteis, quisieron

FUTURE: querré, querrás, querrá, querremos, querréis, querrán

saber (*to know*)

PRESENT INDICATIVE: sé, sabes, sabe, sabemos, sabéis, saben

PRETERIT: supe, supiste, supo, supimos, supisteis, supieron

FUTURE: sabré, sabrás, sabrá, sabremos, sabréis, sabrán

PRESENT SUBJUNCTIVE: sepa, sepas, sepa, sepamos, sepáis, sepan

IMPERATIVE: sabe (tú), no sepas (tú), sabed (vosotros), no sepáis (vosotros), sepa (Ud.), sepan (Uds.)

salir (*to go out, to leave*)

PRESENT INDICATIVE: salgo, sales, sale, salimos, salís, salen

FUTURE: saldré, saldrás, saldrá, saldremos, saldréis, saldrán

IMPERATIVE: sal (tú), no salgas (tú), salid (vosotros), no salgáis (vosotros), salga (Ud.), salgan (Uds.)

ser (*to be*)

PRESENT INDICATIVE: soy, eres, es, somos, sois, son

IMPERFECT INDICATIVE: era, eras, era, éramos, erais, eran

PRETERIT: fui, fuiste, fue, fuimos, fuisteis, fueron

PRESENT SUBJUNCTIVE: sea, seas, sea, seamos, seáis, sean

tener (*to have*)

PRESENT INDICATIVE: tengo, tienes, tiene, tenemos, tenéis, tienen

PRETERIT: tuve, tuviste, tuvo, tuvimos, tuvisteis, tuvieron

FUTURE: tendré, tendrás, tendrá, tendremos, tendréis, tendrán

IMPERATIVE: ten (tú), no tengas (tú), tened (vosotros), no tengáis (vosotros), tenga (Ud.), tengan (Uds.)

traer (*to bring*)

PRESENT INDICATIVE: traigo, traes, trae, traemos, traéis, traen

PRETERIT: traje, trajiste, trajo, trajimos, trajisteis, trajeron

IMPERATIVE: trae (tú), no traigas (tú), traed (vosotros), no traigáis (vosotros), traiga (Ud.), traigan (Uds.)

valer (*to be worth, to cost*)

PRESENT INDICATIVE: valgo, vales, vale, valemos, valéis, valen

FUTURE: valdré, valdrás, valdrá, valdremos, valdréis, valdrán

venir (*to come; to go*)

PRESENT INDICATIVE: vengo, vienes, viene, venimos, venís, vienen

PRETERIT: vine, viniste, vino, vinimos, vinisteis, vinieron

FUTURE: vendré, vendrás, vendrá, vendremos, vendréis, vendrán

IMPERATIVE: ven (tú), no vengas (tú), venid (vosotros), no vengáis (vosotros), venga (Ud.), vengan (Uds.)

ver (*to see, to watch*)

PRESENT INDICATIVE: veo, ves, ve, vemos, veis, ven

IMPERFECT INDICATIVE: veía, veías, veía, veíamos, veíais, veían

PRESENT SUBJUNTIVE: vea, veas, vea, veamos, veáis, vean

PAST PARTICIPLE: visto

Stem-changing Verbs

1. One change: e → ie / o → ue

pensar (*to think, to plan*)

PRESENT INDICATIVE: pienso, piensas, piensa, pensamos, pensáis, piensan

PRESENT SUBJUNCTIVE: piense, pienses, piense, pensemos, penséis, piensen

volver (*to return*)

PRESENT INDICATIVE: vuelvo, vuelves, vuelve, volvemos, volvéis, vuelven

PRESENT SUBJUNCTIVE: vuelva, vuelvas, vuelva, volvamos, volváis, vuelvan

IMPERATIVE: vuelve (tú), no vuelvas (tú), volved (vosotros), no volváis (vosotros), vuelva (Ud.), vuelvan (Uds.)

The following verbs show similar patterns:

acordarse (ue) *to remember*	jugar (ue) *to play*
acostarse (ue) *to go to bed*	llover (ue) *to rain*
cerrar (ie) *to close*	mostrar (ue) *to show*

comenzar (ie) *to start, to begin*	negar (ie) *to deny*
contar (ue) *to count, to tell*	nevar (ie) *to snow*
costar (ue) *to cost*	perder (ie) *to miss, to lose*
despertarse (ie) *to wake up*	querer (ie) *to wish, to love*
doler (ue) *to hurt*	recordar (ue) *to remember, to remind*
empezar (ie) *to start, to begin*	sentar (ie) *to sit down*
encontrar (ue) *to find*	tener (ie) *to have*
entender (ie) *to understand*	volar (ue) *to fly*

2. Double change: e → ie, i / o → ue, u

preferir (*to prefer*)

PRESENT INDICATIVE: prefiero, prefieres, prefiere, preferimos, preferís, prefieren

PRETERIT: preferí, preferiste, prefirió, preferimos, preferisteis, prefirieron

PRESENT SUBJUNCTIVE: prefiera, prefieras, prefiera, prefiramos, prefiráis, prefieran

IMPERFECT SUBJUNCTIVE: prefiriera (prefiriese), prefirieras, prefiriera, prefiriéramos, prefirierais, prefirieran

PRESENT PARTICIPLE: prefiriendo

dormir (*to sleep*)

PRESENT INDICATIVE: duermo, duermes, duerme, dormimos, dormís, duermen

PRETERIT: dormí, dormiste, durmió, dormimos, dormisteis, durmieron

PRESENT SUBJUNCTIVE: duerma, duermas, duerma, durmamos, durmáis, duerman

IMPERFECT SUBJUNCTIVE: durmiera (durmiese), durmieras, durmiera, durmiéramos, durmierais, durmieran

IMPERATIVE: duerme (tú), no duermas (tú), dormid (vosotros), no durmáis (vosotros), duerma (Ud.), duerman (Uds.)

PRESENT PARTICIPLE: durmiendo

The following verbs show similar patterns:

advertir (ie, i) *to advise, to warn*	mentir (ie, i) *to lie*
convertir (ie, i) *to convert*	morir (ue, u) *to die*
divertirse (ie, i) *to enjoy oneself*	sentir (ie, i) *to feel, to sense*
invertir (ie, i) *to invest; to reverse*	

3. Change from e → i

pedir (*to ask for*)

PRESENT INDICATIVE: pido, pides, pide, pedimos, pedís, piden

PRETERIT: pedí, pediste, pidió, pedimos, pedisteis, pidieron

PRESENT SUBJUNCTIVE: pida, pidas, pida, pidamos, pidáis, pidan

IMPERFECT SUBJUNCTIVE: pidiera (pidiese), pidieras, pidiera, pidiéramos, pidierais, pidieran

IMPERATIVE: pide (tú), no pidas (tú), pidáis (vosotros), no pidáis (vosotros), pida (Ud.), pidan (Uds.)

PRESENT PARTICIPLE: pidiendo

The following verbs show a similar pattern:

competir (i) *to compete*	perseguir (i) *to pursue, to follow*
conseguir (i) *to obtain*	proseguir (i) *to follow, to continue*
corregir (i) *to correct*	reír (i) *to laugh*
despedir (i) *to say good-bye, to fire*	repetir (i) *to repeat*
elegir (i) *to elect, to choose*	seguir (i) *to follow*
freír (i) *to fry*	servir (i) *to serve*
impedir (i) *to prevent*	sonreír (i) *to smile*
medir (i) *to measure*	vestirse (i) *to get dressed*

Verbs with Spelling Changes

1. Verbs ending in *-zar* change *z* to *c* before *e*

empezar (*to begin*)

PRETERIT: empecé, empezaste, empezó, empezamos, empezasteis, empezaron

PRESENT SUBJUNCTIVE: empiece, empieces, empiece, empecemos, empecéis, empiecen

IMPERATIVE: empieza (tú), no empieces (tú), empezad (vosotros), no empecéis (vosotros), empiece (Ud.), empiecen (Uds.)

The following verbs show a similar pattern:

alunizar *to land on the moon*	comenzar *to start, to begin*
atemorizar *to scare*	especializar *to specialize*
aterrizar *to land*	memorizar *to memorize*
cazar *to hunt*	organizar *to organize*
caracterizar *to characterize*	rezar *to pray*

2. Verbs ending in –cer change c to z before o and a

vencer (*to defeat, to conquer*)

PRESENT INDICATIVE: venzo, vences, vence, vencemos, vencéis, vencen

PRESENT SUBJUNCTIVE: venza, venzas, venza, venzamos, venzáis, venzan

IMPERATIVE: vence (tú), no venzas (tú), venced (vosotros), no venzáis (vosotros), venza (Ud.), venzan (Uds.)

convencer (*to convince*) shows the same pattern as **vencer**

3. Verbs ending in -car change c to qu before e

buscar (*to look for*)

PRETERIT: busqué, buscaste, buscó, buscamos, buscasteis, buscaron

PRESENT SUBJUNCTIVE: busque, busques, busque, busquemos, busquéis, busquen

IMPERATIVE: busca (tú), no busques (tú), buscad (vosotros), no busquéis (vosotros), busque (Ud.), busquen (Uds.)

The following verbs show a similar pattern:

> explicar *to explain*
>
> practicar *to practice*
>
> sacar *to take out*
>
> tocar *to touch, to play*

4. Verbs ending in -gar change g to gu before e

llegar (*to arrive*)

PRETERIT: llegué, llegaste, llegó, llegamos, llegasteis, llegaron

PRESENT SUBJUNCTIVE: llegue, llegues, llegue, lleguemos, lleguéis, lleguen

IMPERATIVE: llega (tú), no llegues (tú), llegad (vosotros), no lleguéis (vosotros), llegue (Ud.), lleguen (Uds.)

pagar (to pay) follows the pattern of **llegar**

5. Verbs ending in -guir change gu to g before o, a

seguir (*to follow*)

PRESENT INDICATIVE: sigo, sigues, sigue, seguimos, seguís, siguen

PRESENT SUBJUNCTIVE: siga, sigas, siga, sigamos, sigáis, sigan

IMPERATIVE: sigue (tú), no seguid (tú), sigáis (vosotros), no sigáis (vosotros), siga (Ud.), sigan (Uds.)

conseguir (*to obtain*) and **distinguir (*to distinguish*)** follow the pattern of **seguir**

6. Verbs ending in *-ger, -gir,* change *g* to *j* before *o, a*

coger (*to take, to seize*)

PRESENT INDICATIVE: cojo, coges, coge, cogemos, cogéis, cogen

PRESENT SUBJUNCTIVE: coja, cojas, coja, cojamos, cojáis, cojan

IMPERATIVE: coge (tú), no cogas (tú), coged (vosotros), no cojáis (vosotros), coja (Ud.), cojan (Uds.)

The following verbs show a similar pattern:

corregir *to correct*	encoger *to shrink*
dirigir *to direct*	escoger *to choose*
dirigirse *to go to*	recoger *to pick up*
elegir *to elect*	regir *to rule, to command*

7. Verbs ending in *-aer, -eer, -uir,* change *i* to *y* when *i* is unstressed and is between two vowels

leer (*to read*)

PRETERIT: leí, leíste, leyó, leímos, leísteis, leyeron

IMPERFECT SUBJUNCTIVE: leyera (leyese), leyeras, leyera, leyéramos, leyerais, leyeran

PRESENT PARTICIPLE: leyendo

The following verbs show a similar pattern:

caer *to fall*

construir *to build*

creer *to believe*

destruir *to destroy*

excluir *to exclude*

huir *to flee*

incluir *to include*

influir *to influence*

recluir *to send to jail*

APPENDIX C: REVISION GUIDE

Writing is a circular process that requires repeated revisions. This is the reason why several drafts of the same composition usually precede the final version that you will turn in. As you compose the different drafts, revise what you write periodically according to this guide.

Content

1. If you followed the "Redacción" instructions at the end of the chapter, the content of your paper should need little revision. Does your paper's content reflect those instructions?

Organization

1. Do your ideas flow logically from beginning to end?
2. Does each paragraph contain a theme sentence?
3. Is your paper framed by an introduction and conclusion?
4. Are transitions between paragraphs smooth and logical?

Grammar

As you write in Spanish, you must consciously apply the rules of grammar such as word order, verb conjugations, adjective agreement, etc. Grammar comes much more naturally to us in our native language. After drafting, proofread for the following:

1. Identify each adjective and compare it to the noun it modifies. Do, for example, feminine nouns have feminine adjectives to match?
2. Study each conjugated verb form. Consult the verb tables for any forms you suspect may be misspelled or inaccurately conjugated.
3. When writing of past events, be sure you have applied the rules for preterit/imperfect usage.
4. Search your paper for missed opportunities to use the subjunctive ("Dudo que...", "No creo que...", "Me gusta que...", etc.)
5. Identify each use of *ser* and *estar*. Compare your use of these verbs to the rules in *Capítulo 1* to insure accuracy.
6. Double-check accuracy in the use of the verb *gustar*.

Vocabulary

1. Make sure you have incorporated a rich selection of vocabulary from the textbook and *Activities Manual*. Avoid repetitious vocabulary.

2. Look through your paper for any phrases that use idiomatic or non-literal language. If you suspect that a phrase represents an unsuccessful word-for-word translation from English, change it.

3. Double-check the use of problematic pairs such as *saber/conocer, por/para, ir/venir*, etc.

Tone and style

1. Read through your paper paying attention to the sound and rhythm. Make sure you have varied the structure of your sentences to avoid choppiness in your prose. If choppiness is a problem, combine short, simple sentences into longer, more complex ones using "y," "pero," "que," "cuando," or some other conjunction. Alternate sentence structure to achieve variety in rhythm.

Mechanics

Double-check the following:

1. Spelling. The Microsoft Word spell-check can help with this. (Change the default language to "Spanish.")

2. Accents.

3. Capitalization. Remember that the rules are different for Spanish.

4. Punctuation.

The boldface number following each entry corresponds to the chapter (or chapters) in which the word appears. In addition, **v** stands for verb, **f** stands for feminine and **m** stands for masculine.

a la medianoche at midnight **1**

a la orilla on the margins, on the shore **3**

a lo largo de throughout **6**

a menudo often **1**, **3**, **6**

a tiempo on time **9**

abogar v defend **3**

abordar v deal with, address **6**

abrazarse v hug **2**

abrigo m coat **8**

aburrido/a bored **1**

abuso m abuse **7**

acaparar v hoard **9**

acariciar v caress **6**

aconsejar v advise **3**

acordarse v **(ue) de** remember **10**

acostumbrarse v **a** get used to **10**

actual present **3**

acudir en masa v flock to **4**

adicción f addiction **5**

adivina f fortune teller **4**

adivinación f prediction **4**

adivinar v predict, tell the future **4**

afición f hobby **2**

agarrar v hold **4**

agarrarse de la mano v hold hands **2**

agravio m grievances **5**

aguacate m avocado tree **6**

al alcance within reach **3**

al cuello around the neck **1**

al igual que same as **2**

al mando de in charge of **6**

al mediodía at noon **1**

al menos at least **3**

al nacer a newborn **8**

alboroto m uproar **6**

alcanzar v reach **6**

alegrarse v become happy **8**

alegrarse v **de** be happy about **3, 10**

alfabetización f literacy **8**

alfarero/a potter **2**

almorzar v have lunch **1**

alta calidad f high quality **9**

alternar v socialize **4**

Altezas Their Highnesses **5**

altivo/a proud **1**

ama de casa f housewife **2**

amanecer m dawn **4**

amargo unsweetened, bitter **6**

amistad f friendship **2**

añadir v add **4**

anillo de compromiso m engagement ring **2**

animado/a in high spirits **1**

aniquilar v destroy **3**

ante before, in front of **3**

apagar v **(la luz)** put out (the light) **4**

apagar v **(velas)** put out (candles) **2**

apareamiento m mating **9**

apogeo m high point **1**

apoyado/a en leaning against **1**

apoyar v support **6, 7**

apoyarse v be based on, to be **6**

aprender a v learn how to **10**

...nder a *v* learn to do something **10**

...presado/a trapped **8**

apuntarse *v* sign up **8**

armas *f* weapons **5**

arrancar *v* start **10**

arreglar *v* **mi cuarto** straighten up my room **1**

arrodillarse *v* kneel down **6**

arruga *f* wrinkle **1**

artesanía *f* handicrafts **4**

asar roast **4**

asistente assistant **10**

asistir a *v* attend **4, 9**

aspaviento *m* fuss **1**

aspirar a *v* aspire to **10**

astrología *f* astrology **4**

atacar *v* attack **5**

atender *v* **a los clientes** attend to/help clients **10**

atlético/a athletic **1**

atracar *v* mug someone **10**

atravesar *v* **(ie)** experience **10**

atuendo *m* outfit **8**

aumentar *v* increase **5**

aumento *m* increase **2**

aureola *f* round glow **2**

auriculares *m* headphones **8**

ausente absent **1**

automovilista driver **10**

autonomía *f* autonomy **7**

autónomo/a autonomous **7**

avanzado/a advanced **5**

bailable danceable **7**

baja calidad *f* low quality **9**

bajar *v* download **7**

bajar *v* **(el precio)** lower **9**

bajo *m* upright base/base guitar **7**

bandera *f* flag **4**

bando side (of a cause) **6**

barato/a cheap **9**

barca *f* small boat **7**

barilla *f* little bar **9**

barrer *v* **el suelo** sweep the floor **1**

barrio *m* neighborhood **7**

bastón *m* cane **1**

basura *f* garbage **8**

batería *f* drums **7**

belicoso/a prone to warfare **9**

beneficiar *v* benefit **8**

beneficio *m* benefit **8**

besarse *v* kiss **2**

bienvenida *f* welcome **6**

bizco/a cross-eyed **8**

boina *f* beret **1**

bragas *f* panties **8**

bravo/a rough, wild **7**

breñal *m* scrub **9**

broma *f*, **truco** *m* trick **4**

brújula *f* compass **5**

bruto/a raw, unrefined **9**

buscar *v* look for **10**

cada día every day **1**

cada semana each week **1**

cadáver *m* cadaver, dead body **4**

caerle *v* **un rayo** get struck by lightning **1**

caerse *v* fall down **1**

caja *f* soundbox **9**

calcular *v* estimate **9**

calentar (ie) heat **4**

calumniar *v* slander **3**

calzoncillos *m* briefs, boxers **8**

cambiar *v* change **7**

camiseta *f* t-shirt **8**

campesino/a peasant **4**

canción *f* song **7**

cañón *m* cannon **5**

canonizar *v* canonize **4**

cansado/a tired, worn out **1**

cantante singer **7**

cantar *v* sing **8**

capaz capable **1**

cariño *m* affection **10**

carne de cerdo *f* pork **6**

carne de res *f* beef **6**

carnes *f* **9**

carnet de identidad *m* ID card **2, 8**

caro/a expensive **9**

casarse *v* get married **2, 10**

cavernoso/a spooky **10**

cebolla *f* onion **6**

ceja *f* eye brow **1**

celebración *f* celebration **5**

centenario *m* centennial **5**

cepillo de dientes *m* toothbrush **8**

cercano/a close, nearby **5**

cerebro *m* brain **8**

ceremonia *f* ceremony **2**

champú y suavizante *m* shampoo and conditioner **8**

chile *m* chile pepper **6**

chiste *m* joke **4**

chocar *v* **con el carro** crash the car **1**

chorizo *m* sausage **6**

chorrear *v* gush **8**

cineasta *m/f* filmmaker **6**

ciudadano/a citizen **7**

clínica *f* **/ hospital** *m* clinic/hospital **8**

colaborar *v* collaborate **8**

colega *m* colleagues **10**

collar *m* necklace **5**

colonia *f* colony **5**

colonizar *v* colonize **5**

comenzar *v* **a trabajar** start work **1**

comisura *f* corner **1**

compaginar *v* fit, combine **1**

compañeros de clase *m* classmates **8**

compañeros de trabajo co-worker **10**

compartir *v* share **1, 4**

complejidad *f* complexity **9**

complejo/a complex **5**

comprar *v* buy **9, 10**

comprender *v* comprise **5**

compromiso *m* engagement **9**

computador /ordenador portátil *m* laptop **8**

concierto *m* concert **4, 9**

concurrencia *f* gathering **3**

conferir *v* give **8**

conmemoración *f* commemoration **5**

conocer *v* meet **10**

conocidos *m* acquaintances **8**

conquistador *m* conqueror **5**

conquistar *v* to conquer **5**

conseguir *v* achieve **7**

consejo *m* council, meeting **8**

conservación *f* preservation, protection **8**

conservar *v* preserve, to protect **8**

consolidar *v* consolidate, strengthen **7**

constitución *f* constitution **7**

construir *v* construct **8**

consumir *v* consume, to use **8**

consumo *m* consumption, use **8**

contador/contable *m* accountant **10**

contaminación *f* pollution **8**

contaminar *v* pollute **8**

contento/a happy **1**

controversia *f* controversy **5**

cooperación *f* cooperation **5**

coronar *v* crown **2**

corrida *f* bullfight **4**

cortar *v* **el rollo** end the conversation (col.) **1**

costero/a on the coast **1**

costumbre *f* custom **4, 9**

cotizado/a valued, sought-after **1**

cráneo *m* skull **8**

crear *v* create **3**

creciente growing **8**

creer *v* believe **3**

criar *v* **los ganados** breed **9**

crimen *m* crime **5**

cronista *m/f* chronicler **9**

cuando menos at least **3**

cuello *m* neck **5**

cuenco *m* basin **2**

cuenta *f* bead **5**

cuerda, de *f* string (of) **9**

cuerpo celeste *m* celestial object **5**

cuestionar *v* question **3**

cuidar *v* take care of **8**

cumplir *v* **con las responsabilidades** fulfill
   responsibilities **10**

dañino/a harmful **8**

dar *v* **un paseo** take a walk **2**

dar *v* **un regalo** give a gift **2**

dar *v* **una vuelta** go around **9**

de mal gusto bad taste **4**

de repente suddenly **6**

debilitar *v* weaken **7**

decidirse a *v* make up one's mind to **10**

decir *v* **"te quiero"** to say "I love you" **2**

decir *v* **(i)** tell **3**

dedicarse a *v* devote one's self to **10**

defenderse *v* defend oneself/selves **5**

dejar *v* **atrás** leave behind **10**

dejar *v* **de + infinitive** stop doing something **1**

dejar *v* **las llaves en el auto** leave the keys in the car **1**

delgado/a thin **1**

deprimido/a depressed **1**

derechos humanos *m* human rights **7**

derechos *m* rights **5, 7**

derramamiento de sangre *m* bloodshed **7**

derrotar *v* defeat **6**

desarrollo *m* development **1**

desayunar *v* have breakfast **1**

desbarrancarse *v* go over a sheer drop **10**

desconocido/a unknown, unfamiliar **8**

descubrimiento *m* discovery **5**

descubrir *v* discover **5**

desear/querer *v* **(ie)** want **3**

desempleo *m* unemployment **5, 7**

desfile *m* parade **2, 4**

deshabitado/a uninhabited **10**

desigualdad *f* inequality **7**

desmesurado/a uncontrolled, boundless **9**

despedirse *v* **(i) de** say goodbye to **10**

despertarse *v* wake up **1**

despiadado/a merciless **6**

despojo civil mundane refuse **4**

destruir *v* destroy **5**

día festivo holiday **4**

diadema *f* jeweled crown **2**

dictador/a dictator **7**

difusión *f* dissemination **9**

dinero en efectivo *m* cash **8**

dinero *m* money **8**

discriminación *f* discrimination **5, 7**

disfraz *m* costume **4**

disfrutar *v* enjoy **8, 9**

disminuir *v* diminish **5**

disponer *v* decide **8**

dispuesto/a be ready **8**

distribuir *v* **(el trabajo)** distribute (the work) **9**

divertido/a fun **1**

doquiera wherever **9**

dormirse *v* fall asleep **1**

dudar *v* doubt **3**

dueño/a owner **10**

duradero/a lasting **2**

echar *v* put in **4**

echar *v* **de menos** miss **2**

echar *v* **una mano** give a hand, to help **3, 8**

edificio *m* building **1**

ejército *m* army **5**

el que the fact that **3**

elecciones *f* elections **7**

elegir *v* choose **6**

eliminar *v* eliminate **7**

embarazada *f* pregnant **4**

embarcación *f* ship **5**

emparejamiento *m* matching **9**

empleado/a employee **10**

empleo *m* employment **5**

en cueros naked **9**

en este sentido in this respect **10**

en gran medida in great part **2**

en lugar de instead of **10**

en mis verdades in my values **4**

en voz alta out loud **8**

enamorarse *v* fall in love **2**

encajar *v* fit **1**

encantado/a haunted **4**

encargarse *v* **de la supervisión** take charge of supervision **10**

encender *v* **(ie) (la luz)** turn on (the light **4**

encender *v* **(velas)** light (candles) **2**

encuesta *f* survey or inquiry **10**

enfadarse/ enojarse *v* get angry **8**

enfermedades *f* illnesses, diseases **8**

engañar *v* deceive **8**

engaño *m* trickery, deception **8**

enseñanza *f* teaching, education **5, 7**

entendimiento thoughts, mind **4**

entradas *f* tickets **9**

entrenamiento *m* training **5**

entristecerle *v* sadden one **3**

entristecerse *v* become sad **8**

enviar *v* send **2, 3**

equivocado/a wrong, mistaken **7**

equivocarse *v* be mistaken; to make a mistake **10**

erróneo/a erroneous **3**

es decir *v* that is **10**

escapar *v* escape **5**

escasamente scarcely **10**

escenario *m* stage **9**

esclavitud *f* slavery **5**

escuela *f* school **8**

espacio exterior *m* outer space **5**

espectáculo *m* performance **4, 9**

esperanza *f* hope **2**

esperar *v* hope for **10**

esqueleto *m* skeleton **4**

estabilidad *f* stability **5**

establecer *v* establish **5**

estado *m* state **7**

estadounidense United States citizen **3**

estar *v* **claro** be clear **3**

estar *v* **contento/a (de)** be happy **3**

estar *v* **disgustado/a** be displeased **8**

estar *v* **enojado/a** be angry **8**

estar *v* **escandalizado/a** be shocked **8**

estar *v* **feliz** be joyful **8**

estar *v* **furioso/a** be furious **8**

estar *v* **gozoso/a** be delighted **8**

estar *v* **seguro/a** be sure **3**

estimar *v* estimate **3**

estudioso/a studious **1**

evitarse *v* avoid **4**

extraterrestre *m* alien **5**

factura *f* bill **1**

falta *f* offense **5**

fantasma *m* ghost **4, 6**

fauna *f* fauna **8**

fementido/a deceiving **4**

feria *f* festival **4**

fiesta *f* holiday, celebration **4**

fingir *v* fake **10**

firmar *v* sign **1**

flechas *f* arrows **5**

flora *f* flora **8**

fracaso *m* failure **8**

frágil fragile **1**

fray friar, brother **8**

freír *v* **(i)** fry **6**

frontera *f* border **6**

fuegos artificiales *m* fireworks **4**

fuente *f* source; fountain **1**

fuerte strong **1**

gafas de sol *f* sunglasses 8

galaxia *f* galaxy 5

ganado *m* cattle 9

ganar *v* (una competición) win 10

garganta *f* throat 6

genocidio *m* genocide 5

gerente manager 10

gobernador/a *v* governor 7

gobernar *v* (ie) govern 7

golpe de estado *m* coup d'état 1

gorra *f* hat, cap 8

gozar *v* enjoy 9

grabar *v* record 9

gracioso/a funny, comical 3

grado de *m* level of 8

guantes *m* gloves 8

guardería infantil *f* daycare center 8

guerra *f* war 5

guerrero *m* warrior 5, 6

guitarra *f* guitar 7

gustarle *v* please one 3

haber *v* lástima have pity 9

habitantes *m* inhabitants 5

habitar *v* inhabit 5

hacer *v* las tareas domésticas do housework 1

hacer *v* publicidad de publicize 9

hacerse *v* daño hurt oneself 1

hallarse *v* find oneself 3

hecho *m* fact 3

hermanastro/a stepbrother/stepsister 2

hermosura *f* beauty 4

hervir *v* (ie) boil 4

híbrido/a hybrid 10

hilo *m* thread, line 2

hip hop *m* hip hop 7

hogar *v* de ancianos *m* nursing home/ retirement community 8

hogareño/a home-loving, domestic 1

hondo/a deep 7

honrado/a honest 1

hornear to *v* bake 6

hueco *m* concavity, hollow 2

huir *v* run away, flee 1

hundirse *v* go deep into 9

identidad *f* identity 7

idioma *m* language 3

idiosincrasia *f* idiosyncrasy 4

igualdad *f* equality 7

ilustración *f* enlightenment 3

impaciente impatient 1

impactar *v* impact 4

imponer *v* impose 2

impuestos *m* taxes 7

inalterado/a undisturbed 8

incendio forestal forest fire 8

incluir *v* include 3

incluso even 10

incómodo uncomfortable 4

incredulidad *f* disbelief 8

inculta uncultivated 9

independencia (*f*) independence 7

índice *m* rate 2

inestabilidad *f* instability 3

informática *f* computer science 3

ingenioso/a witty, clever 1

ingresos *m* income 10

injusticia injustice 9

insatisfecho dissatisfied 6

insistir *v* en insist 3

insoportable unbearable 1

integral *m/f* essential integral 4

intentar *v* try 8

intercambiar *v* exchange 9

invadir *v* invade 5

inverso/a reverse 10

invertir *v* invest 7

invitación *f* invitation 2

invitar *v* invite 2, 9

iPod *m* iPod 8

Glossary: Spanish-English

ir *v* **al mercado** go to the market **1**

ir *v* **de vacaciones** go on vacation **8**

jefe/a boss **10**

jerarquía *f* hierarchy **9**

jeroglífico *m* hieroglyphic **5**

joyas *f* jewelry **8**

joyas *f* jewels **1**

jubilado/a retired, retiree **1**, **2**

jubilarse *v* jubilarse **10**

jugar *v* **al fútbol** play soccer **1**

la tarjeta de cumpleaños *f* birthday card **2**

labor *f v* work **2**

labor redentora *f* redeeming work **8**

labrar *v* weave **9**

lanzador *v m* pitcher **1**

lanzar to *v* launch **6**

lavar *v* wash **1**

lazo *m* tie **3**

lecho *m* bed **6**

lechuga *f* lettuce **6**

lector/a *v* reader **3**

leguas *f* leagues **9**

lengua *f* language **3**

letra *f* lyrics **7**

levantar *v* pick someone up **10**

levantar *v* **en hombros** carry on someone's shoulders **6**

libertad *f* freedom **7**

limpiar *v* clean **1**

límpido pure, smooth **10**

llamar *v* **a la puerta** knock on the door **4**

llegar *v* **a** arrive at/in **10**

llegar *v* **puntualmente** arrive on time **10**

llevarse *v* **bien** get along **9**

lograr *v* achieve **7**

luchar *v* fight **5**

luchar por *v* fight for **7**

madrastra *f* stepmother **2**

madrugada *f* dawn, daybreak **2**, **4**

maíz *m* corn **8**

malabarismo *m* juggling **1**

maleta *f* suitcase **8**

manantial *m* spring, source, flowing water **2**

mandar *v* command **3**

mansedumbre *f* gentleness **9**

mantener senderos *v* maintain trails **8**

mantequilla *f* butter **6**

maquillaje *m* makeup **8**

marcharse *v* go away, leave **10**

mariscos *m* shellfish **6**

más allá *m* the beyond **4**

más bien rather **10**

masa *f* dough **6**

mástil *m* mast **5**

matar *v* kill **5**

matrimonio de ensayo *m* trial marriage **9**

mayonesa *f* mayonnaise **6**

mayoría *f* majority **7**

mecer rock **7**

medio ambiente *m* environment **8**

mejilla *f* cheek **4**

melena *f* head of hair **1**

melodía *f* melody **7**

mezcla *f* mixture **5**

mezclar *v* mix **4**, **6**

minoría *f* minority **7**

mitad *f* half **3**

mito *m* myth **3**

mohín *m* grimace **10**

molestarle bother one **3**

monstruo *m* monster **4**

montura *f* frames **1**

moreno/a dark skin **1**

morir *v* **(ue)** die **5**

mover *v* **(ue)** stir **4**

muerte *f* death **5**

muerto/a dead person **5**

mundial worldwide **3**

música alternativa *f* alternative music **7**

nacer *v* be born **10**

nación *f* nation **7**

nave espacial *f* space ship **5**

nave *f* vessel (maritime) **5**

negar (ie) *v* deny negar (ie) **3**

nene simpleton, child **3**

nervioso/a nervous **1**

nido de abeja *m* beehive **1**

no creer *v* disbelieve **3**

no dejar de haber *v* be no lack of **3**

no estar *v* seguro/a be unsure **3**

no ha mucho not long ago **3**

no pensar *v* (ie) not think **3**

nocivo/a harmful **1**

noviazgo *m* courtship **2**

novio/a boyfriend/girlfriend **8**

numerología *f* numerology **4**

nunca never **1**

obras *f* deeds **9**

obsequiar *v* give (as a present) **5**

observar la naturaleza *v* observe nature **8**

ocio *m* free time **1**

odiar/detestar *v* hate **3**

olvidarse de *v* forget **10**

oposición *f* opposition **5**

orfanato *m* orphanage **8**

orgullo *m* pride **9**

orgulloso/a proud **3**

orientación sexual *f* sexual orientation **5**

oscuridad *f* darkness **4**

padrastro *m* stepfather **2**

padrísimo/a fantastic **1**

pagar *v* pay **9**

pagar *v* el alquiler/ la renta pay the rent **1**

pagar *v* la entrada pay for a ticket **2**

pagar *v* las facturas pay the bills **10**

paisaje *m* landscape **8**

pantalones largos/cortos *m* pants/shorts **8**

para bien o para mal for better or for worse **6**

para colmo make matters worse **6**

para siempre forever **6**

para variar for a change **6**

pareja *f* couple, partner **2**

parque nacional *m* national park **8**

pasaporte *m* passport **8**

pasarlo *v* bien have a good time **2**

pastos *m* y sementeras *f* pasture and sown land **9**

pavo *m* turkey **2**

paz *f* peace **5**

pedir (i) *v* ask **3**

pedir (i) *v* un bis ask for an encore **9**

pedir un *v* compromiso ask for a commitment **2**

pelirrojo/a red haired **1**

pensar (ie) en *v* think about **10**

percusión *f* percussion **9**

perdedor/a *v* loser **8**

perder *v* lose **1**

permitir *v* permit **3**

perseguir *v* hound **4**

personaje *m* fictional character **1**

pieles *f* hides **9**

planear *v* el próximo proyecto plan the next project **10**

planeta *m* planet **5**

platicar *v* talk, chat (Mex.) **1**

plato *m* dish (food) **4**

pletórico/a full, brimming over **2**

población *f* population **5**

poblar *v* (ue) populate **10**

pobres *m* poor people **7**

pobreza *f* poverty **7**

polémico/a polemical, controversial **3**

policía *f* manners **9**

poner *v* put **4**

ponerle *v* triste make one sad **3**

ponerse enfermo/a get sick **1**

por ahora for the time being **6**

por casualidad by chance **6**

por do quisiesen anywhere **9**

por ejemplo for example **6**

por eso for this reason **6**

por fin at last/finally **6**

por la mañana in the morning **1**

por la noche at night **1**

por la tarde in the afternoon **1**

por lo menos at least **6**

por ruego de at the request of **5**

por si acaso just in case **6**

por su cuenta on his/her own **4**

precio *m* price **9**

precolombino/a pre-columbian **5**

preferir (ie) *v* prefer **3**

prejuicio *m* prejudice **5**

preocuparle *v* worry one **3**

primera fila *f* front row **9**

primera mirada *f* first sight **6**

probar (ue) *v* try (food) **4**

procurar *v* **hincar** try to stick into **9**

prohibir *v* prohibit **3**

propósito *m* purpose **3**

proteger/dañar *v* protect/harm **8**

proveer *v* provide **8**

público *m* audience **9**

puente nasal *m* nasal bridge **8**

puestos *m* commercial stands **4**

puro/a pure **9**

quedarse *v* **(en un lugar)** stay (in a place) **8**

quemar *v* burn **1**

querer *v* want **3**

queso *m* cheese **6**

quiromántica *f* palm reader **4**

racial racial **3**

raíces *f* roots **7**

rama *f* branch **1**

rango *m* rank, status **9**

rap *m* rap **7**

raras veces infrequently **1**

rasgo *m* trait **3**

rebanada (de pan) *f* slice (of bread) **6**

recepcionista *m/f* receptionist **10**

rechoncho/a stout **1**

reciclaje *m* recycling **8**

reciclar *v* recycle **8**

reclamar *v* demand **5**

reclutar *v* **(voluntarios)** recruit (volunteers) **9**

recomendar *v* **(ie)** recommend **3**

reconocimiento *m* recognition **1**

recuerdos *m* memories **10**

red *f* network **2**

reforma *f* reform **7**

refugiarse *v* take refuge **6**

regalar *v* **una sortija** give a ring as a gift **2**

regresar *v* return (to a place) **10**

relajado/a *v* relaxed **1**

relámpago *m* flash of lightning **10**

reloj de arena *m* hourglass **5**

reloj de sol *m* sundial **5**

rendirse *v* **(i) to** surrender **5**

reservar *v* reserve **9**

retorcido/a twisted **1**

retrasar *v* delay **2**

reunirse *v* **con** get together with **2, 4**

rezar *v* pray **1**

ritmo *m* beat **7**

ritualizar *v* make into a ritual **4**

roble *m* oak **1**

rock *m* rock **7**

rogar *v* **(ue)** beg **3**

romperse *v* **la pierna** break a leg **1**

rostro *m* face **6, 8**

rubio/a light (skin, hair, eyes) **1**

rugido *m* roar **6**

sabiduría *f* knowledge **3**

sabor *m* flavor **6**

sabroso/a delicious **6**

sacar *v* **la basura** take out the garbage **1**

salir *v* **con (alguien)** date **2**

salir *v* **del trabajo** leave work **1**

salsa *f* sauce **6**

salud *f* health **2, 8**

saludar *v* greet **4**

sano/a healthy **1, 6**

santo patrón *m* patron saint **4**

se habían behaved **9**

secretario/a *m/f* secretary **10**

según according to **9**

sembrar *v* sow **9**

semilla *f* seed **3, 6**

sentir *v* **(ie)** regret **3**

sentirse *v* **mal** feel bad **1**

ser *v* **(im)posible** be (im)possible **3**

ser *v* **(im)probable** be (im)probable **3**

ser *v* **aconsejable** be advisable **3**

ser *v* **bueno** be good **3**

ser *v* **cierto/verdad** be true **3**

ser *v* **de lamentarse** be regrettable **3**

ser *v* **dudoso** be doubtful **3**

ser *v* **evidente** be evident **3**

ser *v* **fantástico** be great **3**

ser *v* **importante** be important **3**

ser *v* **increíble** be unbelievable **3**

ser *v* **interesante** be interesting **3**

ser *v* **lamentable** be lamentable **3**

ser *v* **malo** be bad **3**

ser *v* **necesario** be necessary **3**

ser *v* **obvio** be obvious **3**

ser *v* **seguro** be certain **3**

ser *v* **una lástima** be a shame **3**

seres humanos *m* human beings **2**

servicios médicos *m* health care **7**

servir (i) *v* serve **4**

servir *v* **una cena elegante** serve an elegant dinner **2**

siempre always **1**

sinfín *m* endless **8**

sino but (instead) **5**

siquiera if anything; at least **3**

sistema solar *m* solar system **5**

soberanía *f* sovereignty **6**

sociedad *f* society **5**

socorrer *v* assist **9**

soledad *f* solitude, loneliness **2**

soler *v* **(hacer algo)** usually do something **1**

sollozar *v* to sob **6**

sonrisa *f* smile **8**

sorprender *v* catch **8**

sorprender *v* **a alguien** surprise **4**

sorprenderle *v* surprise one **3**

subir *v* get in **10**

subir *v* upload **7**

subir *v* **(el precio)** raise **9**

suerte *f* luck **4**

sugerir *v* **(ie)** suggest **3**

superar *v* overcome **1**

surgir *v* emerge **6**

suspirar *v* sigh **6**

susurrar *v* whisper **6**

taínos *m* native group of the Caribbean islands **1**

tamal *m* tamale **4**

tapas *f* snacks, appetizers **4**

tarea doméstica *f* household chore **2**

tarjeta de crédito *f* credit card **8**

tarjeta de embarque *f* boarding pass **8**

tatuaje *m* tattoo **8**

teatro *m* theatre **9**

teclado *m* keyboard **9**

teléfono móvil *m* cell phone **8**

telón *m* curtain **9**

tema *m* theme, topic **3**

temer *v* fear **3**

tener *v* **miedo (de)** be afraid **3**

tener *v* **una cita** have a date /appointment **1, 2**

tener *v* **vergüenza** be embarrassed, ashamed **8**

teñido/a tinged **6**

tenso/a tense **1**

terminar *v* finish **10**

territorio *m* territory **5**

tez *f* complexion **10**

tío/a uncle/aunt **2**

tiro con arco *m* archery **1**

título *m* diploma **5**

tocar *v* play **9**

toda vez que given that **3**

todavía yet **10**

torta *f* cake **2**

trabajador/a hard-working **1**

trabajar *v* **horas extra** to work overtime **10**

traductor/a *v* translator **3**

traje de baño *m* swimming suit/trunks **8**

tranquilo/a calm, mellow **1**

transcurrir *v* pass, go **7**

trono *m* throne **6**

tropezar *v* **con** encounter **3**

truco *m* tricks **4**

tumba *f* grave, tomb **4**

uña postiza *f* fake finger nail **8**

untar *v* spread **6**

vacío/a empty **2**

valer *v* **la pena** be worthwhile **8**

valerse *v* **de** make use of **8**

valor *m* value **3**

vara *f* yard **9**

variedad *f* variety **5**

varón *m* male **10**

vasija *f* vessel **2**

vela *f* sail **5**

velas *f* candles **2**

velo *m* veil **7**

venados *m* **y salvajinas** *f* deers and savages **9**

vencer *v* win **6**

vencido/a defeated **4**, **8**

vendedor ambulante *m* street vendor **1**

vender *v* sell **9**

veracidad *f* truthfulness, veracity **3**

verduras *f* vegetables **6**

vertir *v* shed **7**

vestirse *v* get dressed **1**

violencia *f* violence **5**

virtud *f* virtue **3**

voluntad *f* will **5**

voluntario/a volunteer **9**

votar *v* to vote **7**

voto *m* vote **7**

voz baja low voice **4**

ya already **10**

ya que since, because **7**

GLOSSARY: ENGLISH-SPANISH

The **boldface** number following each entry corresponds to the chapter (or chapters) in which the word appears. In addition, **v** stands for verb, **f** stands for feminine and **m** stands for masculine.

a newborn *al nacer* **8**

absent *ausente* **1**

abuse *abuso* **m 7**

according to *según* **9**

accountant *contador/contable* **m 10**

achieve *conseguir v* **7**

achieve *lograr v* **7**

acquaintances *conocidos* **m 8**

add *añadir v* **4**

addiction *adicción* **f 5**

advanced *avanzado/a* **5**

advise *aconsejar v* **3**

affection *cariño* **m 10**

alien *extraterrestre* **m 5**

already *ya* **10**

alternative music *música alternativa* **f 7**

always *siempre* **1**

anywhere *por do quisiesen* **9**

archery *tiro con arco* **m 1**

army *ejército* **m 5**

around the neck *al cuello* **1**

arrive at/in *llegar a v* **10**

arrive on time *llegar puntualmente v* **10**

arrows *flechas* **f 5**

ask *pedir v (i)* **3**

ask for a commitment *pedir un compromiso v* **2**

ask for an encore *pedir (i) un bis v* **9**

aspire to *aspirar a v* **10**

assist *socorrer v* **9**

assistant *asistente* **10**

astrology *astrología* **f 4**

at last/finally *por fin* **6**

at least *al menos* **3**

at least *cuando menos* **3**

at least *por lo menos* **6**

at midnight *a la medianoche* **1**

at night *por la noche* **1**

at noon *al mediodía* **1**

at the request of *por ruego de* **5**

athletic *atlético/a* **1**

attack *atacar* **5**

attend *asistir a v* **4, 9**

attend to/help clients *atender a v los clientes* **10**

audience *público* **m 9**

autonomous *autónomo/a* **7**

autonomy *autonomía* **f 7**

avocado tree *aguacate* **m 6**

avoid *evitarse v* **4**

bad taste *de mal gusto* **4**

bake *hornear to v* **6**

basin *cuenco* **m 2**

be (im)possible *ser v (im)posible* **3**

be (im)probable *ser (im) v probable* **3**

be a shame *ser v una lástima* **3**

be advisable *ser v aconsejable* **3**

be afraid *tener v miedo (de)* **3**

be angry *estar v enojado/a* **8**

be bad *ser v malo* **3**

be based on, to be *apoyarse v* **6**

be born *nacer v* **10**

be certain *ser v seguro* **3**

be clear *estar v claro* **3**

be delighted *estar v gozoso/a* **8**

be displeased *estar v disgustado/a* **8**

be doubtful *ser dudoso v* **3**

be embarrassed, ashamed *v tener vergüenza* **8**

be evident *ser v evidente* **3**

be furious *estar v furioso/a* **8**

be glad *alegrarse v (de)* **3**

be good *ser v bueno* **3**

be great *ser v fantástico* **3**

be happy *estar v contento/a (de)* **3**

be happy about *alegrarse v de* **10**

be important *ser v importante* **3**

be interesting *ser v interesante* **3**

be joyful *estar v feliz* **8**

be lamentable *es lamentable* **3**

be mistaken; to make a mistake *equivocarse v* **10**

be necessary *ser v necesario* **3**

be no lack of *no dejar v de haber* **3**

be obvious *ser obvio v* **3**

be ready *dispuesto/a* **8**

be regrettable *es de lamentarse v* **3**

be shocked *estar v escandalizado/a* **8**

be sure *estar v seguro/a* **3**

be true *ser cierto/verdad* **3**

be unbelievable *ser v increíble* **3**

be unsure *no estar v seguro/a* **3**

be worthwhile *valer la pena v* **8**

bead *cuenta f* **5**

beat *ritmo m* **7**

beauty *hermosura f* **4**

become happy *alegrarse v* **8**

become sad *entristecerse v* **8**

bed *lecho m* **6**

beef *carne de res f* **6**

beehive *nido de abeja m* **1**

before, in front *of ante* **3**

beg *rogar v (ue)* **3**

behaved *se habían v* **9**

believe *creer v* **3**

benefit *beneficiar v* **8**

benefit *beneficio m* **8**

beret *boina f* **1**

bill *factura f* **1**

birthday card *la tarjeta de cumpleaños f* **2**

bloodshed *derramamiento de sangre m* **7**

boarding pass *tarjeta de embarque f* **8**

boil *hervir v (ie)* **4**

border *frontera f* **6**

bored *aburrido/a* **1**

boss *jefe/a* **10**

bother one *molestarle v* **3**

boyfriend/girlfriend *novio/a* **8**

brain *cerebro m* **8**

branch *rama f* **1**

break a leg *romperse v la pierna* **1**

breed *criar v los ganados* **9**

briefs, boxers *calzoncillos m* **8**

building *edificio m* **1**

bullfight *corrida f* **4**

burn *quemar v* **1**

but (instead) *sino* **5**

butter *mantequilla f* **6**

buy *comprar v* **9**, **10**

by chance *por casualidad* **6**

cadaver, dead body *cadáver m* **4**

cake *torta f* **2**

calm, mellow *tranquilo/a* **1**

candles *velas f* **2**

cane *bastón m* **1**

cannon *cañón m* **5**

canonize *canonizar v* **4**

capable *capaz* **1**

caress *acariciar v* **6**

carry on someone's shoulders *levantar v en hombros* **6**

cash *dinero en efectivo m* **8**

catch *sorprender v* **8**

cattle *ganado m* **9**

celebration *celebración f* **5**

celestial object *cuerpo celeste* **m** 5

cell phone *teléfono móvil* **m** 8

centennial *centenario* **m** 5

ceremony *ceremonia* **f** 2

change *cambiar* v 7

cheap *barato/a* 9

cheek *mejilla* **f** 4

cheese *queso* **m** 6

chile pepper *chile* **m** 6

choose *elegir* v 6

chronicler *cronista* m/f 9

citizen *ciudadano/a* 7

classmates *compañeros de clase* **m** 8

clean *limpiar* v 1

clinic/hospital *clínica* **f** / *hospital* **m** 8

close, nearby *cercano/a* 5

co-worker *compañeros de trabajo* 10

coat *abrigo* **m** 8

collaborate *colaborar* v 8

colleagues *colega* **m** 10

colonize *colonizar* v 5

colony *colonia* **f** 5

command *mandar* v 3

commemoration *conmemoración* **f** 5

commercial stands *puestos* **m** 4

compass *brújula* **f** 5

complex *complejo/a* 5

complexion *tez* **f** 10

complexity *complejidad* **f** 9

comprise *comprender* v 5

computer science *informática* **f** 3

concavity, hollow *hueco* **m** 2

concert *concierto* **m** 4, 9

conquer *conquistar* v to 5

conqueror *conquistador* **m** 5

consolidate, strengthen *consolidar* v 7

constitution *constitución* **f** 7

construct *construir* v 8

consume, to use *consumir* v 8

consumption, use *consumo* **m** 8

controversy *controversia* **f** 5

cooperation *cooperación* **f** 5

corn *maíz* **m** 8

corner *comisura* **f** 1

costume *disfraz* **m** 4

council, meeting *consejo* **m** 8

coup d'état *golpe de estado* **m** 1

couple, partner *pareja* **f** 2

courtship *noviazgo* **m** 2

crash the car *chocar* v *con el carro* 1

create *crear* v 3

credit card *tarjeta de crédito* **f** 8

crime *crimen* **m** 5

cross-eyed *bizco/a* 8

crown *coronar* v 2

curtain *telón* **m** 9

custom *costumbre* **f** 4, 9

danceable *bailable* 7

dark skin *moreno/a* 1

darkness *oscuridad* **f** 4

date *salir* v *con (alguien)* 2

dawn *amanecer* v **m** 4

dawn, daybreak *madrugada* **f** 2, 4

daycare center *guardería infantil* **f** 8

dead person *muerto/a* **m** 5

deal with, address *abordar* v 6

death *muerte* **f** 5

deceive *engañar* v 8

deceiving *fementido/a* 4

decide *disponer* v 8

deeds *obras* **f** 9

deep *hondo/a* 7

deers and savages *venados* **m** *y salvajinas* **f** 9

defeat *derrotar* v 6

defeated *vencido/a* 4, 8

defend *abogar* v 3

defend oneself/selves *defenderse* v 5

delay *retrasar* v 2

delicious *sabroso/a* **6**

demand *reclamar v* **5**

deny negar (ie) *negar v (ie)* **3**

depressed *deprimido/a* **1**

destroy *aniquilar v* **3**

destroy *destruir v* **5**

development *desarrollo m* **1**

devote one's self to *dedicarse v a* **10**

dictator *dictador/a* **7**

die *morir v (ue)* **5**

diminish *disminuir v* **5**

diploma *título m* **5**

disbelief *incredulidad f* **8**

disbelieve *no creer v* **3**

discover *descubrir v* **5**

discovery *descubrimiento m* **5**

discrimination *discriminación f* **5, 7**

dish (food) *plato m* **4**

dissatisfied *insatisfecho* **6**

dissemination *difusión f* **9**

distribute (the work) *distribuir v (el trabajo)* **9**

do housework *hacer v las tareas domésticas* **1**

doubt *dudar v* **3**

dough *masa f* **6**

download *bajar v* **7**

driver *automovilista* **10**

drums *batería f* **7**

each week *cada semana* **1**

elections *elecciones f* **7**

eliminate *eliminar v* **7**

emerge *surgir v* **6**

employee *empleado/a* **10**

employment *empleo m* **5**

empty *vacío/a* **2**

encounter *tropezar v con* **3**

end the conversation *(col.) cortar v el rollo* **1**

endless *sinfín m* **8**

engagement *compromiso m* **9**

engagement ring *anillo de compromiso m* **2**

enjoy *disfrutar v* **8, 9**

enjoy *gozar v* **9**

enlightenment *ilustración f* **3**

environment *medio ambiente* **8**

equality *igualdad f* **7**

erroneous *erróneo/a* **3**

escape *escapar v* **5**

essential integral *integral m/f* **4**

establish *establecer v* **5**

estimate *calcular v* **9**

estimate *estimar v* **3**

even *incluso* **10**

every day *cada día* **1**

exchange *intercambiar* **9**

expensive *caro/a* **9**

experience *atravesar v (ie)* **10**

eye brow *ceja f* **1**

face *rostro m* **6, 8**

fact *hecho m* **3**

failure *fracaso m* **8**

fake *fingir v* **10**

fake finger nail *uña postiza f* **8**

fall asleep *dormirse v* **1**

fall down *caerse v* **1**

fall in love *enamorarse v* **2**

fantastic *padrísimo/a* **1**

fauna *fauna f* **8**

fear *temer v* **3**

feel bad *sentirse v mal* **1**

festival *feria f* **4**

fictional character *personaje m* **1**

fight *luchar v* **5**

fight for *luchar v por* **7**

filmmaker *cineasta m/f* **6**

find oneself *hallarse v* **3**

finish *terminar v* **10**

fireworks *fuegos artificiales m* **4**

first sight *primera mirada f* **6**

fit *encajar v* **1**

fit, combine *compaginar v* **1**

flag *bandera f* **4**

flash of lightning *relámpago m* **10**

flavor *sabor m* **6**

flesh *carnes f* **9**

flock to *acudir v en masa* **4**

flora *flora f* **8**

for a change *para variar* **6**

for better or for worse *para bien o para mal* **6**

for example *por ejemplo* **6**

for the time being *por ahora* **6**

for this reason *por eso* **6**

forest fire *incendio forestal* **8**

forever *para siempre* **6**

forget *olvidarse v de* **10**

fortune teller *adivina f* **4**

fragile *frágil* **1**

frames *montura f* **1**

free time *ocio m* **1**

freedom *libertad f* **7**

friar, brother *fray m* **8**

friendship *amistad f* **2**

front row *primera fila f* **9**

fry *freír (i) v* **6**

fulfill responsibilities *cumplir v con las responsabilidades* **10**

full, brimming over *pletórico/a* **2**

fun *divertido/a* **1**

funny, comical *gracioso/a* **3**

fuss *aspaviento m* **1**

galaxy *galaxia f* **5**

garbage *basura f* **8**

gathering *concurrencia f* **3**

genocide *genocidio m* **5**

gentleness *mansedumbre f* **9**

get along *llevarse v bien* **9**

get angry *enfadarse/ enojarse v* **8**

get dressed *vestirse v* **1**

get in *subir v* **10**

get married *casarse v* **2, 10**

get sick *ponerse v enfermo/a* **1**

get struck by lightning *caerle v un rayo* **1**

get together with *reunirse v con* **2, 4**

get used to *acostumbrarse v a* **10**

ghost *fantasma m* **4, 6**

give *conferir v* **8**

give (as a present) *obsequiar v* **5**

give a gift *dar v un regalo* **2**

give a hand, to help *echar una v mano* **3, 8**

give a ring as a gift *regalar v una sortija* **2**

given that *toda vez que* **3**

gloves *guantes m* **8**

go around *dar una vuelta v* **9**

go away, leave *marcharse v* **10**

go deep into *hundirse v* **9**

go on vacation *ir de vacaciones v* **8**

go over a sheer drop *desbarrancarse v* **10**

go to the market *ir al mercado v* **1**

govern *gobernar v (ie)* **7**

governor *gobernador/a* **7**

grave, tomb *tumba f* **4**

greet *saludar v* **4**

grievances *agravio m* **5**

grimace *mohín m* **10**

growing *creciente* **8**

guitar *guitarra f* **7**

gush *chorrear v* **8**

half *mitad f* **3**

handicrafts *artesanía f* **4**

happy *contento/a* **1**

hard-working *trabajador/a* **1**

harmful *dañino/a* **8**

harmful *nocivo/a* **1**

hat, cap *gorra f* **8**

hate *odiar/detestar v* **3**

haunted *encantado/a* **4**

have a date /appointment *tener v una cita* **1, 2**

have a good time *pasarlo v bien* **2**

have breakfast *desayunar v* **1**

have lunch *almorzar v* **1**

have pity *tener, sentir lástima* **9**

head of hair *melena* **f 1**

headphones *auriculares* **m 8**

health *salud* **f 2, 8**

health care *servicios médicos* **m 7**

healthy *sano/a* **1, 6**

heat *calentar v (ie)* **4**

hides *pieles* **f 9**

hierarchy *jerarquía* **9**

hieroglyphic *jeroglífico/a* **5**

high point *apogeo* **m 1**

high quality *alta calidad* **f 9**

hip hop *hip hop* **m 7**

hoard *acaparar v* **9**

hobby *afición* **f 2**

hold *agarrar v* **4**

hold hands *agarrarse v de la mano* **2**

holiday *día festivo* **4**

holiday, celebration *fiesta* **f 4**

home-loving, domestic *hogareño/a* **1**

honest *honrado/a* **1**

hope *esperanza* **f 2**

hope for *esperar v* **10**

hound *perseguir v* **4**

hourglass *reloj de arena* **m 5**

household chore *tarea doméstica* **f 2**

housewife *ama de casa* **f 2**

hug *abrazarse v* **2**

human beings *seres humanos* **m 2**

human rights *derechos humanos* **m 7**

hurt oneself *hacerse daño v* **1**

hybrid *híbrido/a* **10**

ID card *carnet de identidad* **m 2, 8**

identity *identidad* **f 7**

idiosyncrasy *idiosincrasia* **f 4**

if anything; at least *siquiera* **3**

illnesses, diseases *enfermedades* **f 8**

impact *impactar v* **4**

impatient *impaciente* **1**

impose *imponer* **2**

in charge of *al mando de* **6**

in great part *en gran medida* **2**

in high spirits *animado/a* **1**

in my values *en mis verdades* **4**

in the afternoon *por la tarde* **1**

in the morning *por la mañana* **1**

in this respect *en este sentido* **10**

include *incluir v* **3**

income *ingresos* **m 10**

increase *aumentar v* **5**

increase *aumento* **m 2**

independence *independencia (f)* **7**

inequality *desigualdad* **f 7**

infrequently *raras veces* **1**

inhabit *habitar v* **5**

inhabitants *habitantes* **m 5**

injustice *injusticia* **9**

insist *insistir v en* **3**

instability *inestabilidad* **f 3**

instead of *en lugar de* **10**

invade *invadir v* **5**

invest *invertir v* **7**

invitation *invitación* **f 2**

invite *invitar v* **2, 9**

iPod *iPod* **m 8**

jeweled crown *diadema* **f 2**

jewelry *joyas* **f 8**

jewels *joyas* **f 1**

joke *chiste* **m 4**

jubilarse *jubilarse v* **10**

juggling *malabarismo* **m 1**

just in case *por si acaso* **6**

keyboard *teclado* **m 9**

kill *matar v* **5**

kiss *besarse v* **2**

kneel down *arrodillarse v* **6**

knock on the door *llamar v a la puerta* **4**

knowledge *sabiduría* **f** 3

landscape *paisaje* **m** 8

language *idioma* **m** 3

language *lengua* **f** 3

laptop *computador /ordenador portátil* **m** 8

lasting *duradero/a* 2

launch *lanzar to* **v** 6

leagues *leguas* **f** 9

leaning against *apoyado/a en* 1

learn how to *aprender* **v** *a* 10

learn to do something *aprender a* **v** 10

leave behind *dejar* **v** *atrás* 10

leave the keys in the car *dejar las llaves en el auto* 1

leave work *salir* **v** *del trabajo* 1

lettuce *lechuga* **f** 6

level of *grado de* **m** 8

light (candles) *encender* **v** *(velas)* 2

light (skin, hair, eyes) *rubio/a* 1

literacy *alfabetización* **f** 8

little bar *barilla* **f** 9

look for *buscar* **v** 10

lose *perder* **v** 1

loser *perdedor/a* **v** 8

low quality *baja calidad* **f** 9

low voice *voz baja* 4

lower *bajar* **v** *(el precio)* 9

luck *suerte* **f** 4

lyrics *letra* **f** 7

maintain trails *mantener* **v** *senderos* 8

majority *mayoría* **f** 7

make into a ritual *ritualizar* 4

make matters worse *para colmo* 6

make one sad *ponerle triste* **v** 3

make up one's mind to *decidirse* **v** *a* 10

make use of *valerse de* **v** 8

makeup *maquillaje* **m** 8

male *varón* **m** 10

manager *gerente* 10

manners *policía* **f** 9

mast *mástil* **m** 5

matching *emparejamiento* **m** 9

mating *apareamiento* **m** 9

mayonnaise *mayonesa* **f** 6

meet *conocer* **v** 10

melody *melodía* **f** 7

memories *recuerdos* **m** 10

merciless *despiadado/a* 6

minority *minoría* **f** 7

miss *echar de* **v** *menos* 2

mix *mezclar* **v** 4, 6

mixture *mezcla* **f** 5

money *dinero* **m** 8

monster *monstruo* **m** 4

mug someone *atracar* **v** 10

mundane refuse *despojo civil* 4

myth *mito* **m** 3

naked *en cueros* 9

nasal bridge *puente nasal* **m** 8

nation *nación* **f** 7

national park *parque nacional* **m** 8

native group of the Caribbean islands *taínos* **m** 1

neck *cuello* **m** 5

necklace *collar* **m** 5

neighborhood *barrio* **m** 7

nervous *nervioso/a* 1

network *red* **f** 2

never *nunca* 1

not long ago *no ha mucho* 3

not think *no pensar* **v** *(ie)* 3

numerology *numerología* **f** 4

nursing home, retirement community *hogar de ancianos* **m** 8

oak *roble* **m** 1

observe nature *observar* **v** *la naturaleza* 8

offense *falta* **f** 5

often *a menudo* 1, 3, 6

on his/her own *por su cuenta* 4

on the coast *costero/a* 1

on the margins, on the shore *a la orilla* 3

on time *a tiempo* **9**

onion *cebolla* **f 6**

opposition *oposición* **f 5**

orphanage *orfanato* **m 8**

out loud *en voz alta* **8**

outer space *espacio exterior* **m 5**

outfit *atuendo* **m 8**

overcome *superar* **v 1**

owner *dueño/a* **10**

palm reader *quiromántica* **f 4**

panties *bragas* **f 8**

pants/shorts *pantalones largos/cortos* **m 8**

parade *desfile* **m 2**, **4**

pass, go *transcurrir* **v 7**

passport *pasaporte* **m 8**

pasture and sown land *pastos* **m** *y sementeras* **f 9**

patron saint *santo patrón* **m 4**

pay *pagar* **v 9**

pay for a ticket *pagar la* **v** *entrada* **2**

pay the bills *pagar* **v** *las facturas* **10**

pay the rent *pagar* **v** *el alquiler/ la renta* **1**

peace *paz* **f 5**

peasant *campesino/a* **4**

percussion *percusión* **f 9**

performance *espectáculo* **m 4**, **9**

permit *permitir* **v 3**

pick someone up *levantar* **v 10**

pitcher *lanzador* **v m 1**

plan the next project *planear* **v** *el próximo proyecto* **10**

planet *planeta* **m 5**

play *tocar* **v 9**

play soccer *jugar al* **v** *fútbol* **1**

please one *gustarle* **v 3**

polemical, controversial *polémico/a* **3**

pollute *contaminar* **v 8**

pollution *contaminación* **f 8**

poor people *pobres* **m 7**

populate *poblar* **v (ue) 10**

population *población* **f 5**

pork *carne de cerdo* **f 6**

potter *alfarero/a* **2**

poverty *pobreza* **f 7**

pray *rezar* **v 1**

pre-columbian *precolombino/a* **5**

price *precio* **m 9**

predict, tell the future *adivinar* **v 4**

prediction *adivinación* **f 4**

prefer *preferir* **v (ie) 3**

pregnant *embarazada* **f 4**

prejudice *prejuicio* **m 5**

present *actual* **3**

preservation, protection *conservación* **f 8**

preserve, to protect *conservar* **v 8**

pride *orgullo* **m 9**

prohibit *prohibir* **v 3**

prone to warfare *belicoso/a* **9**

protect/harm *proteger/dañar* **v 8**

proud *altivo/a* **1**

proud *orgulloso/a* **3**

provide *proveer* **v 8**

publicize *hacer* **v** *publicidad de* **9**

pure *puro/a* **9**

pure, smooth *límpido* **10**

purpose *propósito* **m 3**

put *poner* **v 4**

put in *echar* **v 4**

put out (candles) *apagar* **v** *(velas)* **2**

put out (the light) *apagar* **v** *(la luz)* **4**

question *cuestionar* **v 3**

racial *racial* **3**

raise *subir* **v** *(el precio)* **9**

rank, status *rango* **m 9**

rap *rap* **m 7**

rate *índice* **m 2**

rather *más bien* **10**

raw, unrefined *bruto/a* **9**

reach *alcanzar* **v 6**

reader *lector/a* **3**

receptionist *recepcionista* **m/f 10**

recognition *reconocimiento* **m 1**

recommend *recomendar v (ie)* **3**

record *grabar v* **9**

recruit (volunteers) *reclutar v (voluntarios)* **9**

recycle *reciclar v* **8**

recycling *reciclaje* **m 8**

red haired *pelirrojo/a* **1**

redeeming work *labor redentora* **f 8**

reform *reforma* **f 7**

regret *sentir v (ie)* **3**

relaxed *relajado/a* **1**

remember *acordarse v (ue) de* **10**

reserve *reservar v* **9**

retired, retiree *jubilado/a* **1, 2**

return (to a place) *regresar v* **10**

reverse *inverso/a* **10**

rights *derechos* **m 5, 7**

roar *rugido* **m 6**

roast *asar v* **4**

rock *mecer v* **7**

rock *roca* **m 7**

roots *raíces* **f 7**

rough, wild *bravo/a* **7**

round glow *aureola* **f 2**

run away, flee *huir v* **1**

sadden one *entristecerle v* **3**

sail *vela* **f 5**

same as *al igual que* **2**

sauce *salsa* **f 6**

sausage *chorizo* **m 6**

say goodbye to *despedirse (i) v de* **10**

scarcely *escasamente* **10**

school *escuela* **f 8**

scrub *breñal* **m 9**

secretary *secretario/a* **10**

seed *semilla* **f 3, 6**

sell *vender v* **9**

send *enviar v* **2, 3**

serve *servir v (i)* **4**

serve an elegant dinner *servir v una cena elegante* **2**

sexual orientation *orientación sexual* **f 5**

shampoo and conditioner *champú y suavizante* **m 8**

share *compartir* **1, 4**

shed *vertir v* **7**

shellfish *mariscos* **m 6**

ship *embarcación* **f 5**

side (of a cause) *bando* **6**

sigh *suspirar v* **6**

sign *firmar* **1**

sign up *apuntarse v* **8**

simpleton, child *nene* **3**

since, because *ya que* **7**

sing *cantar v* **8**

singer *cantante* **7**

skeleton *esqueleto* **m 4**

skull *cráneo* **m 8**

slander *calumniar* **3**

slavery *esclavitud* **f 5**

slice (of bread) *rebanada (de pan)* **f 6**

small boat *barca* **f 7**

smile *sonrisa* **f 8**

snacks, appetizers *tapas* **f 4**

sob *sollozar to v* **6**

socialize *alternar v* **4**

society *sociedad* **f 5**

solar system *sistema solar* **m 5**

solitude, loneliness *soledad* **f 2**

song *canción* **f 7**

soundbox *caja* **f 9**

source; fountain *fuente* **f 1**

sovereignty *soberanía* **f 6**

sow *sembrar v* **9**

space ship *nave espacial* **f 5**

spooky *cavernoso/a* **10**

spread *untar v* **6**

spring, source, flowing water *manantial* **m 2**

stability *estabilidad* **f 5**

Glossary: English-Spanish

stage *escenario* **m 9**

start *arrancar v* **10**

start work *comenzar v a trabajar* **1**

state *estado* **m 7**

stay (in a place) *quedarse v (en un lugar)* **8**

stepbrother/stepsister *hermanastro/a* **2**

stepfather *padrastro* **m 2**

stepmother *madrastra* **f 2**

stir *mover (ue) v* **4**

stop doing something *dejar de v + infinitive* **1**

stout *rechoncho/a* **1**

straighten up my room *arreglar v mi cuarto* **1**

street vendor *vendedor v ambulante* **m 1**

string (of) *cuerda, de* **f 9**

strong *fuerte* **1**

studious *estudioso/a* **1**

suddenly *de repente* **6**

suggest *sugerir (ie) v* **3**

suitcase *maleta* **f 8**

sundial *reloj de sol* **m 5**

sunglasses *gafas de sol* **f 8**

support *apoyar v* **6, 7**

surprise *sorprender v a alguien* **4**

surprise one *sorprenderle v* **3**

surrender *rendirse (i) v to* **5**

survey or inquiry *encuesta* **f 10**

sweep the floor *barrer v el suelo* **1**

swimming suit, trunks *traje de baño* **m 8**

t-shirt *camiseta* **f 8**

take a walk *dar v un paseo* **2**

take care of *cuidar v* **8**

take charge of supervision *encargarse v de la supervisión* **10**

take out the garbage *sacar la v basura* **1**

take refuge *refugiarse v* **6**

talk, chat (Mex.) *platicar v* **1**

tamale *tamal* **m 4**

tattoo *tatuaje* **m 8**

taxes *impuestos* **m 7**

teaching, education *enseñanza* **f 5, 7**

tell *decir v (i)* **3**

tense *tenso/a* **1**

territory *territorio* **m 5**

that is *es decir* **10**

the beyond *más allá* **m 4**

the fact that *el que* **3**

theatre *teatro* **m 9**

Their Highnesses *Altezas* **5**

theme, topic *tema* **m 3**

thin *delgado/a* **1**

think about *pensar v (ie) en* **10**

thoughts, mind *entendimiento* **4**

thread, line *hilo* **m 2**

throat *garganta* **f 6**

throne *trono* **m 6**

throughout *a lo largo de* **6**

tickets *entradas* **f 9**

tie *lazo* **m 3**

tinged *teñido/a* **6**

tired, worn out *cansado/a* **1**

to say "I love you" *decir v "te quiero"* **2**

to work overtime *trabajar v horas extra* **10**

toothbrush *cepillo de dientes* **m 8**

training *entrenamiento* **m 5**

trait *rasgo* **m 3**

translator *traductor/a* **3**

trapped *apresado/a* **8**

trial marriage *matrimonio de ensayo* **m 9**

trick *broma f, truco* **m 4**

trickery, deception *engaño* **m 8**

tricks *truco* **m 4**

truthfulness, veracity *veracidad* **f 3**

try *intentar v* **8**

try (food) *probar (ue) v* **4**

try to stick into *procurar hincar v* **9**

turkey *pavo* **m 2**

turn on (the light *encender v (ie) (la luz)* **4**

twisted *retorcido/a* **1**

unbearable *insoportable* **1**

uncle/aunt *tío/a* **2**

uncomfortable *incómodo* **4**

uncontrolled, boundless *desmesurado/a* **9**

uncultivated *inculta* **9**

undisturbed *inalterado/a* **8**

unemployment *desempleo* **m 5**, **7**

uninhabited *deshabitado/a* **10**

United States citizen *estadounidense* **3**

unknown, unfamiliar *desconocido/a* **8**

unsweetened, bitter *amargo/a* **6**

upload *subir* **v 7**

upright base/base guitar *bajo* **m 7**

uproar *alboroto* **m 6**

usually do something *soler* **v** *(hacer algo)* **1**

value *valor* **m 3**

valued, sought-after *cotizado/a* **1**

variety *variedad* **f 5**

vegetables *verduras* **f 6**

veil *velo* **m 7**

vessel *vasija* **f 2**

vessel (maritime) *nave* **f 5**

violence *violencia* **f 5**

virtue *virtud* **f 3**

volunteer *voluntario/a* **9**

vote *votar* **7**

vote *voto* **m 7**

wake up *despertarse* **v 1**

want *desear/querer* **v** *(ie)* **3**

war *guerra* **f 5**

warrior *guerrero* **m 5**, **6**

wash *lavar* **v 1**

weaken *debilitar* **v 7**

weapons *armas* **f 5**

weave *labrar* **v 9**

welcome *bienvenida* **f 6**

wherever *doquiera* **9**

whisper *susurrar* **v 6**

will *voluntad* **f 5**

win *ganar* **v** *(una competición)* **10**

win *vencer* **v 6**

within reach *al alcance* **3**

witty, clever *ingenioso/a* **1**

work *labor* **f 2**

worldwide *mundial* **3**

worry one *preocuparle* **v 3**

wrinkle *arruga* **f 1**

wrong, mistaken *equivocado/a* **7**

yard *vara* **f 9**

yet *todavía* **10**

INDEX